Als Käufer dieses Buches möchten Sie auf nützliche Online-Zusatzmaterialien zugreifen? Nichts leichter als das:

Geben Sie einfach unter

www.economag.de/econothek/download
den Code 588872006162 ein.

So erhalten Sie einmalig einen Download zu diesem Buch: Fragen mit Lösungen, Literaturverzeichnis sowie viele ausführliche Praxisbeispiele.

Außerdem warten unter www.economag.de weitere kostenfreie Angebote für Sie: ein umfangreiches Wirtschaftsglossar, über 1.000 Trainingsfragen sowie eine Vielzahl von zitierfähigen Inhalten aus der Welt der Betriebs- und Volkswirtschaftslehre.

Erfolgreiches Personalmanagement im demografischen Wandel

herausgegeben von
Prof. Dr. Dagmar Preißing

Oldenbourg Verlag München

Bibliografische Information der Deutschen Nationalbibliothek

Die Deutsche Nationalbibliothek verzeichnet diese Publikation in der Deutschen Nationalbibliografie; detaillierte bibliografische Daten sind im Internet über <http://dnb.d-nb.de> abrufbar.

© 2010 Oldenbourg Wissenschaftsverlag GmbH
Rosenheimer Straße 145, D-81671 München
Telefon: (089) 45051-0
oldenbourg.de

Das Werk einschließlich aller Abbildungen ist urheberrechtlich geschützt. Jede Verwertung außerhalb der Grenzen des Urheberrechtsgesetzes ist ohne Zustimmung des Verlages unzulässig und strafbar. Das gilt insbesondere für Vervielfältigungen, Übersetzungen, Mikroverfilmungen und die Einspeicherung und Bearbeitung in elektronischen Systemen.

Lektorat: Wirtschafts- und Sozialwissenschaften, wiso@oldenbourg.de
Herstellung: Anna Grosser
Coverentwurf: Kochan & Partner, München
Gedruckt auf säure- und chlorfreiem Papier
Gesamtherstellung: Druckhaus „Thomas Müntzer" GmbH, Bad Langensalza

ISBN 978-3-486-58887-3

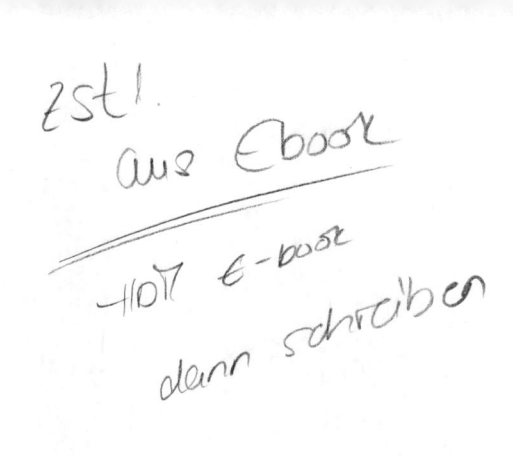

Für Heinz

Vorwort

Der demografische Wandel zeigt ein dramatisches Bild – eine alternde und schrumpfende Bevölkerung. Gerade Unternehmen sind hiervon stark betroffen. Sie sind aktuell und insbesondere in Zukunft mit veränderten Erwerbspersonenstrukturen konfrontiert, die sich besonders in einem Mangel an Fachkräften sowie alternden Belegschaften ausdrücken. Mehr denn je wird es erforderlich sein, mit den vorhandenen Arbeitskräften und künftigen Arbeitskräftepotenzialen effizient umzugehen. Es gilt, die Leistungsfähigkeit und Motivation aller und gerade auch älterer Arbeitnehmer zu fördern und einem Verlust an Erfahrungswissen entgegenzuwirken. Gleichzeitig sollen junge Fachkräfte im globalen Wettbewerb um die Besten gefunden und gebunden werden.

Die Herausforderungen an ein modernes Personalmanagement wachsen und verändern sich also mit der demografischen Entwicklung. Ziel dieses Buches ist es daher, wesentliche Handlungsfelder des Personalmanagements zu thematisieren, die vom demografischen Wandel im Besonderen betroffen sind. Es sollen wissensorientierte und gleichzeitig praxisbezogene Lösungsansätze zur Bewältigung dieser drängenden Probleme der Personalarbeit aufgezeigt werden.

Dieses Buch ist gleichermaßen an Studierende wie an Praktiker gerichtet, die sich mit Fragen des demografischen Wandels und aktuellen Problemstellungen des Personalmanagements beschäftigen.

Die Themenfelder dieses Buches sind:

1. Die demografische Entwicklung und ihre Konsequenzen für das Personalmanagement

   Tina Günther gibt zunächst einen grundlegenden Überblick über Zahlen und Fakten des demografischen Wandels. Hierbei bezieht sie sich nicht nur auf die Bevölkerungsentwicklung in Deutschland, sondern auch auf weltweite Entwicklungen. Es werden die personalpolitischen Auswirkungen der demografischen Entwicklung thematisiert. Insbesondere wird der Fokus auf die veränderte Struktur des Erwerbspersonenpotenzials gelegt und die daraus resultierenden Konsequenzen für Unternehmen beleuchtet.

2. Strategisches Management – Implikationen des demografischen Wandels

   Norbert Hettstedt thematisiert die Bedeutung und den Zusammenhang zwischen strategischem Management und strategischem Personalmanagement. Nur eine frühzeitige Auseinandersetzung mit den Konsequenzen des demografischen Wandels auf strategischer Ebene eröffnet Unternehmen neue Erfolgspotenziale und Wettbewerbsvorteile. Dabei leistet das strategische Personalmanagement mit einer demografieorientierten Fokussierung einen entscheidenden Wertbeitrag.

Die Praxisbeispiele der Unternehmen Deutsche Post DHL und der TESCHMA Automatentechnik GmbH verdeutlichen die Bedeutung des strategischen Personalmanagements im demografischen Wandel.

3. Ablauf einer Altersstrukturanalyse

Ulrich Kreutle zeigt die Bedeutung und den Ablauf des Instruments „Altersstrukturanalyse" auf. Denn erst die Durchführung einer Altersstrukturanalyse zeigt den Umfang und die Stärke der Auswirkungen des demografischen Wandels auf das jeweilige Unternehmen. Die Analyse der gegenwärtigen und künftigen Altersstruktur einer Belegschaft ermöglicht, daraus Strategien und konkrete Maßnahmen für die betriebliche Personalpolitik abzuleiten.

Das Praxisbeispiel des Unternehmens ZF Friedrichshafen AG zeigt den Aufbau und Ablauf einer Altersstrukturanalyse.

4. Retention Management: Rekrutierung und Mitarbeiterbindung im Kontext des demografischen Wandels

Jana Brauweiler veranschaulicht, dass eine erfolgreiche Personalrekrutierung aufgrund der absolut sinkenden Anzahl jüngerer und qualifizierter Erwerbspersonen immer schwieriger wird. Gleichzeitig stellt die Personalbindung einmal rekrutierter Mitarbeiter eine große Herausforderung im demografischen Wandel dar. Entsprechend werden Erfolg versprechende Maßnahmen der Personalrekrutierung und -bindung (Retention Management) aufgezeigt.

Das Praxisbeispiel des Unternehmens Fahrion Engineering GmbH & Co. KG zeigt erfolgreiche Rekrutierungsstrategien im demografischen Wandel.

5. Employer Branding im demografischen Wandel

Uta Kirschten beschäftigt sich mit den Möglichkeiten, ein zielgruppenorientiertes und professionelles Employer Branding aufzubauen. Arbeitgeberattraktivität in Form eines einzigartigen Images wird im Zuge des demografischen Wandels immer bedeutsamer: Die positive Abgrenzung von Wettbewerbern erleichtert sowohl die Rekrutierung als auch die Bindung von Mitarbeitern.

Die Praxisbeispiele der Unternehmen TNT Express GmbH und tegut... verdeutlichen die Bedeutung der Gestaltung eines Employer Branding.

6. Kompetenzentwicklung im demografischen Wandel

Dagmar Preißing beschreibt die Gründe für die Notwendigkeit lebenslangen Lernens vor dem Hintergrund demografischer Entwicklungen. Alternde Belegschaften und Nachwuchsmangel erfordern, dass die Potenziale aller zur Verfügung stehenden Erwerbspersonen bestmöglich ausgeschöpft werden und im Sinne eines lebenslangen Lernprozesses die berufliche Handlungskompetenz erhalten wird.

Das Praxisbeispiel des Gothaer Konzerns zeigt demografieorientierte Handlungsfelder der Personalentwicklung auf.

7. Auswirkungen prekärer und atypischer Beschäftigungsverhältnisse auf die Kompetenzentwicklung im demografischen Wandel

Dagmar Preißing geht auf die Entwicklung des Normalarbeitsverhältnisses im Vergleich zu sogenannten atypischen (flexibilisierten) Beschäftigungsverhältnissen ein. Sie verdeutlicht, welche Konsequenzen diese flexibilisierten Beschäftigungsverhältnisse auf die Kompetenzentwicklung von Beschäftigten vor dem Hintergrund des demografischen Wandels haben.

8. Wissensmanagement im demografischen Wandel – Herausforderung und Bedeutung für das Personalmanagement

Uta Kirschten arbeitet die Entwicklung des Personalmanagements hin zu einem wissensorientierten Personalmanagement heraus. Sie betrachtet die strategischen Möglichkeiten und Instrumente, die neues Wissen für das Unternehmen generieren, die individuellen und kollektiven Wissensbestände ausnutzen und vorhandenes Wissen bewahren.

Die Unternehmen voestalpine AG und DMT GmbH & Co. KG zeigen eindrücklich die Bedeutung eines integrierten Wissensmanagement zur Bewältigung des demografischen Wandels.

9. Betriebliches Gesundheitsmanagement im demografischen Wandel

Max Ueberle geht auf die Möglichkeiten des betrieblichen Gesundheitsmanagements ein, die gesundheitliche Leistungsfähigkeit alternder Belegschaften über ein Erwerbsleben hinweg zu erhalten und zu fördern.

Das Praxisbeispiel des Unternehmens Wilkhahn verdeutlicht, wie ein erfolgreiches betriebliches Gesundheitsmanagement gestaltet und umgesetzt werden kann.

10. Gelebte und verantwortete Unternehmenskultur – Voraussetzung für erfolgreiches, demografieorientiertes Personalmanagement

Frank Lönnies betont die zentrale Stellung der Unternehmenskultur, wenn es darum geht, demografieorientierte Veränderungsprozesse in Unternehmen vorzunehmen. Er zeigt anhand ausgewählter Einflussgrößen und Handlungsmöglichkeiten auf, wie eine Unternehmenskultur geprägt werden kann, die einem demografieorientierten Personalmanagement gerecht wird.

Das Praxisbeispiel des Unternehmens WELEDA AG zeigt, wie die Gestaltung einer demografieorientierten Unternehmenskultur erfolgen und glaubwürdig gelebt werden kann.

Die Struktur dieses Buches ist folgende:

Zu Beginn jeden Kapitels werden Lernziele formuliert, die Ihnen ein zielorientiertes Lesen ermöglichen sollen. Im Anschluss daran werden die Inhalte des jeweiligen Themas dargestellt. Am Ende des Kapitels finden Sie Fragen, die Ihnen eine Lernerfolgskontrolle ermöglichen. Die Lösungen zu den Fragen wie auch das Literaturverzeichnis sind für Sie online abrufbar. Um einen Transfer zwischen Theorie und Praxis zu ermöglichen, gibt es zu fast jedem Kapitel Praxisbeispiele von Unternehmen. Diese zeigen auf, wie Unternehmen an die demografieorientierten Fragestellungen des Personalmanagements herangetreten sind und diese gelöst haben. Auch die Praxisbeispiele sind für Sie online abrufbar.

Die Lösungen zu den Fragen, das Literaturverzeichnis und die Praxisbeispiele finden Sie online unter:

www.oldenbourg-wissenschaftsverlag.de
und der Eingabe von Preissing in das Suchfeld

Es ist auch die Absicht dieses Lehrbuchs, die Vielfalt der Fragen und Antworten darzustellen, die das Personalmanagement im demografischen Wandel aufwirft. Die Beiträge in diesem Lehrbuch spiegeln daher die Sichtweise der einzelnen Autorinnen und Autoren wider, nicht unbedingt die der Herausgeberin.

In den Texten werden des besseren Leseflusses wegen meist geschlechtsneutrale Begriffe verwendet. Es sind jedoch Frauen wie Männer gleichermaßen gemeint und angesprochen, zum Beispiel Mitarbeiterinnen und Mitarbeiter, Arbeitgeberinnen und Arbeitgeber oder Arbeitnehmerinnen und Arbeitnehmer.

Mein Dank als Herausgeberin dieses Buches gilt insbesondere meinen engagierten Mitautorinnen und Mitautoren aus Theorie und Praxis, die mit ihren Beiträgen erst die Erstellung dieses Lehrbuchs ermöglicht haben. Besonders danken möchte ich Katrin Kolb für ihre kritischen Anregungen und die Durchsicht des Manuskripts. Für die Abwicklung der IT danke ich vor allem Julia Obele. Dem Leiter des Lektorats Wirtschafts- und Sozialwissenschaften dieses Verlags, Dr. Jürgen Schechler, gebührt meine besondere Dankbarkeit für die konstruktive und vertrauensvolle Zusammenarbeit.

Inhaltsübersicht

A Die demografische Entwicklung und ihre Konsequenzen für das Personalmanagement   1
Tina Günther

B Strategisches Management – Implikationen des demografischen Wandels   41
Norbert Hettstedt

C Ablauf einer Altersstrukturanalyse   61
Ulrich Kreutle

D Retention Management: Rekrutierung und Mitarbeiterbindung im Kontext des demografischen Wandels   77
Jana Brauweiler

E Employer Branding im demografischen Wandel   107
Uta Kirschten

F Kompetenzentwicklung im demografischen Wandel   141
Dagmar Preißing

G Auswirkungen prekärer und atypischer Beschäftigungsverhältnisse auf die Kompetenzentwicklung im demografischen Wandel   195
Dagmar Preißing

H Wissensmanagement im demografischen Wandel – Herausforderung und Bedeutung für das Personalmanagement   227
Uta Kirschten

I Betriebliches Gesundheitsmanagement im demografischen Wandel   279
Max Ueberle

J Gelebte und verantwortete Unternehmenskultur – Voraussetzung für erfolgreiches, demografieorientiertes Personalmanagement   311
Frank Lönnies

A   Die demografische Entwicklung und ihre Konsequenzen für das Personalmanagement

Autorin: Tina Günther

Tina Günther, Dipl.-Psychologin., Dipl.-Kauffrau (FH), studierte in Dresden, Leipzig, Lyon (F) und Los Altos Hills (USA). Sie arbeitet seit mehreren Jahren im In- und Ausland als Beraterin für verschiedene Unternehmen. Ihr Arbeitsschwerpunkt liegt in der Begleitung von nationalen und internationalen Projekten, insbesondere in den Bereichen Personalrekrutierung, Personal- und Organisationsentwicklung, Projektmanagement, Change Management und Kompetenzmanagement.

Inhalt

1	**Lernziele**	3
2	**Einleitung**	3
3	**Die demografische Entwicklung in Deutschland**	4
3.1	Demografie und demografische Prozesse	4
3.2	Einflussgrößen der Bevölkerungsentwicklung	7
3.3	Aufbau und Struktur der deutschen Bevölkerung heute und in Zukunft	11
3.3.1	Altersaufbau der deutschen Bevölkerung	11
3.3.2	Annahmen über die zukünftige Entwicklung	12
3.3.3	Schrumpfung	13
3.3.4	Alterung	13
3.3.5	Heterogenisierung	15
3.3.6	Vereinzelung	15
4	**Die demografische Entwicklung in der Welt**	16
4.1	Wachstum	16
4.2	Alterung	18
4.3	Verstädterung	19
4.4	Wanderungen	20
4.5	Folgen der demografischen Entwicklung weltweit	21
5	**Demografischer Wandel und Personalmanagement**	21
5.1	Allgemeine Herausforderungen der demografischen Entwicklung	22
5.1.1	Wissensgesellschaft	22
5.1.2	Arbeitsmigration	23
5.1.3	Soziale Sicherung	23
5.2	Das Erwerbspersonenpotenzial	24
5.2.1	Einflussfaktoren auf das Erwerbspersonenpotenzial	24
5.2.2	Größe und Aufbau des Erwerbspersonenpotenzials	25
5.2.3	Qualifikationsstruktur des Erwerbspersonenpotenzials	27
5.3	Alter und Arbeit	30
5.3.1	Wissenschaftliche Erkenntnisse über das Altern	30
5.3.2	Abgrenzung der Gruppe der älteren Arbeitnehmer	32
5.3.3	Beschäftigungssituation älterer Arbeitnehmer	32
5.3.4	Betriebliche Sicht- und Verhaltensweisen gegenüber älteren Arbeitnehmern	34
6	**Schlussfolgerungen für das Personalmanagement**	37
7	**Fragen**	39
8	**Literatur**	40

1 Lernziele

Ziel dieses Kapitels ist es,

- über den aktuellen demografischen Stand und die Entwicklung der demografischen Prozesse und deren Folgen in Deutschland und der Welt zu informieren,
- den Leser für Wirkungsweisen, Zusammenhänge und Konsequenzen aktueller demografischer Prozesse zu sensibilisieren,
- konkreten Handlungsbedarf aufgrund aktueller demografischer Veränderungen für die Unternehmen und das Personalmanagement aufzuzeigen.

2 Einleitung

Die Beschäftigung mit Demografie bedeutet eine Auseinandersetzung mit Zukunftsfragen, deren Beantwortung für das Fortbestehen unseres Wohlfahrtsstaates von großer Bedeutung ist. Dieser wird durch den demografischen Wandel immer stärker in Frage gestellt. Mit dem demografischen Wandel ist das langfristige Altern der Bevölkerung, einhergehend mit dem Rückgang der Bevölkerungszahlen, gemeint. Daraus resultierend werden sich zukünftig auch die Struktur und die Zahl potenzieller Erwerbspersonen für Unternehmen verändern. Dieser Trend ist seit Langem bekannt und erfordert, dass sich die Unternehmen langfristig und nachhaltig darauf vorbereiten. Die Beschäftigung mit der Thematik legt jedoch nahe, dass genau dies bisher noch nicht zufriedenstellend erfolgt ist.

3 Die demografische Entwicklung in Deutschland

3.1 Demografie und demografische Prozesse

Der Begriff Demografie

Der Begriff Demografie im engeren Sinne stammt aus dem Altgriechischen und bedeutet Volk (Demos) beschreiben (graphein) (vgl. BIB, 2004, S. 7). Forschungsgegenstand der Demografie ist das Werden, Leben und Vergehen der Bevölkerung aus statistischer Perspektive. Die Bevölkerung ist die Gesamtheit der zu einem bestimmten Zeitpunkt in einem Gebiet lebenden Menschen. Mittels Zahlen und Kennziffern wird dargelegt, wie diese sich numerisch und strukturell, wie beispielsweise Alter, Geschlecht, Familienstand, Nationalität, Kinderzahl, durch demografische Ereignisse, wie Geburt, Tod, Heirat, Umzug, Jobverlust, verändert (vgl. BIB, 2004, S. 7; Münz, 2007a).

Die demografischen Daten werden in Deutschland durch das Statistische Bundesamt regelmäßig ermittelt und veröffentlicht. Darüber hinaus liefern Bevölkerungsvorausberechnungen auf die Zukunft gerichtete Basisinformationen für politische, gesellschaftliche und wirtschaftliche Entscheidungsprozesse. Sie verdeutlichen die Auswirkungen heute bereits angelegter Strukturen und erkennbarer Veränderungen auf die künftige Bevölkerung.

Demografie im weiteren Sinne untersucht die vielfachen Wechselwirkungen zwischen der Bevölkerung und den gesellschaftlichen, politischen, ökonomischen, technischen und ökologischen Faktoren. Sie ist damit ein interdisziplinärer Forschungsgegenstand.

Der demografische Wandel

Der Begriff des demografischen Wandels bezeichnet die Veränderung der Zusammensetzung von Größe und Struktur einer Bevölkerung. Er wird von den Faktoren Geburtenrate, Lebenserwartung und Wanderungssaldo und deren Veränderung beeinflusst.

Ende des 19. Jahrhunderts übertraf die Zahl der Geburten stets die Zahl der Todesfälle, und es gab nur wenige sehr alte Menschen. Optisch betrachtet ähnelte der Altersaufbau der Gesellschaft daher in etwa einer Pyramide (so genannte Alterspyramide). Die hohe Zahl der Kinder und Jugendlichen bildete den breiten Sockel, die wenigen Älteren die dünne Spitze. Dazwischen lagen die mittleren Jahrgänge.

Der demografische Wandel wurde in Deutschland vor ungefähr 100 Jahren mit dem demografischen Übergang (siehe folgende Tabelle) eingeleitet. Dieser beschreibt einen langsam verlaufenden historischen Umbildungsprozess des komplexen Zusammenwirkens von Geburtenhäufigkeit und Sterblichkeit (vgl. BIB, 2004, S. 13 f.; Münz, Ulrich, 2006). Insbeson-

3.1 Demografie und demografische Prozesse

dere zwei Geburtenrückgänge (um 1900 sowie von 1965 bis 1975) führten zu einem so niedrigen Geburtenniveau, dass die Kindergenerationen zahlenmäßig kleiner als ihre Elterngenerationen sind (fertilitätsgeleitete Alterung). Hinzu kommt, dass die Sterblichkeit weiter zurückgeht und Langlebigkeit zunehmend möglich ist (mortalitätsgeleitete Alterung). Fallen beide Alterungsursachen zusammen, ist eine beschleunigte Alterung die Folge: Der Anteil jüngerer Menschen an der Gesellschaft wird immer geringer, während die Zahl der alten und immer älteren Menschen beschleunigt zunimmt. Zudem sinkt die absolute Bevölkerungszahl, sofern die geringen Geburtenraten nicht durch Migration ausgeglichen werden (vgl. BIB, 2004, S. 14).

Tab. 3.1 Phasen des demografischen Übergangs in Deutschland; Quelle: eigene Darstellung

[handschriftlich: Gründe für Änderungen]

Prätransformative Phase (bis 1870) – ähnlich hohe Geburten- und Sterberaten
- sehr geringes Bevölkerungswachstum
- sehr junge Bevölkerung, bedingt durch Säuglings- und Kindersterblichkeit, Kriege, Seuchen, Hungersnöte

Frühtransformative Phase (1870 – 1900) – hohe Geburtenraten bei sinkender Sterbehäufigkeit
- schnelles Bevölkerungswachstum (wachsende Bevölkerung)
- mortalitätsgeleitete Verjüngung der Bevölkerung: Rückgang der (Säuglings-) Sterblichkeit und Chance für mehr Menschen, ein höheres Lebensalter zu erreichen

Transformative Phase (1900 – 1945) – parallel sinkende Geburten- und Sterberaten
- verlangsamtes Bevölkerungswachstum (stationäre Bevölkerung)
- fertilitätsgeleitete langsame Alterung der Bevölkerung: annähernd einfacher Ersatz der Elterngeneration

Posttransformative Phase (1945 – 2010) – ähnliche und niedrige Geburten- und Sterberaten
- geringes, teilweise bereits negatives Bevölkerungswachstum
- fertilitätsgeleitete Alterung und Beginn der mortalitätsgeleiteten Alterung: Ersatz der Elterngeneration wird unterschritten bei weiter steigender Lebenserwartung

Phase schneller Alterung (ab 2010) – unter das Ersatzniveau sinkende, konstante Geburtenraten
- negatives Bevölkerungswachstum (schrumpfende Bevölkerung)
- Fertilitätsgeleitete und mortalitätsgeleitete Alterung: Steigende Lebenserwartung und überproportionaler Anstieg älterer Menschen an der Gesellschaft

[handschriftlich: Von der Pyramide zum Pilz — derzeit?]

Die Alterspyramide verlor daher ihre klassische Ursprungsform. Sie gerät zugleich von zwei Seiten immer weiter ins Ungleichgewicht: Das Fundament der Pyramide schmilzt durch die niedrigen Geburtenraten. Die steigende Lebenserwartung infolge der Fortschritte in Gesundheitswesen, Hygiene, Ernährung sowie des allgemein gestiegenen Wohlstands und der Verbesserung der Lebensbedingungen lässt die Spitze der Pyramide hingegen üppiger werden: Sie entwickelt sich optisch eher zu einem Pilz.

Die Gestalt des demografischen Übergangs in Deutschland und die Veränderungen in der Altersstruktur werden in folgender Abbildung verdeutlicht. Historische Einflüsse wie die beiden Weltkriege führten dazu, dass die Alterspyramide der deutschen Bevölkerung nicht eindeutig die klassischen Formen des demografischen Übergangs annimmt, sondern viele Unregelmäßigkeiten aufweist.

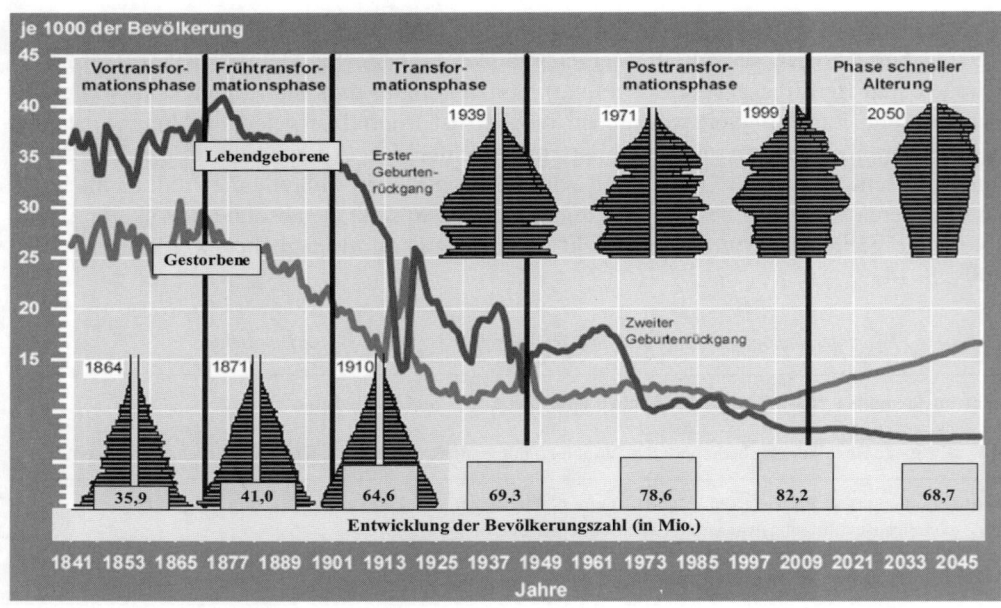

Abb. 3.1 Lebendgeborene und Gestorbene je 1000 der Bevölkerung von 1841-2050 und Altersaufbau der Bevölkerung Deutschlands von 1984–2050; Quelle: BIB, 2004, S. 11; eigene Darstellung nach Daten des StatBA, 2008b, S. 34; StatBA, 2006b, Variante 1-W1

Wirkungsmechanismen von Demografie

Die oft postulierte demografisch bedingte Gefährdung von wirtschaftlichem Wachstum und Wohlstand muss nicht zwingend eintreten. Neben den Funktionsprinzipien der Marktwirtschaft sei auf folgende Zusammenhänge hingewiesen (vgl. Klös, Kroker, 2005, S. 393 f.):

- **Demografie ist eine träge und beständige Variable**
  Bevölkerungsrelevante Prozesse vollziehen sich allmählich mit einer langen Vorlaufzeit. Das erfordert eine kontinuierliche Betrachtung der demografischen Entwicklungen, gewährt aber zugleich eine langfristige Planung.
- **Demografische Veränderungen vollziehen sich nicht in einer geschlossenen Volkswirtschaft**
  Der Alterungs- und Schrumpfungsprozess in entwickelten Volkswirtschaften wie Deutschland divergiert von einer weltweit stark steigenden Bevölkerung. Die internationale Verflechtung von Märkten bietet dem alternden Deutschland aber die Chance, mit jüngeren Volkswirtschaften in einen Güter-, Faktor- und Leistungsaustausch zu treten, was durch politische und wirtschaftliche Entscheidungen gestaltet werden kann.
- **Demografie ist keine Saldenmechanik**
  Der demografische Wandel zieht zwar eine Veränderung in Aufbau und Zahl der Bevölkerung nach sich, ist aber bezüglich seiner ökonomischen Konsequenzen zunächst ergebnisneutral. Daher führt beispielsweise ein abnehmendes Arbeitskräfteangebot nicht zwin-

gend zu weniger Arbeitslosen. Vielmehr müssen die Strukturen, wie hier des Arbeitsmarktes, hinsichtlich ihrer Leistungs- und Anpassungsfähigkeit überprüft werden.

3.2 Einflussgrößen der Bevölkerungsentwicklung

Die Veränderung der Bevölkerungsentwicklung wird im Wesentlichen von drei Faktoren bestimmt:

1. der Fertilität (Geburtenhäufigkeit),
2. der Mortalität (Sterblichkeit) und
3. der Migration (Wanderungen).

Die Veränderung der Bevölkerungszahl ergibt sich aus der Summe des Wanderungssaldo und des Geburten- oder Sterbeüberschusses.

Zu 1: Fertilität – die Entwicklung der Geburtenhäufigkeit

Die Fertilität umfasst die Zahl der Lebendgeburten und wird durch zahlreiche kulturelle, soziale, wirtschaftliche und gesundheitliche Faktoren beeinflusst, die in Indikatoren wie der Lebensform oder der Zahl der Schwangerschaftsabbrüche ihren Niederschlag finden.

Während des „**Ersten Geburtenrückgangs**" (um 1900) bildete sich die heutige so genannte Normalfamilie heraus, die zwei Generationen umfasst. Die Kinderzahl pro Frau verringerte sich von 4,68 Kinder im Jahre 1890 auf 2,92 Kinder im Jahre 1915. Die folgenden kurzzeitigen drei Geburtenrückgänge sind auf die beiden Weltkriege und die Weltwirtschaftskrise zurückzuführen, denen jedoch ausgleichende Geburtenhochs folgten (Timing-Effekt). Nach dem letzten Geburtenhoch in Westdeutschland, dem so genannten Goldenen Zeitalter von Ehe und Familie bis zum Jahre 1965, setzte der „**Zweite Geburtenrückgang**" ein (vgl. BIB, 2004, S. 19 ff.). Ausgelöst durch Individualisierungstrends und gesellschaftlich akzeptiert, konnten sich abweichende kinderlose Formen des Zusammenlebens etablieren (vgl. BIB, 2004, S. 21). In Westdeutschland herrscht unter anderem daher bereits seit 1975 ein eher niedriges Geburtenniveau bei circa 1,4 Kindern pro Frau. Weiterhin ist ein stetiger Anstieg des Heiratsalters, eine zunehmende Bedeutung nichtehelicher Lebensformen und ein hohes Scheidungsrisiko beobachtbar (vgl. BIB, 2008b, S. 5 ff.). Die durchschnittliche Zahl der Personen pro Haushalt betrug im Jahre 2008 laut Mikrozensus nur noch 2,05 Personen im Vergleich zu 2,27 Personen pro Haushalt im Jahre 1991 (vgl. StatBA, 2009).

Demgegenüber führten familienpolitische Maßnahmen in Ostdeutschland nach einem Geburteneinbruch aufgrund der Legalisierung der Schwangerschaftsverhütung im Jahre 1972 zu einem schnellen Wiederanstieg. Die erste Zeit der Systemtransformation im Zuge der Wiedervereinigung Deutschlands führte aber zu solch großen Unsicherheiten, dass die zusammengefasste Geburtenziffer zwischen 1990 und 1994 von 1,52 auf 0,77 abfiel und zugleich die niedrigste ist, die jemals in der Welt registriert wurde (so genannter **demografischer Schock**, vgl. BIB, 2004, S. 22).

Mittlerweile haben sich die Geburtenziffern in Ost- und Westdeutschland angenähert und lagen im Jahre 2007 bei 1,37 Kindern pro Frau für Gesamtdeutschland (vgl. BIB, 2008b, S. 6). Jeder Kinderjahrgang wird also etwa um ein Drittel kleiner als seine Elterngeneration sein. Damit ist Deutschland ein **Niedrig–Fertilitätsland**, denn es werden weniger Kinder geboren, als für den Ersatz der Elterngeneration (2,1 Kinder) notwendig wäre. Die niedrige Fertilität trägt zur Überalterung der Bevölkerung in Deutschland bei.

Insgesamt findet die Familiengründung heute (wenn überhaupt) später statt. Die Geburtenhäufigkeit der unter 30-Jährigen nimmt ab und wird bisher weitgehend durch den Anstieg der Geburtenhäufigkeit der über 30-Jährigen kompensiert (vgl. StatBA, 2008a, S. 17 f.). Von den zwischen 1931 bis 1942 geborenen Frauen hatten mindestens 66% drei Kinder. Kinderlosigkeit gab es zu rund 14%. In den Geburtsjahrgängen von 1952 bis 1961 hatten bereits 19% der Frauen keine und nur noch 22% mehr als zwei Kinder. Diese Situation ist historisch nicht neu, indes aber die Tatsache, dass es sich erstmals nicht um die Folge einer sozialen Krisensituation handelt. Der Anteil kinderloser Frauen wächst mit steigendem Bildungsstand und beträgt unter den Akademikerinnen der Geburtsjahrgänge 1931 bis 1961 insgesamt 29%. Weiterhin verzichten gehäuft Paare mit einem relativ niedrigen Einkommen auf Kinder, um ihren Lebensstandard zu halten (vgl. BIB, 2004, S. 26 f.; StatBA, 2008a, Anhang B).

Dabei wünscht sich die die Hälfte der 20- bis 34-jährigen Frauen durchschnittliche zwei Kinder, 19% möchten nur ein Kind, lediglich 14% bevorzugen ein Leben ohne Kinder. Fehlende Betreuungsmöglichkeiten sowie hohe Kosten für Kinder werden dabei als die beiden Hauptgründe für die geringe Geburtenrate wahrgenommen:

- 80% der Frauen in Deutschland sehen einen Zielkonflikt zwischen Beruf und Familie,
- 60% erhebliche berufliche Nachteile und
- 53% starke finanzielle Einschränkungen.

Das bestätigen insbesondere die jungen Frauen, die bereits ein Kind haben. Die Hälfte dieser Gruppe wünscht sich keinen weiteren Nachwuchs (vgl. Perspektive Deutschland, 2004, S. 42 ff.; StatBA, 2008a, S. 27 f.).

Zu 2: Mortalität – die Entwicklung der Sterblichkeit

Die Mortalität beschreibt die Sterblichkeit der Bevölkerung anhand von Kennzahlen und wird von Faktoren wie Alter, Geschlecht, Volksgruppe und sozialer Schicht beeinflusst. Sie ist ein Indikator für den Lebensstandard und die Gesundheitsversorgung einer Bevölkerung.

Seit dem Beginn der amtlichen Statistik um 1871 kann in Deutschland (mit Ausnahme der Kriegsjahre) durch Fortschritte in der medizinischen Versorgung, der Hygiene, der Ernährung, der Wohnsituation sowie durch verbesserte Arbeitsbedingungen und gestiegenen materiellen Wohlstand ein kontinuierlicher Rückgang der Sterblichkeit und ein Anstieg der Lebenserwartung beobachtet werden (**Epidemiologischer Übergang**, vgl. Spree, 1998, S. 11). Die Sterblichkeit ist seit dem Ende des 19. Jahrhunderts zunächst vor allem bei Säuglingen und Kindern stark zurückgegangen, ab der zweiten Hälfte des 20. Jahrhunderts auch bei älteren Menschen. Infektionskrankheiten, wie Tuberkulose, wurden im Laufe der Zeit von Zivilisationskrankheiten, wie Krebs und Herz-Kreislauf-Erkrankungen, abgelöst, die verstärkt im hohen Alter als dominante Todesursache auftreten.

3.2 Einflussgrößen der Bevölkerungsentwicklung   *Lebenser*

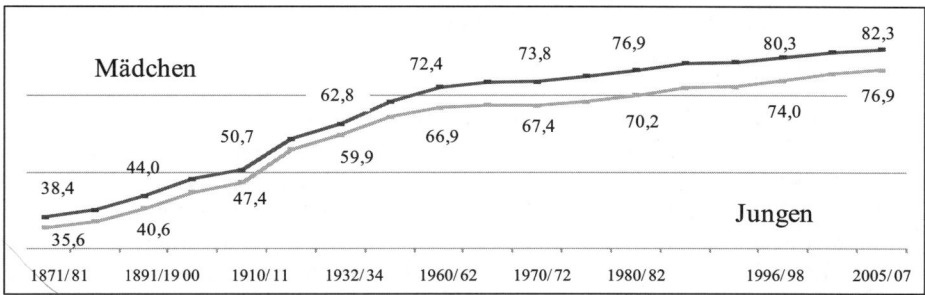

Abb. 3.2 *Entwicklung der Lebenserwartung Neugeborener seit 1871/1881; Quelle: eigene Darstellung nach Daten des StatBA, 2006a, S. 38; BIB, 2008b, S. 9*

derzeitige Lebenserwart.

Die Lebenserwartung Neugeborener betrug 1871 für Jungen 35,6 Jahre und für Mädchen 38,4 Jahre. Nur etwa 65% der Jungen und 68% der Mädchen erreichten das fünfte Lebensjahr. Seither hat sich die Lebenserwartung Neugeborener verdoppelt. Sie lag 2006 für Männer bei 76,9 Jahren und für Frauen bei 82,3 Jahren (vgl. BIB, 2008b, S. 9). Heute erreichen rund 99,6% aller Kinder das fünfte Lebensjahr (vgl. StaBA, 2006a, S. 36 f.).

1871 wurden nur etwa ein Drittel der Menschen älter als 60 Jahre, 2004 bereits rund 90%. Auch die fernere Lebenserwartung, die eine Person ab 60 Jahre noch erwarten kann, stieg von 72,1 Jahren für Männer und 72,7 Jahren für Frauen (1871/1881) auf 80,8 Jahre für Männer und 84,6 Jahren für Frauen in 2005/2007 (vgl. StatBA, 2006a, S. 37 f.).

Die Bevölkerungsstatistik konnte in fast allen Gesellschaften und bis heute stets eine höhere Lebenserwartung für Frauen nachweisen. Die für die geschlechtsspezifischen Mortalitätsunterschiede angeführten Hypothesen sind entweder biologisch orientiert (zum Beispiel Genetik und Hormonhaushalt) oder verhaltensorientiert (zum Beispiel risikoreicher oder risikoarmer Lebensstil). Sie liefern jedoch einzeln betrachtet keine ausreichende Erklärung des Phänomens. Die kurzfristige Entwicklung zeigt neben einer zunehmenden Lebenserwartung für beide Geschlechter seit 1978/1980 auf eine zunehmende Angleichung dieser Differenz. Mögliche Ursachen hierfür sind das allmähliche Aussterben derjenigen Männerjahrgänge, die durch den Krieg Gesundheitsschäden und damit eine höhere Sterblichkeit aufweisen oder die Angleichung von gesundheitsrelevanten Verhaltensweisen (vgl. BIB, 2004, S. 44).

Zu 3: Migration – die Entwicklung der Wanderungen

Migration, oder auch Wanderung, ist eine auf Dauer angelegte räumliche Veränderung des Lebensmittelpunktes. Man unterscheidet in Binnenwanderungen über die Grenzen von Teilgebieten eines Landes und in Außenwanderungen über die Grenzen eines Landes (vgl. BIB, 2004, S. 47). Vor allem bei der Außenwanderung vollzieht sich neben der räumlichen auch eine soziale Mobilität, die von den Migranten eine Integration in die Aufnahmegesellschaft erfordert. Laut OECD sind die häufigsten Wanderungsgründe (vgl. Lemaitre, 2007, S. 8):

- die Arbeit,
- die mit der Arbeit verbundene Begleitung durch Familienangehörige,

- die Familienzusammenführung und Familienbildung,
- humanitäre und andere Gründe.

Binnenwanderungen sind in Deutschland durch die regionalen Arbeits-, Bildungs- und Wohnungsmärkte getrieben. Die Haupttrends der letzten Jahre waren Nordsüdwanderungen und Ostwestwanderungen. Von 1990 bis 2006 verloren die neuen Bundesländer rund 1,3 Millionen Menschen: 2,8 Millionen Personen wanderten in die westlichen Bundesländer, hingegen nur 1,5 Millionen in die neuen Bundesländer. Der Abwanderungstrend verläuft alters- und geschlechtsspezifisch sowie räumlich sehr selektiv. Entsprechend konzentrieren sich die Abwanderungen auf ländliche und strukturschwache Regionen. Die jüngeren Altersgruppen, insbesondere jüngere Frauen, wandern verstärkt ab. Die beliebtesten Zuzugsregionen sind die südlichen Bundesländer (vgl. BIB, 2008a, S. 54 f.).

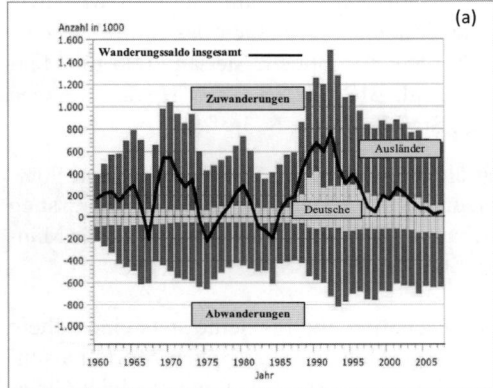 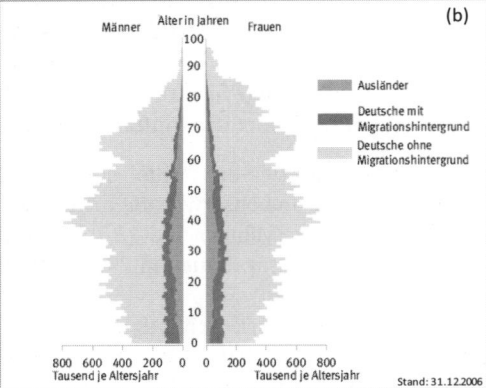

Abb. 3.3 (a) Außenwanderungen von Deutschen und Ausländern in 1000, Deutschland 1960 bis 2007; Quelle: BIB, 2008b, S. 10 mit eigenen Ergänzungen; (b) Altersaufbau der deutschen Bevölkerung nach Migrationshintergrund, Stand: 31.12.2006; Quelle: StatBA, 2008b, S. 37

Bis 2002 konnte der Geburtenrückgang in Deutschland durch positiven Außenwanderungssalden (200.000 bis 300.000 Personen pro Jahr) kompensiert werden, so dass die Bevölkerungszahl weiterhin leicht anstieg. Seit 2001 sinkt jedoch die Zahl der Zuwanderungen und steigt die Zahl der Abwanderungen. Der 1950 in Westdeutschland einsetzende Wirtschaftsaufschwung führte zu einem wachsenden Bedarf an Arbeitskräften, der nach dem Bau der Berliner Mauer durch ausländische Arbeitsmigranten gedeckt wurde. Auch nach dem Anwerbestopp 1973 gab es regelmäßig positive Wanderungssalden. Entsprechend stieg auch der Ausländeranteil auf 6,7 Millionen (etwa 8,5%) im Jahre 2007 (vgl. StatBA, 2008b, S. 47). Von den 15,3 Millionen Einwohnern mit Migrationshintergrund (etwa 19%) im Jahre 2005 lebten 96% in den alten Bundesländern und Berlin (vgl. BIB, 2008a, S. 20 f.).

Die ausländischen Migranten sind im Durchschnitt 37,3 Jahre alt (vgl. StatBA, 2008b, S. 47). Ihr Qualifikationsniveau ist eher heterogen: 65% der westeuropäischen und 50% der außereuropäischen Neuzuwanderer verfügen über das (Fach-) Abitur oder einen äquivalenten Abschluss. Von den aus dem sonstigen Europa neu zugewanderten sind es jedoch nur 40% (vgl. BIB, 2008a, S. 58).

Die Abwanderung deutscher Staatsbürger hat sich seit 1970 (rund 50.000 Abwanderungen pro Jahr) fast verdreifacht (rund 139.000 Abwanderungen im Durchschnitt der Jahre 2002 bis 2006) und konnte in den letzten Jahren immer weniger durch Zuwanderung kompensiert werden. Immer mehr Deutsche sind demnach international unterwegs, zu drei Viertel im europäischen Ausland (vgl. BIB, 2008b, S. 10). Die Wanderungsbilanz der Deutschen ist auch in höheren Altersstufen positiv, wobei sich auch immer mehr Nettoabwanderungen der Altersstufen zwischen 20 und 40 Jahren abzeichnen (vgl. StatBA, 2006a, S. 48).

3.3 Aufbau und Struktur der deutschen Bevölkerung heute und in Zukunft

3.3.1 Altersaufbau der deutschen Bevölkerung

Im Jahre 2006 lebten insgesamt 82,3 Millionen Menschen in Deutschland (42 Millionen Frauen und 40,3 Millionen Männer).

Die Alters- und Geschlechterverteilung weist dabei diverse Ausbuchtungen, Einschnitte und Ungleichverteilungen auf. In den höchsten Altersgruppen gibt es deutlich mehr Frauen als Männer. Die mittleren Altersklassen umfassen die zahlenmäßig stärksten Jahrgänge. Durch das Nachkriegsgeburtenhoch mit einem anschließend schnellen Geburtenrückgang (1965 und 1975) auf ein äußerst niedriges Geburtenniveau bildete sich eine **demografische Welle** heraus. Die nachwachsenden Jahrgänge werden im Trend immer kleiner.

Aufgrund des hohen Anteils an älteren Menschen und des hohen **Medianalters** (Alter, das von je genau der Hälfte der Bevölkerung über- oder unterschritten wird) von 42,1 Jahren im Jahre 2005 im Vergleich zu 27,9 Jahren weltweit (vgl. UNPD, 2009), wird die deutsche Bevölkerung als „alt" bezeichnet. Sie weist ein nur sehr geringes Wachstumspotenzial auf.

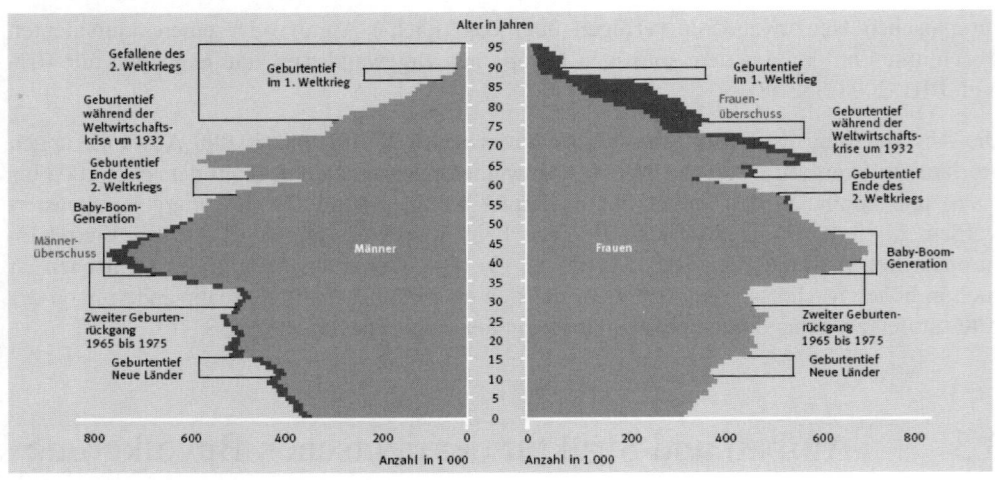

Abb. 3.4 Altersaufbau der Bevölkerung Deutschlands, Stand: 31.12.2006; Quelle: BIB, 2008a, S. 25

3.3.2 Annahmen über die zukünftige Entwicklung

Basierend auf Annahmen über die weitere Entwicklung der Fertilität, Mortalität und Migration kann die zukünftige Bevölkerungsentwicklung vorausberechnet werden. Die größte Herausforderung besteht in der Festlegung und Begründung der Hypothesen. Verschiedene Institutionen legen unterschiedliche Annahmen zugrunde und variieren innerhalb ihrer Berechnungen, so dass Bevölkerungsprojektionen erheblich voneinander abweichen können.

3.3 Aufbau und Struktur der deutschen Bevölkerung heute und in Zukunft

Tab. 3.2 Annahmen zur Vorausberechnung der Bevölkerungsentwicklung in Deutschland; Quelle: StatBA, 2006a und 2006b; Eurostat, 2008; UNPD, 2009

Institut	Bezeichnung der Variante	Geburtenhäufigkeit bis 2050 (Kinder pro Frau)	Lebenserwartung bei Geburt, 2050 (Jahre)		Wanderungssaldo p.a. bis 2050 (Personen)
			Männer	Frauen	
Statistisches Bundesamt (StatBA)	Variante 1 - W1/W2	1,40	83,5	88,0	100.000 (W1) 200.000 (W2)
	Variante 2 - W1/W2		85,4	89,8	
	Variante 3 - W1/W2	1,60	83,5	88,0	
	Variante 4 - W1/W2		85,4	89,8	
	Variante 5 - W1/W2	1,20	83,5	88,0	
	Variante 6 - W1/W2		85,4	89,8	
Statistisches Amt der Europäischen Gemeinschaften (Eurostat)	Basisvariante	1,45	82,0	86,9	179.196
	hohe Bevölkerungsvar.	1,75	83,8	88,3	313.564
	niedrige Bevölkerungsvar.	1,25	80,5	85,6	89.128
	Var. ohne Wanderung	1,45	82,0	86,9	0
	Var. hohe Fruchtbarkeit	1,75	82,0	86,9	179.196
	Var. mit jüngerem Profil	1,75	80,5	85,6	313.564
	Var. mit älterem Profil	1,25	83,8	88,3	89.128
United Nations Population Division (UNPD)	Low variant	1,35	81,8	87,0	110.000
	Medium variant	1,85			
	High variant	2,35			
	Constant-fertility var.	1,32			
	Constant-mortality var.	1,85	77,8	83,1	
	No-change var.	1,32			
	Zero-migration var.	1,85	81,8	87,0	0

Das Statistische Bundesamt (StatBA) berechnet in der 11. koordinierten Bevölkerungsvorausberechnung (2006) insgesamt zwölf Szenarien, die in zwei Blöcken (W1/W2) mit je sechs Varianten zusammengefasst werden. Das Statistische Amt der Europäischen Gemeinschaften (Eurostat) kombiniert seine Annahmen zu insgesamt sieben Varianten. Die Bevölkerungsabteilung der Vereinten Nationen (United Nations Population Division, UNPD) geht ebenfalls von sieben Varianten aus und variiert hauptsächlich die Geburtenraten.

3.3.3 Schrumpfung

Durch die stetige Abnahme der Geburten und die parallele Zunahme der Sterbefälle wird sich die Einwohnerzahl von 82,3 Millionen (2006) auf 68,4 Millionen beziehungsweise 74 Millionen (2050) reduzieren (StatBA, 2006b, V1-W1/W2). Die Bevölkerungszahl wird damit unter das Niveau des Jahres 1963 (rund 75 Millionen Personen) fallen. Der Schrumpfungsprozess ist ab 2020 besonders drastisch, da die hohen Sterbeüberschüsse nicht mehr durch Wanderungsgewinne kompensiert werden können. Dafür müsste sich der jährliche Einwanderungsüberschuss bis 2050 (und darüber hinaus) auf 700.000 Personen vervielfachen (vgl. Birg, 2007, S. 11).

3.3.4 Alterung

Die deutsche Bevölkerung schrumpft nicht nur, sie altert zudem. Zukünftig wird es weniger junge und immer mehr ältere Menschen geben, die überdies länger leben. Die bereits geringe Geburtenzahl wird weiter zurückgehen und unter dem Ersatzniveau von 2,1 Kindern pro Frau bleiben. Damit sinkt auch die Anzahl potenzieller Mütter immer weiter, da die Mädchenjahrgänge immer kleiner als die ihrer Mütter sein werden. Durch die Verringerung der Sterblichkeit rücken die geburtenstarken Jahrgänge in ein immer höheres Lebensalter vor. Damit wird sich die Alterung in den nächsten Jahren weiter beschleunigen.

In Zahlen und Relationen ausgedrückt bedeutet dies folgendes:

- Das Medianalter der Bevölkerung steigt von 42,1 Jahren (2005) auf 49,4 Jahre (2050). Die Lebensmitte verschiebt sich also auf spätere Lebensjahre und fast die Hälfte der Bevölkerung wird im Jahre 2050 älter als 50 Jahre sein (vgl. UNPD, 2009).
- 2050 wird es doppelt so viele ältere wie jüngere Menschen geben. Einem Neugeborenen werden dann mindestens zwei 65-Jährige gegenüberstehen. Der Anteil der älteren Bevölkerung ab 65 Jahre hätte sich dann in nur 180 Jahren nahezu versiebenfacht (vgl. BIB, 2008a, S. 29).
- Die Alterung der deutschen Bevölkerung wird zukünftig von Hochbetagten über 80 Jahren dominiert. Bis 2050 wird deren Anteil auf 15% steigen und wäre dann genau so hoch wie der der unter 20jährigen (vgl. BIB, 2008a, S. 29).
- Der Anteil der Personen unter 20 Jahren an 100 Personen der Erwerbsbevölkerung (**Jugendquotient**) wird hingegen auf 15% bis 2050 weiter abnehmen. 2005 betrug dieser noch 33%. Die Zahl der unter 20-Jährigen wird von 16,5 Millionen (2005) auf rund 10,4 Millionen (2050) schrumpfen und damit auch die Zahl der Kinder im Schul- und Auszubildendenalter (vgl. StatBA, 2006b, Variante 1-W1).
- Das Verhältnis der Personen im Rentenalter (ab 65 Jahre) zu 100 Personen im erwerbsfähigen Alter von 20 bis 64 Jahren (**Altenquotient**) wird sich von 32% in 2005 auf 64% in 2050 verdoppeln. Anders ausgedrückt: Der Bevölkerung im Erwerbsalter stehen künftig immer mehr Senioren gegenüber. Auch bei einer Heraufsetzung des Rentenalters auf 67 würde der Altenquotient im Jahre 2050 deutlich auf 56% ansteigen (vgl. StatBA, 2006b, Variante 1-W1).
- 2005 entfielen auf 100 Personen im erwerbsfähigen Alter (20 bis 64 Jahre) insgesamt 65 Personen, die noch nicht (jünger als 20 Jahre) oder nicht mehr (älter als 65 Jahre) im Erwerbsalter sind (**Abhängigenquotient**). Im Jahre 2030 werden es bereits über 80 Personen, im Jahre 2050 dann 94 Personen sein (vgl. StatBA, 2006b, Variante 1-W1).
- Auch die Bevölkerung im erwerbsfähigen Alter wird zukünftig stark durch die Älteren geprägt sein. Die Gruppe der 30- bis 49-Jährigen schrumpft von 50% in 2005 auf rund 43% in 2050 und der Anteil der Altersgruppe ab 50 Jahren steigt von 30% in 2005 auf rund 40% in 2050 (vgl. StatBA, 2006a, S. 6).

- Der Alterungsprozess ist in den nächsten Jahren weder durch Zuwanderung aus dem Ausland noch durch eine Erhöhung der Geburtenrate zu stoppen. Wollte man die demografische Alterung durch die Einwanderung Jüngerer aufhalten, wäre bis 2050 ein Wanderungsgewinn von 188,5 Millionen Menschen oder alternativ eine Verdreifachung der Geburtenrate erforderlich (vgl. BIB, 2004, S. 63 f.; Birg, 2007, S. 11).

3.3 Aufbau und Struktur der deutschen Bevölkerung heute und in Zukunft

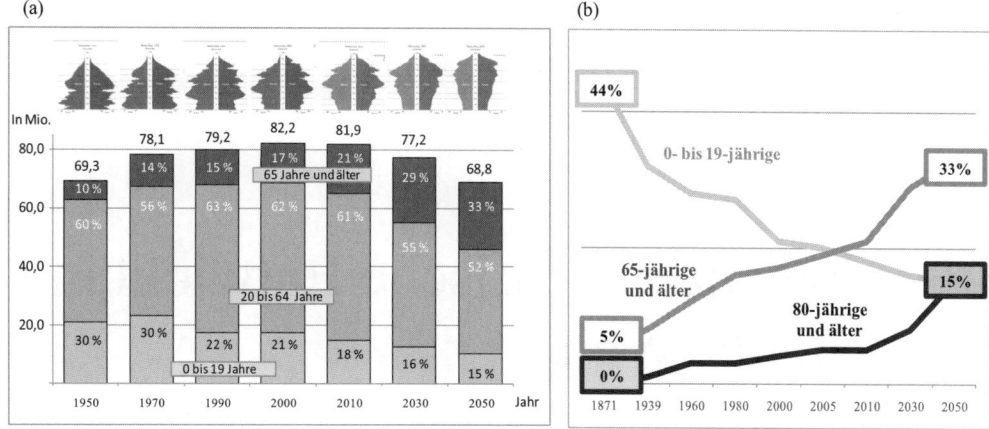

Abb. 3.5 (a) Bevölkerungsentwicklung und Altersstruktur in Deutschland absolut und in Anteilen (Prozent) der Altersgruppen von 1950 bis 2050; Quelle: eigene Darstellung nach Daten und Abbildungen des StatBA, 2006b und 2006c, Variante 1 – W1.
(b) Anteil der jeweiligen Bevölkerungsgruppe an der Gesamtbevölkerung Deutschlands von 1871 bis 2050 (Prozent); Quelle: eigene Darstellung nach Daten des BIB, 2008a, S. 28

3.3.5 Heterogenisierung Zuwanderung

Mit einem angenommenen jährlichen positiven Wanderungssaldo von 100.000 oder 200.000 Zuwanderern (vgl. StatBA, 2006a, S. 52) ist auch eine deutliche Veränderung der Bevölkerungsstruktur verbunden: Der Anteil der residenten Bevölkerung schrumpft, wogegen der Anteil der Zugewanderten von 8,5% auf 19,6% in 2030 und auf 27,9% bis zum Jahr 2050 steigen würde. Ab 2025 wird die Zahl der Migranten (15,2 Millionen) die Zahl der Einwohner in den neuen Bundesländern (12,4 Millionen) sogar übersteigen (vgl. Birg, 2003, S. 13). Deutschland würde sich immer mehr zu einem Einwanderungsland mit kultureller und ethnischer Vielfalt entwickeln.

3.3.6 Vereinzelung

Die Lebensverläufe zwischen den heutigen und früheren Generationen lassen bereits jetzt große Unterschiede erkennen. Traditionelle Biografien, die sich an Ehe und Familie orientieren, werden von neuen Lebensformen abgelöst. Diese Entwicklung begründet das Entstehen zahlreicher Klein- und Singlehaushalte.

So lebten im Jahre 2007 von den rund 20,5 Millionen Menschen ab 60 Jahren 18,4 Millionen in Ein- und Zweipersonenhaushalten. Im Jahre 2025 wird es erheblich mehr Menschen in dieser Altersgruppe geben als heute, von denen voraussichtlich 24,5 Millionen in Ein- und Zweipersonenhaushalten leben werden (vgl. BIB, 2008a, S. 66).

Trotz einer abnehmenden Bevölkerung wird die Zahl der Haushalte in den nächsten Jahrzehnten daher von rund 39,5 Millionen (2007) auf 40,5 Millionen (2025) steigen. Die Haushaltsgröße wird indes weiter sinken (vgl. BIB, 2008a, S. 64 ff.).

4 Die demografische Entwicklung in der Welt

4.1 Wachstum

Die Zahl der Menschen stieg bis in die jüngere Vergangenheit nur sehr langsam an, da einer hohen Geburtenrate stets eine geringe Lebenserwartung entgegenstand (vgl. Herden, 2007). Erst zu Beginn des 19. Jahrhunderts überstieg die Welteinwohnerzahl die Milliardengrenze. Seit dem Jahr 1927 beschleunigte sich das Wachstum drastisch. In nur 100 Jahren hat sich die Weltbevölkerung auf gegenwärtig rund 6,7 Milliarden Menschen vervierfacht.

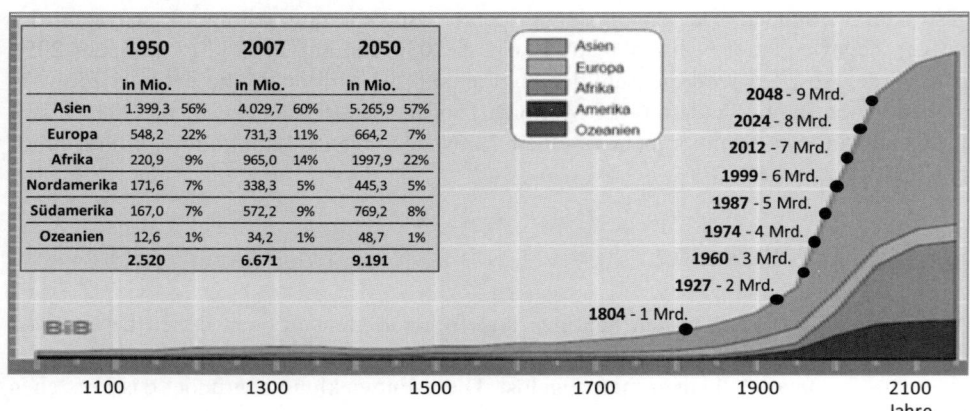

Abb. 4.1 Entwicklung der Weltbevölkerung nach Kontinenten sowie regionale Verteilung der Weltbevölkerung in den Jahren 1950, 2007 und 2050 (absolut und relativ); Quelle: BIB 2004, S. 74; eigene Ergänzung nach Daten der UNPD, 2009

4.1 Wachstum

Bei einem anhaltenden Wachstum von derzeit 1,18% pro Jahr kämen jährlich rund 76 Millionen Menschen hinzu (vgl. UNPD, 2009). Sofern die Geburtenzahl pro Frau von heute 2,55 weltweit bis 2050 unter das Ersatzniveau von 2,1 sinkt, gäbe es dann 9,1 Milliarden Menschen (vgl. UNPD, 2009, Medium Variant). Aufgrund des demografischen Übergangs ist langfristig eher davon auszugehen, dass die Zahl der Menschen weltweit auf diesem Stand stagnieren wird. Bliebe die Fertilitätsquote konstant, würde die Weltbevölkerung bis 2050 auf über 11 Milliarden Menschen anwachsen (vgl. UNPD, 2009, High Variant).

Die meisten Industrieländer haben bereits seit längerem die **posttransformative Phase** des demografischen Übergangs erreicht oder überschritten. Die Fertilitätsrate liegt bei gegenwärtig rund 1,6 Kindern pro Frau mit Ausnahme der USA mit 2,0. Nordamerika mit derzeit 340 Millionen Einwohnern wird weiter um nahezu 1% wachsen. Der moderate Bevölkerungsanstieg in Europa auf aktuell 732 Millionen stagniert hingegen und wird zukünftig sinken (vgl. UNPD, 2009). Waren 1930 zum Höhepunkt der europäischen Dominanz insgesamt 35% der Weltbevölkerung europäischen Ursprungs (vgl. Sinding, 2007), werden 2050 nur noch 7,1% der Weltbevölkerung in Europa leben (vgl. UNPD, 2009).

Die meisten Entwicklungsländer befinden sich dagegen in der **Transformationsphase** des demografischen Übergangs und wachsen sehr schnell. Das Verhältnis der Bevölkerungszahlen zwischen den OECD–Ländern und den nichtentwickelten Regionen betrug 1950 0,82 Millionen zu 1,7 Millionen Menschen und wird auf 1,25 Millionen zu 7,9 Millionen Menschen im Jahre 2050 ansteigen (vgl. Swiaczny, 2005, S. 15). **Zu 99% findet das Bevölkerungswachstum in den Entwicklungs- und Schwellenländern statt** (vgl. Haub, 2002, S. 11):

- In Asien lebt heute mehr als die Hälfte der Weltbevölkerung (gut 4 Milliarden Menschen), davon allein 2,4 Milliarden Menschen in China und Indien (vgl. UNPD, 2009). Im Jahr 2050 wird Asien rund 5,2 Milliarden Einwohner haben (vgl. UNPD, 2009, Medium Variant).
- Afrika mit aktuell fast einer Milliarde Menschen verzeichnet mit jährlich 2,3% (vgl. UNPD, 2009) das höchste Bevölkerungswachstum, welches jemals in der Menschheitsgeschichte erreicht wurde (vgl. Münz, Ulrich, 2006). AIDS ist im subsaharischen Afrika, wo gemäß UNAIDS 70% aller weltweit AIDS-Infizierten leben, die häufigste Todesursache und wird noch zu einer eklatanten Veränderung der Bevölkerungszusammensetzung führen (vgl. Swiaczny, 2005, S. 44). Die Lebenserwartung reduziert sich durch Aids drastisch, demgegenüber bekommen die Frauen in Afrika nach wie vor durchschnittlich mehr als fünf Kinder, so dass es bis 2050 nahezu 2 Milliarden Menschen auf dem afrikanischen Kontinent geben wird (vgl. Münz, 2007b; UNPD, 2009).
- Auch die Bevölkerung Südamerikas wird von derzeit 572 Millionen Einwohnern bis 2050 auf rund 770 Millionen Bewohner anwachsen.

Die Geburtenraten gehen überall auf der Welt zurück oder bleiben zumindest stabil. Die explosionsartige globale Bevölkerungszunahme um rund 2,7 Milliarden in den letzten 30 Jahren ist daher auf eine Zunahme der Lebenserwartung weltweit zurückzuführen. Die Lebenserwartung liegt heute im weltweiten Durchschnitt mit 66,4 Jahre für beide Geschlechter dort, wo sie in ganz Europa um 1950 mit 65,8 Jahre für beide Geschlechter lag (vgl. UNPD, 2009).

4.2 Alterung

Aufgrund der weltweit sinkenden Geburtenhäufigkeit und einer zunehmenden Lebenserwartung altert die Weltbevölkerung, was in der Menschheitsgeschichte neuartig ist. Insbesondere China altert aufgrund des starken Geburtenrückgangs durch die Ein–Kind–Politik schneller als die Industrienationen (vgl. Klingholz, 2005). Das Medianalter der Weltbevölkerung lag 2005 bei 27,9 Jahren und wird bis 2050 vermutlich auf 38,4 Jahre steigen. Das Medianalter Afrikas ist mit nur 19,1 Jahren gerade halb so hoch wie in den Industrienationen. In den Entwicklungsländern sind rund 31% der Bevölkerung jünger als 15 Jahre, in Afrika sogar 41,2%. Daher betrug der Anteil älterer Menschen über 60 Jahre 2005 weltweit nur rund 10%, wird aber auf fast 22% in 2050 steigen (vgl. UNPD, 2009).

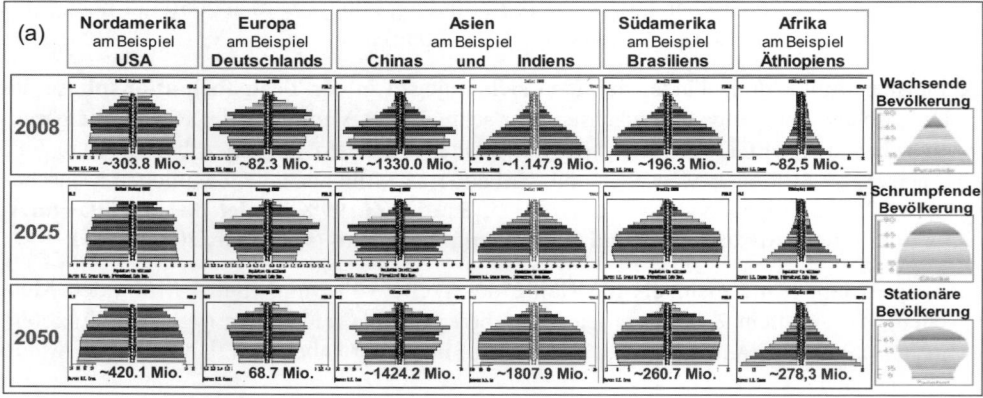

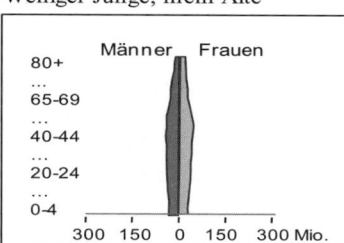
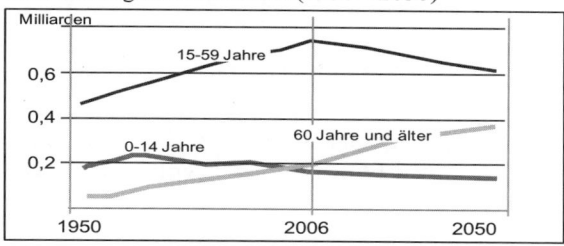
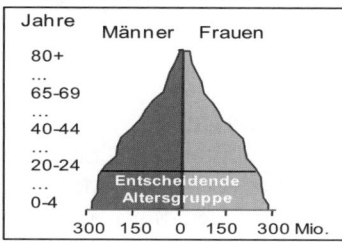
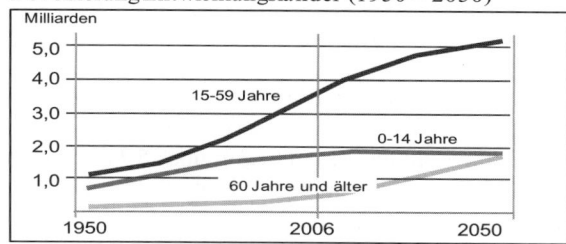

Abb. 4.2 (a) Entwicklung der Bevölkerungsstruktur in ausgewählten Ländern Nordamerikas (USA), Europas (Deutschland), Asiens (China, Indien), Südamerikas (Brasilien), Afrikas (Äthiopien) von 2008 bis 2050; Quelle: eigene Darstellung mit Daten und Abbildungen des U.S. Census Bureau, International Data Base (last update: 18.09.2008);
(b) Bevölkerung der Entwicklungs- und Industrieländer nach Alter und Geschlecht (2004); Quelle: eigene Darstellung, angelehnt an DSW, 2005, S. 3;
(c) Entwicklung der Bevölkerung der Entwicklungs- und Industrieländer nach Altersgruppen (1950 bis 2050); Quelle: eigene Darstellung, angelehnt an UNPD, 2007

Die Bevölkerung im erwerbsfähigen Alter wird global zukünftig weiterhin jung sein, auch wenn sie in den Industrieländern stark altert. Der Abhängigenquotient liegt in Afrika nahe 100% und beginnt erst langsam zu fallen. Die entwickelten Länder hingegen haben bereits seit etwa 20 Jahren einen mit durchschnittlich 50% recht niedrigen Abhängigenquotienten, der jedoch aufgrund der alternden und zugleich schrumpfenden Gesellschaft wieder zu steigen beginnt (vgl. BIB, 2008a, S. 75).

4.3 Verstädterung

1950 lebten 29% aller Menschen (0,7 Milliarden) in Städten. Gegenwärtig sind es 50% (über 3 Milliarden Menschen, davon 2 Milliarden in Asien und Afrika). Bis 2050 wird sich der Anteil auf rund 70% (6,4 Milliarden Menschen) erhöhen. Bereits bis heute stieg die absolute Zahl der Stadtbevölkerung in Afrika und Asien um ein Vielfaches an. 2050 werden hier etwa

74% (4,7 Milliarden Menschen) der weltweiten Stadtbevölkerung leben (vgl. UNPD, 2008). Dies ist hauptsächlich auf das Bevölkerungswachstum, sowie auf Migranten aus ländlichen Gebieten zurückzuführen (vgl. bpb, 2006b).

Die Verstädterung konzentriert sich immer mehr auf die städtischen Agglomerationen mit mehr als einer Million Einwohner (Metropolen). Der **Metropolisierungsgrad** lag 1950 weltweit bei 7%, 2005 bereits bei 47%. 1960 gab es weltweit zwei Megastädte mit mehr als 10 Millionen Einwohnern (New York, Tokio). 2005 waren es bereits 20 Megastädte, von denen 16 in den Entwicklungsländern liegen. Das Weltbevölkerungswachstum wird daher fast ausschließlich ein Wachstum der Stadtbevölkerung sein (vgl. Bähr, 2007).

4.4 Wanderungen

Weltweit stieg die Zahl der Menschen, die außerhalb ihres Geburtslandes leben, von 75,5 Millionen im Jahr 1960 auf 190,6 Millionen im Jahr 2005 (vgl. UNPD, 2006b, S. 1). Damit hat sich die Zahl der Migranten in nur 45 Jahren mehr als verdoppelt. Rund 45% immigrierten 2005 in nur sieben Staaten: Die USA (38,4 Millionen), Russland (12,1 Millionen), Deutschland (10,1 Millionen) und die Ukraine, Frankreich, Saudi-Arabien, Kanada (je etwas über 6 Millionen, UNPD, 2006b, S 3). Die Nettozuwanderung in die ökonomisch entwickelten Staaten wird bis 2050 bei rund 97 Millionen (ungefähr 2,2 Millionen pro Jahr) liegen. Die meisten Migranten werden aus China, Mexiko, Indien, Philippinen, Indonesien, Pakistan und der Ukraine stammen (vgl. bpb, 2006a).

Die Vorteile von Wanderungen liegen für die Zielländer beispielsweise in den zusätzlichen Arbeits- und Nachfragepotenzialen. Die Herkunftsländer profitieren durch den Wissenstransfer der Rückkehrer sowie durch die Auslandsüberweisungen der Migranten (vgl. BIB, 2004, S. 82). Letztere sind zu einem unverzichtbaren Wirtschaftsfaktor für die Heimatstaaten geworden und haben sich zwischen 1990 und 2004 von 69 Milliarden auf 228 Milliarden US-Dollar erhöht. Das entspricht im Nahen Osten, Nordafrika und Südasien über 3,5% des Bruttoinlandsprodukts (vgl. bpb, 2006a).

Die internationalen Wanderungen bergen jedoch vor allem für die weniger entwickelten Länder aus zwei Gründen **Risiken**:

1. ein wachsender Teil der globalen Flüchtlingsströme wird in den betroffenen Regionen selbst aufgenommen (vgl. Swiaczny, 2005, S. 49) und
2. hochqualifizierte Fachkräfte aus den Entwicklungs- und Schwellenländern kehren nach ihrer Ausbildung im Ausland häufig nicht wieder in ihr Land zurück. Dieser Braindrain gefährdet die potenziellen Entwicklungschancen der betroffenen Staaten (vgl. Schlemmer-Schulte, 2006, S. 35). Beispielsweise verlassen in Indien etwa 60% der Absolventen der Technischen Universitäten ihr Land. Im Silicon Valley gehören inzwischen 37% der Unternehmen Indern und Chinesen. Der Anteil der außerhalb der USA geborenen Führungskräfte wird dort auf 25% geschätzt (vgl. bpb, 2006a; Zöpel, 2006, S. 7).

4.5 Folgen der demografischen Entwicklung weltweit

Die internationalen Auswirkungen der demografischen Veränderungen sind eng verknüpft mit Themen wie Ressourcenknappheit (zum Beispiel Wasser und Nahrung) oder Ökologie (zum Beispiel Klimawandel), die ein hohes Konfliktpotenzial aufgrund von Verteilungsunterschieden bergen. Da alle Länder (früher oder später) hiervon betroffen sein werden, wird eine globale Zusammenarbeit und internationale Lösung unerlässlich sein. Dennoch werden entwickelte und weniger entwickelte Regionen unter demografischen Gesichtspunkten zukünftig vor regional unterschiedlichen Herausforderungen stehen:

Die Entwicklungsländer werden aufgrund des Bevölkerungszuwachses insbesondere mit der Verlangsamung des Pro–Kopf–Wachstums sowie Umwelt- und Ressourcenproblemen in überlasteten städtischen Regionen kämpfen (vgl. DSW, 2008, 2006).

Die Industriestaaten werden dagegen die Folgen der Bevölkerungsschrumpfung einhergehend mit einer Verlangsamung des Wirtschaftswachstums und expansiven Kostendynamiken in den Sozialsystemen zu spüren bekommen: Unter der Voraussetzung geeigneter Richtlinien und wachstumsfördernder Institutionen haben die vier BRIC–Staaten (Brasilien, Russland, Indien, China) gute Aussichten, im Jahr 2040 gemeinsam eine höhere Wirtschaftsleistung zu erzielen als die derzeit sechs führenden Wirtschaftsnationen, zu denen auch Deutschland gehört. China würde ab 2041 vor den USA und Indien die größte Wirtschaftsnation der Welt werden. Auch Brasilien (2036) und Russland (2028) würden an Deutschland vorbeiziehen (vgl. Wilson und Purushothaman, 2003, S. 2 und S. 10).

5 Demografischer Wandel und Personalmanagement

Die Alterung und Schrumpfung der Bevölkerung sind die zentralen Folgen des demografischen Wandels in Deutschland, welcher mit demografischen Mitteln nicht mehr aufgehalten, höchstens verlangsamt werden kann (vgl. BIB, 2004, S. 14). Die Herausforderung für Deutschland, deutsche Unternehmen und das Personalmanagement im Speziellen besteht darin, sich auf den Wandel im Bevölkerungsaufbau einzustellen und zugleich die globalen, strukturellen und wirtschaftlichen Trends zu berücksichtigen und für sich nutzen.

Dem internationalen Demografie–Indikator des Instituts der deutschen Wirtschaft Köln zufolge, ist Deutschland im Vergleich der Industrieländer gemeinsam mit Italien am meisten von den demografischen Veränderungen betroffen, zählt zugleich aber auch zu den Ländern, die ihre Potenziale in den Handlungsfeldern Arbeitsmarkt, Bildung, Innovation und Finanzen insgesamt schlechter ausschöpfen als der Durchschnitt (vgl. Hülskamp, 2008, S. 13 f.).

5.1 Allgemeine Herausforderungen der demografischen Entwicklung

An dieser Stelle wird ein Überblick über einige wesentliche Herausforderungen gegeben, die sowohl für die Gesellschaft als auch für Unternehmen und besonders für das Personalmanagement relevant sein werden.

5.1.1 Wissensgesellschaft

Der demografische Wandel geht mit einem gesellschaftlichen Wandel einher, der gekennzeichnet ist durch einen beschleunigten Trend zur Tertiarisierung, Digitalisierung und globalen Vernetzung der Ökonomie sowie einer wachsenden Wissensbasierung ökonomischer Prozesse (vgl. Enquete–Kommission, 2002a, S. 260). Das Zusammenspiel der Megatrends eröffnet Wachstumschancen, verschärft aber zugleich den Wettbewerb innerhalb und zwischen Volkswirtschaften. Dieser zwingt Unternehmen zu höherer Flexibilität und kontinuierlicher Produkt- und Prozessinnovation (vgl. Prezewowsky, 2007, S. 33).

Erwerbstätige werden im Jahre 2035 deutlich produktiver sein und etwa 15% mehr als im Jahre 2010 leisten müssen, um die gleiche Menge an Konsum- und Investitionsgütern pro Kopf der Bevölkerung zu produzieren und den Lebensstandard einer Bevölkerung mit einem hohen Altenanteil und einer rückläufigen Zahl an Erwerbstätigen halten zu können (vgl. Börsch–Supan, 2002, S. 8).

Die Geschwindigkeit, mit der sich die technologische Entwicklung vollzieht, führt zu einer sich beschleunigenden Alterung des einmal erworbenen Wissens und der Qualifikationen. Daher tragen insbesondere qualifizierte und wissensintensive Tätigkeiten zur gesamtwirtschaftlichen Wertschöpfung bei, wohingegen die arbeitsintensiven, wenig qualifizierten Tätigkeiten weiter an Bedeutung verlieren. Der Dienstleistungssektor war 2006 bereits der größte Arbeitgeber in fast allen Weltregionen (vgl. DUK, 2008, S. 3). Eine immer stärker wissensbasierte Weltwirtschaft benötigt stetig höher qualifizierte Arbeitskräfte und verschärft entsprechend die globale Nachfrage nach Wissensarbeitern.

An dieser Stelle sei angemerkt, dass die Zahl der gebildeten Menschen in den Entwicklungsländern steigt, ebenso wie deren Bildungsqualität. Beispielsweise hatte China im Jahre 2006 mit 2,4 Millionen mehr Universitätsabsolventen als die drei führenden OECD–Länder USA (1,4 Millionen), Japan (0,6 Millionen) und Frankreich (0,3 Millionen) zusammen (vgl. UIS, 2007, S. 18).

„Die Wertschöpfung der Wissensarbeiter beruht darauf, dass sie aus Informationen Wissen generieren, das durch Handeln in einem spezifischen Kontext zur Anwendung kommt."

(North, Güldenberg, 2008, S. 24). Das für die Ausübung einer qualifizierten Tätigkeit benötigte Wissen ist zum Großteil personengebunden und implizit und nur dem Wissensträger selbst zugänglich. Produktive und kreative Wissensarbeit wird daher in zunehmendem Maße zum Schlüssel für Wachstum und Wohlstand (vgl. UNESCO, 2005, S. 27).

5.1.2 Arbeitsmigration

Kamen früher Migranten in eine expandierende junge deutsche Bevölkerung, werden sie zukünftig Lücken füllen. Daneben macht das weltweit bestehende Wanderungspotenzial eine gesteuerte Zuwanderung strategisch unverzichtbar, denn Migrationsabsichten werden durch Informations- und Kommunikationstechnologien und verdichtete Verkehrsnetze zunehmend realisierbar. Migrationspolitik sollte sich daher neben der humanitären Hilfe vor allem am Arbeitsmarkt orientieren und beispielsweise auf einem empirisch gestützten arbeitsmarktgesteuerten Punktesystem oder einer Diagnostik der vorhandenen Arbeitsmarktengpässe basieren. Qualifizierte Ausländer können so dazu beitragen, Engpässe bei der Stellenbesetzung zu nivellieren, oder das Sozialsystem zu erhalten (vgl. Klös, Kröker, 2005, S. 404 f.).

Außerdem muss sich Deutschland bemühen, im globalen Wettbewerb um Talente („War for Talents") ein attraktives Zuwanderungsland für Hochqualifizierte und Gutausgebildete zu sein. Dabei ist zu bedenken, dass die Nationen weltweit und zielgerichtet um Fachkräfte konkurrieren werden: das heißt, auch um die hochqualifizierten Deutschen zu werben und ihnen gute Chancen im eigenen Land zu geben. Im Jahre 2004 arbeiteten rund 70.000 von ihnen allein in den USA und bildeten dort „nach Indern und Chinesen die drittgrößte Gruppe der nicht in den USA geborenen Menschen mit dem höchstem Bildungsstand." (Kröhnert et. al., 2005, S. 94).

Mit der gesteuerten Zuwanderung müssen zugleich Möglichkeiten der Integration geschaffen werden, um Migranten in die verschiedenen gesellschaftlichen Systeme, wie das Bildungs- oder das Beschäftigtensystem einzubinden (vgl. Kröhnert et. al., 2005, S. 94). Einwanderern sollte eine gleichberechtigte Teilnahme am gesellschaftlichen, wirtschaftlichen, politischen, kulturellen Leben ohne Aufgabe ihrer kulturellen Identitäten möglich sein. Die Notwendigkeit einer Gesamtstrategie für Zuwanderung und Integration rückt in den Fokus (vgl. Schmid, 2001, S. 29 f.).

5.1.3 Soziale Sicherung

Die umlagefinanzierte gesetzliche Rentenversicherung gerät aufgrund der geringen Geburtenzahlen bei zugleich steigender Lebenserwartung unter einen erheblichen Anpassungsdruck. Immer mehr Menschen im Rentenalter stehen immer weniger Erwerbspersonen gegenüber und ein weiterer Anstieg der Lebenserwartung führt zu immer längeren Bezugszeiten der Renten. Zwar beschloss die Bundesregierung die stufenweise Anhebung des gesetzlichen Renteneintrittsalters auf 67 ab dem Jahr 2012, dennoch müssen sich Leistungen zukünftig sowohl aus umlagefinanzierten, als auch kapitalgedeckten Vorsorgeformen zusammensetzen (vgl. Enquete–Kommission, 2002, S. 168). Die Beitragssätze zur gesetzlichen Rentenversicherung müssen entsprechend erhöht oder das Rentenniveau verringert werden. Würde man von letzteren Maßnahmen komplett absehen, müsste eine Erhöhung des Ruhestandsalters von real 62 Jahren in 2007 (vgl. Eurostat, 2009) auf 73 Jahren in 2074 durchgesetzt werden (vgl. Birg, 2000, S. 20). Das ist in diesem Ausmaß sehr fragwürdig, dennoch wird nachhaltig zu überlegen sein, wie die Leistungs- und Beschäftigungsfähigkeit der Bevölkerung im erwerbsfähigen Alter langfristig erhalten bleiben kann.

Die zunehmende Ermöglichung eines langen Lebens in Gesundheit erhöht auch den Kostendruck auf das Gesundheitssystem. Die Verlängerung der Lebenserwartung ist unter anderem das Resultat des (teuren) medizinisch-technischen Fortschritts und neuer (teurer) Therapien. So wird sich das Verhältnis der Pro-Kopf-Ausgaben der gesetzlichen Krankenversicherung zwischen jung und alt von 1:8 im Jahre 1992 auf über 1:20 im Jahre 2040 erhöhen. Die Ausgaben der gesetzlichen Krankenversicherungen werden bis 2040 um etwa 22% steigen bei zugleich sinkenden Einnahmen aufgrund der abnehmenden Zahl der Erwerbspersonen und damit Beitragszahlern um rund 30% bis 2040 (vgl. Birg, 2000, S. 24).

Mit der wachsenden Zahl älterer und vor allem hochbetagter Menschen in Deutschland wird auch die Anzahl pflegebedürftiger Menschen von ungefähr 2,1 Millionen (2,6%) in 2005 auf 4,1 Millionen (5,7%) in 2050 steigen (vgl. Enste, Pimpertz, 2008, S. 4), in ungünstigeren Varianten sogar auf 4,7 Millionen (6,5%; vgl. DIW, 2008, S. 741). Auch im Gesundheitswesen können die überproportional wachsenden Ausgaben auf Dauer nur durch eine Abkehr von der Umlagefinanzierung durchbrochen werden.

Zugleich trägt der Kostenfaktor Gesundheitssystem aber dazu bei, dass Menschen immer länger aktiv am gesellschaftlichen Leben teilhaben können. Zudem beinhaltet er ein großes Innovations- und Beschäftigungspotenzial und entwickelt sich daher zu einem stark prosperierenden Wirtschaftssektor (vgl. Enquete-Kommission, 2002, S. 196). Allein der Bedarf an Vollzeitbeschäftigten im Pflegesektor könnte sich von 0,55 Millionen im Jahre 2005 auf bis zu 1,6 Millionen in 2050 verdreifachen (vgl. Enste und Pimpertz, 2008, S. 9).

5.2 Das Erwerbspersonenpotenzial

Die demografische Entwicklung lässt die erwerbstätige Bevölkerung altern und schrumpfen und verändert damit immer stärker die Belegschaftsstruktur in Unternehmen. Es gilt daher, sich mit dem Arbeitskräfteangebot der Zukunft zu beschäftigen, über welches an dieser Stelle ein Überblick gegeben wird.

5.2.1 Einflussfaktoren auf das Erwerbspersonenpotenzial

Die verfügbaren Arbeitskräfte am Arbeitsmarkt hängen nicht allein von der Zahl erwerbsfähiger Personen, sondern vor allem von deren Erwerbsverhalten ab. Neben den tatsächlich Erwerbstätigen im erwerbsfähigen Alter umfasst das so genannte Erwerbspersonenpotenzial zudem Arbeitslose und eine stille Reserve (Personen, die sich nicht arbeitslos gemeldet haben, aber arbeiten würden). Strukturelle Veränderungen im Bevölkerungsaufbau können daher nicht deckungsgleich auf das Erwerbspersonenpotenzial übertragen werden. Hier sind insbesondere folgende Einflussfaktoren zu beachten (vgl. IW, 2007, S. 5):

- **Bildung:**
  Die Dauer der schulischen und beruflichen Bildung wirkt sich auf die Dauer des Berufslebens aus. Je länger also die Ausbildungs- und Studienzeiten sind, desto kürzer fällt in der Regel das Berufsleben aus.
- **Renteneintrittsalter:**
  Dieses beeinflusst ebenfalls die Dauer des Berufslebens. Eine Heraufsetzung erhöht das Angebot an Arbeitskräften. Möglichkeiten der Frühverrentung bewirken genau das Gegenteil.
- **Entscheidung für oder gegen Erwerbstätigkeit:**
  Insbesondere Frauen gehören mit einer Erwerbstätigenquote von rund 62% im Vergleich zu 73% Erwerbstätigenquote der Männer (2006) zur Gruppe mit erheblich ungenutztem Arbeitskräftepotenzial.
- **Migration:**
  Neben der Entwicklung der Migration, sowie der Qualifikation und den Kompetenzen der Migranten, ist die Art und Weise der Einbindung von Migranten als Arbeitskräfte entscheidend.

Auch wenn die demografischen Megatrends der Alterung und Schrumpfung beim Erwerbspersonenpotenzial zu beobachten und in absehbarer Zeit nicht aufzuhalten sind, kann der Arbeitsmarkt vor einem gleichsam starken Beschäftigtenrückgang bewahrt werden, sofern die Faktoren, die das Erwerbsverhalten beeinflussen, berücksichtigt werden.

5.2.2 Größe und Aufbau des Erwerbspersonenpotenzials

Schrumpfung

Den Berechnungen des IAB zufolge wird sich das Erwerbspersonenpotenzial von rund 44,7 Millionen Personen (2010) in den kommenden Jahrzehnten drastisch verringern. Dem deutschen Arbeitsmarkt werden 2050 in Abhängigkeit der Grundannahmen zwischen 31,5 und 35,4 Millionen Frauen und Männer zur Verfügung stehen (vgl. Fuchs, Dörfler, 2005, S. 21). Die Rückgänge werden im Wesentlichen zwischen 2010 und 2035 stattfinden, da in dieser Zeit die geburtenstarken Jahrgänge in Rente gehen werden.

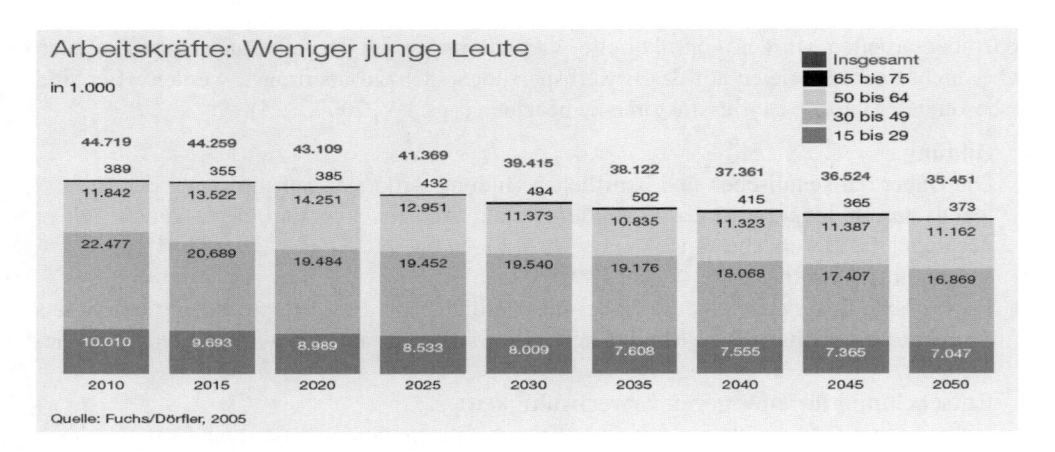

Abb. 5.1 Entwicklung des Erwerbspersonenpotenzials in Anzahl und Struktur von 2010 bis 2050; Quelle: IW, 2007, S. 7

Alterung

Die demografische Veränderung in der Altersverteilung der Bevölkerung wird zu einer deutlichen Verschiebung der Altersstruktur der Belegschaften führen. Das Durchschnittsalter der Erwerbsbevölkerung bis 2020 wird um etwa zwei Jahre ansteigen (vgl. Rössel et. al. 1999, S. 25 ff.), was gegenüber der Vergangenheit eine Verdreifachung im gleichen Zeitraum darstellt (vgl. Bellmann et. al., 2003a, S. 29).

Die Zahl der Erwerbstätigen im mittleren Alter (30 bis 49 Jahre) wird dramatisch von knapp 24 Millionen auf weniger als 17 Millionen im Jahre 2050 sinken – ein Rückgang um ungefähr 30%. Auch bei den 15- bis 29-jährigen Arbeitskräften ist ein Rückgang von rund zehn auf sieben Millionen Personen zu erwarten.

Die Zahl der Arbeitskräfte ab 50 Jahren wird dagegen bis 2020 auf rund 14,2 Millionen ansteigen und danach wieder auf 11 Millionen (2050) sinken, da die geburtenstarken Jahrgänge in Rente gehen (vgl. Fuchs und Dörfler, 2005, S. 24). In 2020 wird mehr als jeder dritte Erwerbstätige älter als 50 Jahre sein (vgl. INQA, 2005, S. 5). Die Altersstrukturveränderung schlägt sich in einem **Altersschereneffekt** nieder, der deutlich mehr Ältere für das Arbeitskräfteangebot ab dem Jahr 2002 ausweist (vgl. Projektverbund Öffentlichkeits- und Marketingstrategie demographischer Wandel, 2002, S. 9). Damit wird die Bevölkerung im Erwerbsalter stark durch die Älteren geprägt sein. In diesem Zusammenhang spricht man auch von alternden Belegschaften. Gesetzliche und personalpolitische Maßnahmen, wie die staatliche Förderung für Frührentner oder die Altersteilzeit, haben diesen Trend verschärft und beschleunigt (vgl. Voelpel et. al., 2007, S. 272). Bei Heraufsetzen des Rentenalters auf 67 Jahre würde das Arbeitskräftepotenzial der über 65-Jährigen von rund 0,4 Millionen auf 1,2 oder sogar 2,8 Millionen ansteigen (vgl. IW, 2007, S. 7). Als Nebeneffekt würde dann ein verstärkter Alterungseffekt des Arbeitskräfteangebotes einsetzen.

5.2.3 Qualifikationsstruktur des Erwerbspersonenpotenzials

Das schrumpfende und alternde Arbeitskräftepotenzial muss aber nicht mit einer eingeschränkten Innovationsfähigkeit oder einer Verknappung an qualifizierten Arbeitskräften einhergehen, wenn es rechtzeitig und angemessen ausgeschöpft wird (vgl. Buck et. al. 2002, S. 10). Hierzu sind insbesondere zwei Dinge erforderlich:
1. Bildung sowie
2. ökonomische und gesellschaftliche Wertschätzung aller Erwerbstätigen, insbesondere der Älteren (vgl. IW, 2007, S. 9).

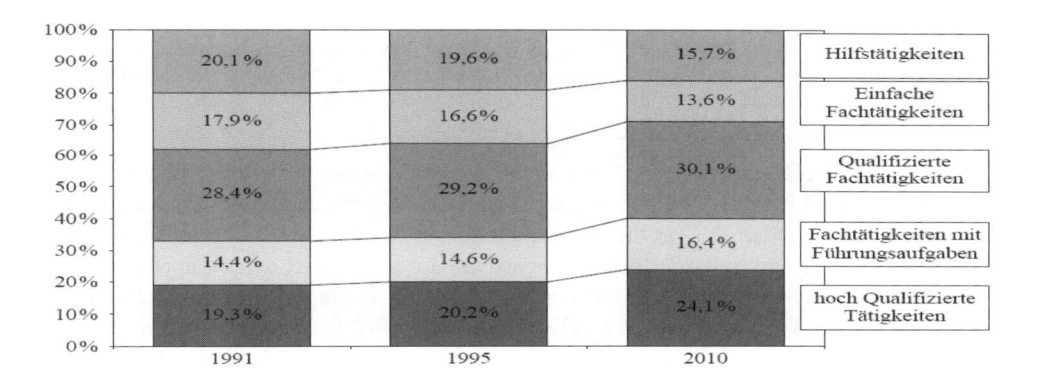

Abb. 5.2   Erwerbstätige (ohne Auszubildende) nach Tätigkeitsniveaus 1991– 2010 in Deutschland; Quelle: Reinberg; Hummel, 2004, S. 5

Das Bildungsniveau in Deutschland stagniert nahezu seit 1991. Der Anteil jener mit oder ohne Fachhochschul- oder Hochschulreife sowie tertiärem Abschluss hat sich nur unwesentlich verändert (vgl. OECD, 2008 S. 42 ff.; IW, 2007, S. 9). Diese Konstanz ist in Anbetracht des rasanten Entwicklungsfortschritts in der Dienstleistungs- und Wissensgesellschaft eklatant: Stillstand bedeutet in diesem Zusammenhang Rückschritt, denn der Bedarf an Hochqualifizierten ist in den letzten Jahren deutlich gestiegen. Ein Trend, der nach aktuellen Bedarfsprojektionen auch weiter anhalten wird (vgl. IAB, 2008, S. 33 ff.; Koppel, 2008, S. 1 ff.).

Die kritische Bildungssituation zeigt zudem der Vergleich mit Konkurrenzländern. Nur 22% der 25- bis 34-jährigen Deutschen verfügten 2006 über einen tertiären Abschluss. In den Vergleichsstaaten sind es mit Ausnahme Österreichs zwischen 35% und 55%. Zwar hat Deutschland vor allem aufgrund der dualen Berufsausbildung eine starke mittlere Bildungsebene. Diese wird jedoch vor dem Hintergrund der aufgezeichneten Megatrends im internationalen Wettbewerb der Zukunft kaum ausreichen, um konkurrenzfähig zu bleiben. Auch die an Aus- und Weiterbildungsmaßnahmen teilnehmende erwerbsfähige Bevölkerung zwischen 25 bis 64 Jahren lag im Jahre 2006 bei gerade 7,3% und damit weit unter den Zahlen der Spitzenreiter, wie Schweden oder Dänemark mit über 30% (vgl. Eurostat, 2008, S. 181).

Tab. 5.1 Bevölkerung (25 bis 64 Jahre) ausgewählter OECD-Länder nach höchstem Bildungsabschluss 2006, Anteil der Altersgruppen an der Bevölkerung mit tertiärem Abschluss, 2006; Quelle: OECD, 2008, S. 43 ff.

	OECD-Durchschnitt	EU-19 - Durchschnitt	Australien	Belgien	Dänemark	Deutschland	Finnland	Frankreich	Großbritannien	Irland	Island	Japan	Kanada	Korea	Neuseeland	Niederlande	Norwegen	Österreich	Schweden	Schweiz	USA
25-64 Jahre	(in Prozent)																				
Ohne Abschluss Sekundarstufe	31	31	33	33	18	17	20	33	31	34	36	9	15	24	30	27	21	20	16	15	13
Sekundarstufe II	42	42	34	35	47	59	44	40	39	36	34	60	39	44	31	42	46	63	53	55	48
Tertiärer Abschluss	27	24	33	32	35	24	36	27	30	30	30	31	46	32	39	31	33	17	31	30	39
Tertiärer Abschluss	(in Prozent)																				
25-34 Jahre	33	30	39	42	41	22	38	41	37	42	32	54	55	53	44	36	42	19	39	32	39
35-44 Jahre	28	25	33	35	36	25	41	27	31	33	34	46	51	37	39	30	35	19	29	33	41
44-54 Jahre	24	21	32	27	33	25	34	19	29	24	29	39	43	19	38	30	30	18	29	29	40
55-64 Jahre	19	18	26	22	28	23	27	16	24	17	21	23	37	11	30	25	25	14	25	24	38

Die durch den Rückgang des Arbeitskräfteangebots fehlenden qualifizierten Erwerbspersonen können nur dann halbwegs ersetzt werden, wenn die nachrückenden geburtenschwachen Jahrgänge durch ihre Qualifikation die zahlenmäßige Lücke mit einem höheren Wissenstand und einer höheren Produktivität ausgleichen würden. Gerade dies ist derzeit aber nicht feststellbar. Die mittleren und höheren Altersgruppen stellen heute bereits die Mehrheit des qualifizierten Arbeitskräfteangebots (vgl. OECD, 2008, S. 44). Setzt sich diese Entwicklung fort, so werden die 50- bis 64-jährigen Erwerbspersonen im Jahre 2015 die am besten qualifizierte Altersgruppe mit dem höchsten Akademikeranteil (22%) und zugleich der niedrigsten Ungelerntenquote (9%) sein (vgl. Reinberg, Hummel, 2004, S. 9).

Das künftige Erwerbspersonenpotenzial wird unter diesen Prämissen langfristig mit der Dynamik auf der Bedarfsseite kaum Schritt halten können. Bereits jetzt gibt es auf dem Akademikerarbeitsmarkt, vor allem in den Bereichen der Mathematik, Informatik, Naturwissenschaften und Technik, aber auch bei betrieblich ausgebildeten Fachkräften wie Technikern und Meistern eine Mangelsituation (vgl. Koppel, 2008, S. 10).

Dem IAB-Betriebspanel 2007 zufolge, blieben im ersten Halbjahr 2007 rund 280.000 Stellen für qualifizierte Tätigkeiten unbesetzt. Im Jahre 2005 waren es noch 11.000 Stellen. Insbesondere Fachkräftestellen in der Wissenswirtschaft (26%) und den unternehmensnahen Dienstleistungen (30%) konnten nicht besetzt werden (vgl. IAB, 2008, S. 39 ff.). Als Gründe gaben die Unternehmen hauptsächlich zu geringe Bewerberzahlen und fehlende Zusatzqualifikationen an (vgl. IAB, 2008, S. 52).

5.2 Das Erwerbspersonenpotenzial

(a) Fachkräftesuche (2007) – Branchen

Branche	Anteil
Land - und Forstwirtschaft	4%
Bergbau, Energie, Wasser	15%
Verarb. Gewerbe	16%
Baugewerbe	8%
Handel/Reparatur	8%
Verkehr/Nachrichtenüberm.	15%
Kredit-/Versicherungsgew.	11%
Unternehmensnahe DL	13%
Sonstige Dienstleistungen	10%
Organisationen o. Erwerbszweck	4%
Öffentliche Verwaltung	8%
Wissenswirtschaft	15%
FuE-intensive Bereiche des VG	22%
Unternehmensnahe DL	13%
Gesamt	11%

(b) Nichtbesetzungsquote (2007, 1. Halbjahr) – Branchen

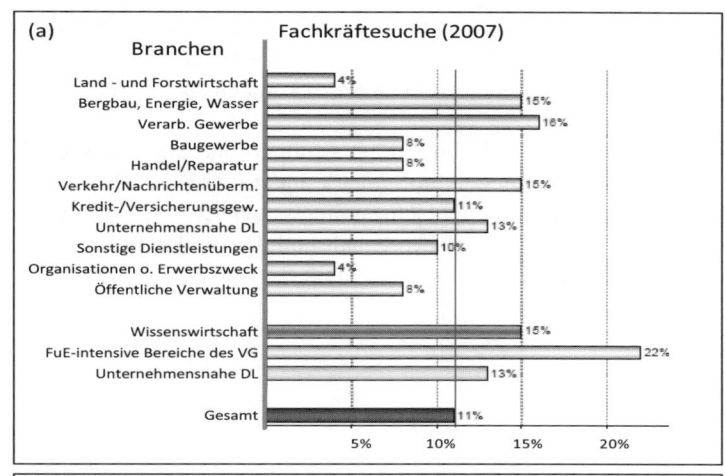

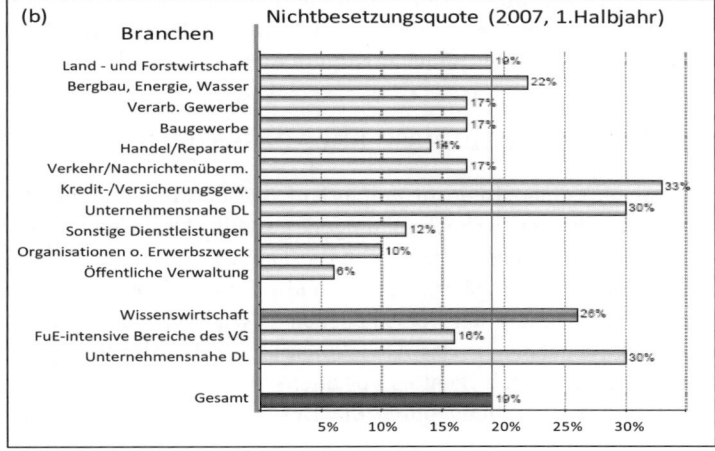

Branche	Quote
Land - und Forstwirtschaft	19%
Bergbau, Energie, Wasser	22%
Verarb. Gewerbe	17%
Baugewerbe	17%
Handel/Reparatur	14%
Verkehr/Nachrichtenüberm.	17%
Kredit-/Versicherungsgew.	33%
Unternehmensnahe DL	30%
Sonstige Dienstleistungen	12%
Organisationen o. Erwerbszweck	10%
Öffentliche Verwaltung	6%
Wissenswirtschaft	26%
FuE-intensive Bereiche des VG	16%
Unternehmensnahe DL	30%
Gesamt	19%

Abb. 5.3 (a) Anteil der Betriebe mit Fachkräftesuche zum nächstmöglichen Zeitpunkt 2007 nach Branchen; (b) Nichtbesetzungsquote der Fachkräftestellen nach Branchen (1. Halbjahr 2007); Quelle: IAB, 2008, S. 38 und S. 41 aus Daten des IAB-Betriebspanel, 2000-2007

Infolge der nicht besetzbaren und zeitlich verzögert besetzten Stellen im Hochqualifiziertensegment in den vom IW-Zukunftspanel 2007 analysierten Branchen (Chemie-, Metall-, Elektroindustrie, Fahrzeug- und Maschinenbau, Bauwirtschaft, Logistik, Dienstleistungen, Datenverarbeitung und Datenbanken, Forschung und Entwicklung, Sonstige), entging der deutschen Volkswirtschaft im Jahre 2006 eine Wertschöpfung in Höhe von rund 18,5 Milliarden Euro und damit 0,8% des erwirtschafteten Bruttoinlandsprodukts (vgl. Koppel, 2008, S. 12).

Der Fachkräftemangel kann nur durch ein Bündel kompensierender Maßnahmen abgemildert werden. Hierzu zählen neben der Mobilisierung brachliegender Beschäftigungspotenziale eine gesteuerte Zuwanderungspolitik und ein großes Engagement auf allen Ebenen der allgemeinen wie beruflichen Bildung und Qualifizierung. Aber selbst bei umgehenden erfolgreichen Reformen, sind deren Auswirkungen auf die Qualifikationsstruktur erst langfristig zu erwarten. Bis dahin werden ernste Mismatch–Probleme zu bewältigen sein, die auch bei hohen Zuwanderungsraten qualifizierter Migranten wohl kaum zu kompensieren sind.

Der Handlungsspielraum der Betriebe wird sich aufgrund der segment- und branchenspezifischen Engpässe an qualifizierten Arbeitskräften zukünftig stark ändern, so dass die **Arbeitgeberattraktivität** für Unternehmen immer stärker zum strategischen Erfolgsfaktor wird. Dies betrifft die Beschaffung und die Bildung sowie den Erhalt und die Bindung qualifizierter und engagierter Innovations- und Leistungsträger (vgl. Schleiter, Armutat, 2004, S. 4 f.).

5.3 Alter und Arbeit

Die veränderte Altersstruktur der Belegschaften erfordert die aktive und konstruktive Beschäftigung mit dem Alter(n). Die Unternehmen stehen vor der Herausforderung, qualitativ auf die Alterung ihres Personals einzugehen (vgl. Enquete-Kommission, 2002, S. 47 ff.).

5.3.1 Wissenschaftliche Erkenntnisse über das Altern

Die Frage nach dem Alter(n), seiner Veränderung im Zeitverlauf und den Folgen einer alternden Gesellschaft wird von verschiedenen Fachrichtungen gestellt. Der Gerontologe Baltes, dessen Anspruch stets eine ganzheitliche Näherung an die Thematik war, bezeichnete das Altern als gleichzeitig körperliches, psychisches, soziales und geistiges Phänomen (vgl. Baltes, 2007, S. 15). Die Auseinandersetzung der verschiedenen Disziplinen zeigt zudem, wie relativ, definitions- und perspektivenabhängig das Alterskonstrukt ist. Bei der Beschäftigung mit dem Alter(n) im betrieblichen Umfeld geht es vor allem um die Betrachtung von Leistungsanforderungen an sowie deren Erfüllung durch die Beschäftigten und die damit verbundenen Einflussgrößen.

Die verhaltenswissenschaftliche Forschung der letzten Jahre zeigte die Plastizität des Alterns. Defizitmodelle, denen zufolge das Altern nicht differenziert betrachtet wird, sondern vor allem mit dem Abbau und dem Verfall von Qualifikation und Leistung einhergeht, können dem heutigen Stand der Wissenschaft zufolge als überholt angesehen werden. Dies belegen unter anderem die drei zentralen repräsentativen Längsschnittstudien aus den deutschsprachigen gerontologischen Zentren: Die Bonner Längsschnittstudie BOLSA von Lehr und Thomae (1987), die Berliner Altersstudie BASE von Mayer und Baltes (1996) und die Heidelberger interdisziplinäre Längsschnittstudie ILSE von Martin et. al. (2000).

In der Tat geht Altern mit Einbußen in kognitiven und körperlichen Ressourcen einher. Jedoch sind für die Arbeitsbewältigung im 21. Jahrhundert körperliche Ausprägungen vielfach nicht entscheidend oder durch Arbeitsgestaltungsmaßnahmen kompensierbar oder korrigierbar, wie zum Beispiel nachlassende Hör- und Sehfähigkeit. Auch individuelle Strategien der Selektion, Optimierung oder Kompensation können das Nachlassen verschiedener Funktionen ausgleichen. Regelmäßige Aktivität und Training des Gehirns beispielsweise steigern die

Erinnerungsleistung und beugen neuropathologischen Erkrankungen vor. Ebenso wirkt sich körperliches Training positiv auf die geistige Leistungsfähigkeit aus (vgl. Kempermann, 2007, 47 f.; Lehr, 2000, S. 92).

Tab. 5.2 Veränderungstendenzen menschlicher Leistungsfähigkeit im Altersverlauf; Quelle: eigene Darstellung unter Berücksichtigung der Beiträge von Bruggemann, 2000, S.25; Lehr, 2000; INQA, 2005, S. 7 f.

zunehmend	gleich bleibend	abnehmend
Lebens- und Berufserfahrung	Leistungsorientierung	Körperliche Leistungsfähigkeit
Betriebsspezifisches Wissen	Zielorientierung	Geistige Beweglichkeit
Urteilsfähigkeit	Systemdenken	Geschwindigkeit der Informationsaufnahme
Zuverlässigkeit	Kreativität	Geschwindigkeit der Informationsverarbeitung
Besonnenheit	Entscheidungsfähigkeit	Kurzzeitgedächtnis
Qualitätsbewusstsein	Psychische Ausdauer	Risikobereitschaft
Kommunikationsfähigkeit*	Kommunikationsfähigkeit**	Lern- und Weiterbildungsbereitschaft
Kooperationsfähigkeit*	Kooperationsfähigkeit**	
Konfliktfähigkeit	Konzentrationsfähigkeit***	
Pflichtbewusstsein		
Verantwortungsbewusstsein		
Positive Arbeitseinstellung		* in Abhängigkeit des Autors als "gleich bleibend" eingestuft
Ausgeglichenheit und Beständigkeit		**in Abhängigkeit des Autors als "zunehmend" eingestuft
Angst vor Veränderungen		***in Abhängigkeit des Autors als "abnehmend" eingestuft

Zudem bilden sich viele Kompetenzen sogar erst im Alter heraus (**Kompensationsmodell**). Meist ist die Entwicklung dieser Fähigkeiten eng mit den Erfahrungen verknüpft, welche die Beschäftigten in ihrem beruflichen und privaten Leben gemacht haben. Nach heutigem Forschungsstand gibt es demnach keinen generellen Zusammenhang zwischen Alter und Arbeitsleistung, vielmehr verschieben sich die Leistungsvoraussetzungen (siehe hierzu das Kapitel Kompetenzentwicklung von Dagmar Preißing in diesem Lehrbuch).

Darüber hinaus verläuft der Alterungsprozess auch interindividuell unterschiedlich: Die verschiedenen Leistungs- und Persönlichkeitsbereiche der Menschen entwickeln sich im Prozess des Älterwerdens unterschiedlich stark in verschiedene Richtungen und in verschiedenen Zeithorizonten. In der Berliner Altersstudie wurde unter anderem gezeigt, wie stark das Altern ein Resultat aus einem Wechselspiel von Körper, Geist und Gesellschaft ist und das geistige Leistungsvermögen von Menschen nicht festgelegt, sondern durch (un-) günstige biologische und kulturell – soziale Bedingungen sowie eigenes Handeln beeinflusst, gestaltet und optimiert werden kann. Dies bezeichnet Baltes auch als „bio-kulturellen Ko-Konstruktivismus" (Baltes et. al., 2006, S. 11 ff.).

Um Alter in seinen Facetten und bezüglich der beruflichen Leistungsfähigkeit noch genauer beschreiben zu können, eignet sich eine heuristische Unterscheidung zwischen den so genannten jungen Alten, die sich mit 60 bis 80 Jahren im „**dritten Alter**" befinden, und den Ältesten, den über 80-Jährigen im „**vierten Alter**". Diese Differenzierung ist „annäherungsweise und historisch wie auch gesellschaftlich und individuell kontingent." (Baltes, 2007, S. 16).

Die „jungen Alten" sind heute weitaus agiler als je zuvor, denn die Vitalisierung des Alters ist mit 60 Jahren noch nicht abgeschlossen. Die körperliche und geistige Fitness der heute 70-Jährigen ist in etwa vergleichbar wie die der 60- bis 65-Jährigen vor 30 Jahren. In dieser

Altersphase bleiben die Menschen zunehmend autonom und aktiv und tragen weiterhin zum Sozialleben und der gesellschaftlichen Produktivität bei (vgl. Baltes, 2007, S.17, S. 30). Die individuelle Leistungs- und Lernfähigkeit ist in dieser Phase noch beträchtlich (vgl. Gruss, 2007, S. 10).

Erst im hohen Alter („viertes Alter") sinkt die Leistungsfähigkeit erheblich: Die Kräfte schwinden, chronische körperliche Beschwerden nehmen zu und die Zahl der Demenzerkrankungen steigt. Insgesamt wird ein immer größerer Teil der geistigen Leistungen für die Steuerung alltäglicher Bewegungen benötigt und die positive Verbindung zwischen einem guten und einem langen Leben weicht immer stärker auf. Das vierte Alter ist die große Unsicherheitskomponente der Zukunft, da hier aktuell menschliches Entwicklungspotenzial kaum noch sichtbar ist (vgl. Baltes, 2007, S. 25 ff.).

5.3.2 Abgrenzung der Gruppe der älteren Arbeitnehmer

Die Abgrenzung der Gruppe der älteren Arbeitnehmer erfolgt nicht einheitlich und ist von berufs-, betriebs-, tätigkeits-, geschlechtsspezifischen und epochalen Faktoren abhängig. Die Klassifizierung aufgrund des kalendarischen Alters erstreckt sich zum Beispiel von 40 bis 64 Jahren: Laut OECD sind ältere Mitarbeiter „Personen, die in der zweiten Hälfte ihres Berufslebens stehen, noch nicht das Pensionierungsalter erreicht haben und gesund, das heißt arbeitsfähig sind." (Lehr, 2000, S. 208). Auf dem Arbeitsmarkt können sich bereits ab dem 40. Lebensjahr die Berufschancen stark vermindern. Die Schwelle liegt je nach Branche bei 40 oder 45 Jahren (vgl. Bangali et. al. 2006, S. 6), zum Teil sogar weit unter 40 Jahren, wie in der IT–Branche, und damit weit unter dem Medianalter der deutschen Bevölkerung von 42,1 im Jahre 2005. Die Bundesagentur für Arbeit gibt als Grenze für Eingliederungszuschüsse für ältere Arbeitnehmer das Alter von 50 Jahren an (vgl. BA, 2009, S. 3). Aufgrund des aktuellen Forschungsstandes wandelt sich jedoch der Blick für die Alterskategorien: Ein älterer Arbeitnehmer zu sein, scheint vielmehr individuell und situativ bedingt, das heißt bei Hemmnissen bezüglich der Qualifikation, der Gesundheit, räumlicher und geistiger Mobilität sowie der Beschäftigung.

5.3.3 Beschäftigungssituation älterer Arbeitnehmer

„Die Mitgliedsstaaten sollten eine Politik der Förderung des aktiven Alterns erarbeiten, indem sie Maßnahmen beschließen, die darauf abzielen, Arbeitsfähigkeit und Qualifikation älterer Arbeitskräfte zu erhalten, flexible Arbeitsmodelle einzuführen und Arbeitgeber für das Potenzial älterer Arbeitnehmer zu sensibilisieren" (KEG, 2001, S. 56). Deutschland hat das durch die Europäische Kommission konkretisierte Ziel, die Beschäftigungsquote der 55- bis 64-Jährigen bis 2010 auf 50% zu erhöhen, erstmals erreicht (vgl. Bellmann et al., 2006b, S. 8). Der Beschäftigtenanteil der 55- bis 64-Jährigen wurde von 37,9% in 2001 auf 52% im Jahre 2007 erhöht und liegt sogar über dem EU – Durchschnitt von 50% (vgl. OECD, 2008a, S. 339 ff.). Dennoch sollten die nationalen Ziele ehrgeiziger sein, da

5.3 Alter und Arbeit

- Deutschland nach wie vor deutlich hinter Industrienationen wie den USA (61,8%), Japan (66,1%), Schweiz (67,2%), Norwegen (69%), Schweden (70,1%) oder gar Island (84,7%) zurückliegt (vgl. Eurostat, 2009),
- Frühverrentung sowie eine hohe Arbeitslosigkeit Älterer volkswirtschaftlich eine große Verschwendung darstellt. Wären nur 20% der Betroffenen 2007 in den Arbeitsmarkt integriert worden, hätten diese selbst bei nur 80% der durchschnittlichen Produktivität einen zusätzlichen Beitrag von 0,44% zum nominalen Bruttoinlandsprodukt leisten können (vgl. Pimpertz und Schäfer, 2009, S. 1 und S. 17) und
- insbesondere die Schrumpfung des Erwerbspersonenpotenzials langfristig dringend nach einer weiteren Steigerung der Beschäftigungsquote Älterer verlangt.

Einer multivariaten Analyse von Boockmann und Zwick (2004) zufolge, steht der Anteil älterer Mitarbeiter an der Belegschaft nicht mit der Betriebsgröße im Zusammenhang. Dabei sind aber 15% der Betriebe grundsätzlich nicht und 31% nur unter Bedingungen bereit, Mitarbeiter ab 50 Jahren überhaupt einzustellen (vgl. Bellmann et.al., 2003b, S. 144).

Tab. 5.3 Betriebe mit älteren Beschäftigten und Beschäftigte ab 50 Jahre in Deutschland nach Betriebsgrößenklassen (Stand: 30.06.2001); Quelle: Hübner et. al., 2003, S. 43

Betriebsgrößenklasse	Betriebe mit Beschäftigten ab 50+		Beschäftigte ab 50 Jahre	
	Anzahl in 1000	Anteil an allen Betrieben in %	Anzahl in 1000	Anteil an allen Beschäftigten in %
1 bis 4 Beschäftigte	412	43	573	23
5 bis 9 Beschäftigte	599	67	1.293	17
20 bis 99 Beschäftigte	204	94	1.486	17
100 bis 499 Beschäftigte	40	99	1.609	20
ab 500 Beschäftigte	6	100	1.491	22
Deutschland gesamt	1.261	59	6.452	19

Mehr als 41% der Betriebe beschäftigten im Jahre 2002 keine Älteren (vgl. Hübner et. al., 2003, S. 43). Der Anteil älterer Mitarbeiter an der Belegschaft ist höher, wenn der Betrieb älter ist, wenn ein Betriebsrat existiert, übertariflich entlohnt wird und der Anteil der Teilzeitbeschäftigten hoch ist. Dagegen ist der Anteil geringer, wenn der technische Stand der Maschinen und Anlagen als modern beurteilt wird sowie der Anteil an Auszubildenden und Frauen hoch ist. Die Qualifikation der Arbeitnehmer oder Tarifbindung haben der Analyse zufolge keinen Einfluss (vgl. Boockmann, Zwick, 2004, S. 59 ff.).

Es gibt erhebliche Unterschiede zwischen Branchen hinsichtlich des Anteils älterer Arbeitnehmer. In der Industrie ebenso wie in der Bauwirtschaft, dem Gesundheits- und Sozialwesen und dem Kredit- und Versicherungswesen gibt es vergleichsweise wenige Betriebe mit einem hohen Anteil älterer Arbeitnehmer. In der Bauwirtschaft ist die schwere körperliche Arbeit eine mögliche Ursache für die geringe Beschäftigung Älterer, im Kredit- und Versicherungsgewerbe hingegen wohl eher eine ausgeprägte Jugendkultur der betrieblichen Personalpolitik (vgl. Brussig, 2005, S. 5).

Tab. 5.4 *Anteile der Betriebe mit hohen und niedrigen Anteilen Älterer an der Belegschaft geordnet nach Branchen; Quelle: Brussig, 2005, S. 6*

Branche (durchschnittliche Betriebsgröße in Beschäftigten)	50% und mehr Ältere	weniger als 50% Ältere	keine Älteren
Org. ohne Erwerbszweck (9,0)	38	33	28
Land-/Forstwirtschaft (7,3)	20	40	40
Verkehr/Nachrichten (17,8)	20	43	37
Gebietsk./Sozialvers. (60,9)	20	69	11
unternehmensb. Dienste (11,8)	19	38	43
Bergb./Energ./Wasserv. (59,7)	18	59	22
Handel (11,0)	14	48	38
Grundstoffverab. (49,8)	13	64	23
sonst. Dienste (11,6)	13	40	48
Kredit/Versicherung (25,7)	12	42	46
Verbrauchsg. (20,8)	12	57	31
Gesundheits-/Sozialw. (16,7)	11	39	50
Investitionsg. (40,6)	10	65	26
Baugewerbe (9,6)	8	43	49

(Prozent)

5.3.4 Betriebliche Sicht- und Verhaltensweisen gegenüber älteren Arbeitnehmern

Eine Erhöhung der Beschäftigungsquote älterer Arbeitnehmer und der erfolgreiche Umgang mit alternden Belegschaften setzen vor allem eine positive Einstellung der Betriebe gegenüber älteren Arbeitnehmern voraus. Altersstereotype wie die Vorstellung einer eingeschränkten Einsatzfähigkeit im Erwerbsleben, haben sich aber im öffentlichen Bewusstsein entgegen der wissenschaftlichen Erkenntnisse hartnäckig gehalten (vgl. Bangali, 2004, S. 3 f.; Filipp, Mayer, 2005, S. 30; Hübner et. al., 2003, S. 56 f.). Ältere Mitarbeiter sehen sich häufig mit Vorurteilen und unfairen Behandlungen konfrontiert, die sich wiederspiegeln in:

- einer vorzeitigen Beendigung des Beschäftigungsverhältnisses,
- einer Nichtberücksichtigung bei Beförderungen,
- unangemessener oder fehlender Anerkennung der Leistung und
- einem Ausschluss von Weiterbildungsmaßnahmen (vgl. Voelpel, 2007, S. 104).

Um die Einschätzung der Fähigkeiten älterer Mitarbeiter durch die Betriebe repräsentativ zu erfassen, führte das IAB 2002 bundesweit bei 16.000 Betrieben aller Wirtschaftszweige und Größenklassen Interviews durch mit dem Ergebnis, dass:

5.3 Alter und Arbeit

- ältere Arbeitnehmer von den Personalverantwortlichen mit einem anderen Leistungsportfolio wahrgenommen werden als Jüngere,
- kleinere Betriebe Ältere deutlich positiver beurteilen als Großbetriebe,
- Betriebe mit einem höheren Anteil an über 50-Jährigen in ihrer Belegschaft die Leistungsfähigkeit Älterer positiver bewerten als Betriebe ohne oder mit einem nur geringeren Anteil Älterer (vgl. Bellmann et. al., 2003a, 30 ff.; Bellmann, Leber, 2005, S. 169 f.).

Tab. 5.5 Beurteilung und Vergleich der Leistungsparameter von Älteren und Jüngeren durch die Betriebe, geordnet nach Bedeutsamkeit (absteigend); Quelle: eigene Darstellung nach Bellmann et. al., 2003a, S. 31

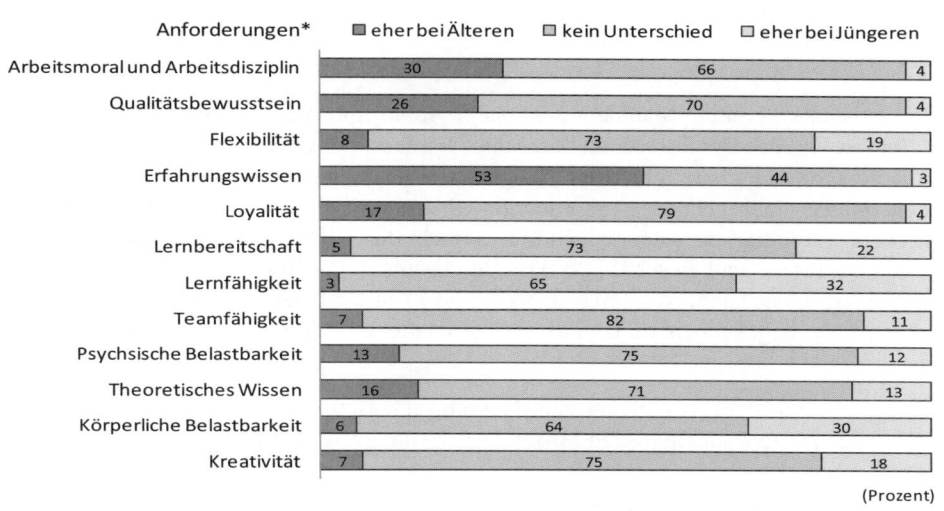

Anforderungen*	eher bei Älteren	kein Unterschied	eher bei Jüngeren
Arbeitsmoral und Arbeitsdisziplin	30	66	4
Qualitätsbewusstsein	26	70	4
Flexibilität	8	73	19
Erfahrungswissen	53	44	3
Loyalität	17	79	4
Lernbereitschaft	5	73	22
Lernfähigkeit	3	65	32
Teamfähigkeit	7	82	11
Psychische Belastbarkeit	13	75	12
Theoretisches Wissen	16	71	13
Körperliche Belastbarkeit	6	64	30
Kreativität	7	75	18

(Prozent)

* Die Anforderungen sind danach geordnet, ob sie von den Personalverantwortlichen für die Mehrheit der Arbeitsplätze im Betrieb als wichtig erachtet werden. Die wichtigste Anforderung steht oben.

Insgesamt spielen Maßnahmen zur Förderung der Beschäftigung Älterer und zum Erhalt ihrer Leistungspotenziale in der betrieblichen Praxis nach wie vor eine untergeordnete Rolle (vgl. Bellmann et.al., 2006b, S. 86). Lebenslanges Lernen, also auch Bildung und Lernen nach dem Erreichen des 50. Lebensjahres ist noch längst keine Selbstverständlichkeit. Personalmaßnahmen speziell für Ältere sind nur schwach verbreitet.

Tab. 5.6 Betriebliche Maßnahmen für Ältere Arbeitnehmer; Quelle: Bellmann et. al., 2003a, S. 32

Betriebsgrößenklassen am 30.06.2002	1 bis 4 Beschäftigte	5 bis 9 Beschäftigte	20 bis 99 Beschäftigte	100 bis 499 Beschäftigte	ab 500 Beschäftigte	Deutschland insgesamt
Maßnahmen:						
Altersteilzeit	3	8	26	61	86	11
besondere Ausstattung der Arbeitsplätze	1	1	3	7	13	3
Herabsetzung der Leistungsanforderungen	1	3	5	7	13	3
Altersgemischte Arbeitsgruppen	1	5	14	24	33	6
Einbeziehung in Weiterbildung	2	6	12	24	35	6
Altersgerechte Weiterbildungsangebote	1	1	1	2	4	1
andere Maßnahmen für Ältere	1	1	2	4	6	1
keine Maßnahmen	93	83	59	27	8	80

Die am meisten verbreitete Maßnahme ist nach wie vor die Altersteilzeit, für die fast jeder dritte Betrieb von der Bundesagentur für Arbeit Fördermittel erhält. Diese ist jedoch gerade keine geeignete Maßnahme, um Ältere länger in Beschäftigung zu halten. Sie ist vielmehr darauf gerichtet, einen belastungsgeminderten Übergang in den Ruhestand zu ermöglichen. Die starke Verbreitung der Altersteilzeit unterstreicht die Attraktivität eines frühen Erwerbsaustritts für Betriebe und Beschäftigte. Das durchschnittliche Renteneintrittsalter ist in den letzten Jahren zwar leicht von 60,6 Jahren (2001) auf 62 Jahre (2007) gestiegen (vgl. Eurostat, 2009), liegt jedoch weit unter dem gesetzlichen Rentenalter von derzeit noch 65 Jahren.

Aus den gewonnenen Erkenntnissen zum Umgang der Betriebe mit älteren Arbeitnehmern kristallisieren sich fünf idealtypische Muster heraus, die im Wesentlichen durch die Merkmale Qualifikation, Beschäftigungsform und Verdrängung geprägt sind. Im Einzelnen sind diese (vgl. Bellmann et. al. 2006b, S. 88 ff.):

- **Dequalifizierungstyp:**
  Ältere kommen nicht in den Genuss von Qualifizierungsprozessen und haben am technologischen Wandel nicht teil.
- **Requalifizierungstyp:**
  Die Qualifikation der Älteren ist kein Beschäftigungsnachteil und wird bei Bedarf aufgefrischt. In Modernisierungsprozesse sind Ältere aufgrund ihrer Fertigkeiten und Fähigkeiten eingebunden.
- **Schutztyp:**
  Ältere werden langfristig, vornehmlich bis zum Übergang in den Ruhestand beschäftigt. Ihre Tätigkeiten werden aber verstärkt von externen Beschäftigten übernommen. Somit wird die Arbeitskraft der Älteren ausgetauscht mit der von Externen.
- **Indifferenztyp:**
  Die Arbeit Älterer besitzt den gleichen Stellenwert wie die der anderen. Personalmaßnahmen werden scheinbar nicht altersabhängig eingesetzt. Bei der Befristung wird nicht nach Alter unterschieden, so dass auch Ältere verstärkt betroffen sind.
- **Verdrängungstyp:**
  Ältere werden unter Zuhilfenahme institutionalisierter Regelungen und Möglichkeiten aus dem betrieblichen Arbeitsprozess gedrängt.

Auch wenn diese Typen in ihrer Reinform in der Praxis kaum anzutreffen sind, so verdeutlichen sie einmal mehr, dass zwischen den leistungsmäßigen Möglichkeiten älterer Erwerbstätiger einerseits und den vorherrschenden institutionellen und gewohnheitsmäßigen Bedingungen andererseits nach wie vor eine Diskrepanz besteht.

Die Zuordnung zu den Idealtypen schafft Transparenz und kann Unternehmen dabei unterstützen, geeignete Personalmaßnahmen zu identifizieren, um die Beschäftigung Älterer zu fördern oder überhaupt erst zu ermöglichen und unangemessene Maßnahmen und Verhaltensweisen einzustellen.

6 Schlussfolgerungen für das Personalmanagement

Der demografische Wandel zieht die Alterung und den Rückgang des Erwerbspersonenpotenzials nach sich und wird begleitet von steigenden Qualifikationsanforderungen an die arbeitende Bevölkerung. Die Unternehmen stehen daher vor der Situation, sich auf älter werdende Belegschaften, welche zudem produktiver sein müssen als heute, einzustellen, sowie einen härteren Wettbewerb um die besten Fachkräfte führen zu müssen.

Für ein demografieorientiertes und erfolgreiches Personalmanagement im Unternehmen ist daher die Gestaltung folgender Handlungsfelder essenziell, welche in den nachfolgenden Kapiteln des Lehrbuchs eingehender behandelt werden:

Abb. 6.1 Handlungsfelder des Personalmanagements im demografischen Wandel; Quelle: eigene Darstellung

1. **Strategisches Personalmanagement**
   Zunächst ist eine langfristig integrierte Strategie zwischen Unternehmenszielen und Zielen des Personalmanagements erforderlich, welche die demografische Entwicklung und deren Konsequenzen berücksichtigt.
2. **Altersstrukturanalysen**
   Erst die Durchführung einer Altersstrukturanalyse zeigt den Umfang und die Stärke der Auswirkungen des demografischen Wandels auf das jeweilige Unternehmen. Die Analyse der gegenwärtigen und künftigen Altersstruktur einer Belegschaft ermöglicht, daraus Strategien und konkrete Maßnahmen für die betriebliche Personalpolitik abzuleiten.
3. **Retention Management**
   Die Rekrutierung und Bindung qualifizierter Arbeitnehmer an das Unternehmen wird in Anbetracht sinkender Erwerbstätigenzahlen und vor allem einer sinkenden Zahl an jüngeren Erwerbspersonen zu einem bedeutsamen Erfolgsfaktor im Wettbewerb um die qualifizierte Arbeitskräfte.
4. **Employer Branding**
   Um sich im Kampf um die knappen und besten Fachkräfte auf dem (inter-) nationalen Arbeitsmarkt zu behaupten, wird es für Unternehmen immer wichtiger, sich als erkennbare Marke von anderen Wettbewerbern positiv abzuheben und ein Image als attraktiver Arbeitgeber zu etablieren.
5. **Kompetenzentwicklung**
   Kontinuierliche und sinnvolle Investitionen in die langfristige Beschäftigungsfähigkeit von Belegschaften werden immer wichtiger, um die Mitarbeiter für die Anforderungen einer anspruchsvollen, sich rasch verändernden, wettbewerbsorientierten Arbeitswelt optimal vorzubereiten und auszustatten.

6. **Flexibilisierte Beschäftigungsverhältnisse**
Flexibilisierte Beschäftigungsverhältnisse beinhalten im Kontext der demografischen Entwicklung negative Konsequenzen für die Kompetenzentwicklung von Beschäftigten.
7. **Wissensmanagement**
Die immer kürzeren Innovationszyklen erfordern neben der Qualifizierung der Beschäftigten und der Steigerung der Innovationsfähigkeit auch die Sicherung und organisierte Weitergabe betrieblich relevanter Wissensbestände für den langfristigen Unternehmenserfolg.
8. **Betriebliches Gesundheitsmanagement**
Um die Arbeitsfähigkeit der Mitarbeiter bis zur Rente zu gewährleisten, gilt es, gesundheitliche Ressourcen systematisch zu etablieren. Daher gewinnt die betriebliche Gesundheitsförderung an Bedeutung. Arbeit, Arbeitszeit und Arbeitsplätze sind altersgerecht zu gestalten und hinsichtlich altersbedingter Bedürfnisse zu flexibilisieren.
9. **Demografieorientierte Unternehmenskultur**
In Anbetracht älter werdender Belegschaften sollte sich die Personalführung an einem Miteinander der Generationen orientieren und eine Unternehmenskultur gestalten, die an die Bedürfnisse verschiedener Mitarbeitergruppen, insbesondere der älteren Mitarbeiter, angepasst ist.

7 Fragen

1. Definieren Sie demografischen Wandel.
2. Welche demografischen Trends zeichnen sich für Deutschland mit welchen Konsequenzen ab?
3. Beschreiben Sie die globale demografische Entwicklung und zeigen Sie Konsequenzen für entwickelte und weniger entwickelte Weltregionen auf.
4. Was kennzeichnet einen älteren Mitarbeiter und wie ist die aktuelle Beschäftigungssituation dieser Erwerbstätigengruppe?
5. Wie wird sich das Erwerbspersonenpotenzial in Deutschland zukünftig entwickeln und was folgt daraus für die Unternehmen und das Personalmanagement?

Die Lösungen zu den Fragen finden Sie online (siehe Vorwort)

8 Literatur

Die Literaturhinweise finden Sie online (siehe Vorwort)

B Strategisches Management – Implikationen des demografischen Wandels

Autor: Norbert Hettstedt

Norbert Hettstedt ist Geschäftsführer der NH Unternehmensentwicklung und Senior Industrial Advisor der Perlitz Group in Mannheim sowie Vorstand des Vereins AKADalumni e.V. Zuvor war er in deutschen und internationalen Unternehmen in leitenden Funktionen der Unternehmensführung tätig und verfügt dadurch über eine langjährige Berufspraxis als Führungskraft im internationalen Umfeld. Seine Schwerpunkte sind nachhaltige strategische und operative Unternehmensführung, nachhaltiges Personalmanagement und nachhaltige Führungskräfteentwicklung insbesondere im demografischen Wandel und unter ethischen Gesichtspunkten. Er hat an verschiedenen Hochschulen und beispielsweise bei Management Circle zahlreiche Vorträge zum Thema Unternehmensführung und Strategiecontrolling gehalten. Er ist Koautor eines Buchbeitrags zum Thema „Strategieinnovationen am Beispiel eines mittelständischen Automobilzulieferers".

Inhalt

1	**Lernziele**	43
2	**Einleitung**	43
3	**Strategisches Management**	44
3.1	Definition Strategie	44
3.2	Definition Strategisches Management	44
3.3	Strategieverständnis	46
3.4	Basis für Strategien	47
3.5	Strategieebenen	48
3.5.1	Grundlagen	48
3.5.2	Ebene der Unternehmensstrategie (Corporate Strategy)	48
3.5.3	Ebene der Geschäftsbereichsstrategie (Business Strategy)	49
3.5.4	Ebene der Funktionsbereichsstrategie (Functional Strategy)	49
3.6	Strategisches Personalmanagement	50
3.6.1	Strategisches Personalmanagement im Rahmen der strategischen Unternehmensführung	50
3.6.2	Basis des strategischen Personalmanagements	51
3.6.3	Mögliche Handlungsfelder für ein demografieorientiertes strategisches Personalmanagement	53
3.6.4	Schwerpunkte eines demografieorientierten strategischen Personalmanagements	54
4	**Zusammenfassung**	56
5	**Fragen**	56
6	**Literatur**	57
7	**Praxisbeispiel 1: Strategisches Personalmanagement – Demographic Risk Monitoring der Deutschen Post DHL**	58
8	**Praxisbeispiel 2: Demografischer Wandel: Strategische Handlungsansätze der TESCHMA Automatentechnik GmbH im Rahmen des Personalmanagements**	59

1 Lernziele

Ziel ist es, Ihnen zu vermitteln, welchen Einfluss der demografische Wandel auf das strategische Management hat. Die Lernziele sind im Einzelnen:

- die Stellung des strategischen Managements im Rahmen der Unternehmensführung zu erkennen,
- die zwei wesentlichen Strategieverständnisse unterscheiden und kurz erläutern zu können,
- die Basis, auf der Strategien entwickelt werden, darlegen zu können,
- sich die Auswirkungen des demografischen Wandels auf den einzelnen Strategieebenen zu vergegenwärtigen,
- den Zusammenhang zwischen Unternehmensstrategie und strategischem Personalmanagement erklären zu können,
- die einzelnen Strategieebenen beschreiben und im Speziellen auf die Handlungsfelder des strategischen Personalmanagements im Rahmen des demografischen Wandels umfassend eingehen zu können,
- die Frage beantworten zu können, ob Unternehmen eine Personalmanagement-Strategie für den demografischen Wandel benötigen und welche Inhalte diese Strategie haben sollte.

2 Einleitung

In den kommenden Jahren werden die unternehmensexternen und -internen Bedingungen entscheidend durch den demografischen Wandel beeinflusst werden. Bereits ab 2010 wird die Anzahl der über 50-jährigen Menschen, die in Deutschland leben, größer sein als die Anzahl der unter 30-jährigen (vgl. Naegele, 1996, S. 12). Unternehmen müssen sich darauf einstellen, dass nicht nur ihre potenziellen Kunden älter werden, sondern sie müssen sich auch damit beschäftigen, dass die zur Verfügung stehenden Erwerbspersonen und die eigenen Mitarbeiter älter werden. In den letzten Jahren wurde viel über die Bedeutung der Menschen als entscheidender Erfolgsfaktor für Unternehmen publiziert. Trotzdem werden Mitarbeiter in der unternehmerischen Praxis vielfach als Kostenfaktor gesehen. Hinzu kommt, dass Mitarbeiter oftmals pauschal als alt eingestuft werden, sobald sie älter als fünfzig sind. Damit einhergehend werden Investitionen in Form von Weiterbildungen in sie nicht als lohnenswert angesehen. Diese Sichtweise wird sich im Zusammenhang mit dem demografischen Wandel entscheidend ändern müssen. Der Fokus muss wieder darauf gerichtet werden, dass es Menschen sind, die Unternehmen gestalten, die für Produktionsfaktoren verantwortlich sind, die Unternehmensziele setzen, die wiederum von Menschen umgesetzt werden. In diesem Zusammenhang wird dem strategischen Personalmanagement, im Rahmen des strategischen Managements, eine entscheidende Bedeutung zukommen.

3 Strategisches Management

3.1 Definition Strategie

Die Rahmenbedingungen für Unternehmen haben sich in der Vergangenheit geändert und werden sich in der Zukunft deutlich verändern. Die Zunahme der Dynamik von Entwicklungen innerhalb und außerhalb von Unternehmen zwingt sie dazu, sich aktiv und reaktiv damit auseinanderzusetzen. Mit der Formulierung und Umsetzung von Strategien gelingt es, Veränderungen proaktiv zu erfassen und dementsprechend zu agieren. Der Begriff Strategie lässt sich etymologisch auf das Griechische (stratos: Heer, agos: Führer) zurückführen und ist dort Ausdruck für die Kunst der Heerführung. Strategien werden heute in der Wissenschaft und Wirtschaft auch als Wege zur Zielerreichung oder als Weg zum Ziel bezeichnet (vgl. Schug, 2003, S. 97). So gesehen kann Strategie auch als Rahmenplan für unternehmerisches Handeln verstanden werden. Der Rahmenplan wird über einen Transformationsprozess mit dem Ziel umgesetzt, mit dem Unternehmen langfristig im Markt und im Wettbewerb erfolgreich zu sein. Strategien haben dadurch Einfluss auf die Interaktion zwischen Unternehmen und ihrer Umwelt, insbesondere dann, wenn sie kontinuierlich reflektiert und gegebenenfalls angepasst werden.

3.2 Definition Strategisches Management

Strategisches Management kann als Kernaufgabe der Unternehmensführung bezeichnet werden (eine historische Skizze der Entwicklung des Strategischen Managements findet sich in Müller-Stewens/Lechner, 2001). Diese Kernaufgabe hat unter anderem zum Ziel, einen grundsätzlichen Handlungsrahmen als Orientierung für zentrale Entscheidungen im Unternehmen zur Verfügung zu stellen (vgl. Hopfenbeck, 2002, S. 567). Sie umfasst die Steuerung

3.2 Definition Strategisches Management

und Koordination des Unternehmens und seiner Beziehungen zur Umwelt. Bei der Erfüllung dieser Aufgaben muss berücksichtigt werden, dass die jeweilige Umwelt- und Unternehmenssituation, die Unternehmensphilosophie und -werte, die Unternehmensziele und die Unternehmensstrategie in einem interdependenten Verhältnis zueinander stehen. Umzusetzen sind die Aufgaben durch proaktive Gestaltung zielbezogener Maßnahmen oder Maßnahmenbündel. Dabei sind alle Kräfte im Unternehmen sowie das Können und das Knowhow so einzusetzen, dass eine nachhaltige, auf Dauer ausgerichtete und profitable Existenzsicherung des Unternehmens erreicht wird. Daraus kann abgeleitet werden, dass strategisches Management bestrebt ist, die Entwicklung von Unternehmen durch die Erstellung grundsätzlicher Handlungskonzepte zu gestalten, um so einen wesentlichen und unerlässlichen Beitrag für die Existenz- und Erfolgssicherung eines Unternehmens zu leisten.

Entscheidungen, die im Rahmen des strategischen Managements getroffen werden, sind zum Beispiel folgende Fragestellungen: In welchen Produkt- und Dienstleistungsfeldern soll das Unternehmen tätig werden oder auf welchen Märkten soll es seine Produkte und Dienstleistungen gezielt anbieten?

In diesem Zusammenhang muss sich das Management im Gegensatz zu früher mit einer wesentlich erweiterten und von Diskontinuität geprägten Umwelt und ihren Einflüssen und den daraus resultierenden Spannungsfeldern im Unternehmen auseinandersetzen (vgl. Staehle, 1999, S. 627). Dies verdeutlichen die Herausforderungen, mit denen sich strategisches Management und demzufolge die Unternehmen permanent auseinandersetzen müssen. Solche Herausforderungen sind insbesondere gegenwärtige Entwicklungen wie beispielsweise:

- der demografische Wandel mit seinen Auswirkungen auf die Altersstrukturen der Erwerbstätigen sowie nicht Erwerbstätigen,
- eine notwendige Angebotsanpassung insbesondere der Produkte und Dienstleistungen für spezielle Alterszielgruppen zum Beispiel 50+, 60+, 70+,
- eine Verkürzung der Produktlebenszyklen, bedingt durch ständige Anpassungen an die Bedürfnisse der Zielgruppen,
- ein schwer beziehungsweise kaum prognostizierbares Käuferverhalten (veränderte Kundenanforderungen werden immer häufiger auch aus dem demografischen Wandel resultieren),
- ein deutlicher Anstieg der Wissensintensität in Strukturen, Prozessen und Systemen (vgl. Rumpf/Eilers, 2007, S. 40),
- eine Verknappung von Fach- und Führungskräften,
- Bildungsdefizite bei neu in das Erwerbsleben Eintretenden,
- ein genereller Wertewandel, ebenfalls stark geprägt durch den demografischen Wandel,
- die aktuelle Wirtschaftskrise mit ihren Veränderungen in der Wirtschaftslandschaft, usw.

Die Vielfalt dieser Entwicklungen stellt per se ein Problem dar. Verstärkt wird dieses noch durch kaum prognostizierbare staatliche Eingriffe und die zunehmende Verflochtenheit und Komplexität der einzelnen Entwicklungen.

In der Unternehmenspraxis wird in der Regel auf Grund dieser Komplexität und der Dynamik und Veränderungsgeschwindigkeit von Entwicklungen, die auf das Unternehmen einwirken, von einer Planung unter Risiko beziehungsweise Unsicherheit ausgegangen. Das ist nicht nur in der Annahme begründet, dass es eine Planungssicherheit nicht gibt, da vollkommene Informationen nicht verfügbar sind. Eine Begründung ist auch abzuleiten aus der Unsicherheit von Kenntnissen der Wirkungszusammenhänge alternativer Handlungen, die sich daraus ergeben, aktiv mit den Entwicklungen umzugehen.

3.3 Strategieverständnis

In der Literatur ist eine Vielzahl von Versuchen zu finden, den Strategiebegriff zu differenzieren beziehungsweise verschiedene Strategieverständnisse zu beschreiben. Beispielhaft seien hier die vier Aspekte aufgeführt mit denen Mintzberg den Begriff Strategie charakterisiert (vgl. Mintzberg, 1994, S. 23 ff.).

Die vier Aspekte sind:

1. Eine Strategie ist ein Handlungsplan, der für die Akteure eine Orientierung darstellt.
2. Der Strategiebegriff wird als Muster konsistenter Handlungen beschrieben, die sich ex post rekonstruieren lassen.
3. Strategie wird als Stellung oder Position im Wettbewerb beschrieben.
4. Eine Strategie ist eine Perspektive, die beschreibt, wie ein Unternehmen sein Geschäft versteht und betreibt, eine mentale Landkarte für die Unternehmensleitung (vgl. Prahalad/Bettis, 1986, S. 485 ff.).

Ferner beschreibt Macharzina auf der Basis der unterschiedlichen Ausführungen zum Strategiebegriff zwei grundlegende Strategieverständnisse.

Strategien lassen sich zum einen als rational geplante komplexe Maßnahmenbündel und zum anderen als Grundmuster im Strom von Entscheidungen und Handlungen begreifen (vgl. Macharzina/Wolf, 2008, S. 252 ff.).

Ersterem liegt die Sichtweise zu Grunde, dass Strategien auf der Grundlage von Unternehmenszielen zu ihrer Realisierung eine Vielzahl von Einzelmaßnahmen erfordern. Vorausgesetzt wird, dass diese Maßnahmen sich gegenseitig ergänzen sowie sich im Idealfall in ihrer Wirkung verstärken. Daher müssen sie rational geplant und vor ihrer Realisierung formuliert sein.

Lassen sich über einen Zeithorizont in den Aktivitäten und Entscheidungen eines Unternehmens nachvollziehbare Muster erkennen, wird dahinter eine Strategie vermutet. Das bedeutet, dass nach diesem Verständnis das Handeln zur Strategie wird und nicht das Handeln aus einer Strategie resultiert.

Zusammenfassend kann festgestellt werden, dass zur Erreichung von Zielen Strategien formuliert sein müssen. Die Strategien selbst beschreiben die Wege zur Zielerreichung. Anzumerken ist, dass es nicht selten mehrere Wege gibt, die zu einem Ziel führen (vgl. Schug, 2003, S. 97).

3.4 Basis für Strategien

Der Unternehmensführung obliegt es, eine unternehmerische Grundsatzplanung zu erstellen. Als wichtige Bestandteile sollte sie die Unternehmensvision inklusive eines Wertesystems, einer Beschreibung des Geschäftsmodells und für die Unternehmung gültige, allgemeine Leitlinien enthalten. Den hierarchischen Aufbau zeigt beispielhaft die folgende Abbildung.

Abb. 3.1. Hierarchischer Aufbau der Grundsatzplanung; Quelle: eigene Darstellung

Die Vision sollte innovativ, mutig, emotional und zielgerichtet, aber auch realistisch erreichbar sein. Sie soll dem Unternehmen eine qualitativ beschriebene, weit in die Zukunft gerichtete Orientierung geben. Eine Vision ist daher richtungsweisend.

Das zu beschreibende Wertesystem baut auf der Vision auf und soll in Verbindung mit den formulierten Leitlinien ein wirtschaftsethisches „Geländer" sein, das als Orientierungshilfe und Handlungsmaßstab angesehen werden kann.

In den Unternehmenszielen müssen Zielinhalt und Zielausmaß festgelegt, mess- und nachvollziehbar beschrieben sein.

Die Grundsatzplanung wird begleitet von einer Umweltanalyse und einer Unternehmensanalyse (vgl. Lombriser/Abplanalp, 2004, S. 46 ff.). Eine ausformulierte Grundsatzplanung im Unternehmen ist eine solide Ausgangsbasis für das strategische Management.

3.5 Strategieebenen

3.5.1 Grundlagen

In der neueren Betriebswirtschaftslehre werden drei wesentliche Strategieebenen unterschieden:

1. Die Ebene des Unternehmens (Corporate Strategy),
2. die Ebene der Geschäftsbereiche (Business Strategy) und
3. die Ebene der Funktionsbereiche (Functional Strategy).

	Grundsatzplanung			
	Wertesystem	Geschäftsmodell	Leitbild	normativ
Unternehmensebene (Corporate Level)	**Unternehmensstrategie** Produkt-Markt-Strategie; lokale, nationale, internationale, globale Strategie; Kooperations- oder Autonomiestrategie			
Geschäftsbereichsebene (Business Level)	**Geschäftsbereichsstrategie** Produkt-Markt-Strategie; Alleinstellungsmerkmale wie Kostenführerschaft; Erfolgspositionen wie Kernkompetenzen			strategisch
Funktionsbereichsebene (Functional Level)	**Funktionsbereichsstrategie** Personalmanagement-, Produktions-, Technologie-, Finanzierungsstrategie etc.			
Arbeitsebene (Working Level)	Arbeitsinhalte, -prozesse und -bedingungen			operativ

Abb. 3.2 Strategieebenen; Quelle: eigene Darstellung in Anlehnung an Bea/Haas, 2001, S. 165

3.5.2 Ebene der Unternehmensstrategie (Corporate Strategy)

Ein Unternehmen ist in der Regel nicht nur in einem Geschäftsfeld tätig. Daraus ergibt sich, dass auf Basis der Grundsatzplanung eine alle Geschäftsfelder übergreifende Unternehmensstrategie formuliert werden muss. Die Formulierung findet auf der obersten Leitungsebene des Unternehmens statt. Sie hat globalen Charakter und ist praktisch betrachtet am allgemeinsten von den drei Strategieebenen formuliert. Im Kern geht die Unternehmensstrategie der Frage nach, in welchen Produkt- beziehungsweise Dienstleistungsbereichen das Unternehmen verstärkt tätig sein soll. Dies gewinnt insofern an Bedeutung, da es im Rahmen des demografischen Wandels auch in den Absatzmärkten sowie im Produkt- und Dienstleistungsangebot für Senioren zu deutlichen Veränderungen kommen wird. Die Unternehmensstrategie soll ferner aufzeigen, wie durch die Gestaltung der Geschäftsfelder und die Koordination der Unternehmensaktivitäten im Zusammenspiel mit den Anspruchsgruppen (Stakeholdern) Wert geschaffen und das Unternehmen als attraktiver Arbeitgeber positioniert werden kann (vgl. Collis/Montgomery, 1997). Im Rahmen der Unternehmensstrategie werden unter anderem auch die Kernkompetenzstrategie und die Wettbewerbsstrategien formuliert. In der Literatur findet sich das unter dem Begriff der Produkt-Markt-Strategie oder Produkt-Markt-Kombinationen (vgl. Lombriser/Abplanalp, 2004, S. 72 ff.). Die Herausforderungen, dargelegt in den gegenwärtigen Entwicklungen, die entscheidend durch den demografischen Wandels geprägt sind, bieten Anlass und Notwendigkeit, Unternehmensstrategien zu prüfen respektive zu überarbeiten.

3.5.3 Ebene der Geschäftsbereichsstrategie (Business Strategy)

Speziell größere Unternehmen sind organisatorisch sehr häufig nach Geschäftseinheiten beziehungsweise Geschäftsbereichen organisiert. Jede dieser Geschäftseinheiten fokussiert sich in der Regel auf eine bestimmte Marktleistung. Damit kann sie sich auf die jeweils relevanten Markt- und Wettbewerbsbedingungen konzentrieren. Außerdem erhöht diese Fokussierung die Reaktionsfähigkeit auf Veränderungen und optimiert die Mittelverwendung. Die Strategieinhalte konzentrieren sich auf die Auswahl der Produkt-Markt-Kombination in der die Geschäftseinheit möglichst ein Alleinstellungsmerkmal erzielen soll, die Bestimmung der notwendigen Erfolgspositionen (Fähigkeiten und Kenntnisse) sowie auf für die Geschäftseinheit spezifischen Projekte.

Speziell die Ebene der Geschäftsbereichsstrategie bietet die Möglichkeit, altersinduzierte Unterschiedlichkeiten (zum Beispiel Verhaltensmuster, geänderte Lebens- und Konsumgewohnheiten), die aus dem demografischen Wandel resultieren, zu erfassen und in zielgruppengerechte Produkt- und Dienstleistungsangebote umzusetzen. Beispielhaft seien hier altersgerechte, in der Handhabung einfache Produkte erwähnt oder Produkte, die es älteren Menschen erleichtert, trotz altersbedingten gesundheitlichen Einschränkungen ihre Selbstständigkeit beizubehalten. Es bietet sich darüber hinaus geradezu an, die Marktfähigkeit und Verbraucherakzeptanz von Produkten und Dienstleistungen vor Markteinführung im Zuge einer praktischen Marktforschung durch qualitative Studien, zum Beispiel Akzeptanztests, zu untersuchen. Grund dafür ist, dass eine Geschäftseinheit eine deutlich größere Nähe zum Markt aufweist als die Leitungsebene eines Unternehmens.

Es ist unabdingbar, dass die Geschäftsbereichsstrategie auf die übergreifende Strategie des Unternehmens abgestimmt formuliert wird.

3.5.4 Ebene der Funktionsbereichsstrategie (Functional Strategy)

In einem Unternehmen stehen zur Leistungserstellung unter anderem humane, finanzielle, materielle und organisatorische Faktoren zur Verfügung (vgl. Nolte/Bergmann, 1998, S. 12). Diese Faktoren sind Gegenstand der dritten Strategieebene, der Funktionsbereichsebene. Auf ihr finden sich zum Beispiel die funktionalen Bereiche wie das Personalwesens, die Forschung und Entwicklung sowie Beschaffung und Produktion. In den Funktionsbereichsstrategien wird die allgemeine Unternehmens- und Geschäftsbereichsstrategie stark konkretisiert und in direkte Maßnahmen beziehungsweise Handlungen umgesetzt. Damit wird auch der erste Schritt in Richtung Implementierung ausgeführt: aus Planung wird Handlung. Für die Funktionsbereichsstrategien gilt ebenso, dass sie zwingend auf die übergreifende Geschäftsbereichs- und Unternehmensstrategie abgestimmt sein müssen. Sie werden daher idealerweise von ihnen deduktiv abgeleitet. Der demografische Wandel führt über notwendige Anpassungen der Unternehmens- und der Geschäftsbereichsstrategie auch dazu, dass die Funktionsbereichsstrategien angepasst werden müssen. Ein durch den demografischen Wandel im Speziellen geforderter Funktionsbereich ist das Personalmanagement.

3.6 Strategisches Personalmanagement

3.6.1 Strategisches Personalmanagement im Rahmen der strategischen Unternehmensführung

„Mitarbeitende sind und bleiben die zentralen Träger unternehmerischen Erfolges" und müssen ohne Einschränkung als solche gesehen werden (Arbeitskreis Organisation der Schmalenbach-Gesellschaft, 1996, S. 653). Speziell im demografischen Wandel werden sie sich zu einem zentralen und damit entscheidenden Wettbewerbsfaktor entwickeln. Das bedeutet, dass in Zukunft noch mehr Wert darauf gelegt werden muss, die Kompetenzen der Mitarbeitenden über den gesamten Erwerbszeitraum sicherzustellen. Dies impliziert einen Handlungsbedarf von strategischer Relevanz (vgl. Lehmann, 2001, S. 42). Im Rahmen der unternehmerischen Gesamtstrategie spielt das strategische Personalmanagement die Rolle einer funktionalen Teilstrategie mit einer unternehmensweiten Querschnittsbedeutung und ist daher im unternehmerischen Sekundärbereich angesiedelt. Es hat unmittelbaren Bezug zu den Erfolgspotenzialen der Unternehmung und beschäftigt sich mit den aktuellen und den zukünftigen Personalpotenzialen. Inhaltlich setzt es sich mit Maßnahmen des frühzeitigen Erkennens, dem Aufbau, dem Erhalt, der Nutzung, aber auch mit dem Abbau dieser Personalpotentiale auseinander (vgl. Zaugg, 1996, S. 59 f.).

Ziel ist es, die Umsetzung der Unternehmensstrategie durch die Bereitstellung personalpolitischer Maßnahmen zu unterstützen beziehungsweise deren Umsetzung durch eine wechselseitige Abstimmung zwischen Unternehmens- und Personalstrategie zu ermöglichen (vgl. Ridder, 2007).

Zwischen der strategischen Unternehmensführung und dem strategischen Personalmanagement können vier Beziehungen auftreten (vgl. Scholz, 2000):

- aus der Unternehmensstrategie wird die Personalstrategie abgeleitet, auch als derivative Sicht bezeichnet,

- als funktionale Verkopplung ist die Strategie des Personalmanagements Teil der Unternehmensstrategie und steht als funktionale Teilstrategie mit anderen funktionalen Teilstrategien in wechselseitiger Abhängigkeit,
- aus der ressourcenorientierten Sicht wird aus der Personalstrategie die Unternehmensstrategie abgeleitet und bietet so den Rahmen für die Entwicklung der Unternehmensstrategie,
- aus der autonomen Perspektive sind beide Strategien, die Personal- und die Unternehmensstrategie vollkommen unabhängig voneinander, es besteht kein inhaltlicher Zusammenhang.

In der unternehmerischen Praxis wird die Personalstrategie überwiegend aus der Unternehmensstrategie abgeleitet. Es besteht allerdings die Gefahr, dass die besonderen Eigenschaften der Mitarbeiter für die langfristige und dauerhafte Unternehmensentwicklung in den Hintergrund rücken. Gestützt wird diese Aussage durch die sehr verbreitete Ansicht, dass Mitarbeiter überwiegend ein Kostenfaktor sind und der Mensch als den Erfolg entscheidende Ressource leider nur zu oft als populäre Aussage in Theorie und Praxis verwendet wird.

3.6.2 Basis des strategischen Personalmanagements

Die Ausgangsbasis für das strategische Personalmanagement bildet die strategische Analyse. Aufgabe ist es, alle relevanten Informationen des Personalbereiches und des Unternehmensumfeldes zu generieren und bereitzustellen (vgl. Elsik, 1992, S. 70 ff.). Im Zusammenhang mit dem demografischen Wandel ist es von besonderer Bedeutung, im Unternehmen eine Altersstrukturanalyse durchzuführen. Sie hat zum Ziel, den spezifischen Handlungsbedarf im Umgang mit dem demografischen Wandel zu identifizieren und dient ebenfalls dazu, das Management für die Problematik zu sensibilisieren (vgl. Köchling, 2000).

Die Alterstrukturanalyse ist eine systematische Vorgehensweise zur frühen Erkennung von vorhandenen oder künftigen Risiken in der Personalstruktur des Unternehmens (siehe hierzu auch den Beitrag „Aufbau einer Altersstrukturanalyse" von Ulrich Kreutle in diesem Lehrbuch). Dabei können vier mögliche Ausprägungen auftreten:

1. Erstens die **balancierte Altersstruktur** mit dem Merkmal einer ausgewogenen Verteilung aller Altersgruppen innerhalb der Belegschaft. Sie hat das größte Potenzial zu einer unternehmensinternen Bewältigung des demografischen Wandels (vgl. Buck, 2002).
2. Die zweite mögliche Altersstruktur ist **jugendzentriert** und war am häufigsten in Unternehmen der New Economy anzutreffen. Diese Struktur bietet gute Voraussetzungen, die Mitarbeiter früh auf eine längere Erwerbstätigkeit vorzubereiten. Das Risiko einer solchen Struktur besteht jedoch darin, dass Fähigkeiten fehlen, die älteren Mitarbeitern zugeordnet werden können, wie zum Beispiel ausgeprägtes Erfahrungswissen (vgl. Mühlbrandt/Schawilye, 2005, S. 38 ff.).
3. Die **komprimierte Altersstruktur** als dritte Variante findet sich in Unternehmen, die häufig mit Vorruhestandsregelungen gearbeitet haben. Diese Unternehmen müssen sich insbesondere auf die Anpassung von Arbeitsstrukturen sowie den Erhalt der physischen

und psychischen Arbeitsfähigkeit ihrer Mitarbeiter fokussieren (vgl. Köchling, 2004, S. 123 ff.).
4. Die vierte Möglichkeit ist eine **alterszentrierte Verteilung**. Sie kann überwiegend dort auftreten, wo in der Vergangenheit über längere Zeiträume mit Einstellungsstopps gearbeitet wurde. Die Herausforderung für diese Unternehmen besteht darin, in ausreichendem Maß Nachfolger einzustellen und sicherzustellen, dass der Wissenstransfer von Alt zu Jung stattfindet (vgl. Köchling, 2004, S. 123 ff.). Eine Übersicht über die möglichen Altersstrukturen zeigt die folgende Abbildung.

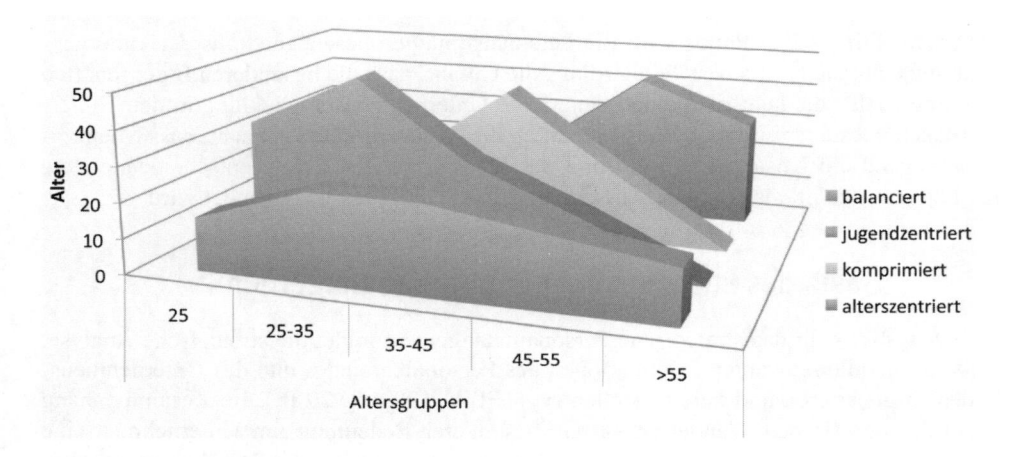

Abb. 3.3 Mögliche Altersstrukturen; Quelle; eigene Darstellung in Anlehnung an http://kolloq.destatis.de/2004/buck.pdf

Speziell im Hinblick auf den demografischen Wandel sollte die Zusammensetzung der betrieblichen Belegschaft auch nach soziodemografischen Kriterien analysiert werden. Soziodemografische Kriterien sind zum Beispiel Alter, Geschlecht, Qualifikation, Nationalität (vgl. Köchling, 2000, S. 43). Die Analyse des Arbeitsmarktes aus dem Unternehmensumfeld soll Daten bereitstellen, um erste Anhaltspunkte zu gewinnen, wie sich der demografische Wandel im regionalen Arbeitsmarkt auswirken wird. Die Auswertung der internen Analyse der Alters- und Personalstruktur erfolgt nach Gesichtspunkten wie:

- Höhe der Fluktuation im Unternehmen,
- Dauer der Betriebszugehörigkeit,
- Qualifikation der Mitarbeiter,
- Berufsgruppen (Führungskräfte, Ingenieure, Facharbeiter usw.,
- Altersverteilung im Unternehmen beziehungsweise nach Bereichen oder Abteilungen, usw.

Über die Analyse lassen sich erste Anhaltspunkte in Bezug auf die demografische Verteilung im Unternehmen gewinnen. Eine Hochrechnung der gewonnenen Daten zum Beispiel auf

3.6.3 Mögliche Handlungsfelder für ein demografieorientiertes strategisches Personalmanagement

Wie bereits dargestellt wurde, ist das strategische Personalmanagement eng verbunden mit der Unternehmensstrategie. Diese orientiert sich an der unternehmerischen Grundsatzplanung (normativ). Anders ausgedrückt heißt das, dass die normativen und die strategischen Ebenen den Rahmen für die Ausgestaltung des strategischen Personalmanagements bieten. Zum strategischen Personalmanagement gehören neun Managementfelder. Diese Felder treffen Aussagen über Inhalte der Aufgaben des Personalmanagements und folgen der Prozesslogik der Personalarbeit (vgl. Scholz, 2000, S. 88 ff.).

Tab. 3.1 Strategische Personalmanagementfelder der Prozesslogik folgend; Quelle: eigene Darstellung in Anlehnung an Scholz, 2000, S. 88

Personalbedarfsbestimmung	Ermittlung des Soll-Personalbedarfs
Personalbestandsanalyse	Erfassung bestehender Potenziale und absehbarer Veränderungen
Personalbeschaffung	Anpassung von Personalbestand und Personalbedarf durch Rekrutierung
Personalentwicklung	Anpassung der Qualifikation an den Bedarf
Personalaustritt	Austritt aus Berufsleben rechtzeitig planen und Personal anpassen
Personalveränderungsmanagement	Koordination und Festlegung von Prioritäten
Personaleinsatzmanagement	Zuordnung Personal zu Stellen unter Berücksichtigung von Qualifikation und Stellenanforderungen
Personalkostenmanagement	verbindet Personalmanagement mit den Finanzzielen des Unternehmens
Personalführung	konkretisiert das Verhältnis zwischen Führungskräften und Mitarbeitern

Die in der Tabelle dargestellten Felder des strategischen Personalmanagements lassen sich durch die folgenden demografierelevanten Handlungsfelder ergänzen:

- **Demografische Analyse:** (siehe auch das Kapitel „Aufbau einer Altersstrukturanalyse" von Ulrich Kreutle in diesem Lehrbuch)
- **Arbeitsplatzgestaltung:** prüft Arbeitsorganisation und Arbeitsplatzgestaltung hinsichtlich der gealterten Belegschaft
- **Arbeitsgestaltung:** hinsichtlich Arbeitsinhalt, Arbeitszeit und Arbeitsort (Beispiele sind unter anderem Telearbeit, (Lebens-) Arbeitszeitkonten, Jobsplitting, Seniorenpausen)
- **Arbeitsfähigkeit:** mithilfe des Arbeitsfähigkeitsindexes (Work Ability Index (WAI), vgl. Ilmarinen, 2002).
- **Intergenerativer Wissensaustausch:** um Verlust von erfolgskritischem Wissen im Unternehmen zu vermeiden, unter anderem durch Wissenstransfer über die Einarbeitung neuer Mitarbeiter (Patenschaften) oder über die Etablierung von altersgemischten Teams (heterogene Alterszusammensetzung (siehe hierzu das Kapitel „Wissensmanagement" in diesem Lehrbuch)
- **Personalentwicklung:** durch neue Lernformen im Rahmen einer berufsbegleitenden, altersunabhängigen Weiterbildung (siehe hierzu auch das Kapitel „Kompetenzerhalt" von Dagmar Preißing in diesem Lehrbuch)
- **Personalrekrutierung** und **Mitarbeiterbindung** (Retention Management): beschäftigt sich mit Fragen wie neue gute und qualifizierte Fachkräfte für das Unternehmen gewonnen und dann langfristig ans Unternehmen gebunden werden können (siehe hierzu auch das Kapitel „Retention Management" von Jana Brauweiler in diesem Lehrbuch)
- **Gesundheitsförderung:** Durch Arbeitsunfähigkeit entstehen für Unternehmen erhebliche Kosten und Probleme, diese gilt es präventiv zu vermeiden und außerdem den langfristigen Erhalt körperlicher und geistiger Leistungsfähigkeit zu fördern (siehe das Kapitel „Betriebliches Gesundheitsmanagement" von Max Ueberle in diesem Lehrbuch)
- **Unternehmenskultur und Personalführungskultur:** das bedeutet unter anderem, ungerechtfertigte Vorurteile gegenüber der Leistungsfähigkeit älterer Mitarbeiter abzubauen. Es darf nicht um jung oder alt gehen, sondern darum, eine wahrnehmbare Wertschätzung im Miteinander in den Arbeitsprozessen zu schaffen (siehe das Kapitel zur „Unternehmenskultur" von Frank Lönnies in diesem Lehrbuch).

Die hier aufgezeigten demografierelevanten Handlungsfelder erheben keinen Anspruch auf Vollständigkeit und vollkommene inhaltliche Ausgestaltung. Sie sollen einen Eindruck über die Vielfältigkeit des Einflusses des demografischen Wandels erkennen lassen. Unter dem Gesichtspunkt der Prozesslogik des Personalmanagements ist hervorzuheben, dass wichtige Handlungsfelder übergreifend zu verstehen sind.

3.6.4 Schwerpunkte eines demografieorientierten strategischen Personalmanagements

Ein dem demografischen Wandel gerecht werdendes Konzept für das strategische Personalmanagement sollte folgende Schwerpunkte enthalten:

3.6 Strategisches Personalmanagement

Erhalt und Förderung der Beschäftigungsfähigkeit bis zum Erreichen der Altersgrenze, mit den Bereichen:
- Gesundheitsmanagement mit dem Ziel, über Gesundheitsprävention Gesundheitspotenziale zu fördern um damit ein Verweilen im Berufsleben bis zum Erreichen der Altersgrenze zu ermöglichen
- Erhalt der Lernbereitschaft und Lernfähigkeit nach dem Konzept des lebenslangen Lernens, in Verbindung mit einem arbeitsimmanenten Lernen am Arbeitsplatz
- Lebensphasenspezifische und lernförderliche Arbeitsgestaltung und Arbeitsorganisation

Differenzierung des Weiterbildungsangebots für ältere Beschäftigte in Verbindung mit Strategien zur Mitarbeiterbindung:
- Initiieren von generationsübergreifendem Austausch von Erfahrungswissen in Teams oder dem Aufbau von Tandems zwischen jüngeren und älteren Arbeitnehmern mit dem Ziel der systematischen Nutzung der alterspezifischen Kenntnisse, Fähigkeiten und Erfahrungen jüngerer und älterer Erwerbstätiger (vgl. DGFP e.V., 2004)
- Praxisnahe Weiterbildung durch eine Mischung von kurzen Lehrveranstaltungen und Praxisphasen zum Transfer des Gelernten ins Arbeitsfeld
- Attraktive Weiterbildungsziele durch eine gemeinsame und rechtzeitige Planung des Weiterbildungsbedarfs

Arbeitsplatzgestaltung, Vergütungssystem und Arbeitszeitflexibilisierung:
- Verstärkte Entlastung durch altersgerechte, ergonomische Arbeitsplatzgestaltung
- Vergütungssysteme, die sich nicht am Senioritätsprinzip orientieren, sondern variable Entgeldsysteme mit Ausrichtung am betrieblichen oder Gruppenerfolg (vgl. BDA, 2002)
- Flexibilisierung von Arbeitszeiten

Etablierung eines positiven Altersbildes dahingehend, dass ältere Menschen als aktiv und gestalterisch tätig gesehen werden:
- Gestaltung der Unternehmenskultur hinsichtlich der Abkehr von dem Stereotyp, dass ältere Mitarbeiter weniger lern- und leistungsfähig als jüngere sowie weniger flexibel und offen gegenüber Neuem sind. Dies schließt ein, dass ältere Erwerbstätige systematisch in die Innovationsprozesse einbezogen werden müssen.
- Schaffung eines Bewusstseins, dass auch die Erwerbstätigen selbst gefordert sind, an der Bewahrung, gegebenenfalls Wiederherstellung ihrer Leistungs- und Lernfähigkeit aktiv mitzuwirken, um ihre Arbeitsmarktfähigkeit zu erhalten.
- Ausweitung der Stellenbesetzung mit Frauen, auch in Führungspositionen, unter Berücksichtigung der Doppelrolle Beruf und Familie. Hierzu bedarf es unter anderem gezielter Maßnahmen zur Flexibilisierung von Arbeitsorganisation und -zeiten.

Die aufgezeigten Schwerpunkte lassen sich unter anderem auf den Bereich Personalmarketing ausdehnen, der auch die Aufgabe hat, die Mitarbeiter an das Unternehmen zu binden und das Unternehmen nach innen und außen als attraktiven Arbeitgeber darzustellen (Employer Branding). Mehr zu den Schwerpunkten und Handlungsfeldern finden Sie in den jeweiligen Kapiteln in diesem Lehrbuch.

4 Zusammenfassung

Der demografische Wandel wird mit seinen unterschiedlichsten Ausprägungen Gesellschaft und Unternehmen beeinflussen und verändern. Im Rahmen des strategischen Managements gilt es, die Auswirkungen im unternehmerischen Umfeld sowie im Unternehmen selbst zu analysieren und auszuwerten. Auf den Strategieebenen des Unternehmens, der Geschäftsbereiche und der Funktionsbereiche, sind die Strategien als Wege zur Zielereichung den unterschiedlichen Erfordernissen des demografischen Wandels anzupassen. Insbesondere im Bereich der Funktionsbereichsstrategien, die grundsätzlich sehr stark konkretisiert und der erste Schritt zur Implementierung sind, ist es wichtig, explizite Maßnahmen oder Maßnahmenbündel herauszuarbeiten. Diese Maßnahmen beziehungsweise Maßnahmenbündel sind über Handlungen zielgerichtet umzusetzen, um so die übergeordneten Unternehmensziele zu erreichen.

Ein frühzeitiges Auseinandersetzen mit dem demografischen Wandel unter strategischen Gesichtspunkten unterstützt den Erhaltung und den Ausbau strategischer Erfolgspotenziale. Dabei leistet das strategische Personalmanagement mit der deutlichen Fokussierung auf die potenziellen Erwerbstätigen im Markt und die Mitarbeiter im Unternehmen einen entscheidenden Wertbeitrag.

5 Fragen

1. Welche Stellung nimmt das strategische Management im Rahmen der Unternehmensführung ein?
2. Skizzieren Sie die zwei wesentlichen Strategieverständnisse.
3. Auf welcher Basis baut das strategische Management auf und welche Elemente enthält diese Basis?
4. Der demografische Wandel hat Auswirkungen auf Unternehmen. Skizzieren Sie kurz, welche Einflüsse auf den Strategieebenen bei der Analyse und Formulierung berücksichtigt werden müssen.
5. Welche Rolle spielt das strategische Personalmanagement im Rahmen der strategischen Unternehmensplanung und welche Bedeutung sollte es Ihrer Ansicht nach insbesondere im Rahmen des demografischen Wandels haben. Begründen Sie Ihre Antwort.
6. Nennen und erläutern Sie zwei Möglichkeiten, die Beschäftigungsfähigkeit beziehungsweise Arbeitsmarktfähigkeit bis zum Erreichen der Altersgrenze zu erhalten.

7. Mit welchen Maßnahmen könnten Ihrer Meinung nach eine Flexibilisierung der Erwerbszeiten erreicht werden?
8. Welches Ziel hat der Aufbau von Tandems zwischen jüngeren und älteren Arbeitnehmern?

Die Lösungen zu den Fragen finden Sie online (siehe Vorwort)

6 Literatur

Die Literaturhinweise finden Sie online (siehe Vorwort)

7 Praxisbeispiel 1: Strategisches Personalmanagement – Demographic Risk Monitoring der Deutschen Post DHL

Autorinnen: Susanna Nezmeskal-Berggötz und Beate Parniske-Nickelsen

Susanna Nezmeskal-Berggötz ist Vice President Corporate Culture und Leiterin des Global Compliance Office bei der Deutschen Post DHL, unter anderem verantwortlich für die Bereiche Corporate Values, Diversity und Code of Conduct. Sie arbeitet an der Neustrukturierung und Gesamtkonzeption des Bereiches auf internationaler Ebene und ist außerdem verantwortlich für das globale Beschwerdemanagement. Zuvor hatte sie die juristische Leitung eines Restrukturierungsprojektes inne. Susanna Nezmeskal-Berggötz war über mehrere Jahre als Abteilungsleiterin Personal bei verschiedenen Niederlassungen der Deutschen Post AG tätig. Susanna Nezmeskal-Berggötz ist Volljuristin und sammelte im Anschluss an das Referendariat unter anderem erste praktische Erfahrungen als Anwältin in einer internationalen Kanzlei. Im Jahr 2003 erwarb sie zusätzlich den Executive MBA.

Beate Parniske-Nickelsen, Dipl. Ökonomin, ist als Senior Expertin in der Abteilung Corporate Culture bei der Deutschen Post DHL tätig. Aktuelle thematische Schwerpunkte sind Demografischer Wandel, Generationen und Lebenslanges Lernen. Zuvor war Beate Parniske-Nickelsen in unterschiedlichen Bereichen des Personalmanagements in der Zentrale und als Abteilungsleiterin in verschiedenen Niederlassungen der Deutschen Post AG tätig.

Dieses Praxisbeispiel finden Sie online (siehe Vorwort)

8 Praxisbeispiel 2: Demografischer Wandel: Strategische Handlungsansätze der TESCHMA Automatentechnik GmbH im Rahmen des Personalmanagements

Autoren: Norbert Hettstedt und Dirk Schmale

Norbert Hettstedt ist Geschäftsführer der NH Unternehmensentwicklung und Senior Industrial Advisor der Perlitz Group in Mannheim sowie Vorstand des Vereins AKADalumni e.V. Zuvor war er in deutschen und internationalen Unternehmen in leitenden Funktionen der Unternehmensführung tätig und verfügt dadurch über eine langjährige Berufspraxis als Führungskraft im internationalen Umfeld. Seine Schwerpunkte sind nachhaltige strategische und operative Unternehmensführung, nachhaltiges Personalmanagement und nachhaltige Führungskräfteentwicklung insbesondere im demografischen Wandel und unter ethischen Gesichtspunkten. Er hat an verschiedenen Hochschulen und beispielsweise bei Management Circle zahlreiche Vorträge zum Thema Unternehmensführung und Strategiecontrolling gehalten. Er ist Koautor eines Buchbeitrags zum Thema „Strategieinnovationen am Beispiel eines mittelständischen Automobilzulieferers".

Dirk Schmale ist selbstständiger Unternehmer und geschäftsführender Gesellschafter der TESCHMA Unternehmensgruppe. Seine Schwerpunkte liegen in der strategischen Unternehmensentwicklung und -finanzierung. In der Vergangenheit sammelte er umfangreiche Erfahrungen in der Automobilzulieferindustrie. Parallel dazu entwickelte er seine Kompetenzen in zahlreichen Trainings- und Weiterbildungsprojekten. Mit seinen Fachkenntnissen und seiner zielorientierten Arbeitsweise steht er gemeinsam mit seinem Team auch anderen Unternehmen als Experte und Coach zur Seite.

Privat interessiert er sich für zeitgenössische Kunst und ist Mitglied in verschiedenen Naturschutzverbänden.

Dieses Praxisbeispiel finden Sie online (siehe Vorwort)

C   Ablauf einer Altersstrukturanalyse

Autor: Ulrich Kreutle

Dr. Ulrich Kreutle ist Professor für Allgemeine Betriebswirtschaftslehre mit den Schwerpunkten Management und Marketing an der privaten AKAD Hochschule Stuttgart – staatlich anerkannt – und Studiengangsleiter für den Bachelor of Arts. Sein Forschungsschwerpunkt ist das Nachhaltigkeits-Marketing. Daneben ist Ulrich Kreutle als Unternehmensberater und Dozent an verschiedenen Bildungseinrichtungen tätig.

Inhalt

1	**Lernziele**	63
2	**Einleitung**	63
3	**Ablauf einer Altersstrukturanalyse**	64
3.1	Definition Altersstrukturanalyse	64
3.2	Zehn-Phasen-Schema der GfAH	64
3.3	Phasenschema des NETAB	66
3.4	Vorgehensweise des Instituts für Sozialforschung und Sozialwirtschaft e.V.	68
4	**Zentrale Fragestellungen**	70
5	**Zusammenfassung**	74
6	**Fragen**	74
7	**Literatur**	75
8	**Praxisbeispiel: Altersstrukturanalysen: Vorgehen und ableitbare Schlussfolgerungen bei ZF Friedrichshafen AG**	76

1 Lernziele

- Verständnis entwickeln für den Nutzen aus der Durchführung einer Altersstrukturanalyse
- Kennenlernen unterschiedlicher Ansätze zur Durchführung einer Altersstrukturanalyse
- Wissen um den Aufbau und Ablauf einer Altersstrukturanalyse
- Kennenlernen ganzheitlicher Fragestellungen im Zusammenhang mit der Durchführung einer Altersstrukturanalyse

2 Einleitung

In zahllosen Fernseh- und Radiobeiträgen, Fachartikeln und Veröffentlichungen wurde in den letzten Jahren der demografische Wandel in Deutschland thematisiert. Das veränderte Bewusstsein bleibt jedoch, ähnlich wie in der Diskussion um den Klimawandel, häufig ohne konkrete Folgen und Reaktionen. Offenbar sind viele Unternehmen so stark in das Tagesgeschäft eingebunden, dass in der Personalpolitik erst gehandelt wird, wenn es nicht mehr anders geht. Hinzu kommt, dass die Auswirkungen des demografischen Wandels auf die Personalpolitik in den Augen vieler Führungskräfte nur schwer abgeschätzt werden können.

Mit der Altersstrukturanalyse steht nun ein Instrument zur Verfügung, mit dem frühzeitig die Auswirkungen des demografischen Wandels auf das eigene Unternehmen identifiziert werden können. Dieses innovative Instrument wurde von der Gesellschaft für Arbeitsschutz- und Humanisierungsforschung mbH (GfAH) im Rahmen des Bundesministeriums für Bildung und Forschung (BMBF)-Vorhabens demotrans 2001 entwickelt (vgl. Köchling, (6)). Inzwischen haben einige hundert Unternehmen und Organisationen das Instrument Altersstrukturanalyse eingesetzt und erprobt. Damit haben diese Entscheidungsträger die Chance, heute in Mitarbeiter zu investieren, um morgen das Fachpersonal zu haben, das den Konkurrenten fehlen wird (vgl. Gebauer/Seemann, (4), S. 6 f.).

3 Ablauf einer Altersstrukturanalyse

3.1 Definition Altersstrukturanalyse

Die Altersstrukturanalyse wird definiert als „... eine systematische Vorgehensweise zur Früherkennung und bildlichen Darstellung gegenwärtiger und zukünftiger Personalrisiken, die auf die Entwicklung der betrieblichen Altersstruktur unter den Wirkungen des demografischen Wandels zurückzuführen sind" (Köchling, (8)). Von entscheidender Bedeutung ist also die systematische Vorgehensweise bei der Untersuchung der Personalrisiken. Deshalb haben verschiedene Institute und Organisationen den Ablauf bei einer Altersstrukturanalyse in den letzten Jahren weiterentwickelt. Bekannt geworden sind vor allem folgende Schemata:

- Zehn-Phasen-Schema der Gesellschaft für Arbeitsschutz- und Humanisierungsforschung mbH (GfAH)
- Phasenschema des Netzwerk für altersgerechte Arbeit (NETAB)
- Vorgehensweise des Iso-Instituts für Sozialforschung und Sozialwirtschaft e.V.

3.2 Zehn-Phasen-Schema der GfAH

Die Gesellschaft für Arbeitsschutz- und Humanisierungsforschung mbH empfiehlt den Unternehmen bei einer Altersstrukturanalyse zehn Schritte:

3.2 Zehn-Phasen-Schema der GfAH

1. Information
2. Global- und Detailanalysen mit Zukunftsszenarien
3. Personalstrategie zu Personalbestand und -struktur
4. Reflexion
5. Erkennen gegenwärtiger und zukünftiger Problemfelder zur Arbeitsfähigkeit
6. Personalstrategie zur Arbeitsfähigkeit
7. Reflexion
8. Planung der Umsetzung in unterschiedlichen Zeithorizonten
9. Reflexion
10. Ergebnisbericht

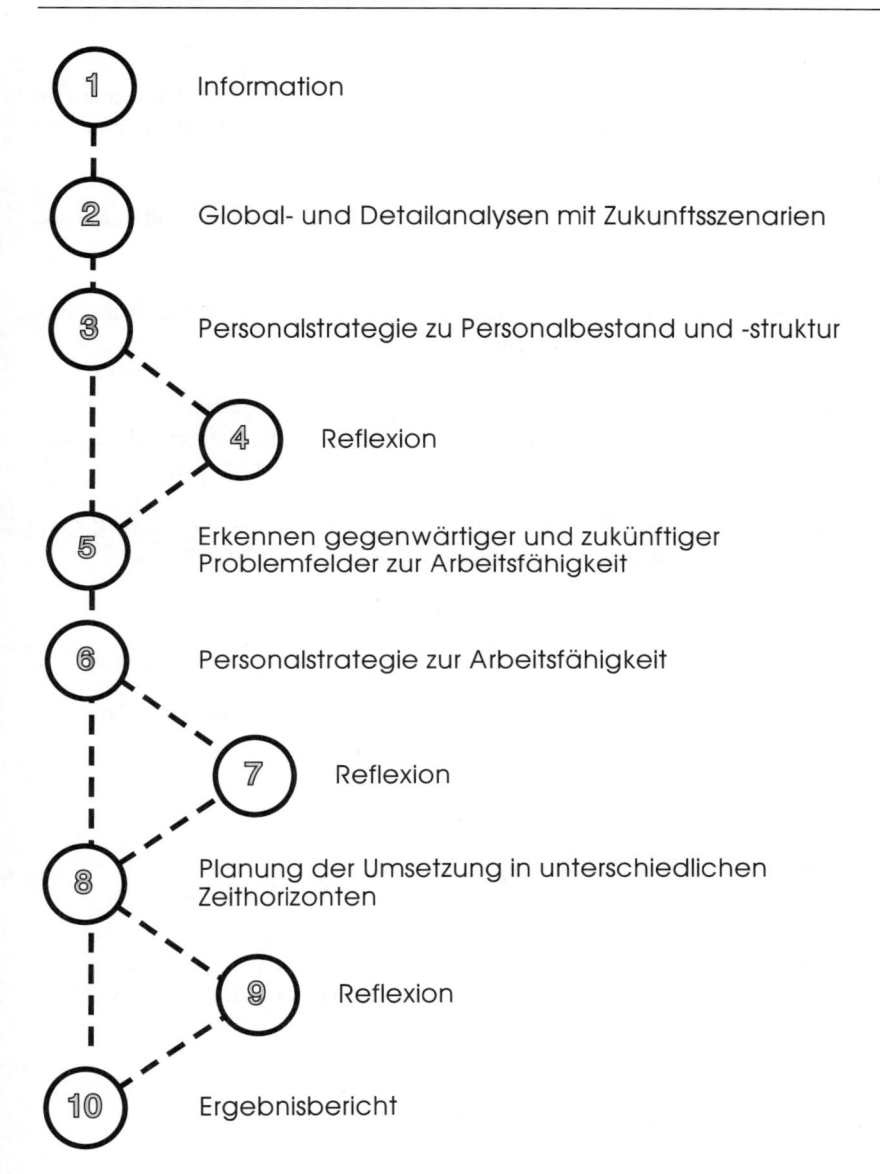

Abb. 3.1   Zehn-Phasen-Schema der GfAH; Quelle: Köchling, (5), S. 4

1. Schritt
   Beschaffung von Informationen zum demografischen Wandel sowie zum Facharbeitermangel.

2. Schritt
Global- und Detailanalysen zur Altersstruktur der Belegschaft mit Zukunftsszenarien. Damit sollen wesentliche Problemfelder für den zukünftigen Personalbestand und die künftige Personalstruktur erkannt werden.
3. Schritt
Entwicklung von Personalstrategien zur Rekrutierung, zur Betriebsbindung und zur (vorzeitigen) Verrentung.
4. Schritt
Reflexion der sich abzeichnenden Auswirkungen des demografischen Wandels auf die Region, auf den Arbeitsmarkt und auf das Bildungssystem.
5. Schritt
Auswertung der Global- und Detailanalysen zur Entwicklung der Altersstruktur auf betriebliche Problemfelder zur Arbeitsfähigkeit, ergänzt um bereits vorhandene Analysen aus dem Bildungscontrolling, zu Fehlzeiten, zur Mitarbeiterzufriedenheit u.Ä.
6. Schritt
Entwicklung von Personalstrategien zum berufsbegleitenden Lernen, zur beruflichen Entwicklung, zum Wissenstransfer, zur Gesundheitsvorsorge u.Ä.
7. Schritt
Reflexion ausgewählter Forschungsergebnisse zur Arbeitsfähigkeit wie zum Beispiel zur Qualifikation, Motivation oder Gesundheit.
8. Schritt
Planung der Umsetzung von personalpolitischen Maßnahmen noch im gleichen Jahr beziehungsweise in den nächsten drei Jahren oder auch längerfristig.
9. Schritt
Reflexion der zukünftigen Personalarbeit.
10. Schritt
Zusammenfassung in einer Ergebnisdarstellung.

Diese zehn Arbeitsschritte müssen nicht sequentiell hintereinander abgearbeitet werden. In den bisher durchgeführten Pilotprojekten hat sich die Vorgehensweise jedoch bewährt, insbesondere die drei Schleifen mit Reflexionen und Kontrollfragen (vgl. Köchling, (5), S. 4 f.)

3.3 Phasenschema des NETAB

Das Netzwerk für altersgerechte Arbeit (NETAB) sieht die wesentliche Aufgabe der Altersstrukturanalyse darin, „... die Altersstruktur aller Mitarbeiter und Mitarbeiterinnen zu analysieren und die Bereiche festzulegen, die für die Wertschöpfung des Betriebes besonders wichtig sind, um hier die Altersstruktur noch einmal gesondert zu überprüfen" (Gebauer/Seemann, (4), S. 14 f.). Dementsprechend unterscheiden Gebauer/Seemann drei zentrale Phasen der Altersstrukturanalyse.

Im ersten Schritt wird die Altersstruktur der gesamten Belegschaft untersucht. Die entsprechenden Daten werden dann für fünf und für zehn Jahre hochgerechnet. Dabei können auch

3.3 Phasenschema des NETAB

Modifikationen vorgenommen werden, um bereits erkannte Probleme zu berücksichtigen. Vor diesem Hintergrund wird nun die Altersstruktur der Kernarbeitsgruppe für das untersuchte Unternehmen, wie zum Beispiel die Forschungs- und Entwicklungsabteilung oder der Werkzeugbau, differenzierter untersucht. Als „Kernarbeitsgruppe" werden generell Gruppen von Mitarbeitern angesehen, die für die zukünftige Wertschöpfung und Entwicklung des Unternehmens unabdingbar sind. Nachdem die Veränderungen in der Altersstruktur der Kernarbeitsgruppe für die kommenden fünf und zehn Jahre prognostiziert worden sind, wird ein detaillierter Plan für personalwirtschaftliche Maßnahmen erarbeitet.

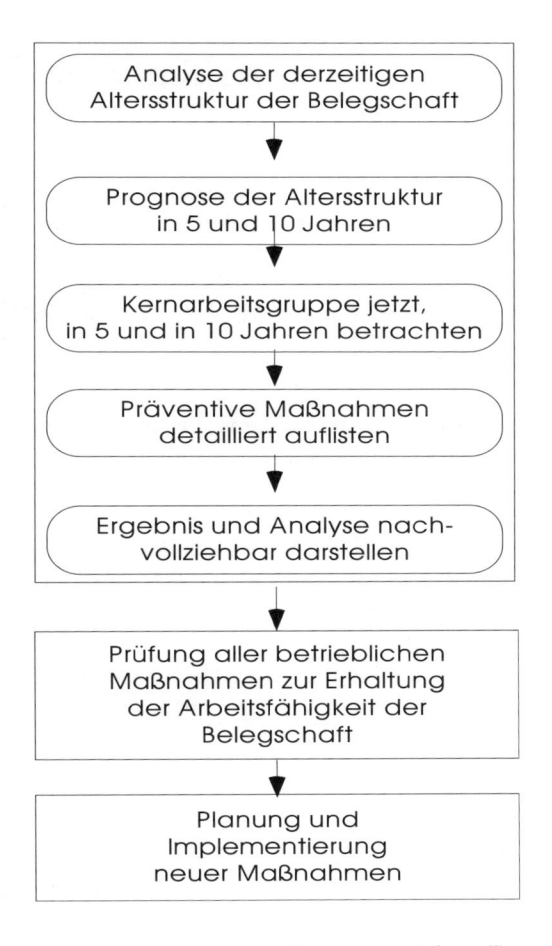

Abb. 3.2   Phasenschema NETAB; Quelle: Gebauer/Seemann, (4), S. 14 f.

Mit dem zweiten Schritt wird die Arbeitsfähigkeit der insgesamt alternden Belegschaft verbessert. Als Arbeitsfähigkeit wird dabei ein Konzept beschrieben, „... das Qualifikation, Motivation und Gesundheit der Mitarbeiter und Mitarbeiterinnen unter dem Gesichtspunkt der betrieblichen Voraussetzungen bewertet und nach der Potenzialität befragt." (Gebauer/Seemann, (4), S. 14). Deshalb werden alle betrieblichen Maßnahmen daran gemessen, inwieweit sie zum Erhalt und zur Entwicklung der Arbeitsfähigkeit beitragen. Das Ergebnis dieser Analyse, die in Form von moderierten Workshops durchgeführt wird, ist ein Arbeitsfähigkeitsprofil.

Schließlich werden in einem dritten Schritt neue Maßnahmen zur Weiterentwicklung der Arbeitsfähigkeit konzipiert und implementiert (vgl. Gebauer/Seemann, (4), S. 15).

3.4 Vorgehensweise des Instituts für Sozialforschung und Sozialwirtschaft e.V.

Für das Institut für Sozialforschung und Sozialwirtschaft e.V. ist die Altersstrukturanalyse vor allem ein Instrument, um Informationen zu gewinnen und um personalpolitische Probleme im Unternehmen erkennen zu können. Die Altersstrukturanalyse soll als Frühwarnsystem fungieren, das personelle Engpässe oder Fragen zur Nachfolge von altersbedingt ausscheidenden Mitarbeitern frühzeitig anzeigt (vgl. Morschhäuser/Matthäi, (9), S. 2). Zu diesem Zweck empfehlen Morschhäuser/Matthäi folgende Vorgehensweise:

1. Schritt:
Bereich festlegen, der untersucht werden soll. Hier ist die Frage zu klären, ob das gesamte Unternehmen oder nur bestimmte Standorte oder ausgewählte Beschäftigungsgruppen analysiert werden sollen.
2. Schritt:
Summierung der Anzahl der Beschäftigten pro Altersklasse samt der Berechnung der Anteilswerte und des Altersdurchschnitts. Die Ergebnisse sind anschließend grafisch darzustellen.
3. Schritt:
Interpretation der Ergebnisse. Dazu können verschiedene Untersuchungseinheiten miteinander verglichen oder Branchenwerte als Maßstab herangezogen werden. Diese Vergleiche bilden die Grundlage für die Ableitung personalpolitischer Probleme.

3.4 Vorgehensweise des Instituts für Sozialforschung und Sozialwirtschaft e.V.

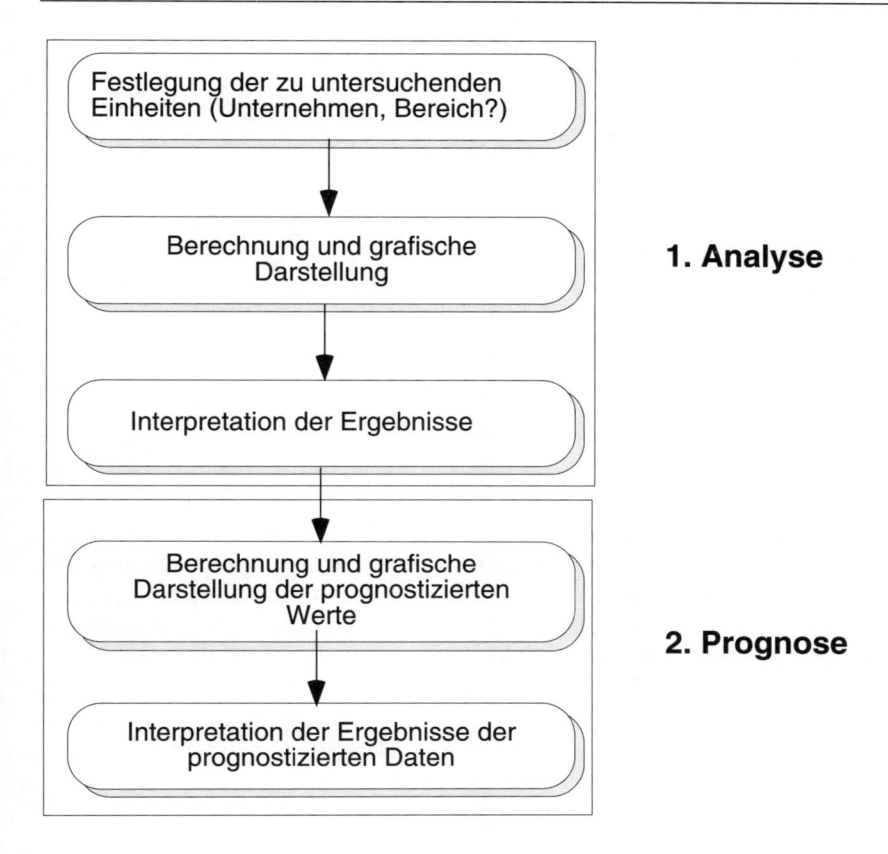

```
┌─────────────────────────────────────┐
│  Festlegung der zu untersuchenden   │
│  Einheiten (Unternehmen, Bereich?)  │
│                                     │
│                 ▼                   │
│  Berechnung und grafische           │    1. Analyse
│  Darstellung                        │
│                                     │
│                 ▼                   │
│  Interpretation der Ergebnisse      │
└─────────────────────────────────────┘
┌─────────────────────────────────────┐
│  Berechnung und grafische           │
│  Darstellung der prognostizierten   │
│  Werte                              │    2. Prognose
│                                     │
│                 ▼                   │
│  Interpretation der Ergebnisse der  │
│  prognostizierten Daten             │
└─────────────────────────────────────┘
```

Abb. 3.3   Vorgehensweise Iso-Institut; Quelle: eigene Dartellung in Anlehnung an Morschhäuser/Matthäi, (9), S. 3 ff.

Nach der Analyse der gegenwärtigen Altersstruktur wird die zukünftige Situation ermittelt. Hierzu werden die möglichen Variablen wie zum Beispiel Neueinstellungen, Fluktuation oder Austritte definiert und hochgerechnet. Nach der grafischen Darstellung der Ergebnisse sind auch diese Ergebnisse wiederum zu interpretieren. Auf dieser Basis können schließlich Lösungsstrategien erarbeitet werden (vgl. Morschhäuser/Matthäi, (9), S. 3 ff.).

Je nach eingesetztem Schema fallen also die Schritte und der Umfang einer Altersstrukturanalyse unterschiedlich aus. Die wesentlichen Unterschiede und Gemeinsamkeiten lassen sich wie folgt zusammenfassen.

Tab. 3.1 *Übersicht über Gemeinsamkeiten und Unterschiede bei der Durchführung einer Altersstrukturanalyse; Quelle: eigene Darstellung*

Kriterien	GfAH-Schema	Phasen NETAB	Schritte Iso-Institut
Schaffung/Prüfung der Voraussetzungen	+	---	---
Analyse der Ist-Situation	+++	+++	+++
Berücksichtigung künftiger Entwicklungen	+++	+++	+++
Hochrechnung der Altersstruktur	+++	+++	+++
Interpretation der Ergebnisse	+++	+++	+++

In einer engeren Interpretation beschränkt sich die Altersstrukturanalyse auf die Erhebung, Analyse, Hochrechnung und Interpretation der Ergebnisse von altersstrukturbezogenen Daten einer Belegschaft beziehungsweise eines ausgewählten Untersuchungsbereichs. Bei einer weiteren Interpretation werden in die Altersstrukturanalyse die Schaffung der Voraussetzungen, wie zum Beispiel Abstimmung mit dem Betriebsrat, sowie die Ableitung einer Personalstrategie und konkreter personalpolitischer Maßnahmen einbezogen.

4 Zentrale Fragestellungen

Unabhängig davon, nach welcher Vorgehensweise die Altersstrukturanalyse in einer Organisation durchgeführt wird, ergibt sich stets eine Reihe von Fragestellungen. Während der Vorbereitung einer Altersstrukturanalyse ist zu klären (vgl. Deller/Hausmann/Kern, (2), S. 460):

- ob die Analyse mit Fachkräften im Unternehmen selbst oder mit Hilfe externer Berater durchgeführt werden soll,
- ob gegebenenfalls genügend Kapazitäten für die Konzeption, Durchführung und Auswertung der Altersstrukturanalyse intern zur Verfügung stehen,
- ob der Betriebs- beziehungsweise Personalrat der Analyse zustimmt,
- welche Personalstrategie für die kommenden fünf bis zehn Jahre vorgesehen ist,
- welche datenschutzrechtlichen Bestimmungen zu berücksichtigen sind,
- welche Informationen für die Altersstrukturanalyse gewonnen werden müssen (zum Beispiel Alter, Geschlecht, Ausbildung, Fluktuationsrate, betriebliche Funktion, geplante Einstellungen),

4 Zentrale Fragestellungen

- ob die erforderlichen Informationen aus dem vorhandenen Personalinformationssystem erhoben werden können und
- welche Software für die Altersstrukturanalyse herangezogen wird, zum Beispiel ein selbstentwickeltes Excel-Tool oder spezielle Programme wie ASA – AltersStrukturAnalyse oder ASTRA – Analyse von Altersstrukturen für die Entwicklung einer wettbewerbsfähigen Personalpolitik.

Sind die Voraussetzungen geschaffen worden, können die Daten erhoben und visualisiert werden. Für die Analyse der bestehenden Altersstrukturen in der Belegschaft ist festzulegen, ob Altersklassen gebildet (zum Beispiel „unter 20 Jahre, „20 bis 24 Jahre" usw.) oder ob die Anzahl der Beschäftigten für jedes Geburtsjahr dargestellt werden. Auf der jeweiligen Basis werden anschließend die prozentualen Anteile sowie der Altersdurchschnitt errechnet. Die Ergebnisse werden üblicherweise als Balkendiagramm dargestellt.

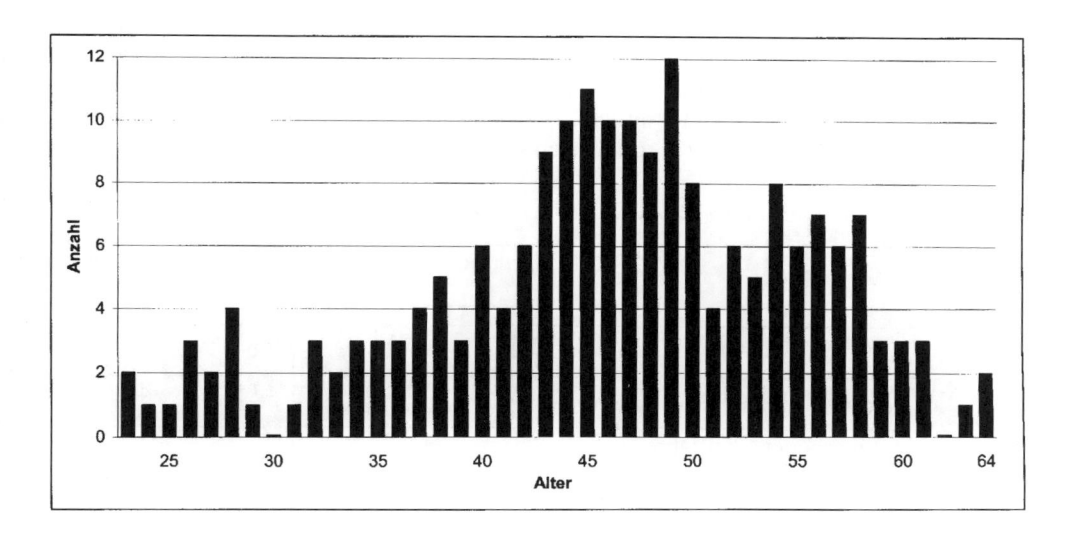

Abb. 4.1 Beispiel für die Altersstruktur in einem Unternehmen; Quelle: Morschhäuser/Matthäi, (9), S. 2

Bei größeren Unternehmen empfiehlt es sich, derartige Analysen für die einzelnen Werke und Standorte oder auch für bestimmte Abteilungen oder Funktionsbereiche durchzuführen. Ein hoher Anteil von älteren Mitarbeitern in einer Gießerei oder an einem Montageband hat andere Konsequenzen als ein hoher Anteil in der Buchhaltung oder im Forschungs- und Entwicklungsbereich. Aus dem Vergleich der Ergebnisse unterschiedlicher Standorte oder Beschäftigungsgruppen oder mit Vergleichsdaten der Branche lassen sich bereits erste Handlungsfelder ableiten und personalpolitische Probleme identifizieren.

Für die Prognose der zukünftigen Altersstruktur in einem Betrieb reicht eine einfache Hochrechnung nicht aus. Vielmehr muss überlegt werden, welche Variablen sich in den kommenden fünf bis zehn Jahren wie ändern werden. Zentrale Einflussgrößen sind dabei:

- Personalbestand: Wird er stagnieren, wachsen oder sinken? In welcher Größenordnung?
- Fluktuation: Wie hoch ist die Fluktuationsrate in den verschiedenen Altersgruppen? Wie wird sie sich verändern?
- Verrentung: Wie viele Beschäftigte werden in den kommenden Jahren in welchem Alter in Rente gehen?
- Neueinstellungen: Wie viele Neueinstellungen sind geplant? In welchem Alter werden die neuen Mitarbeiter voraussichtlich sein?
- Arbeitsunfähigkeit: Wie wird sich die Zahl der Krankheitstage pro Mitarbeiter in den verschiedenen Altersgruppen entwickeln?

Aus der Kombination der verschiedenen Einflussgrößen ergeben sich mögliche Szenarien, deren Auswirkungen auf die Altersstruktur dann berechnet werden können. Deshalb ist es hilfreich, die Zahl der Variablen und deren Ausprägungen zu begrenzen. Eine kaum überschaubare Vielzahl von Szenarien wäre sonst das Ergebnis. Allein aus der Kombination der beiden Kriterien „Einstellungen konstant beziehungsweise verstärkt" und „Altersgrenze konstant beziehungsweise erhöht" ergeben sich schon vier Szenarien.

Tab. 4.1 Überblick über Szenarien in einem Beispielsunternehmen; Quelle: (vgl. Prezewowsky, (10), S. 98

Prognose-zeitraum	Variable	Szenario 1	Szenario 2	Szenario 3	Szenario 4
In 5 Jahren	Mitarbeiterzahl	904	954	986	1036
	Durchschnittsalter	46,2	44,9	47,5	46,3
	Mitarbeiter > 50 Jahre (in %)	44,5	42,1	49,1	46,7
	Arbeitsunfähigkeit (Tage je Mitarbeiter)	18,3	17,8	19,6	19,2
In 10 Jahren	Mitarbeiterzahl	761	861	954	1054
	Durchschnittsalter	46,4	43,9	49,7	47,3
	Mitarbeiter > 50 Jahre (in %)	50,5	44,6	60,5	54,7
	Arbeitsunfähigkeit (Tage je Mitarbeiter)	18,2	17,4	21,5	20,6

4 Zentrale Fragestellungen

Aus dem Vergleich der aktuellen mit einer zukünftigen Altersstruktur ist zu erkennen, in welchem Umfang und Ausmaß die Belegschaft je nach Szenario altern wird. Die Konsequenzen aus diesen Prognosen zeigen dann auch die personalpolitischen Handlungsfelder auf, wie zum Beispiel (vgl. hierzu Morschhäuser/Matthäi, (9), S. 4 f.; Deller, (3), S. 52 ff.):

- Wie kann dem Knowhow-Verlust entgegengewirkt werden, wenn die geburtenstarken Jahrgänge in Rente gehen?
- Welche Maßnahmen sind heute erforderlich, um die Leistungsfähigkeit der zukünftig älteren Mitarbeiter zu sichern und zu fördern?
- Können Krankheitstage oder die Zahl von Unfällen im Unternehmen reduziert werden?
- Wie kann die Altersstruktur ausbalanciert werden?
- Wie kann die Attraktivität des Arbeitgebers auf dem Arbeitsmarkt erhöht werden?
- Durch welche Instrumente kann die Motivation der Mitarbeiter erhalten und die Motivation gesteigert werden?
- Sind die vorhandenen Programme im Unternehmen zur Nachfolgeregelung ausreichend?
u.a.

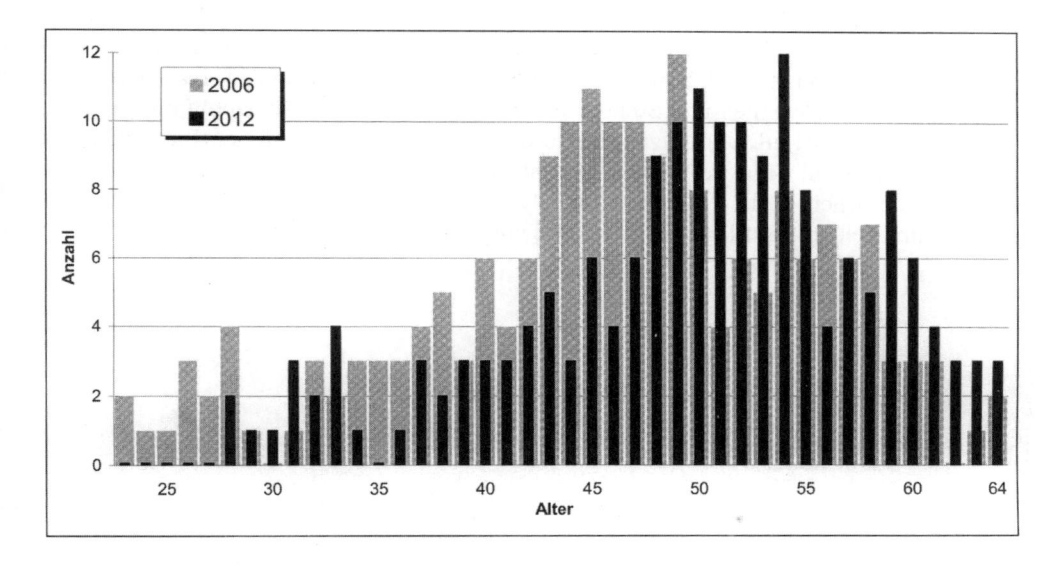

Abb. 4.2 Beispiel für den Vergleich der Altersstrukturen in einem Unternehmen; Quelle: Morschhäuser/Matthäi, (9), S. 2

Die Altersstrukturanalyse sollte jedoch kein einmaliges Ereignis oder Projekt bleiben. Auch wenn eine einmal durchgeführte Altersstrukturanalyse bereits wertvolle Entscheidungsgrundlagen liefert, so entfaltet dieses Instrument sein volles Potenzial doch erst bei einer regelmäßigen Anwendung. Dadurch können die Auswirkungen der eingeleiteten Maßnahmen auf die Altersstruktur der Belegschaft erkannt sowie die Annahmen für die zukünftige Entwicklung der ausgewählten Variablen realitätsnäher gestaltet werden. Allerdings ist bei allen Analysen zu berücksichtigen, dass sie auf Annahmen über zukünftige Entwicklungen (zum Beispiel hinsichtlich der Personalentwicklung im Unternehmen, gesetzlicher Rahmenbedingungen, Fluktuationsraten) beruhen und damit ein Unsicherheitspotenzial in sich bergen.

5 Zusammenfassung

Mit der Altersstrukturanalyse steht seit 2001 ein Instrument zur Verfügung, mit dem die Auswirkungen des demografischen Wandels auf das eigene Unternehmen frühzeitig und individuell identifiziert werden können. Der ursprüngliche Gedanke wurde zwischenzeitlich von mehreren Organisationen und Instituten entwickelt und in der Praxis erprobt. So entstanden verschiedene Empfehlungen für die Vorgehensweise, unterschiedliche Analyseschwerpunkte sowie eine Reihe von Software-Tools. Gemeinsam ist allen Ansätzen jedoch das Ziel, die gegenwärtige und die zukünftige Altersstruktur einer Belegschaft zu analysieren, um daraus konkrete Maßnahmen und Strategien für die betriebliche Personalpolitik abzuleiten. Ein Problem stellt bei allen Ansätzen jedoch die Prognose der zukünftigen Entwicklungen sowie die Auswahl der relevanten Variablen dar. Trotz der damit verbundenen Prognoseunsicherheit ist die Altersstrukturanalyse in der Lage, wichtige Hinweise für zentrale Handlungsfelder in der Personalpolitik des untersuchten Unternehmens zu ermitteln.

6 Fragen

1. Bei welchen Fragestellungen ist es sinnvoll, eine Altersstrukturanalyse durchzuführen? Bitte markieren Sie die entsprechenden Spalten.

Fragestellungen	Sinnvoll	Bedingt	Nicht sinnvoll
1. Wie hoch ist der Prozentsatz loyaler Mitarbeiter im Unternehmen?			
2. Wie viele Arbeitnehmer werden in meinem Unternehmen in den nächsten drei Jahren in Ruhestand gehen?			
3. Droht durch das Ausscheiden von älteren Mitarbeitern in den nächsten Jahren ein personeller Engpass?			
4. Muss das Unternehmen durch das höhere Durchschnittsalter der Mitarbeiter auch mit höheren Fehlzeiten rechnen?			
5. Wie kann die Attraktivität des Unternehmens als Arbeitgeber auf dem Arbeitsmarkt erhöht werden?			

2. Welche personalpolitischen Probleme lassen sich aus dem Altersstrukturvergleich eines Beispielunternehmens (siehe Abb. 4.2) ableiten?
3. Der Geschäftsführer eines mittelgroßen Verlages (ca. 150 Mitarbeiter) konfrontiert Sie mit der Aussage: „Was brauche ich eine Altersstrukturanalyse? Wenn ich neue Leute brauche, dann finde ich genügend auf dem Arbeitsmarkt." Argumentieren Sie gegen diese Auffassung.

Die Lösungen zu den Fragen finden Sie online (siehe Vorwort)

7 Literatur

Die Literaturhinweise finden Sie online (siehe Vorwort)

8 Praxisbeispiel: Altersstrukturanalysen: Vorgehen und ableitbare Schlussfolgerungen bei ZF Friedrichshafen AG

Autor: Christian Brand

Christian Brand ist zugelassener Rechtsanwalt und Wirtschaftsjurist mit den Schwerpunkten Arbeitsrecht, Sozialpartnermanagement und Grundsatzfragen. Er ist bei ZF Friedrichshafen AG im Unternehmensbereich Nutzfahrzeug- und Sonder-Antriebstechnik im Bereich Personalwirtschaft zuständig für Grundsatzfragen und Demografie und ist arbeitgeberseitig Leiter des Projektes "Demografischer Wandel bei ZF in Friedrichshafen". Zuvor war er als Referent der Arbeitnehmervertretungen sowie als Spezialist für Grundsatzfragen im Bereich Personal in der Automobil- und Bankenbranche beschäftigt. Er verfügt über eine mehrjährige Berufspraxis und ein umfangreiches Expertenwissen in verschiedenen Themenfeldern und Projekten aus dem HR-Umfeld auf Arbeitgeber- und Arbeitnehmerseite.

Dieses Praxisbeispiel finden Sie online (siehe Vorwort)

D Retention Management: Rekrutierung und Mitarbeiterbindung im Kontext des demografischen Wandels

Autorin: Jana Brauweiler

Dr. Jana Brauweiler ist wissenschaftliche Mitarbeiterin im Studiengang Betriebswirtschaftslehre, insbesondere Controlling und Umweltmanagement am Internationalen Hochschulinstitut Zittau. Ihre Lehr- und Forschungsschwerpunkte sind Umwelt- und Personalmanagement. Hierzu führt sie regelmäßig Forschungs- und Praxisprojekte mit in- und ausländischen Hochschul- sowie Praxispartnern durch und nimmt Lehraufträge an ausländischen Hochschulen (zum Beispiel Kasachstan und Tschechien) wahr. Dr. Jana Brauweiler ist darüber hinaus seit Jahren in den Bereichen Umwelt- und Personalmanagement freiberuflich als Beraterin und Trainerin tätig.

Inhalt

1	**Lernziele**	**79**
2	**Retention Management im demografischen Wandel**	**80**
2.1	Verständnis und Notwendigkeit von Retention Management	80
2.2	Schritte des Retention-Management-Prozesses	82
2.3	Handlungsbedarf für Retention Management	83
2.4	Überblick über Retention-Management-Maßnahmen	90
2.5	Zielgruppenbezogene Retention-Management-Maßnahmen	93
2.6	Die Rolle der Rekrutierung von Mitarbeitern	99
2.7	Praktische Beispiele für Retention Management	101
3	**Zusammenfassung**	**104**
4	**Fragen**	**105**
5	**Literatur**	**105**
6	**Praxisbeispiel: Rekrutierungsstrategien zur Beschäftigung älterer Arbeitnehmer – Das Beispiel Fahrion Engineering**	**106**

1 Lernziele

- Entwicklung eines Verständnisses von Retention Management, im engeren und im weiteren Sinne
- Verstehen der Notwendigkeit für Retention Management im Allgemeinen und unter Berücksichtigung der Auswirkungen des demografischen Wandels im Besonderen
- Vermittlung der drei Schritte eines systematischen Retention-Management-Prozesses
- Erkennen und Verstehen des betrieblichen Anreizsystems als grundlegendes Analyseinstrument des Retention Managements
- Kenntnis von grundsätzlichen Motivations- und Bindungsfaktoren des Unternehmens sowie von Ausfall- und Fluktuationsgründen von Mitarbeitern und von entsprechenden quantitativen und qualitativen Frühwarnindikatoren
- Erkennen und Verstehen des betrieblichen Anreizsystems als grundlegendes Steuerungsinstrument des Retention Managements. Differenzierung von Retention-Management-Maßnahmen nach materiellen und nichtmateriellen Anreizfaktoren. Kenntnis entsprechender Evaluationsindikatoren
- Fähigkeit zum Bezug von Retention-Management-Maßnahmen auf bestimmte, zum Beispiel im Rahmen des demografischen Wandels relevante, Zielgruppen
- Einordnung der Rolle der Rekrutierung in das Konzept des Retention Managements

2 Retention Management im demografischen Wandel

2.1 Verständnis und Notwendigkeit von Retention Management

Unter Retention Management (Englisch – to retain: zurückbehalten, festhalten, binden) werden systematische positive Anreize zur Gewinnung und Bindung von Mitarbeitern an das Unternehmen verstanden (vgl. Maier; Ebner-Hoti; Urban; Cansius, 2003, S. 706). Im engeren Sinne wird Retention Management auf besonders qualifizierte Mitarbeiter in so genannten Schlüsselpositionen bezogen. Mitarbeiter in Schlüsselpositionen weisen folgende Kennzeichen auf (vgl. Wucknitz, Heyse, 2008, S. 10):

- Sie haben mittleren bis großen Einfluss auf den Unternehmenserfolg.
- Sie beeinflussen viele Mitarbeiter aufgrund eines Unterstellungsverhältnisses direkt oder über Meinungsbildung indirekt.
- Sie haben besondere Bedeutung in der Außenwirkung beziehungsweise für die Öffentlichkeitsarbeit des Unternehmens.
- Sie sind Fachkräfte, Spezialisten, Führungskräfte oder Projektmanager in unterschiedlichsten Bereichen und/oder Ebenen des Unternehmens.
- Sie sind in der Regel Führungskräfte oder sind aus anderen Gründen für das Unternehmen wichtig.

Im weiteren Sinne richtet sich Retention Management grundsätzlich auf alle unbefristeten wie befristeten Mitarbeiter eines Unternehmens. Bei Bedarf kann es auch auf externe Berater oder andere externe Mitarbeiter ausgedehnt werden. Trotzdem steht im Fokus von Retention Management nicht prinzipiell jeder Mitarbeiter, sondern nach bestimmten Kriterien (zum Beispiel Leistung oder Potenzial) ausgewählte und strategisch bedeutsame Mitarbeiter beziehungsweise Mitarbeitergruppen.

Im Weiteren wird stets von Retention Management gesprochen, wenn es sowohl um die Gewinnung als auch um die Bindung der Mitarbeiter geht. Wird nur einer der Aspekte angesprochen, wird von Rekrutierung beziehungsweise Mitarbeiterbindung gesprochen. Rekrutierung umfasst die zeitgerechte Akquise von Arbeitskräften für das Unternehmen in der erforderlichen Quantität und Qualität (vgl. Dillerup; Stoi, 2006, S. 573). Mitarbeiterbindung wird als Verbunden- und Gebundenheit der Mitarbeiter gegenüber ihrem Unternehmen, in Form von Identifikation, Loyalität, Motivation, Leistungsbereitschaft und Treue, verstanden (vgl. Nink, 2008, S. 25).

2.1 Verständnis und Notwendigkeit von Retention Management

Die Notwendigkeit für Retention Management ergibt sich aus dem Zusammenhang zwischen langfristiger Verbunden- und Gebundenheit einmal rekrutierter Mitarbeiter und der Sicherung beziehungsweise Steigerung des Unternehmenserfolges. Dieser wird beeinflusst durch (vgl. Reppesgaard; Bialluch, 2008, S. 22; Nink, 2008, S. 25 f.):

- die Kosten für die Rekrutierung, Einarbeitung und Entwicklung des Mitarbeiters;
- den Zusammenhang zwischen Motivation, Leistungsbereitschaft und Produktivität beziehungsweise zwischen fehlender Motivation, sinkender Leistungsbereitschaft und abnehmender Produktivität beziehungsweise steigenden Krankentagen und steigender Fluktuation;
- die Kosten der Fluktuation des Mitarbeiters durch Verlust von Wissen, Kunden, Kontakten und Kontinuität;
- die Kosten für Rekrutierung, Einarbeitung und Entwicklung neuer Mitarbeiter und
- die Wirkungszusammenhänge zwischen hoher Mitarbeiterbindung und zum Beispiel höherer Produktivität, geringeren Ausfallzeiten, niedrigeren Fluktuationsraten und der Steigerung des Arbeitgeberimages für potenzielle neue Mitarbeiter.

In verschiedenen empirischen Untersuchungen wurden die Einstellungen der Personalverantwortlichen und die Umsetzung von Retention Management in Unternehmen untersucht. Im Folgenden werden beispielhaft wesentliche Aussagen dieser Untersuchungen dargestellt, ohne jeweils auf die unterschiedlichen Datengrundlagen sowie statistischen Erhebungs- und Auswertungsmethodiken einzugehen – dazu wird auf die jeweils weiterführende Literatur verwiesen. Die Aussagen sind also im Kontext der jeweiligen empirischen Untersuchung zu sehen und untereinander nicht vergleichbar, sondern dienen einem streiflichtartigen Einblick in die Unternehmenspraxis.

Nach den Ergebnissen der empirischen Studien:

- halten circa 90% der befragten Führungskräfte ihre Mitarbeiter aufgrund ihrer Qualifikationen, Erfahrungen und Kompetenzen für nicht leicht ersetzbar (vgl. Wucknitz, Heyse, 2008, S. 26);
- messen circa 90% der befragten Führungskräfte einem systematischen Retention Management eine große Bedeutung zu, stellen aber nur 20% der befragten Unternehmen ein erforderliches Budget zur Verfügung (vgl. vom Hofe, 2005, S. 2);
- fühlen sich bei den befragten Mitarbeitern unabhängig von Region, Alter und Geschlecht nur 15% mit ihrem Unternehmen stark, 63% mäßig und 22% nicht verbunden (vgl. Nink, 2008, S. 25);
- gefährdet zum Beispiel bei Dienstleistungsunternehmen die Fluktuation von Kundenberatern die Kundenzufriedenheit, -loyalität und -bindung (vgl. vom Hofe, 2005, S. 2).

Die Ergebnisse zeigen, dass in der Praxis der Bedarf für Retention Management zwar erkannt wird, bei der praktischen Umsetzung aber Barrieren bestehen. Sowohl aus unternehmerischer als auch aus Perspektive der Mitarbeiter ist Retention Management daher ein aktuelles, notwendiges und wichtiges personalpolitisches Thema (vgl. vom Hofe, 2005, S. 1). Berücksichtigt man in diesem Zusammenhang auch die Entwicklungstendenzen des demografischen Wandels, wird der Bedarf für Rentention Management noch deutlicher. Denn die entsprechenden Untersuchungen weisen seit Jahren darauf hin, dass das auf dem Arbeitsmarkt zur Verfügung stehende Erwerbspersonenpotenzial (vgl. Stock-Homburg, 2008, S. 588):

- quantitativ in den kommenden Jahren erheblich sinken, insbesondere der Anteil jüngerer Erwerbspersonen, und
- qualitativ durch einen Wandel der Altersstrukturen hin zu älteren Kohorten gekennzeichnet sein wird.

Daraus resultieren (vgl. Jochmann, 2006, S. 173; vom Hofe, 2005, S. 1; Schubert, 2008, S. 53):

- ein erheblicher Fach- und Führungskräfte(nachwuchs)mangel in den Unternehmen sowie
- für hochqualifizierte und flexible Mitarbeiter vielfältige, alternative Chancen auf dem Arbeitsmarkt. Dies drückt sich in dem so genannten „War for Talents" (dem „Krieg" um Talente) aus.

Die Tendenzen des demografischen Wandels erfordern einen Paradigmenwechsel im Verständnis von Personalmanagement (vgl. Scherm, 2004, S. 53), hin zu einer strategisch orientierten, offensiven und ergebnisverantwortlichen Mitgestaltung der Unternehmensprozesse (vgl. Hollender-Matatko; Brauweiler, 2005, S. 167 f.). Dazu gehört auch das personalpolitische Instrument des Retention Managements.

2.2 Schritte des Retention-Management-Prozesses

Der Retention-Management-Prozess kann in drei Schritte systematisiert und diese wie folgt charakterisiert werden (vgl. Wucknitz, Heyse, 2008, S. 26 ff.):

1. Es müssen die im Unternehmen vorhandenen Mitarbeiterstrukturen identifiziert und nach bestimmten Merkmalen analysiert werden, zum Beispiel:
   - Bewertung der Mitarbeiter nach den Kriterien Leistung und Potenzial;
   - Betrachtung spezieller Mitarbeitergruppen, wie zum Beispiel Frauen oder ältere Arbeitnehmer, die es aus Gründen der demografischen Entwicklung zu halten gilt;
   - Identifikation und Bewertung der Schlüsselkräfte des Unternehmens.
2. Bezogen auf die jeweils analysierten Mitarbeiterstrukturen ist der Handlungsbedarf zu erkennen und wenn möglich mithilfe von Kennzahlen zu messen, wie zum Beispiel:
   - quantitativ: Fluktuationsrate oder
   - qualitativ: Grad der Mitarbeiterbindung.
3. In Abhängigkeit des Handlungsbedarfes sind zielgruppenspezifische Retention Management-Maßnahmen zu planen und umzusetzen. Diese können sowohl:
   - materielle als auch
   - nichtmaterielle Anreize umfassen.

2.3 Handlungsbedarf für Retention Management

Flankiert wird der Retention Management Prozess durch ein systematisches Controlling, das unternehmensintern den Erfolg der Retention-Management-Maßnahmen anhand geeigneter Kennzahlen misst und bei Notwendigkeit steuernd eingreift. Die ermittelten Kennzahlen können außerdem für überbetriebliche Unternehmensvergleiche im Rahmen von Benchmarking-Studien verwendet werden.

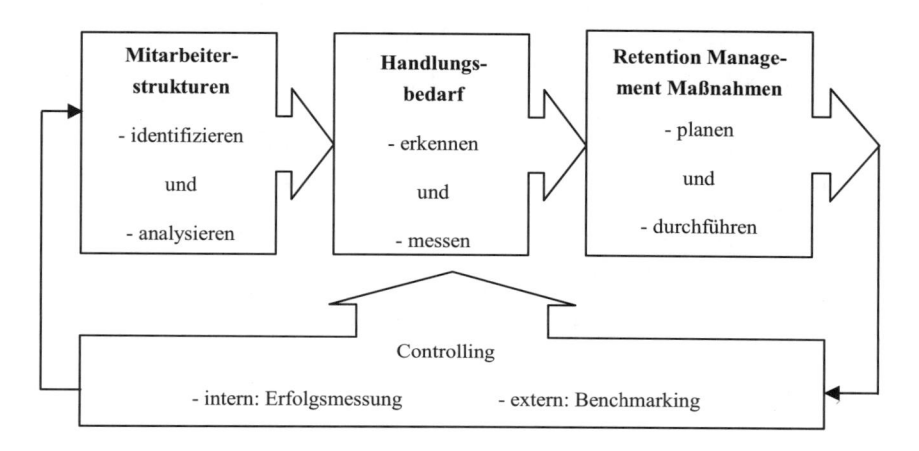

Abb. 2.1 Schritte des Retention-Management-Prozesses; Quelle: leicht verändert nach Wucknitz, Heyse, 2008, S. 27

Die grundsätzlichen Alternativen zur Identifikation und Analyse der Mitarbeiterstrukturen wurden bei der Beschreibung des ersten Schrittes des Retention-Management-Prozesses oben genannt. Dies soll an dieser Stelle nicht weiter vertieft werden. Vielmehr werden im Folgenden der zweite und dritte Prozessschritt des Retention Managements, Handlungsbedarf und Retention-Management-Maßnahmen, ausführlich diskutiert. Der Bezug zu den im ersten Prozessschritt identifizierten Mitarbeiterstrukturen wird über eine zielgruppenorientierte Darstellung der Retention-Management-Maßnahmen später wieder aufgegriffen.

2.3 Handlungsbedarf für Retention Management

Voraussetzung für die Ermittlung des Handlungsbedarfes für Retention Management ist die Kenntnis des Grades der Mitarbeitergebundenheit beziehungsweise -verbundenheit (vgl. Hunzinger; Biele, 2002, S. 47). Dieser lässt sich konkretisieren über die (in Anlehnung an Wucknitz, Heyse, 2008, S. 28 f.; vom Hofe, 2005, S. 4):

- Motivations- und Bindungsfaktoren, das heißt alle die Maßnahmen des Unternehmens, die die Leistungsbereitschaft und Loyalität der Mitarbeiter gegenüber dem Unternehmen steigern (Unternehmensperspektive) sowie

- Ausfall- und Fluktuationsgründe, das heißt die Ursachen, infolge dessen die Motivation und Leistungsbereitschaft der Mitarbeiter sinkt beziehungsweise warum sie das Unternehmen verlassen (Mitarbeiterperspektive).

Nach der Anreiztheorie basieren Motivation, Leistungsbereitschaft, Produktivität und Loyalität beziehungsweise Ausfälle und Fluktuationen auf einer Kombination materieller und immaterieller Anreize und resultieren aus deren Ausgestaltung.

Wie aus der folgenden Abbildung deutlich wird, umfassen materielle Anreize rein finanzielle Faktoren und sind objektiv darstellbar. Immaterielle extrinsische Anreize basieren auf Unternehmenskultur, Personalentwicklung, Führungsverhalten, Arbeitsumfeld sowie -zeit und werden von den Mitarbeitern individuell wahrgenommen und bewertet. Intrinsische immaterielle Anreize ergeben sich aus dem Arbeitsinhalt, der Eigenverantwortung sowie dem Arbeitsergebnis und sind abhängig von z. B. Unternehmenskultur oder vom Führungsstil des Vorgesetzten. Zur Gewährleistung von Motivation, Leistungsbereitschaft und Loyalität ist die Setzung rein materieller Anreize nicht ausreichend. Insbesondere bei Mitarbeitern in höheren Gehaltsklassen sind dafür sowohl extrinsische als auch intrinsische immaterielle Anreize zu schaffen (vgl. Dillerup; Stoi, 2006, S. 590 f.).

2.3 Handlungsbedarf für Retention Management

Anreizfaktoren

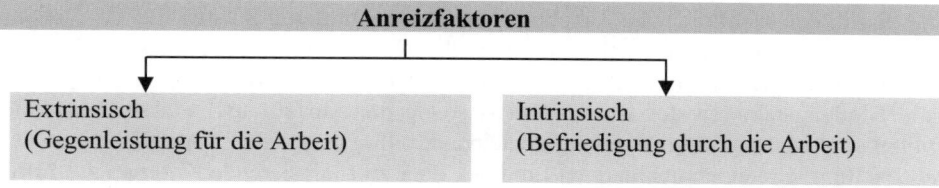

Extrinsisch (Gegenleistung für die Arbeit)

→ **Materiell**
- Arbeitsentgelt
- Betriebliche Sozialleistungen
- Zuwendungen
- Materielle Mitarbeiterbeteiligung (Erfolgs-, Kapitalbeteiligung)

→ **Immateriell**
- Organisatorisches Umfeld (Größe, Standort, Image, Strategie, Organisation, Kultur, Führungsstil)
- Arbeitsaufgabe (Arbeitsinhalt, Entscheidungsfreiheit, Arbeitsplatzgestaltung)
- Qualifikationsangebote (Karrieremöglichkeiten, Personalentwicklung)
- Sozialkontakte (Beziehungen zu Vorgesetzten, Kollegen, Kommunikation)
- Work-Life-Balance (Arbeitszeitregelungen, Freizeitangebote)
- Immaterielle Mitarbeiterbeteiligung (Mitwirkungs-, Informationsrechte)

Intrinsisch (Befriedigung durch die Arbeit)
- Erfolgserlebnisse des Mitarbeiters
- Erleben der Arbeitsinhalte
- Kenntnis von Zusammenhängen
- Verantwortung des Mitarbeiters
- Führungsstil des Vorgesetzten
- Betriebsklima
- Unternehmenskultur

Abb. 2.2 Systematik der mitarbeiterbezogenen Anreizfaktoren; Quelle: erweiterte Zusammenstellung nach Dillerup, Stoi, 2006, S. 590; Reisch, 2008, S. 55

Das betriebliche Anreizsystem wird im Weiteren als unmittelbares Analyseinstrument zur Ermittlung des Handlungsbedarfes für Retention Management genutzt (in Anlehnung an Reisch, 2008, S. 52). Kategorisiert nach den schon erwähnten wesentlichsten materiellen und immateriellen Anreizfaktoren:

- Vergütung,
- Arbeitsaufgabe,
- Arbeitsumfeld,
- Personalentwicklung,
- Personalführung,
- Arbeitszeit und
- Unternehmensklima

werden in der nachfolgenden Tabelle in den beiden mittleren Spalten die Motivations- und Bindungsfaktoren des Unternehmens sowie die Ausfall- und Fluktuationsgründe der Mitarbeiter dargestellt. Aufgrund ihrer inhaltlichen Bedingtheit verhalten sich die Motivations- und Bindungsfaktoren des Unternehmens sowie die Ausfall- und Fluktuationsgründe der Mitarbeiter wechselseitig gegenläufig zueinander. Ihre beispielhafte Aufzählung und Gegenüberstellung gibt einen qualitativen Eindruck über zu analysierende Kriterien zur Ermittlung des Grades der Mitarbeitergebundenheit beziehungsweise -verbundenheit. Seine Bestimmung basiert auf den in der rechten Spalte genannten ausgewählten Frühwarnindikatoren. Diese können mit Hilfe von Personalmanagementinstrumenten gemessen oder geschätzt und durch einen Vergleich über eine bestimmte Zeitperiode bewertet werden. Hier sollten Instrumente zur Erhebung standardisierter, quantifizierbarer Informationen, wie zum Beispiel Mitarbeiterbefragungen oder statistische Auswertungen, mit Instrumenten zur Erhebung von qualitativen Informationen, zum Beispiel qualitativen Interviews, Beobachtungen oder Auswertung von Austrittsgesprächen, kombiniert werden (in Anlehnung an Wucknitz, Heyse, 2008, S. 64 ff.).

Die Ermittlung des Handlungsbedarfes kann nicht unabhängig von den Tendenzen des demografischen Wandels erfolgen. Denn in Abhängigkeit der Lebenszeitphasen, in denen sich die Mitarbeiter befinden – zum Beispiel Berufseinstieg, Familiengründung oder Alterung – ändern sich ihre Prioritäten, Ziele, Vorstellungen, Interessen oder Wünsche. Dies führt zu einer Verschiebung der Bedeutung und Wertigkeit einzelner materieller und immaterieller (vor allem extrinsischer) Anreizfaktoren im Zeitverlauf. So spielt zum Beispiel die Personalentwicklung zu Beginn der beruflichen Karriere eine große Rolle, während flexible Arbeitszeitregelungen spätestens für Mitarbeiter mit Familien oder ältere Mitarbeiter von Interesse sind.

Neben den in der Tabelle dargestellten Ausfall- und Fluktuationsgründen der Mitarbeiter wirken auch externe Einflussfaktoren, wie beispielsweise attraktive Konkurrenzangebote auf die Wechselbereitschaft von Mitarbeitern (vgl. Jochmann, 2006, S. 174). Auf diese externen Einflüsse wird an dieser Stelle nicht weiter eingegangen.

2.3 Handlungsbedarf für Retention Management

Tab. 2.1 Qualitative Kriterien sowie qualitative und quantitative Kennzahlen zur Ermittlung des Handlungsbedarfes für Retention Management; Quelle: eigene und erweiterte Darstellung in Anlehnung an Wucknitz, Heyse, 2008, S. 29 ff. und S. 61 ff.; vom Hofe, 2005, S. 5; Gertz, 2004, S. 58

Anreizfaktoren	Handlungsbedarf für Retention Management		
	Qualitative Kriterien		Qualitative/Quantitative Kennzahlen
	Motivations- und Bindungsfaktoren des Unternehmens, z. B.	Ausfall- und Fluktuationsgründe der Mitarbeiter, z. B.	Frühwarnindikatoren, z. B.
Vergütung	• angemessene branchen- und marktübliche Höhe der Vergütung • Vergütung nach fairen Kriterien • vergleichbare, transparente Regeln für alle Mitarbeiter • Konsistenz des Vergütungssystems in sich	• Unzufriedenheit mit einem oder mehreren der links genannten Kriterien der Vergütung	• abnehmende Vergütung im Vergleich zu Wettbewerbern • abnehmender Umfang und sinkende Qualität von Sozialleistungen • (unerlaubte) Nebenbeschäftigungen
Arbeitsaufgabe	• Übereinstimmung von Qualifikation, Interessen und Erwartungen der Mitarbeiter mit der auszuübenden Tätigkeit • herausfordernde Tätigkeit • ausreichende Entscheidungsfreiheit • Übertragung von Verantwortung • angemessene Arbeitsbelastung	• Unter- bzw. Überforderung hinsichtlich des Tätigkeitsbereiches in Bezug auf Qualifikation, Interessen, Erwartungen der Mitarbeiter, Inhalt der Tätigkeit, Verantwortung, Entscheidungsfreiheit und –kompetenzen, Arbeitsbelastung	• geringere Leistungsbereitschaft • abnehmende Produktivität • zunehmender Leistungsdruck • zunehmende Fehlerrate • zunehmende Häufigkeit interner Wechselanfragen • zunehmende Ausfall-/Krankenquote
Arbeitsumfeld	• ausreichende Ressourcenausstattung • transparente Prozesse und Organisationsstrukturen • positive Beziehungen zu Kollegen und Vorgesetzten • engagierte Kollegen	• unzureichende Personalkapazitäten und andere Ressourcen • Prozess- und Organisationsprobleme • fehlende Sozialkontakte innerhalb des Unternehmens • demotivierendes Arbeitsklima	• Doppelarbeiten, Ineffizienzen • zunehmende Konflikte zwischen Kollegen bzw. mit Vorgesetzten, Mobbingfälle • Demotivation anderer Kollegen

	Handlungsbedarf für Retention Management		
	Qualitative Kriterien		Qualitative/Quantitative Kennzahlen
Anreizfaktoren	Motivations- und Bindungsfaktoren des Unternehmens, z. B.	Ausfall- und Fluktuationsgründe der Mitarbeiter, z. B.	Frühwarnindikatoren, z. B.
Personalentwicklung	• individuelle Entwicklungsmöglichkeiten • transparente Karrierewege	• fehlende Entwicklungschancen und/oder -perspektiven • intransparente Karrierewege	• abnehmende Innovationsrate • fehlendes Interesse an unternehmensspezifischer Weiterbildung • zunehmende Fluktuationsrate
Personalführung	• Vorbildwirkung des Top-Managements und der Vorgesetzten • Einbezug der Mitarbeiter • persönliche Wertschätzung • individuelle Anerkennung der Leistung • Unterstützung, Beratung und Anleitung bei der Arbeit • regelmäßiges Feedback	• fehlendes Vertrauen in das Top-Management und die Vorgesetzten • Übergehen von Mitarbeitern • Geringschätzung durch den Vorgesetzten/Arbeitgeber • (übermäßige) negative Kritik • fehlende Motivation/Begleitung durch den Vorgesetzten/Arbeitgeber • fehlendes Feedback	• sich verschlechternde Führungskräftebeurteilung • sich verschlechternde Ergebnisse von Mitarbeiterbefragungen/-gesprächen • abnehmende Betreuungsintensität für Mitarbeiter
Arbeitszeit	• flexible Arbeitszeitregelung • Unterstützung der work-live-balance (Wiedereinstiegsprogramme, Kinderbetreuungsangebote)	• der persönlichen Lebenssituation nicht anpassbare Arbeitszeitregelungen • unausgeglichene work-live-balance	• abnehmende Bereitschaft zu Mehrarbeit bzw. Projektarbeit • zunehmende Ausfall-/Krankenquote
Unternehmensklima	• positive Unternehmenskultur • anerkannte Produkte und Dienstleistungen des Unternehmens • Zugehörigkeitsgefühl der Mitarbeiter	• fehlende Identifikation mit der Unternehmenskultur, den Produkten und Dienstleistungen • Re-/Umstrukturierungen, Verkauf des Unternehmens	• sich verschlechterndes Unternehmensimage nach außen • zunehmende interne Kritik am Unternehmen • geringere Loyalität gegenüber Kunden und Partnern

2.3 Handlungsbedarf für Retention Management

Durch verschiedene empirische Studien konnte, auch über einen längeren Zeitraum hinweg, festgestellt werden, dass bei entsprechender Ausgestaltung immaterielle Anreizfaktoren, wie Unternehmensklima, Personalführung, Personalentwicklung oder Arbeitsaufgabe, eine größere Bindungswirkung aufweisen als materielle Anreize, wie angemessene oder überdurchschnittliche Vergütung, Altersvorsorge und Sozialleistungen (siehe: „Mitarbeiterbindung in Familienunternehmen", Befragung von 50 mitarbeiterwachstumsstarken Familienunternehmen, 2005, www.intes-online.de; Kienbaum Retention-Studie, deutschlandweite Befragung von Personalleitern der 200 umsatzstärksten Unternehmen und ausgewählten mittelständischen Unternehmen, 2001, vgl. www.kienbaum.de/shopweb; Studie zur Mitarbeiterbindung und -motivation, 2002; vgl. www.isrsurveys.com; vgl. Szebel-Habig, Pötter, 2007, S. 43 ff.).

Einen Überblick dazu gibt auch die nachfolgende Tabelle. Hier wird deutlich, dass zwar für die Unternehmensattraktivität mit Blick auf die Mitarbeiterrekrutierung das überdurchschnittliche Grundgehalt ein Anreizfaktor zweiten Ranges ist, dieser aber als Anreizfaktor für die Mitarbeiterbindung hinter nichtmateriellen Anreizfaktoren den sechsten Rang belegt.

Tab. 2.2 Rangfolge von Anreizfaktoren der Unternehmensattraktivität und Mitarbeiterbindung; Quelle: Gertz, 2004, S. 197 f.

Rang	Faktoren der Unternehmensattraktivität	Faktoren der Mitarbeiterbindung
1	Umfassende Nebenleistungen zur Gesundheitsvorsorge	Karrieremöglichkeiten
2	überdurchschnittliches Grundgehalt	Bindung kompetenter Kollegen
3	Angebote für Work-Life-Balance	Leistungsfördernde Atmosphäre
4	umfassende Nebenleistungen zur Altersabsicherung	Weiterentwicklung von Fähigkeiten und Talenten
5	Karrieremöglichkeiten	Ressourcenausstattung für die Aufgabenerledigung
6	herausfordernde Aufgaben	überdurchschnittliches Grundgehalt
7	Kompetenz der Kollegen	klare Zielvorgaben der Vorgesetzten
8	leistungsbezogene Gehaltssteigerungen	herausfordernde Aufgaben
9	Anerkennung von Leistung	motivierende Führungskräfte
10	Unternehmensimage	Entlastung durch Nebenleistungen

2.4 Überblick über Retention-Management-Maßnahmen

Auf Basis der Analyse und Feststellung des Handlungsbedarfes können konkrete Retention-Management-Maßnahmen entwickelt werden (vgl. Hunzinger; Biele, 2002, S. 49). Das betriebliche Anreizsystem ist dabei auch das unmittelbare Steuerungsinstrument des Retention Managements (vgl. Reisch, 2008, S. 52).

Einen Gesamtüberblick über mögliche Retention-Management-Maßnahmen gibt die nachfolgende Tabelle. Dort werden strukturiert nach Anreizfaktoren in den beiden mittleren Spalten die Ansatzpunkte des Retention Managements erläutert und beispielhaft prinzipiell mögliche Retention-Management-Maßnahmen zusammengestellt. Sie reichen von allgemeinen Maßnahmeempfehlungen (zum Beispiel Personalentwicklungsprogramme, Projektarbeit, Erfahrungsaustausch) bis hin zu inhaltlich konkretisierten Maßnahmen (wie Job Enlargement, Job Enrichment, Job Rotation). Diese Breite wurde bewusst gewählt, um das Spektrum möglicher einsetzbarer Maßnahmen zu demonstrieren.

Es ist zweckmäßig, die Auswirkungen des demografischen Wandels, wie sinkende Anzahl (qualifizierter) Nachwuchskräfte und Verschiebung der Altersstrukturen, offensiv und frühzeitig als systemimmanente Rahmenbedingungen bei Konzeption der Retention-Management-Maßnahmen und nicht additiv-reaktiv, bei/nach Auftreten des Fach- und Führungskräftemangels, zu berücksichtigen. Dies kann die Entwicklung von alters-, geschlechter- und/oder migrationsspezifischen Retention-Management-Maßnahmen erfordern (in Anlehnung an Bertelsmann Stiftung; Bundesvereinigung der Deutschen Arbeitgeberverbände (Hrsg.), 2008, S. 41). Eine entsprechende Unterscheidung der Maßnahmen wird in der nachfolgenden Tabelle nicht vorgenommen, sondern dieses Themenfeld später bei der Darstellung zielgruppenbezogener Retention-Management-Maßnahmen fortgesetzt.

In der rechten Spalte der folgenden Tabelle erfolgt die Darstellung von quantitativen und qualitativen Indikatoren, mit deren Hilfe der Erfolg des Retention Managements gemessen werden kann. Diese Indikatoren sind über das (Personal-) Controlling bereitzustellen (zum Beispiel Kranken-, Fluktuationsquote) oder mit Hilfe von Personalmanagementinstrumenten wie Mitarbeiterbefragungen, Mitarbeitergespräche oder Vorgesetztenbeurteilungen zu erheben. Einzelne Indikatoren, zum Beispiel aus Mitarbeitergesprächen oder -befragungen, können für die Erfolgsmessung unterschiedlicher Retention-Management-Maßnahmen eingesetzt werden.

2.4 Überblick über Retention-Management-Maßnahmen

Tab. 2.3 Übersicht über Ansatzpunkte, Arten und Evaluationsindikatoren von Retention-Management-Maßnahmen; Quelle: eigene und erweiterte Zusammenstellung nach Wucknitz; Heyse, 2008, S. 91 ff.; Biele, 2002, S. 49 ff.; Hunzinger; Jochmann, 2006, S. 184

Anreizfaktoren	Ansatzpunkte des Retention Managements	Mögliche Retention Management Maßnahmen	Evaluationsindikatoren
Vergütung	• Schaffung von transparenten und fairen Entscheidungsregeln für die Gehaltsfindung und die Vergabe von Zusatzleistungen	• angemessene Grundvergütung • leistungsabhängige, variable Vergütung • leistungsbezogene Sonderzahlungen • Mitarbeiterbeteiligungsmöglichkeiten • Angebot/Beteiligung an Altersvorsorge • Angebot/Beteiligung an Risikovorsorge • Angebot/Beteiligung an Gesundheitsvorsorge	• Gehaltsentwicklung • Anteil leistungsabhängiger Vergütung • Anteil der Beteiligung an Alters-, Risiko-, Gesundheitsvorsorge
Arbeitsaufgabe	• Schaffung einer leistungsfördernden Atmosphäre durch Gewährleistung ausreichenden Handlungs- und Entscheidungsspielraums	• Management by Objectives • Partizipative Führung • Job Enlargement • Ideenmanagement	• Produktivitätsentwicklung • (Entwicklung der) Ausfall- und/oder Krankenquote
	• Übertragung von Personal-, Themen- und Mittelverantwortung	• Management by Delegation • Empowerment • Kompetenzentwicklung der Mitarbeiter	• Ergebnisse von Mitarbeitergesprächen
	• Kompetenzmessung und -entwicklung, Identifikation der Kern-Kompetenzen der Mitarbeiter • Abstimmung von Anforderungen und Qualifikation	• Kompetenzraster, Kompetenzlisten • Personalentwicklungsprogramme • Empowerment • Job Rotation • Job Enrichment • fachübergreifende Projektarbeit • Erfahrungsaustausch	• Anteil der Mitarbeiter in Personalentwicklungsprogrammen • Anzahl durchgeführter Projekte • Ergebnisse von Mitarbeitergesprächen
Arbeitsumfeld	• Bereitstellung der erforderlichen Ressourcen	• angemessene Arbeitsplatzausstattung mit Möbeln, EDV, Technik, Büromaterial, Werkzeugen, Maschinen	• Ergebnisse von Mitarbeiterbefragungen
	• Reduzierung des Verwaltungsaufwandes	• Fokussierung bzw. Reduzierung des Berichtswesens	• Anteil der Administration an der Arbeitszeit
	• Entwicklung/Förderung der Team-Zusammenarbeit und -Effektivität	• Team-Workshops • Team-Events	• Ergebnisse von Mitarbeiterbefragungen
Personalentwicklung	• Formulierung transparenter Karrierewege und Implementierung zielgruppenspezifischer Fördermaßnahmen	• Performance- und Potenzial-Analysen der Mitarbeiter • Karriereplanungsprogramme • Mitarbeiterentwicklungsprogramme • (berufsbegleitende) Aus- und Weiterbildungsmöglichkeiten	• Ergebnisse von Performance- und Potenzialanalysen • Anzahl der Mitarbeiter in Personalentwicklungsprogrammen • Personalentwicklungstage pro Mitarbeiter
	• Entwicklung von Führungskräften, Projektmanagern und Spezialisten	• individuelle Entwicklungsplanung • Förderprogramm für Potenzialkräfte • Führungskräftenachwuchsprogramm • Fachkräfteentwicklungsprogramm • Expertenlaufbahnprogramm	• Ergebnisse von Performance- und Potenzialanalysen • Anteil interner Stellenbesetzungen für Führungskräfte/Projektmanager/Spezialisten

Anreizfaktoren	Ansatzpunkte des Retention Managements	Mögliche Retention Management Maßnahmen	Evaluationsindikatoren
Arbeitszeit	Anpassung von Arbeitszeit und -ort an die individuelle Lebenssituation der Mitarbeiter	Flexibilisierung der Arbeitszeiten (z. B. durch Gleit-/Teilzeitmodelle, Vertrauensarbeitszeit, Lang- bzw. Lebensarbeitszeitkonten, Sabbaticals) Flexibilisierung des Arbeitsortes (z. B. Telearbeit, Home Office)	Umsetzungsgrad verschiedener Arbeitszeit- bzw. -ortmodelle
	Schaffung eines Ausgleichs zwischen Berufs- und Privatleben	Angebote und/oder finanzielle Unterstützung der Kinderbetreuung Angebot von Zeitmanagementkursen Wiedereinstiegsprogramme für bestimmte Zielgruppen (Ältere, Frauen)	Umsetzungsgrad Kinderbetreuungsangebote, Selbst-/Zeitmanagementkursen, Wiedereinstiegsprogramme
	Förderung der gesundheitsorientierten Gestaltung der Arbeitsbedingungen	ökologische und ergonomische Gestaltung der Arbeitsräume/-orte Förderung gesunder Ernährung, körperlicher Betätigung, Suchtprävention Gesundheitszirkel, Erfahrungsaustauschgruppen, Selbsthilfegruppen	(Entwicklung der) Krankenquote Nutzungsgrad gesundheitsorientierter Angebote
Unternehmensklima	Herausstellung der positiven Kennzeichen als Arbeitgeber durch interne/externe Kommunikation der Alleinstellungsmerkmale des Unternehmens (z. B. herausragende Unternehmensmarke, bekannte Produktmarke, positives Arbeitgeberimage)	Kommunikation der unternehmerischen Leistungen (z. B. Marktanteilsgewinne, Sozialleistungen), Preise (z. B. für Produkte), Auszeichnungen (z. B. Great Place to work), Informationen (z. B. Aus- und Weiterbildungsmöglichkeiten) über z. B. Rundmails, Betriebszeitungen, Schwarzes Brett Employer Branding (Entwicklung/Darstellung der Arbeitgeber-Marke)	Arbeitgeberattraktivität Anzahl Initiativbewerbungen Anzahl Bewerbungen auf ausgeschriebene Stellen
	Stärkung der Identifikation der Mitarbeiter mit den Zielen und dem Führungsstil des Unternehmens Verstärkung der emotionalen Bindung der Arbeitnehmer an das Unternehmen	kooperative Entwicklung von Unternehmensleitbild und Führungsleitlinien regelmäßige Information der Mitarbeiter z. B. über Mitarbeiterzeitung Vorstellung des Unternehmens durch „Tag der offenen Tür" oder „Tag der Familien" Einführungs- und Integrationsprogramme für neue Mitarbeiter Bindung ausgeschiedener Arbeitnehmer über Alumni-Netzwerke	(Entwicklung der) Fluktuationsquote qualitative Ergebnisse von Fluktuationsanalysen

Welche Retention-Management-Maßnahmen in welcher Kombination für ein konkretes Unternehmen zutreffend und realisierbar sind, hängt ab von (in Anlehnung an Hunzinger; Biele, 2002, S. 49):

- betriebsinternen Faktoren, wie zum Beispiel Zielgruppe der Maßnahmen sowie Größe, Branche und Standort des Unternehmens als auch von
- betriebsexternen Faktoren, wie zum Beispiel generelle Wettbewerbs- und Arbeitsmarktsituation und unternehmensspezifische Auswirkungen des demografischen Wandels.

Für ein funktionsfähiges Retention Management werden entsprechend den Erkenntnissen der Anreiztheorie materiell orientierte mit nichtmateriell orientierten Retention-Management-Maßnahmen kombiniert (in Anlehnung an Jochmann, 2006, S. 180). Erfahrungen aus der Praxis zeigen auch hier, dass nichtmaterielle Retention-Management-Maßnahmen, die auf die Bereiche Arbeitsaufgabe, Personalentwicklung, Arbeitsumfeld, Personalführung und Unternehmenskultur fokussieren, als deutlich zielführender eingeschätzt werden als materielle Maßnahmen, wie Vergütung. Dies liegt zum Beispiel daran, dass materielle Maßnahmen in der Regel nur eine kurzfristige Zufriedenheit bei den Mitarbeitern auslösen und auch auf andere Unternehmen übertragbar sind. Nichtmaterielle Maßnahmen weisen hingegen oftmals eine Unternehmensspezifik auf und führen langfristig zu Motivation, Identifikation und Loyalität mit dem Unternehmen. Voraussetzung für die Wirkung nichtmaterieller Maßnahmen ist allerdings das Vorhandensein einer wettbewerbsfähigen und fairen Vergütung. Fehlt diese, kann sie durch nichtmaterielle Maßnahmen nicht kompensiert werden (vgl. Maier; Ebner-Hoti; Urban; Cansius, 2003, S. 706; Reppesgaard; Bialluch, 2008, S. 23; Nink, 2008, S. 27).

Ein umfassendes Retention Management Programm könnte sich beispielsweise aus folgenden Maßnahmepaketen zusammensetzen:

- glaubwürdige, gelebte Unternehmensphilosophie;
- hohe Führungsqualität;
- wettbewerbsfähige Vergütung, einschließlich Möglichkeiten zur Gesundheits-, Risiko-, Altersvorsorge oder zur Mitarbeiterbeteiligung;
- klar definierte Arbeitsaufgabe mit Entscheidungsfreiräumen;
- Karriere- beziehungsweise Mitarbeiterentwicklungsprogramm;
- auf die Lebenssituation angepasstes Arbeitszeitmodell, einschließlich Berücksichtigung der Work-life-Balance.

2.5 Zielgruppenbezogene Retention-Management-Maßnahmen

Nach der grundsätzlichen Darstellung prinzipiell möglicher Retention-Management-Maßnahmen erfolgt ihre zielgruppenspezifische Differenzierung, auch unter Berücksichtigung der Effekte des demografischen Wandels. Denn Retention Management richtet sich, wie definiert wurde, nicht prinzipiell auf alle, sondern auf nach bestimmten Kriterien ausgewählte Mitarbeiter beziehungsweise Mitarbeitergruppen. Im Fokus stehen nun Mitarbeitergruppen, die:

a) nach den Kriterien Leistung und Potenzial gebildet werden und
b) aufgrund des demografischen Wandels besonders zu beachten sind.

Zu a) Mitarbeitergruppen in Abhängigkeit der Kriterien Leistung und Potenzial

Wird eine Bewertung der Mitarbeiter anhand zweier Entscheidungskriterien vorgenommen, ist die Portfolio-Analyse ein geeignetes Analyse- und Entscheidungsinstrument. Durch Gegenüberstellung der Kriterien Potenzial und Leistung sowie ihre Bewertung in hoch und niedrig entsteht eine Vier-Felder-Matrix, bei der jedes Feld eine Mitarbeitergruppe widerspiegelt (in Anlehnung an Dillerup; Stoi, 2006, S. 177 f.):

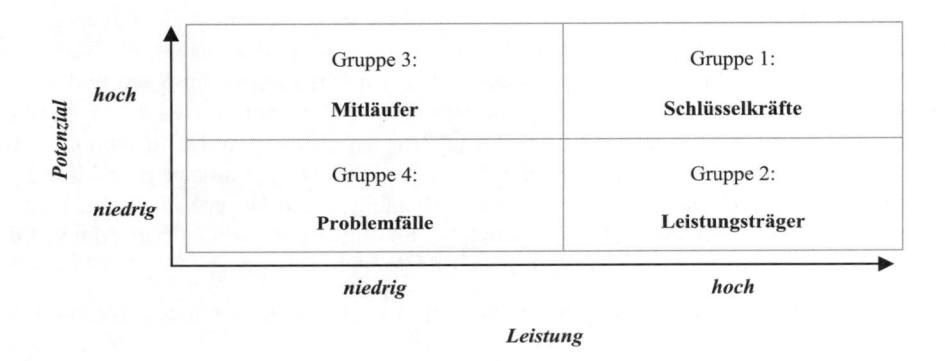

	Leistung niedrig	Leistung hoch
Potenzial hoch	Gruppe 3: Mitläufer	Gruppe 1: Schlüsselkräfte
Potenzial niedrig	Gruppe 4: Problemfälle	Gruppe 2: Leistungsträger

Abb. 2.3   Portfolio zur Bewertung von Leistung und Potenzial der Mitarbeiter; Quelle: eigene Darstellung in Anlehnung an Hollender-Matatko; Brauweiler, 2005, S. 182

Für jede Mitarbeitergruppe können Normcharakteristika, die Notwendigkeit für Retention Management sowie verallgemeinerbare Retention-Management-Maßnahmen abgeleitet werden (siehe folgende Tabelle).

2.5 Zielgruppenbezogene Retention-Management-Maßnahmen

Tab. 2.4 Übersicht über Charakteristika, Notwendigkeit und Arten von Retention-Management-Maßnahmen nach Mitarbeitergruppen; Quelle: in Anlehnung an in vivo GmbH Unternehmensberatung, o. J., S. 7; Hollender-Matatko; Brauweiler, 2005, S. 183

Gruppe	Normcharakteristika	Notwendigkeit für Retention Management	Retention Management Maßnahmen
1	• Mitarbeiter mit hohem Potenzial und hoher Leistung • i. d. R. Mitarbeiter mit Schlüsselpositionen im Unternehmen, infolge ihres Expertenwissens z. B. zu Prozessen, Produkten, Kunden bzw. ihrer Kontakte, Einbindung in formelle bzw. informelle Netzwerke	• hohe Fluktuationsgefahr aufgrund des Fach- und Führungskräftemangels sowie ihrer Karrierechancen und –ziele	• zum Potenzial- und Leistungserhalt z. B. durch: systematische Karriereplanung und -entwicklung, materielle/immaterielle Sonderleistungen
2	• Mitarbeiter mit niedrigem Potenzial und hoher Leistung • i. d. R. Mitarbeiter der Kernbelegschaft des Unternehmens, die durch ihre Arbeitsaufgaben weder über- noch unterfordert sind	• i. d. R. hohe Loyalität • geringere Arbeitsmarktchancen als die Spitzenkräfte	• zum Erhalt der Leistungsfähigkeit, z. B. durch: kontinuierliche Weiterbildungsprogramme zur Erhaltung/Entwicklung ihrer Employability
3	• Mitarbeiter mit hohem Potenzial, aber geringer Leistung • i. d. R. gut qualifizierte Arbeitskräfte, deren Leistungsbereitschaft aus verschiedenen Gründen, wie z. B. Unterforderung, geringe Eigenmotivation, persönliche Probleme, innere Kündigung, gering ist	• Fluktuationspotenzial latent vorhanden • ungünstige Kosten-Nutzen-Relation für das Unternehmen	• zur Leistungssteigerung, z. B. durch Übertragung neuer Aufgabenbereiche/-zuständigkeiten, Motivationsmaßnahmen
4	• Mitarbeiter mit niedrigem Potenzial und niedriger Leistung • i. d. R. schlecht qualifizierte Mitarbeiter mit eingeschränkter Leistungsfähigkeit	• Fluktuationspotenzial eher gering, da geringe Arbeitsmarkt- bzw. Beschäftigungschancen	• zur Lösung der Problemfälle, z. B. durch: Aus- und Weiterbildung, Eingliederung in andere Arbeitsbereiche • bei Erfordernis auch Freisetzung dieser Mitarbeiter

Die Einordnung der Mitarbeiter in die oben genannten vier Gruppen ermöglicht strukturierte Aussagen zur Notwendigkeit und zu Möglichkeiten von Retention-Management-Maßnahmen nach Mitarbeitergruppen. Retention Management kann und muss sich aber nicht auf jeden einzelnen Mitarbeiter oben genannter Gruppen richten. Vielmehr sind aus jeder Gruppe Mitarbeiter mit Leistungsfähigkeit und -bereitschaft zu identifizieren und diese über Retention-Management-Maßnahmen zu binden. Die Portfolio-Darstellung zeigt damit sehr gut, dass sich Retention Management nicht nur auf die so genannten Schlüsselkräfte beziehen kann/muss, sondern auf Mitarbeiter verschiedener Unternehmensbereiche und -ebenen (vgl. Reppesgaard; Bialluch, 2008, S. 23).

Zu b) Die Gruppe der älteren Mitarbeiter

Entsprechend der schon dargestellten Tendenzen und Effekte des demografischen Wandels wird – zur langfristigen Deckung des quantitativen Personalbedarfs sowie qualitativ zur Sicherung der unternehmerischen Leistungsfähigkeit – die Fokussierung des Retention Managements auf spezielle Mitarbeitergruppen zu einem wichtigen Handlungsbereich der Unternehmen. Zu diesen Gruppen zählen ältere Mitarbeiter, Frauen, Migranten sowie hochqualifizierte Ausländer (In Anlehnung an Stock-Homburg, 2008, S. 586).

Im Rahmen dieses Beitrages wird exemplarisch auf die Gruppe der älteren Mitarbeiter eingegangen. Dazu wird diese Gruppe zunächst charakterisiert, um auf dieser Basis die Retention-Management-Maßnahmen zu spezifizieren.

Für den Umgang mit älteren Mitarbeitern sind einerseits eine Defizit- und andererseits eine Potenzialperspektive charakteristisch. Bei der Defizitperspektive werden ältere Mitarbeiter durch eine geringere Motivation und eine sich verringernde geistige und körperliche Leistungsfähigkeit charakterisiert. Dieses so genannte Defizitmodell des Alterns wurde in den letzten Jahren durch mehr als 100 empirische Untersuchungen widerlegt (vgl. Bertelsmann Stiftung; Bundesvereinigung der Deutschen Arbeitgeberverbände (Hrsg.), 2008, S. 34 f.) Bei der Potenzialperspektive werden älteren Mitarbeitern zwar altersbedingte Verringerungen physiologischer Fähigkeiten, aber die Zunahme von Erfahrungen und sozialer Kompetenzen zugeordnet. Die Potenzialperspektive ermöglicht damit eine differenzierte Betrachtung der Entwicklung fachlicher und sozialer Kompetenzen im Prozess des Alterns (vgl. folgende Tabelle) (vgl. Stock-Homburg, 2008, S. 593 ff.).

2.5 Zielgruppenbezogene Retention-Management-Maßnahmen

Tab. 2.5 Aspekte der Potenzialperspektive bezüglich älterer Arbeitnehmer; Quelle: Stock-Homburg, 2008, S. 597

Entwicklung der Kompetenzen	Fachliche Kompetenzen	Soziale Kompetenzen
zunehmend	• Berufs- und unternehmensspezifisches Wissen • Zuverlässigkeit, Genauigkeit • Qualitätsbewusstsein • Pflicht- und Verantwortungsbewusstsein • Markt- und Kundenorientierung • Problembewältigungskompetenz • Kenntnis gängiger Lösungsstrategien	• Lebens- und Berufserfahrung • Urteilsvermögen • Selbstbewusstsein • Besonnenheit • Kommunikationsfähigkeit • Konfliktfähigkeit • emotionale Bindung an das Unternehmen und an die Arbeit • Ausgeglichenheit • soziale Kompetenz
gleichbleibend	• Leistungs- und Zielorientierung • Systemdenken • Entscheidungsfähigkeit • psychisches Leistungsvermögen • Informationsverhalten • Leistungsfähigkeit des Langzeitgedächtnisses • Aufmerksamkeit, Konzentrationsfähigkeit	• Kreativität • Kooperationsfähigkeit • Durchsetzungsverhalten
abnehmend	• körperliche Leistungsfähigkeit und Belastbarkeit • geistige Beweglichkeit • Geschwindigkeit der Informationsaufnahme und -verarbeitung • Reaktionsgeschwindigkeit • Leistungsfähigkeit des Kurzzeitgedächtnisses • Lern- und Weiterbildungsbereitschaft	• Risikobereitschaft • Delegationsbereitschaft

Unter Berücksichtigung der Erkenntnisse der Potenzialperspektive können die bisher auf allgemeinem Niveau dargestellten Retention-Management-Maßnahmen für die Zielgruppe der älteren Mitarbeiter konkretisiert werden. Gleichermaßen wäre dieses Vorgehen auch für weitere Zielgruppen, wie Frauen, Migranten oder hochqualifizierte Ausländer möglich.

Tab. 2.6 *Besonders geeignete Retention-Management-Maßnahmen für ältere Mitarbeiter; Quelle: eigene Zusammenstellung nach Bertelsmann Stiftung; Bundesvereinigung der Deutschen Arbeitgeberverbände (Hrsg.), 2008, S. 163 ff.; Stock-Homburg, 2008, S. 604 ff.*

Anreizfaktor	Retention-Management-Maßnahmen, z. B.:
Vergütung	• Angebot/Beteiligung an der (betrieblichen) Altersvorsorge • Angebot/Beteiligung an der Gesundheitsvorsorge
Arbeitsaufgabe	• Rückkehrkonzepte (z. B. Außendienstmitarbeiter in den Innendienst) • lernfördernde Gestaltung der Arbeitsinhalte durch Job Rotation • Schaffung lernfördernder Arbeitsaufgaben durch Job Enrichment • Erweiterung des Tätigkeitsspektrums durch Job Enlargement
Arbeitsumfeld	• ergonomische Arbeitsplatz- und Umgebungsgestaltung • Einrichtung von Ruhezonen
Personalentwicklung	• altersgerechte Laufbahnplanung zum Erhalt der Employability (Beschäftigungsfähigkeit) • lebensphasenbezogene Karriereplanung • Integration aller Altersgruppen in Personalentwicklungsprogramme • Anpassungsqualifizierung in neuen Themenfeldern (z. B. IT) • persönliche Qualifikationspläne für lebenslanges Lernen • intergenerationelles Lernen durch Einsatz erfahrener Mitarbeiter in Projektteams • Knowhow-Tandems zwischen älteren und jüngeren Mitarbeitern
Personalführung	• Etablierung altersgemischter Team- und Gruppenarbeit • berufliche (Mitarbeiter-)Perspektivgespräche • Identifikation und Förderung besonderer Leistungsträger (Senior Potentials)
Arbeitszeit	• Begrenzung der Schichtarbeitsdauer bzw. Freistellung von einzelnen Schichtzeiten • Angebot von Arbeitszeitverkürzungen • altersdifferenzierte Ausstiegsmodelle • Job-Splitting/Job-Sharing • Langzeitkonten, Lebensarbeitszeitmodelle • Angebot präventiver Maßnahmen des Gesundheitsschutzes und der Gesundheitsförderung (Gesundheits-Check)
Unternehmensklima	• Verbesserung des Arbeitgeberimages bei älteren Bewerbern durch verstärkte Altersorientierung des Unternehmens • Überprüfung der Rekrutierungsstrategien unter Altersgesichtspunkten • gezielte Rekrutierung älterer Mitarbeiter • Entwicklung und Kommunikation einer Wertschätzungs-, Kooperations- und Lernkultur bezüglich älterer Mitarbeiter • Etablierung eines Ehemaligen-Netzwerkes • Etablierung von Paten-, Mentoren-, Coaching-Programmen mit Ehemaligen

Trotz systematischer Retention-Management-Maßnahmen ist das Ausscheiden von Mitarbeitern, zum Beispiel aus persönlichen (Umzug, Krankheit, Rente, Tod) oder beruflichen Gründen (Wechsel des Arbeitgebers) nicht zu verhindern. Aus diesem Grund sollte das Retention Management durch weitere Instrumente ergänzt werden. Dazu zählen:

- ein systematisches Wissensmanagement, welches dazu dient, das im Unternehmen vorhandene Wissen in einem systematischen und kontinuierlichen Prozess zu identifizieren, zu erwerben, zu entwickeln, zu bewahren, zu nutzen, zu verteilen und zu bewerten (vgl. Brauweiler, 2002, S. 13) oder
- die Bindung ausgeschiedener Mitarbeiter durch Berater- oder Trainerverträge.

Neben der Bindung der Mitarbeiter geht es beim Retention Management daher auch um die Rekrutierung geeigneter Arbeitskräfte. Auf die grundsätzlichen Möglichkeiten der Rekrutierung wird im folgenden Kapitel eingegangen.

2.6 Die Rolle der Rekrutierung von Mitarbeitern

Die zeit- und ortsgerechte Bereitstellung der für das Unternehmen erforderlichen Arbeitskräfte in der notwendigen Quantität und Qualität ist Aufgabe der Rekrutierung. Diese kann sich sowohl unternehmensextern auf neue, als auch unternehmensintern auf bereits beschäftigte Mitarbeiter beziehen (vgl. Dillerup; Stoi, 2006, S. 573).

Die folgende Tabelle gibt einen Überblick über die in beiden Bereichen prinzipiell einsetzbaren Rekrutierungsinstrumente. Sie sind einerseits grundsätzlich zielgruppenspezifisch differenziert anzuwenden: Während die Schaltung von Stellenangeboten im Internet und in speziellen Jobbörsen ein gutes Instrument zur Erreichung von Nachwuchskräften darstellt, werden zum Beispiel Mitarbeiter mit hoher Berufserfahrung oder Führungskräfte eher über Personalberatungen oder Anwerbungen durch eigene Mitarbeiter akquiriert. Andererseits sind auch Rekrutierungsmaßnahmen entsprechend den Anforderungen des demografischen Wandels noch deutlicher auf die betroffenen Zielgruppen auszurichten. Dies kann zum Beispiel über Fokussierung der Stellenausschreibungen (sofern arbeitsrechtlich zulässig), Rekrutierungsaktionen (zum Beispiel in Schulen, Hochschulen) oder Anfragen bei staatlichen oder privaten Arbeitsvermittlern bezüglich spezifischer Zielgruppen erreicht werden.

Tab. 2.7   Instrumente der intern und extern orientierten Personalrekrutierung; Quelle: eigene und erweiterte Zusammenstellung nach Dillerup; Stoi, 2006, S. 574 f.; Wucknitz; Heyse, 2008, S. 91 f.; Bertelsmann Stiftung; Bundesvereinigung der Deutschen Arbeitgeberverbände (Hrsg.), 2008, S. 48

Ansatzpunkte	Beispielhafte Rekrutierungsinstrumente
unternehmensintern	• Versetzung des Mitarbeiters auf eine gleich-, höher- oder geringer wertige Stelle • innerbetriebliche Stellenausschreibungen (z. B. für Führungspositionen) • Qualifikation von Mitarbeitern mit anschließender Versetzung • Umwandlung von Arbeitsverträgen (Teilzeit in Vollzeit, befristete in unbefristete) • Übernahme von Auszubildenden nach Abschluss ihrer Ausbildung
unternehmensextern	• Schaltung von (zielgruppenfokussierten) Stellenanzeigen im Internet, in Jobbörsen, in der entsprechenden Tages- oder Fachpresse • Rekrutierung an Schulen, Hochschulen durch Unternehmenspräsentationen, Teilnahme an Kontaktmessen, Programme für Praktika, Diplomanden, Doktoranden, Forschungsarbeiten, Projekte • Sponsoring • Anwerbung neuer Mitarbeiter durch eigene Mitarbeiter • Reaktion auf Initiativbewerbungen • Aufbau eines Bewerberpools mit interessanten Bewerbern, die bisher nicht berücksichtigt werden konnten • Auswertung von Stellengesuchen in Jobbörsen, der Tages- oder Fachpresse • Leasing von Personal über Zeitarbeitsunternehmen • Eingehen von Werk- oder Dienstleistungsverträgen • (zielgruppenfokussierte) Anfragen durch das Unternehmen bei staatlichen oder privaten Arbeitsvermittlern, Headhunting

Um den Erfolg der Rekrutierungsmaßnahmen zu gewährleisten, spielt im Rahmen des Retention Managements das externe Personalmarketing eine bedeutende Rolle (vgl. Dillerup; Stoi, 2008, S. 575). Externes Personalmarketing umfasst alle Maßnahmen des Unternehmens zur (verbesserten) Positionierung und Profilierung als Arbeitgeber im Vergleich zu den Wettbewerbern (vgl. Wucknitz; Heyse, 2008, S. 91 f.). Sie hat Einfluss auf:

- die Gewinnung neuer Mitarbeiter in ausreichender Quantität und Qualität zum gewünschten Zeitpunkt sowie
- die Motivation und den Bindungsgrad der bereits beschäftigten Mitarbeiter (vgl. Jochmann, 2006, S. 176 f.).

Externes Personalmarketing hat folgende Aufgaben (in Anlehung an Dillerup; Stoi, 2006, S. 576 ff.):

- zielgruppengerechte Information über das Unternehmen als Arbeitgeber und von Einstiegsangeboten für neue Mitarbeiter,
- zielgruppenspezifische Auswahl und Nutzung von Personalbeschaffungswegen und -maßnahmen (Personalrekrutierung),
- professionelle Gestaltung des Personalauswahlprozesses,
- zielgruppendifferenzierte Maßnahmen zur Mitarbeiterintegration und -erhaltung (Personalbindung).

Es umfasst also die Aspekte der Personalrekrutierung und –bindung des Retention Managements und geht darüber hinaus. Die Positionierung und Profilierung des Unternehmens auf dem Arbeitsmarkt kann durch das Instrument des Employer Brandings, dessen Ziel die Entwicklung und Positionierung einer Arbeitgeber-Marke ist, weiter unterstützt werden.

Unternehmen können den Grad der Positionierung und Profilierung als Arbeitgeber über externe Benchmark-Studien, die den Rang der Arbeitgeberattraktivität messen, ermitteln. Mit Hilfe von zum Beispiel Mitarbeiterbefragungen oder Kultur-Audits wird der Umsetzungsstand und der Zufriedenheitsgrad von anreizfaktorspezifischen Motivations- und Bindungsmaßnahmen standardisiert erfasst und bewertet (vgl. www.greatplacetowork.de; www.topjob.de; www.bestemployerseurope.com).

2.7 Praktische Beispiele für Retention Management

Abschließend werden ausgewählte Retention Management Programme von Unternehmen vorgestellt. Diese Ausführungen basieren auf Sekundärinformationen aus Erfahrungsberichten. Sie haben also explorativen Charakter und sind nicht als systematische Darstellung des Retention Managements des jeweiligen Unternehmens zu verstehen.

Für zwei Beispielunternehmen werden jeweils der Bedarf für Retention Management, die Retention-Management-Maßnahmen und ihre Effekte dargestellt (vgl. folgende Tabellen). Abschließend erfolgt eine vergleichende Bewertung des Retention Managements der Unternehmen.

Tab. 2.8 *Retention Management am Beispiel des Unternehmens Stryker GmbH & Co. KG; Quelle: o. V., 2008a, S. 30 f.; www.stryker.de/de_pdf__topjob_stryker_jan_09.pdf*

Unternehmen	• Stryker GmbH & Co. KG, Duisburg • 270 Mitarbeiter, davon ca. 140 Personen im Außendienst
Branche	• Vertrieb und Logistik von Medizintechnik (z. B. künstliche Hüftgelenke, chirurgische Nägel, Platten und Schrauben)
Bedarf für Retention Management	• geringe Mitarbeiterzufriedenheit und -motivation • Unternehmensumstrukturierungen • hohe Fluktuationsquote (20%) • Einarbeitungszeiten für neue Mitarbeiter zwischen 6 bis 24 Monaten • Verlust von Knowhow und Kundenkontakten bei Fluktuation von Mitarbeitern • rückgängige Anzahl von Bewerbungen um den Faktor 5 infolge des demografischen Wandels sowie • zunehmende Alterung der Belegschaft
Retention-Management-Maßnahmen	**Mitarbeiterbindung**: • 2003 „Fourth-Gear-Program" der Mitarbeiterbindung • 2003 Etablierung eines betrieblichen Altersvorsorgemodells • 2004 Flexibilisierung von Arbeitszeit und -ort (Einführung von Teilzeit v. a. für Frauen in der Zentrale und im Außendienst, Home Office, alternierende Telearbeitszeit) • 2005 Aufbau der strategischen Personalentwicklung (Ausbau der fachlichen Weiterbildung, Etablierung von Trainee- und High-Potentials-Programmen, Staffing Reviews – Ermittlung von Talenten) • 2008 Aktienkaufpläne für Mitarbeiter • geplant: Bindung älterer und langjähriger Mitarbeiter durch Weiterbildungs- und Motivationsmaßnahmen **Mitarbeiterrekrutierung**: • Rekrutierungsmaßnahmen an Universitäten und Fachhochschulen • Traineeprogramm für Absolventen • Duale Ausbildung mit der Berufsakademie • finanzielle Belohnung der Anwerbung neuer Mitarbeiter durch bestehende Mitarbeiter (Positionen auf Führungsebene: 2.000 Euro, andere Positionen: 1.000 Euro) • externes Personalmarketing
Effekte	• Beteiligungsquote am betrieblichen Altersvorsorgemodell: 60% • Senkung der externen Personalberaterkosten für die Akquise von High Potentials • Erhöhung der Mitarbeiterzufriedenheit und -motivation (gemessen durch jährliche standardisierte Mitarbeiterzufriedenheitsanalysen) • Senkung der Fluktuationsquote auf 5% • 2009 Gewinner in der Kategorie Motivation & Dynamik im bundesweiten Unternehmensvergleich „Top-Job"

2.7 Praktische Beispiele für Retention Management

Tab. 2.9   Retention Management am Beispiel der Firma ConSol GmbH; Quelle: o. V., 2008b, S. 32 f.; www.consol.de/unternehmen/auszeichnungen/

Unternehmen	• ConSol GmbH, München • 160 Mitarbeiter, davon ca. 80 Personen im Projekt- und Dienstleistungsbereich, je ca. 40 Personen im Entwicklungs- und Produktbereich
Branche	• Entwicklung, Integration und Betrieb komplexer IT-Systeme
Retention Management	• seit 1984 integraler Bestandteil der Firmenphilosophie
Retention-Management-Maßnahmen	**Mitarbeiterbindung**: Unternehmenskultur: • flexible Arbeitszeiten, Home Office Arbeit • internes Wissensmanagement (Produktentwicklung und Projektbetreuung im Team, pro Fachmann ein „Backup-Kollege") • Einbezug aller Mitarbeiter in Ereignisse und Aufgaben durch monatliche All-Meetings • Mitsprache bei strategischen Entscheidungen durch Ältestenrat, bestehend aus Direktoren und Fachexperten, Teilnahmemöglichkeit für jeden Mitarbeiter durch Rotationsprinzip • Mitarbeiterzufriedenheitsmessungen Mitarbeiterbeteiligung: • Kombination von Basisgehalt und Gewinn- sowie Wertzuwachsbeteiligung • Integration der Mitarbeiter in Bilanzmeetings Wissen/Technische Expertise: • festgelegte Weiterbildungszeit von zwei Wochen pro Mitarbeiter im Jahr **Mitarbeiterrekrutierung**: • Anwerbung neuer Mitarbeiter über bestehende Mitarbeiter
Effekte	• Fluktuationsquote: 4%/Jahr • 2009 zum 4. Mal Auszeichnung als „Deutschlands bester Arbeitgeber" • 2008 „Deutscher Unternehmenspreis Gesundheit" • 2008 „Bayerischer Frauenförderpreis"

Die beiden Beispiele zeigen unterschiedliche Herangehensweisen an das Retention Management: Während der Mitarbeiterbezug bei ConSol seit Unternehmensgründung im Mittelpunkt der Unternehmensphilosophie stand und integraler Bestandteil der Unternehmenskultur ist, wurden bei Stryker Retention-Management-Maßnahmen aufgrund konkreter Personalmanagementprobleme, die unter anderem Folgen der Entwicklungen des demografischen Wandels waren, eingeführt und systematisch weiterentwickelt.

Hinsichtlich der eingesetzten Retention-Management-Maßnahmen ist für beide Unternehmen eine Mischung von Maßnahmen auf Basis materieller und nichtmaterieller Anreize charakteristisch. Bei ConSol liegt außerdem der Maßnahmenschwerpunkt auf dem Anreizfaktor Unternehmenskultur, bei Stryker auf den Anreizfaktoren Arbeitszeit und Personalentwicklung. Beide Unternehmen orientieren ihre Retention Management sowohl auf Maßnahmen der Mitarbeiterbindung als auch der -rekrutierung. Bei Stryker ist eine starke Ausrichtung der Retention-Management-Maßnahmen auf die vom demografischen Wandel betroffenen Zielgruppen der Nachwuchskräfte und der älteren Mitarbeiter zu erkennen.

Es wird anhand beider Unternehmen deutlich, dass die Umsetzung von Rentention Management ein langfristiger Prozess ist, in welchem das Retention Management schrittweise auf- und ausgebaut werden muss. Die Ergebnisse des Retention Managements sind bei beiden Unternehmen anhand objektiver quantitativer und qualitativer Kennzahlen messbar – an der Senkung der Fluktuationsquote, der Erhöhung der Mitarbeiterzufriedenheit oder an der Erzielung von entsprechenden Auszeichnungen. Dies zeigt, dass Retention Management nicht nur ein theoretisches, sondern vor allem auch ein praktisch umsetzbares Konzept ist (vgl. für weitere Praxisbeispiele Reppesgaard; Bialluch, 2008, S. 22 ff.).

3 Zusammenfassung

Retention Management umfasst systematische, positive Anreize zur Gewinnung und Bindung von Mitarbeitern an das Unternehmen. Es beinhaltet damit die Personalmanagementfunktionen Personalrekrutierung und -bindung. Retention Management richtet sich auf strategisch bedeutsame Mitarbeiter, die zum Beispiel nach den Kriterien Leistung und Potenzial (Schlüsselkräfte) oder nach speziellen Aspekten (zum Beispiel ältere Arbeitnehmer, Frauen, Migranten, hochqualifizierte Ausländer) ausgewählt werden. Die Notwendigkeit für Retention Management ergibt sich einerseits aufgrund der Anforderungen infolge des demografischen Wandels. Andererseits resultiert sie aus dem Zusammenhang zwischen Motivation, Identifikation, Leistungsbereitschaft, Loyalität und Treue und der Sicherung beziehungsweise Steigerung des Unternehmenserfolges.

Das betriebliche Anreizsystem, bestehend aus materiellen und nichtmateriellen Anreizen ist das grundlegende Analyse- und Steuerungsinstrument des Retention Managements. Anhand der Ausprägungen der materiellen und nichtmateriellen Anreizfaktoren können der Mitarbeiterbindungsgrad eingeschätzt und anreizfaktorbezogene Retention-Management-Maßnahmen abgeleitet werden. Immateriell orientierte Maßnahmen aus den Bereichen Arbeitsaufgabe, Arbeitsumfeld, Personalentwicklung, Personalführung, Arbeitszeit und Unternehmensklima werden dabei mit materiell orientierten Maßnahmen aus dem Bereich der Vergütung kombiniert. Die Auswirkungen des demografischen Wandels sind bei Konzeption der Retention-Management-Maßnahmen offensiv und frühzeitig und nicht additiv-reaktiv zu berücksichtigen.

Zwei Praxisbeispiele haben aufgezeigt, dass die Effekte eines systematisch und langfristig angelegten Retention Managements durch beispielsweise höhere Mitarbeiterzufriedenheit und sinkende Fluktuationsquoten messbar sind.

4 Fragen

1. Erläutern Sie die Definition von Retention Management im engeren und im weiteren Sinne.
2. Warum ist Retention Management grundsätzlich und vor allem auch unter Berücksichtigung des demografischen Wandels ein aktuelles personalpolitisches Thema?
3. Wie würden Sie bei der Umsetzung von Retention Management vorgehen?
4. Erklären Sie, warum das betriebliche Anreizsystem das grundlegende Analyse- und Steuerungsinstrument des Retention Managements darstellt.
5. Erläutern Sie am Beispiel des Anreizfaktors Arbeitsaufgabe beispielhafte Motivations- und Bindungsfaktoren des Unternehmens, Ausfall- und Fluktuationsgründe von Mitarbeitern sowie entsprechende quantitative und qualitative Frühwarnindikatoren.
6. Erläutern Sie am Beispiel des Anreizfaktors Unternehmensklima beispielhafte Retention-Management-Maßnahmen sowie entsprechende quantitative und qualitative Evaluationsindikatoren.
7. Wie würden Sie Retention-Management-Maßnahmen entsprechend den Anforderungen des demografischen Wandels konkretisieren? Erläutern Sie dies am Beispiel von Retention-Management-Maßnahmen für ältere Mitarbeiter auf Basis des Anreizfaktors Personalentwicklung.
8. Welche Rolle spielt die Rekrutierung im Rahmen des Retention Managements und welche Rekrutierungsmaßnahmen würden Sie aufgrund der Tendenzen des demografischen Wandels für ein Unternehmen empfehlen?

Die Lösungen zu den Fragen finden Sie online (siehe Vorwort)

5 Literatur

Die Literaturhinweise finden Sie online (siehe Vorwort)

6 Praxisbeispiel: Rekrutierungsstrategien zur Beschäftigung älterer Arbeitnehmer – Das Beispiel Fahrion Engineering

Autoren: Jens Fahrion und Otmar Fahrion

Jens Fahrion ist Dipl.-Geograph (Städtebau und Umwelttechnik) und Technischer Betriebswirt. Seit mehreren Jahren ist er in der allgemeinen Fabrikplanung und im Projektmanagement sowie als Leiter EDV und im Qualitätsmanagement bei Fahrion Engineering GmbH & Co. KG in Kornwestheim tätig. Seine umfangreichen Fremdsprachkenntnisse sind im Rahmen seiner internationalen Tätigkeit sehr hilfreich.

Otmar Fahrion durchlief nach seinen Studien Maschinenbau und Betriebswirtschaft verschiedene berufliche Stationen. So war er als Konstrukteur und Konstruktionsleiter im Maschinenbau und als technischer Geschäftsführer im Anlagenbau tätig. Seit 1975 ist er geschäftsführender Gesellschafter der Fahrion Engineering GmbH in Kornwestheim. Das Unternehmen plant national und international Produktionseinrichtungen und Fabrikanlagen im Maschinenbau, Fahrzeugbau, Flugzeugbau und Schiffsbau.

Dieses Praxisbeispiel finden Sie online (siehe Vorwort)

E Employer Branding im demografischen Wandel

Autorin: Uta Kirschten

Dr. Uta Kirschten ist Professorin für Human Resources Management an der privaten AKAD Hochschule Leipzig – staatlich anerkannt –. Ihre Forschungsschwerpunkte liegen in den Bereichen Wissensmanagement, Innovation und Arbeit, Frauen in Führungspositionen und Nachhaltigem Human Resources Management. Darüber hinaus leitet sie das Hallesche Institut für nachhaltiges Management (HANAMA) in Halle und verfügt über eine langjährige Berufspraxis in Forschung, Lehre und Beratung.

Inhalt

1	**Lernziele**	109
2	**Einleitung**	109
3	**Bedeutung des Employer Branding im demografischen Wandel**	110
4	**Das Konzept des Employer Branding**	112
4.1	Markenbildung als Ausgangspunkt	113
4.2	Begriff des Employer Branding	114
4.3	Ziele, Zielgruppen und Aufgabenbereiche des Employer Branding	115
4.4	Strategische Bedeutung des Employer Branding	117
4.5	Imagebezogene Einflussfaktoren der Arbeitgeberattraktivität	119
4.6	Nutzen einer Employer Brand	121
5	**Umsetzung eines Employer Branding**	123
5.1	Planung	124
5.2	Analyse	125
5.2.1	Ermittlung des Personalbedarfs	125
5.2.2	Arbeitsmarktsegmentierung und Zielgruppenbestimmung	126
5.2.3	Analyse der Ist-Situation	126
5.2.4	Relevant-Set-Konzept im Employer Branding	128
5.2.5	Profil idealer Arbeitgeber und Abgleich Selbstbild – Fremdbild	131
5.2.6	Positionierung	133
5.3	Umsetzung	133
5.4	Erfolgsmessung	136
6	**Zusammenfassung**	137
7	**Fragen**	138
8	**Literatur**	138
9	**Praxisbeispiel 1: Entwicklung einer einzigartigen Arbeitgebermarke auf Basis gelebter Markenwerte bei der TNT Express GmbH**	139
10	**Praxisbeispiel 2: Gestaltung der internen Arbeitgeberattraktivität bei tegut…**	140

1 Lernziele

Nach dem Durcharbeiten dieses Textes sollten Sie folgendes Wissen erworben haben:

- Sie können erklären, warum das Konzept des Employer Branding im Zuge des demografischen Wandels stark an Bedeutung gewinnt.
- Sie können das Konzept des Employer Branding in seinen Grundzügen (Begriff, Ziele, Zielgruppen, Aufgabenbereiche, strategische Bedeutung und Einflussfaktoren) darstellen und erklären.
- Sie kennen die verschiedenen Phasen des Umsetzungsprozesses eines Employer Brandings und können die zentralen Inhalte der einzelnen Phasen erläutern.

2 Einleitung

Der Arbeitsmarkt für gut ausgebildete Fach- und Führungskräfte ist schon seit längerer Zeit hart umkämpft. Die Auswirkungen des demografischen Wandels auf den Arbeitsmarkt in den nächsten Jahren und Jahrzehnten wird diese Situation noch verschärfen. So ist der Anteil jüngerer Erwerbstätiger schon ab 2010 rückläufig und insgesamt werden die Belegschaften älter. Daher wird es für Unternehmen immer wichtiger, Strategien zur Gewinnung geeigneter und gut qualifizierter Mitarbeiter sowie zur Verstärkung der Mitarbeiterbindung zu entwickeln und umzusetzen. Eine vielversprechende Strategie hierfür ist das Employer Branding, das die Bildung einer attraktiven und einzigartigen Arbeitgebermarke für ein Unternehmen beinhaltet. Mit der Etablierung einer aussagekräftigen und unternehmensspezifischen Employer Brand möchte das Unternehmen eine Employer-Value-Proposition (ein Alleinstellungsmerkmal) als Arbeitgeber erreichen, um die eigene Attraktivität als Arbeitgeber zu steigern und damit gezielt geeignete Bewerber als Mitarbeiter zu gewinnen, aber auch, um bereits im Unternehmen beschäftigte Mitarbeiter an das Unternehmen zu binden.

3 Bedeutung des Employer Branding im demografischen Wandel

Die Veränderungen, die mit dem demografischen Wandel in den nächsten Jahren und Jahrzehnten einhergehen, wirken sich erheblich auf die Anzahl und Struktur der Erwerbstätigen und damit auf den Arbeitsmarkt aus.

So führt die Verschiebung der Altersstrukturen und der Rückgang der Geburten dazu, dass nicht nur die Anzahl der Erwerbstätigen insgesamt zurückgehen, sondern auch der Anteil jüngerer Erwerbstätiger geringer wird und die Belegschaften insgesamt älter werden. Dies verschärft für Unternehmen die bereits schwierige Beschaffung von geeigneten und gut qualifizierten Mitarbeitern. Aber auch die Bindung von Mitarbeitern und ihre Entwicklung im Unternehmen werden im Zuge der immer älter werdenden Belegschaften für die Unternehmen stark an Bedeutung gewinnen. Schon heute zeichnen sich folgende Entwicklungen ab:

- Der schon derzeit beklagte Mangel an gut ausgebildeten Fach- und Führungskräften wird durch die zukünftig sinkende Anzahl an Erwerbstätigen (von derzeit knapp 50 Millionen Erwerbstätigen auf ca. 35,5 Millionen in 2050) noch zunehmen (vgl. Statistisches Bundesamt, 2003).
- Durch die sinkende Anzahl jüngerer Erwerbstätiger wird die Beschaffung von Nachwuchskräften, nicht nur im Fach- und Führungsbereich, ebenfalls schwieriger. Dies wird den Wettbewerb insbesondere um gut ausgebildete Fach- und Führungsnachwuchskräfte, aber auch grundsätzlich um Nachwuchskräfte erheblich verschärfen.
- Die Verlagerung arbeitsintensiver Herstellungsprozesse in Niedriglohnländer beschleunigt die Entwicklung unserer Gesellschaft hin zu einer Wissensgesellschaft, die zukünftig immer stärker durch wissensintensive Branchen und Wertschöpfungsbereiche geprägt sein wird. So steigt auch der Bedarf an sehr gut qualifizierten und engagierten Mitarbeitern, so genannte „Knowledge Worker", die in diesen wissensintensiven Branchen arbeiten. Aufgrund einer sinkenden Akademikerquote werden zukünftig jedoch zu wenige sehr gut qualifizierte Arbeitskräfte in Deutschland zur Verfügung stehen.
- Der Umstand, dass Belegschaften im Zuge des demografischen Wandels immer älter werden, stellt die Unternehmen vor neue Herausforderungen im Hinblick auf den Erhalt und die Förderung der Leistungsfähigkeit ihrer Belegschaften.
- Zusätzliche Risiken birgt der Umstand, dass in absehbarer Zeit relativ viele Mitarbeiter in den Ruhestand gehen werden. Dadurch könnten Unternehmen in einem kurzen Zeitraum erhebliche Anteile ihrer Belegschaft verlieren. Damit erhöht sich nicht nur das Risiko des Wissensverlustes für Unternehmen, sondern auch das Risiko eines akuten Mangels an Mitarbeitern, insbesondere an Fach- und Führungskräften. Hier gilt es frühzeitig die Nachfolge für wichtige Fach- und Führungspositionen zu sichern.

3 Bedeutung des Employer Branding im demografischen Wandel

Altersaufbau der Bevölkerung im Erwerbsalter[1]

■ 50- bis 64-Jährige   □ 35- bis 49-Jährige   □ 20- bis 34-Jährige
□ Anteil der Altersgruppe an der Bevölkerung im Erwerbsalter in %

[Flächendiagramm mit Werten:
50- bis 64-Jährige: 32 (2000), 30 (2010), 30 (2020), 29 (2030), 29 (2040), 30 (2050)
35- bis 49-Jährige: 38, 37, 31, 35, 34, 33
20- bis 34-Jährige: 30, 32, 39, 36, 37, 37]

1) Ab 2002 Schätzwerte der 10. koordinierten Bevölkerungsvorausberechnung, Variante 5 „mittlere" Bevölkerung: Mittlere Wanderungsannahme W2 (jährlicher Saldo von mindestens 200 000) und mittlere Lebenserwartungsannahme L2 (durchschnittliche Lebenserwartung 2050 bei 81 bzw. 87 Jahren).

Statistisches Bundesamt 2003 - 15 - 0224

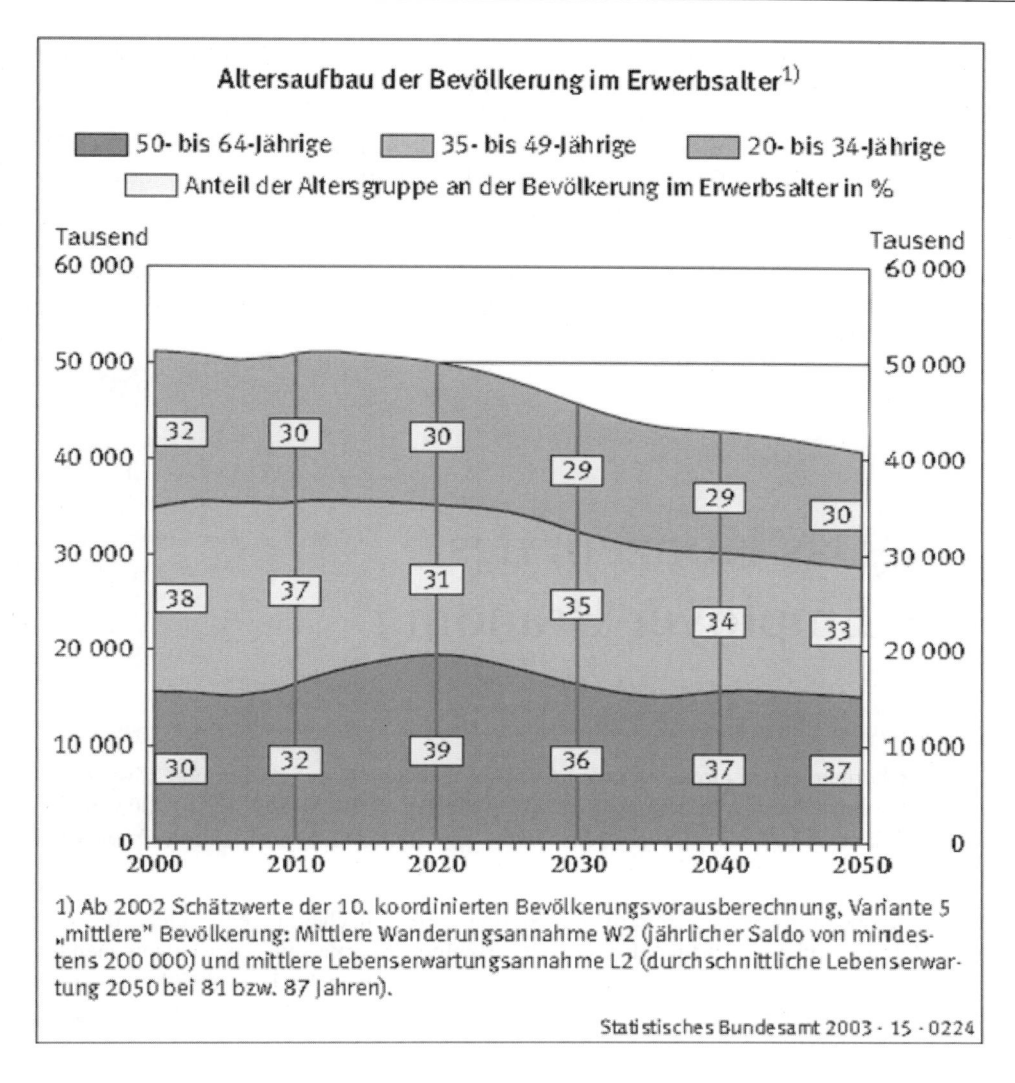

Abb. 3.1   Altersaufbau der Bevölkerung im Erwerbsalter; Quelle: Statistisches Bundesamt, 2003

Die aufgezeigten demografischen Entwicklungen werden nicht nur die Möglichkeiten der Beschaffung von Mitarbeitern drastisch verschärfen, sondern auch neue Anforderungen an die Bindung und Entwicklung der Mitarbeiter stellen. So müssen die Unternehmen geeignete Strategien zur Personalbeschaffung, Personalbindung und -entwicklung generieren und umsetzen. Die Entwicklung attraktiver und einzigartiger Arbeitgebermarken (Employer Branding) wird in diesem Zusammenhang zukünftig stark an Bedeutung gewinnen.

Die steigende Bedeutung des Employer Branding spiegelt sich auch in den Ergebnissen der aktuellen HR-Trendstudie der Managementberatung Kienbaum wider, in der 114 Personalverantwortliche führender Unternehmen im deutschsprachigen Raum unter anderem zur Bedeutung des Employer Branding befragt wurden (Bethkenhagen, 2008). So hat das Employer Branding für 83% der befragten Human Resources (HR) Verantwortlichen in ihren Unternehmen einen hohen beziehungsweise mittleren Stellenwert. Mehr als die Hälfte der Befragten (53%) setzen das Employer Branding auch als Instrument ein, um dem demografischen Wandel zu begegnen. So werden nicht nur die jüngeren Erwerbstätigen rarer, sondern gleichzeitig werden auch höhere Erwartungen an die Unternehmen als Arbeitgeber gestellt. Beides steigert die Notwendigkeit der Unternehmen, sich als attraktiver, vertrauenswürdiger und einzigartiger Arbeitgeber dauerhaft auf dem Arbeitsmarkt zu positionieren. Dies soll das Employer Branding leisten.

4 Das Konzept des Employer Branding

Unter Employer Branding wird die Markenbildung als Arbeitgeber verstanden.

Die Arbeitgebermarke (Employer Brand) ist ein im Gedächtnis der Zielgruppe „fest verankertes, unverwechselbares Vorstellungsbild" (vgl. Meffert 2000, S. 849; Esch, 2003, S. 23) von einem Arbeitgeber. Dieses unverwechselbare Vorstellungsbild beruht auf der bewussten Gestaltung einer einzigartigen Identität des Unternehmens.

Dementsprechend umfasst das Employer Branding „alle Entscheidungen, welche die Planung, Gestaltung, Führung und Kontrolle einer Arbeitgebermarke sowie der entsprechenden Marketingmaßnahmen betreffen mit dem Ziel, die umworbenen Fach- und Führungskräfte präferenzwirksam (Emloyer-of-Choice) zu beeinflussen." (Petkovic, 2008, S. 71, im Original mit Hervorhebungen).

Es geht also um „… die Profilierung eines Arbeitgebers in der Wahrnehmung seiner Beschäftigten sowie potenzieller Bewerber." (Gmür/Karczinski/Martin, 2002, S. 1). Das Employer Branding bildet einen Teilaspekt des Corporate Branding, „das heißt einer Unternehmenskommunikation, die darauf gerichtet ist, ein attraktives Image eines Unternehmen in den Augen der einflussreichen Interessengruppen (Stakeholder) aufzubauen" (Gmür/Karczinski/Martin, 2002, S. 1). Damit nimmt das Employer Branding eine Schlüsselfunktion im Personalmarketing ein.

4.1 Markenbildung als Ausgangspunkt

Die Markenbildung (Branding) und das Management von Marken ist ein wichtiger Teilbereich des Marketing. Hier steht vor allem die Markenbildung für Produkte im Vordergrund. Mit der Marke soll die Herkunft des Produktes signalisiert werden. Der Markenhersteller verspricht mit seinem Markennamen, Produkte in konstanter Qualität und in einheitlicher Verpackung anzubieten beziehungsweise zu liefern (vgl. Kotler/Bliemel, 2006, S. 737). Über diese Identifikation der Herkunft eines Produktes hinaus kommuniziert eine Marke aber noch weitaus mehr. Dazu gehören Assoziationen der Marke mit bestimmten Eigenschaften (zum Beispiel solide, teuer, elegant), die Kommunikation bestimmter Nutzen, die die Marke erfüllt (zum Beispiel Prestige, lange Lebensdauer), die Vermittlung bestimmter Werte (zum Beispiel Zuverlässigkeit, Sicherheit) oder Persönlichkeitsprofile (Manager, hochgestellte Persönlichkeiten) durch die Marke, aber auch die Vermittlung kultureller Werte (zum Beispiel Fahrkultur bei bestimmten Automarken) (vgl. Kotler/Bliemel, 2006, S. 737). Letztlich dient die Marke auch dazu, dass sich die Nutzer mit ihr identifizieren und dies durch den Erwerb eines Produktes dieser Marke öffentlich demonstrieren können.

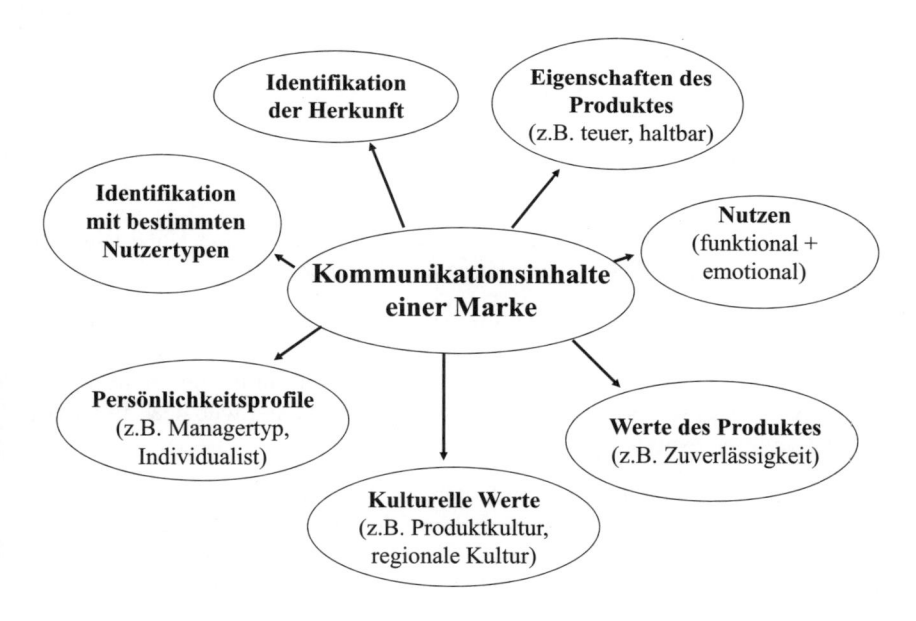

Abb. 4.1 Kommunikationsinhalte einer Marke; Quelle: eigene Darstellung

Diese aufgezeigten Assoziationen verdeutlichen die Komplexität einer Marke. So besteht die zentrale Aufgabe der Markenbildung darin, nicht nur einen Namen oder ein Symbol für eine Marke zu entwickeln und zu etablieren, sondern den Kunden mit der Marke tief verankerte Bedeutungen zu vermitteln. Auf einem Markt mit überwiegend qualitativ austauschbaren

Leistungsangeboten zielt die Markenbildung darauf, die eigenen Produkte oder Leistungen durch ein einzigartiges Markenimage hervorzuheben und sich damit von anderen Leistungsangeboten positiv abzugrenzen. Es geht also darum, ein Alleinstellungsmerkmal (Unique Selling Proposition – USP) für die Marke zu entwickeln und am Markt zu kommunizieren. Mit diesem Alleinstellungsmerkmal erhält die Marke eine Identifikation, ein Gesicht, das gleichzeitig den relevanten Zielgruppen konkrete Nutzen signalisiert und sich von anderen ähnlichen Produkten oder Leistungen am Markt abhebt. Die kreative Herausforderung bei der Markenbildung besteht darin, die von den Zielgruppen bevorzugten Produkteigenschaften mit der Positionierung des Produktes durch die Marke abzugleichen und die bevorzugten Kundennutzen dadurch gezielt anzusprechen.

Eine Marke weist sowohl einen Grundnutzen als auch einen Zusatznutzen auf (vgl. Pepels, 1996, S. 553). Der Grundnutzen (sog. Evidenzleistung) besteht in der (materiellen) Qualität des Produktes beziehungsweise der Leistung und wird von den Konsumenten grundsätzlich erwartet. Der Zusatznutzen (sog. Surrogatleistung) stellt eine zusätzliche und besondere Nutzendimension dar, mit der sich die Marke von qualitativ weitgehend gleichen Konkurrenzprodukten oder -leistungen abheben möchte. Die Zusatzleistung dient also dazu, die angebotenen Produkte am Absatzmarkt zu differenzieren und eine Unique Selling Proposition am Markt zu erreichen. (vgl. Meffert, 1998, S. 691; differenzierter auch Meffert/Burmann/Kirchgeorg, 2008, S. 375).

4.2 Begriff des Employer Branding

In Anlehnung an die Markenbildung für Produkte oder Dienstleistungen eines Unternehmens bezeichnet das Employer Branding die Markenbildung des Unternehmens als Arbeitgeber.

„Employer Branding takes the elements of branding – creating a particular thought, emotion and image around a particular product or service – and applies them to create a strong brand to recruit employees. It is a concept that is rapidly gaining exposure in the corporate workforce, especially with companies who deal in international markets and who seek to attract employees with cross-cultural experience." (Mallet, 2004, S. 5)

Das Konzept des Employer Branding zielt darauf, sich am Arbeitsmarkt bei den relevanten Zielgruppen als attraktiver Arbeitgeber zu präsentieren und zu positionieren und sich dadurch positiv von anderen Arbeitgebern abzuheben. Mit Hilfe vielfältiger Marketing-Aktivitäten möchte ein Unternehmen bei potenziellen aber auch aktuell beschäftigen Mitarbeitern ein unverwechselbares Image (Vorstellungsbild) als attraktiver Anbieter von Beschäftigungsangeboten sowie Karriere- und Selbstverwirklichungsmöglichkeiten aufbauen (vgl. Gmür/Karczinski/Martin, 2002, S. 2; Beck, 2007, S. 62). Gelingt dies, so entsteht als Ergebnis des Employer Branding eine spezifische Arbeitgebermarke, die Employer Brand. Diese Arbeitgebermarke umfasst die gezielt vom Unternehmen gestaltete Art und Weise, wie das Unternehmen am Arbeitsmarkt als Arbeitgeber wahrgenommen wird. Eine positive Arbeitgebermarkenbildung soll dazu dienen, die Qualität der Bewerber zu steigern, geeignete Bewerber zu rekrutieren sowie die Personalbeschaffung insgesamt effizienter und bedarfsbezogener zu gestalten. Darüber hinaus dient sie auch zur Steigerung der Mitarbeiterbindung sowie der Entwicklung der Mitarbeiter (vgl. Gmür/Karczinski/Martin, 2002, S. 2). Dabei orientiert sich das Employer Branding an Konzepten der Markenbildung und des Marketing.

Die Deutsche Employer Branding Akademie definiert Employer Branding als „... identitätsbasierte, intern wie extern wirksame Entwicklung und Positionierung eines Unternehmens als glaubwürdiger und attraktiver Arbeitgeber. Kern des Employer Brandings ist immer eine die Unternehmensmarke spezifizierende oder adaptierende Arbeitgebermarkenstrategie. Entwicklung, Umsetzung und Messen dieser Strategie zielen unmittelbar auf die nachhaltige Optimierung von Mitarbeitergewinnung, Mitarbeiterbindung, Leistungsbereitschaft und Unternehmenskultur sowie die Verbesserung des Unternehmensimages. Mittelbar steigert Employer Branding außerdem Geschäftsergebnis sowie Markenwert." (www.employer-branding.org/thema1.php; Abrufdatum 25.03.2009).

Mit dieser Definition ist ein erweitertes Verständnis von Employer Branding verbunden, das nicht nur das Personalmarketing betrifft und sich auch nicht nur auf das Arbeitgeberimage beschränken lässt. Vielmehr zielt es auf die strategische Fundierung des Employer Branding und auf seine Integration in die Unternehmensführung. Damit sollte das Employer Branding auch der Entwicklung einer hohen tatsächlichen Arbeitgeberqualität dienen, um dadurch sowohl die Glaubwürdigkeit als auch die Wettbewerbsfähigkeit als attraktiver Arbeitgeber zu steigern.

So ist nicht nur das Personalmarketing, sondern auch das Personalmanagement insgesamt und die Unternehmensführung gefordert, wenn es darum geht, eine eigene, unverwechselbare und attraktive Arbeitgebermarke aufzubauen, die sowohl geeignete Bewerber als auch bereits arbeitsvertraglich gebundene Mitarbeiter anspricht und an das Unternehmen bindet. Gelingt dies, so kann das Employer Branding über die Personalbeschaffung hinaus noch weitere positive Effekte haben, zum Beispiel im Hinblick auf eine höhere Identifikation der Mitarbeiter mit dem Unternehmen, einer stärkeren Bindung (Commitment) und einer höheren Leistungsbereitschaft.

4.3 Ziele, Zielgruppen und Aufgabenbereiche des Employer Branding

Das zentrale Ziel des Employer Branding besteht darin, bei den relevanten Zielgruppen eine unverwechselbare und einzigartige Arbeitgebermarke aufzubauen und gleichzeitig eine Unique Employment Proposition am Markt zu etablieren, um sich dadurch als attraktiver Arbeitgeber von anderen Arbeitgebern auf dem Arbeitsmarkt abzugrenzen und hervorzuheben.

Weitere Teilziele, die das Unternehmen mit dem Employer Branding verfolgt, ergeben sich aus der Ansprache verschiedener Zielgruppen. Im Wesentlichen richtet sich das Employer Branding an zwei unterschiedliche Zielgruppenbereiche.

```
                    ┌─────────────────┐
Zentrales Ziel:     │  Einzigartige   │
                    │ Arbeitgebermarke│
                    └────────┬────────┘
                       ╱          ╲
Zielgruppen:  (Potenzielle Mitarbeiter)   (Aktuelle Mitarbeiter)
```

Steigerung der Attraktivität als potenzieller Arbeitgeber; Aufnahme in den engen Kreis der Wunscharbeitgeber

Motivation und Bindung der aktuell im Unternehmen tätigen Mitarbeiter

Aufgabenbereiche: Mitarbeiterrekrutierung — Mitarbeiterbindung — Mitarbeiterentwicklung

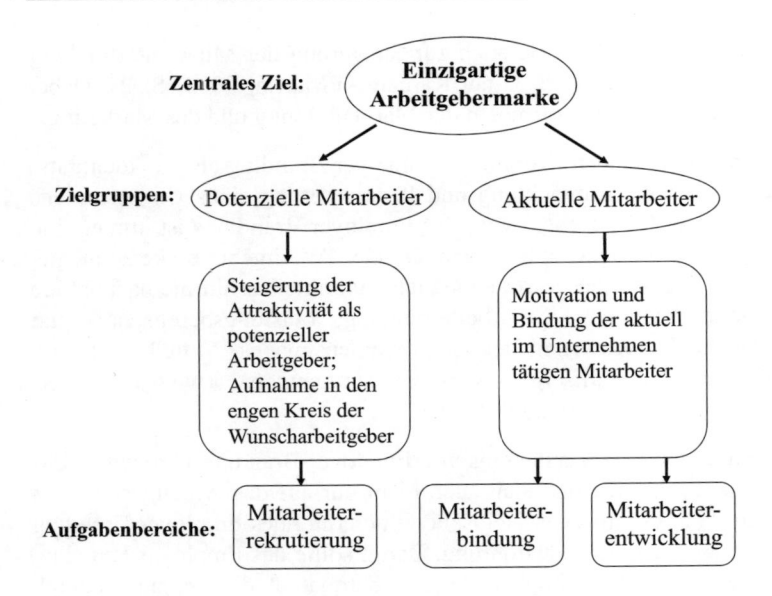

Abb. 4.2 Ziele, Zielgruppen und Aufgabenbereiche des Employer Branding; Quelle: eigene Darstellung

Die eine Zielgruppe bilden die **potenziellen Mitarbeiter**, die für eine Tätigkeit im Unternehmen gewonnen werden sollen. Das Employer Branding zielt hier darauf, bei den potenziellen Bewerbern als attraktiver Arbeitgeber wahrgenommen zu werden und in die enge Auswahl als Arbeitgeber zu gelangen. Welche konkreten Zielgruppen (zum Beispiel Schüler, Studierende, spezielle Berufsgruppen) hier angesprochen werden sollen, muss im Zuge der Strategiefestlegung des Employer Branding genau bestimmt werden.

Die andere Zielgruppe stellen die bereits **arbeitsvertraglich gebundenen Mitarbeiter** im Unternehmen dar, die durch das Employer Branding ebenfalls angesprochen und stärker an das Unternehmen gebunden werden sollen.

Indirekt wirkt eine starke Arbeitgebermarke auch auf die Wahrnehmung von ehemaligen Mitarbeitern. Bleibt das Unternehmen bei ehemaligen Mitarbeitern als attraktiver Arbeitgeber im Gedächtnis, so können sie als positive externe Imageträger wirken.

Aus den beiden Zielbereichen – potenzielle und aktuelle Mitarbeiter – lassen sich drei übergeordnete Aufgabenbereiche des Employer Branding ableiten. Der Aufgabenbereich der Rekrutierung umfasst alle Strategien und Maßnahmen, die der Ermittlung des eigenen Personalbedarfs, der Identifikation und Ansprache relevanter potenzieller Mitarbeiter sowie der Personalauswahl und -einarbeitung dienen. Der Aufgabenbereich der Bindung der Mitarbeiter umfasst alle Strategien und Maßnahmen, die dazu dienen, dass die Mitarbeiter gerne bei dem Unternehmen tätig und motiviert sind, gute Leistungen zu erbringen, ihren Arbeitgeber schätzen und sich damit insgesamt stärker an das Unternehmen gebunden fühlen. Ausführlich wird das Retention Management im Beitrag von Jana Brauweiler in diesem Lehrbuch bearbeitet. Alle Strategien und Maßnahmen, die der Entwicklung und Förderung der Mitarbeiter dienen, bilden den dritten Aufgabenbereich des Employer Branding, die Entwicklung der Mitarbeiter. Hier geht es darum, die im Arbeitgeberimage offerierten Versprechen auch tatsächlich zu halten, indem entsprechende Leistungs- und Entwicklungsmöglichkeiten im Bereich der Weiterbildung, Förderung, Karriereplanung oder der Zusammenarbeit in (internationalen) Teams auch tatsächlich angeboten werden (vgl. Pett/Kriegler, 2007, S. 19).

4.4 Strategische Bedeutung des Employer Branding

Folgen wir dem Verständnis von Employer Branding, so wird die weitreichende und strategische Bedeutung und Wirkung einer spezifischen Arbeitgebermarke deutlich. Diese erstreckt sich nicht nur auf die Gewinnung geeigneter Mitarbeiter, sondern auch auf deren Bindung an das Unternehmen und an eine positive Erinnerung nach ihrem Ausscheiden aus dem Unternehmen. So wirkt sich eine hohe Identifikation mit und Bindung der Mitarbeiter an ihren Arbeitgeber auch positiv auf die Unternehmensentwicklung (Performance Management) aus, da die Mitarbeiter leistungsbereiter und motivierter ihre Aufgaben erfüllen. Wichtig ist hierbei, dass die spezifischen Charakteristika der Arbeitgebermarke auch in der Unternehmensmarke (mit ihren weiteren Teilbereichen) und in der Unternehmensstrategie verankert sowie in der Unternehmenskultur gelebt werden.

Abb. 4.3   Wirkungskreis der Arbeitgebermarke; Quelle: Pett/Kriegler, 2007, S. 22

Eine detaillierte Employer-Branding-Strategie ist die Grundlage für den Aufbau der Arbeitgebermarke, wobei darauf zu achten ist, dass eine inhaltliche Abstimmung zwischen der bestehenden Unternehmensmarke und der zu etablierenden Arbeitgebermarke erfolgt. Um sowohl unternehmensintern als auch unternehmensextern eine attraktive Arbeitgebermarke zu etablieren, bedarf es zunächst des Aufbaus eines unverwechselbaren Arbeitgeberimages. Ein Unternehmen wird sich aber nur dann als glaubwürdiger Arbeitgeber auf dem Arbeitsmarkt positionieren können, wenn er auch tatsächlich im Beschäftigungsverhältnis hält, was er über sein Arbeitgeberimage vermittelt. Das heißt, das Unternehmen muss auch intern über eine reale und hohe Arbeitgeberqualität verfügen beziehungsweise diese im Zuge des Employer Branding mitentwickeln. So sollen beispielsweise nur international tätige Unternehmen in ihrer Employer Brand damit werben, ihren (potenziellen) Mitarbeitern Auslandsaufenthalte zu ermöglichen oder internationale Entwicklungs- und Karrieremöglichkeiten zu eröffnen. Es bedarf also einer umfassenden Unternehmensstrategie, um die Erwartungen, die mit dem Employer Branding beziehungsweise einer etablierten Employer Brand bei den Zielgruppen geweckt werden, auch tatsächlich im Unternehmen erfüllen zu können. Erst durch die gemeinsame Entwicklung eines besonderen Arbeitgeberimages und einer entsprechend hohen Arbeitgeberqualität wird sich ein Unternehmen im Arbeitgeberwettbewerb behaupten können (vgl. Pett/Kriegler, 2007, S. 22 f.). Die folgende Abbildung visualisiert die strategische Ausrichtung des Employer Branding noch einmal.

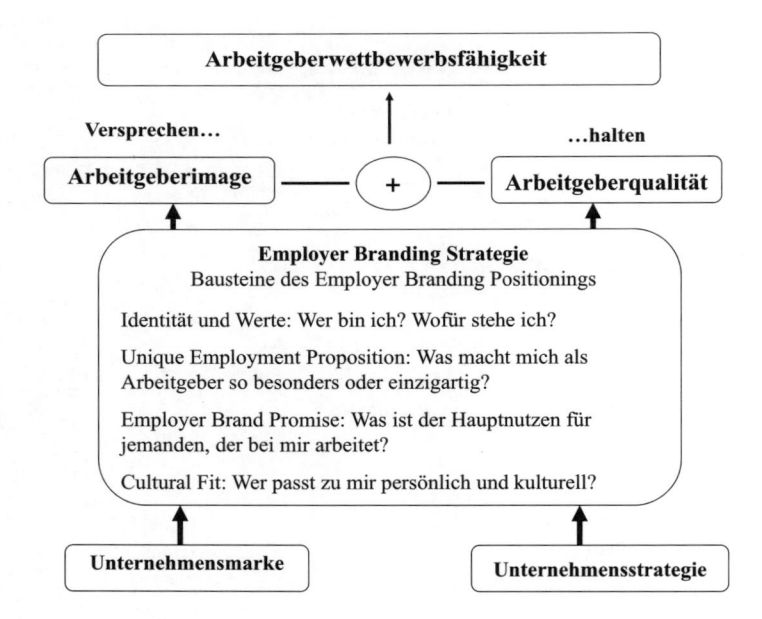

Abb. 4.4 Strategische Ausrichtung des Employer Branding; Quelle: in Anlehnung an Deutsche Employer Branding Akademie (www.employerbranding.org) aus: Pett/Kriegler, 2007, S. 19

Im Zuge der strategischen Ausrichtung des Employer Branding gilt es, die in der Abbildung angeführten Inhalte der Employer Branding Positionierung auf dem Arbeitsmarkt festzulegen.

4.5 Imagebezogene Einflussfaktoren der Arbeitgeberattraktivität

Verschiedene Faktoren beeinflussen die wahrgenommene Attraktivität eines potenziellen Arbeitgebers. So wird das Vorstellungsbild, das potenzielle Bewerber und Mitarbeiter von einem Unternehmen haben, auch vom Image des Unternehmens geprägt. Als Image wird die „Gesamtheit aller Assoziationen, die die Marke auslöst und die sich in inneren Bildern manifestiert" (Herrmann/Huber/Braunstein, 2000, S. 111) bezeichnet. Image ist also das Bild beziehungsweise die Vorstellung, die potenzielle Bewerber und Mitarbeiter von einem Unternehmen haben. Image wird in der sozialpsychologischen Forschung als mehrdimensionales Konstrukt verstanden, das sich aus einer kognitiven, affektiven und intentionalen Dimension zusammensetzt, die sich gegenseitig beeinflussen (vgl. Süß, 1996, S. 53; Trommsdorff 2002, S. 154 f.). Bezogen auf das Image eines Unternehmens als Arbeitgeber können die verschiedenen Dimensionen wie folgt beschrieben werden:

Die **kognitive Dimension** bildet das Wissen ab, das ein Arbeitsplatzbewerber über ein Unternehmen hat. Die **affektive Dimension** beinhaltet die subjektiven Erfahrungen mit einem Unternehmen sowie die Emotionen und Gefühle einer Person zu einem Unternehmen, die sich als positive oder negative Wertung des Unternehmens als Arbeitgeber äußern. Die **intentionale Dimension** spiegelt die Handlungsabsicht einer Person, sich gegenüber einem Unternehmen zu verhalten; das heißt hier zum Beispiel die Absicht einer Person, sich bei einem Unternehmen um einen Arbeitsplatz zu bewerben. Diese drei Dimensionen prägen das Vorstellungsbild von einem Unternehmen als Arbeitgeber. Da nicht immer ausreichende und objektiv bewertbare Informationen über ein Unternehmen vorliegen, können die subjektiven unternehmensbezogenen Eindrücke einer Person die Verhaltensbereitschaft für oder gegen eine mögliche Bewerbung stark beeinflussen.

So beeinflusst das Image eines Unternehmens die wahrgenommene Attraktivität als Arbeitgeber erheblich. Hierbei spielt nicht nur der wirtschaftliche Erfolg des Unternehmens eine Rolle, sondern auch das Image der angebotenen Produkte beziehungsweise Leistungen, das Image der Branche, dem das Unternehmen angehört sowie der Standort des Unternehmens. Darüber hinaus werden auch gesellschaftlich orientierte Aktivitäten des Unternehmens für die Bewertung als Arbeitgeber immer wichtiger, die zum Beispiel in der Übernahme einer gesellschaftlichen Verantwortung (Corporate Social Responsibility) oder auch in der Übernahme einer ökologischen Verantwortung des Unternehmens (zum Beispiel ökologisch hergestellte Produkte, Implementation eines Umweltmanagements) zum Ausdruck kommen können (vgl. Simon, 1995, S. 109).

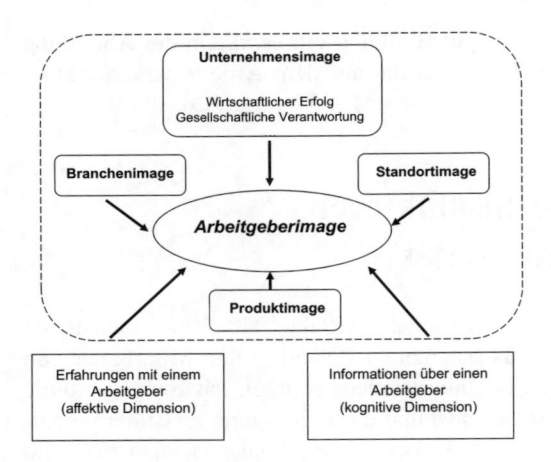

Abb. 4.5   Einflussfaktoren der wahrgenommenen Arbeitgeberattraktivität; Quelle: eigene Darstellung, in Anlehnung an Simon, 1995, S. 109

Der Einfluss des Branchenimages auf die wahrgenommene Attraktivität eines potenziellen Arbeitgebers darf nicht unterschätzt werden. So sind bestimmte Branchen bei Bewerbern beliebter als andere. Eine aktuelle Studie der Handelshochschule Leipzig ergab, dass insbesondere Unternehmensberatungen, Wissenschaft und Forschung, die Automobilindustrie sowie Kanzleien, Steuerberater und Wirtschaftsprüfungsgesellschaften sehr beliebte Arbeitgeber sind (vgl. Kirchgeorg/Günther, o. J., S. 4). Dabei ist zu berücksichtigen, dass 70% der Befragten aus den Disziplinen der Wirtschaftswissenschaften und Ingenieurwissenschaften stammten (vgl. ebenda).

Manche Branchen kämpfen auch mit einem sehr negativen Branchenimage, wie beispielsweise die Rüstungsindustrie oder Atomindustrie, aber auch teils die chemische Industrie oder der Maschinen- und Anlagenbau. Je nachdem, wie positiv oder negativ das Image einer Branche ist, kann das auch auf die Wahrnehmung der Arbeitgeberattraktivität eines konkreten Unternehmens dieser Branche ausstrahlen. Mit dem Einfluss der Branchenattraktivität kämpfen vor allem Unternehmen, die wenig bekannt sind oder die einer eher wenig attraktiven Branche angehören (vgl. Simon, 1995, S. 110).

Einen ähnlichen Einfluss kann das Standortimage eines Unternehmens haben. Je nach eigenen Präferenzen und Lebenssituation bevorzugen Arbeitsplatzsuchende unterschiedliche Standorte. Während Familien tendenziell eher Standorte mit hoher Wohnqualität, guter Infrastruktur und Umweltqualität bevorzugen, werden Singles oder kinderlose Paare eher attraktive Städte mit hohem kulturellem Freizeitangebot bevorzugen. Trotz dieser individuellen Lebenssituationen sind bestimmte Standorte für Mitarbeiter attraktiver als andere, was sich durchaus auch in der Arbeitgeberbewertung niederschlagen kann.

Auch das Image der vom Unternehmen angebotenen Produkte beziehungsweise Leistungen beeinflusst das Arbeitgeberimage. So bildet sich das Produktimage aus der Produktqualität, den eigenen Erfahrungen mit dem Produkt sowie der Produktwerbung (vgl. Süß, 1996,

S. 85). In Abhängigkeit der eigenen Wertvorstellungen der Bewerber (zum Beispiel Wertschätzung besonders prestigeträchtiger Produkte oder ökologisch verträglicher Produkte) kann das Produktimage durchaus ein Entscheidungskriterium sein, um ein Unternehmen in die engere Arbeitgeberwahl aufzunehmen oder nicht.

Die verschiedenen Teilimages beeinflussen das Gesamtimage des Unternehmens als Arbeitgeber. Zusätzlich wirken konkrete Informationen, die ein Arbeitsplatzbewerber über das Unternehmen hat, aber auch seine bisherigen Erfahrungen und subjektiven Einschätzungen über das Unternehmen auf seine Bewertung der Attraktivität des potenziellen Arbeitgebers ein.

4.6 Nutzen einer Employer Brand

Die Employer Brand (Arbeitgebermarke) stiftet sowohl für den Bewerber und Mitarbeiter Nutzen als auch für den Arbeitgeber (vgl. Petkovic, 2008, S. 59 ff.).

Aus Sicht des Bewerbers vereinfacht die Arbeitgebermarke durch ihre spezielle Wirkung die Suche nach einem geeigneten Arbeitgeber. Dabei weist die Arbeitgebermarke eine Orientierungsfunktion, eine Vertrauensfunktion und eine Prestigefunktion auf.

Die **Orientierungsfunktion** der Employer Brand ergibt sich aus der Unübersichtlichkeit und Intransparenz des Gesamtangebotes an potenziellen Arbeitgebern auf dem Arbeitsmarkt. Die Employer Brand kann den Such- und Auswahlprozess für einen Bewerber erleichtern und die Informationskomplexität reduzieren, was auch die Such- und Informationskosten reduziert. Marken dienen hier als „information chunks" (vgl. Kroeber-Riel/Weinberg, 2003, S. 265), das heißt, die Bewerber prüfen nicht alle Arbeitgeberinformationen, sondern beschränken ihren Auswahlprozess nur auf wenige Schlüsselinformationen (vgl. Biel, 2000, S. 69).

Die **Vertrauensfunktion** der Employer Brand resultiert aus den Qualitätsmerkmalen, die eine Marke verspricht, zum Beispiel eine bestimmte Leistungsqualität, Bekanntheit, Kompetenz oder Identität. Die Wahl eines Arbeitgebers birgt für die Bewerber Entscheidungsrisiken, da sie häufig nicht über alle arbeitgeberrelevanten Informationen verfügen und daher unter Unsicherheit entscheiden müssen. Die Employer Brand hilft dem Bewerber, sein subjektiv empfundenes Entscheidungsrisiko zu reduzieren (vgl. Meffert, 2006, S. 131).

Die **Prestigefunktion** der Arbeitgebermarke bezieht sich auf die Selbstdarstellung des Bewerbers in seinem sozialen Umfeld, die aus der Zugehörigkeit zu einem bestimmten Arbeitgeber für den Bewerber resultiert (vgl. Biel, 2000, S. 69).

Aus **Sicht des Arbeitgebers** erfüllt die Employer Brand zunächst eine Präferenz- und Differenzierungsfunktion, aber auch eine Kosten- und eine Leistungsfunktion.

Präferenz- und Differenzierungsfunktion:

Die zentrale Funktion einer Arbeitgebermarke besteht in der Präferenzbildung für das eigene Unternehmen als attraktiver Arbeitgeber. Im Zuge des Präferenzbildungsprozesses bei den potenziellen Bewerbern möchte sich das Unternehmen mit Hilfe der Employer Brand als Wunscharbeitgeber positionieren. Gleichzeitig dient die Employer Brand dazu, sich von konkurrierenden Arbeitgebern abzugrenzen (vgl. Esch/Wicke, 2000, S. 12).

Kostenfunktion:

Die Kostenfunktion der Employer Brand bezieht sich auf die Rekrutierungskosten des Unternehmens. Eine starke Arbeitgebermarke kann die Rekrutierungskosten verringern, weil die Unternehmen schneller gut qualifizierte und zum Unternehmen passende Bewerber beziehungsweise Mitarbeiter finden. Zusätzlich kann sich die Anzahl an Initiativ- beziehungsweise Direktbewerbungen an das Unternehmen durch eine einzigartige Arbeitgebermarke erhöhen, was den Such- und Auswahlprozess des Unternehmens beschleunigt und gleichzeitig eine bedarfsgerechte Auswahl erleichtern kann. Auch die Mitarbeiterbindung wird durch eine starke Employer Brand gefestigt, wodurch sich die Kosten der Fluktuation verringern. (vgl. Grubendorfer/Kriegler, 2007, S. 2).

Leistungsfunktion:

Hält die Arbeitgebermarke, was sie verspricht und weist das Unternehmen eine hohe Arbeitgeberqualität auf, so identifizieren sich die Mitarbeiter stärker mit ihrem Unternehmen, sind ihm gegenüber loyaler und leistungsmotivierter. Somit kann eine „ehrliche" Employer Brand, die sich auch in der tatsächlichen Arbeitgeberqualität widerspiegelt, sowohl die Leistungsbereitschaft der Mitarbeiter steigern als auch die Qualität der erbrachten Arbeitsleistungen verbessern (vgl. Esch, 2007, S. 128).

4.6 Nutzen einer Employer Brand

Nutzen einer Arbeitgebermarke

Aus Sicht des Bewerbers
- Orientierungsfunktion
- Vertrauensfunktion
- Prestigefunktion

Aus Sicht des Arbeitgebers
- Präferenz- und Differenzierungsfunktion
- Kostenfunktion
- Leistungsfunktion

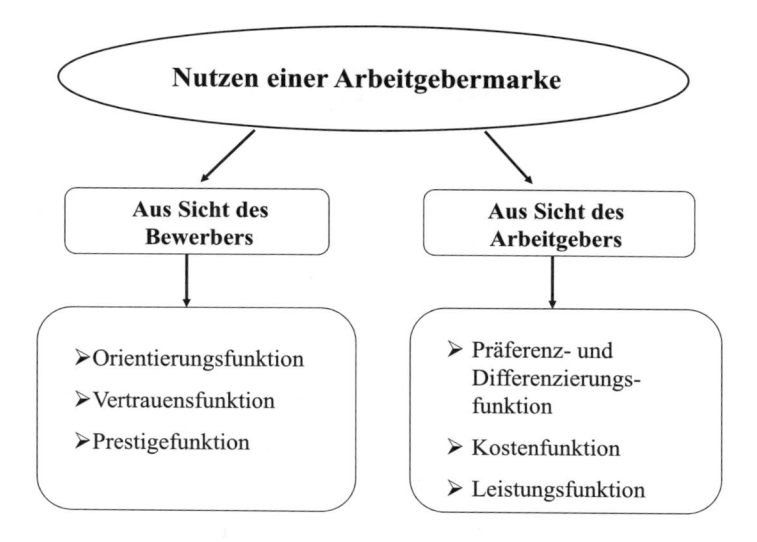

Abb. 4.6 Nutzen einer Arbeitgebermarke; Quelle: eigene Darstellung

5 Umsetzung eines Employer Branding

Um eine Arbeitgebermarke zu entwickeln und im Arbeitgebermarkt erfolgreich zu positionieren, bedarf es eines umfassenden Planungs- und Umsetzungsprozesses, der sich über die Phasen der Planung, Analyse, Umsetzung und Erfolgsmessung erstreckt und hier in wesentlichen Grundzügen vorgestellt wird (vgl. folgende Abbildung) (vgl. Petkovic, 2008, S. 179 ff; Steinle/Thies, 2008; Thielicke 2004, S.50 ff.).

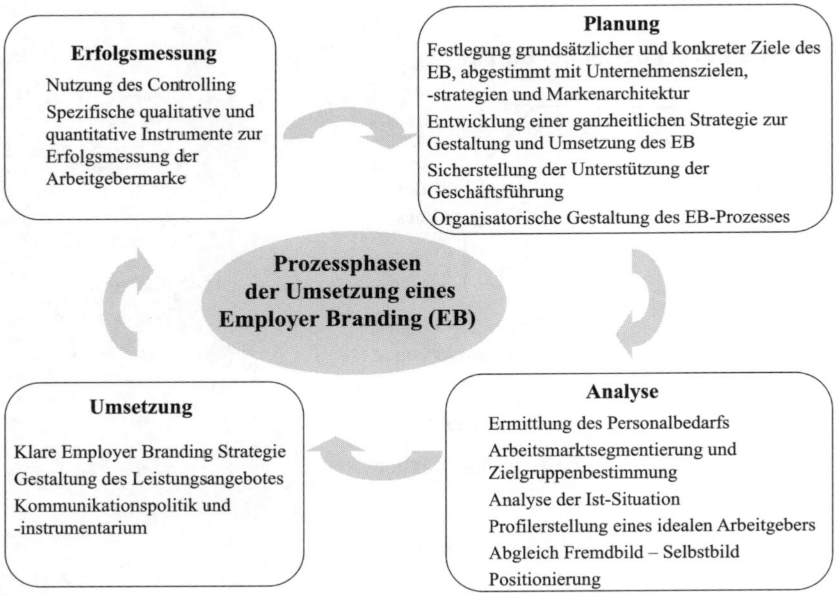

Erfolgsmessung
- Nutzung des Controlling
- Spezifische qualitative und quantitative Instrumente zur Erfolgsmessung der Arbeitgebermarke

Planung
- Festlegung grundsätzlicher und konkreter Ziele des EB, abgestimmt mit Unternehmenszielen, -strategien und Markenarchitektur
- Entwicklung einer ganzheitlichen Strategie zur Gestaltung und Umsetzung des EB
- Sicherstellung der Unterstützung der Geschäftsführung
- Organisatorische Gestaltung des EB-Prozesses

Prozessphasen der Umsetzung eines Employer Branding (EB)

Umsetzung
- Klare Employer Branding Strategie
- Gestaltung des Leistungsangebotes
- Kommunikationspolitik und -instrumentarium

Analyse
- Ermittlung des Personalbedarfs
- Arbeitsmarktsegmentierung und Zielgruppenbestimmung
- Analyse der Ist-Situation
- Profilerstellung eines idealen Arbeitgebers
- Abgleich Fremdbild – Selbstbild
- Positionierung

Abb. 5.1 Umsetzungsprozess eines Employer Branding; Quelle: eigene Darstellung

5.1 Planung

In der Planungsphase des Umsetzungsprozesses müssen zunächst die grundlegenden **Ziele festgelegt** werden, die mit dem Employer Branding verfolgt werden sollen. Diese Ziele sollten sich aus den Unternehmenszielen ableiten. Dadurch wird die Übereinstimmung der Ziele des Employer Branding mit den Unternehmenszielen und den grundlegenden Unternehmensstrategien gewährleistet. Dies stellt ein inhaltlich abgestimmtes Auftreten des Unternehmens auch im Hinblick auf seine Markenarchitektur sicher. Darüber hinaus bedarf es der Festlegung konkreter Ziele, die den Prozess der Umsetzung aber auch den Erfolg des Employer Branding charakterisieren. Grundlegende Ziele könnten beispielsweise darin bestehen, eine starke Arbeitgebermarke aufzubauen, einen einheitlichen Auftritt nach außen aber auch intern zu gewährleisten, frühzeitig potenzielle Mitarbeiter zu identifizieren und qualifizierte Mitarbeiter zu rekrutieren sowie langfristig an das Unternehmen zu binden. Bei der Formulierung konkreter Teilziele sollte unbedingt darauf geachtet werden, dass die Ziele operational, das heißt messbar formuliert werden, damit sie bei der späteren Erfolgsmessung auch im Hinblick auf ihren Zielerreichungsgrad überprüfbar sind (vgl. Petkovic, 2008, S. 184 f.; Esch, 2003).

Im Anschluss an die Zielsetzung gilt es, eine **ganzheitliche Strategie zur Gestaltung und Umsetzung des Employer Branding** zu entwickeln, die wichtige Inhalte, Maßnahmen und

Verantwortlichkeiten für die verschiedenen Phasen des Umsetzungsprozesses festlegen. Auch hier ist eine Abstimmung mit den grundlegenden Unternehmensstrategien wichtig.

Für den Erfolg des Employer Branding ist die **Unterstützung der Unternehmensführung** sehr wichtig. So muss die Unternehmensleitung den Prozess der Arbeitgebermarkenbildung befürworten und ihn auch mit materiellen (Geld, Ausstattung, Personal, Technik) und immateriellen (zum Beispiel als Machtpromotor) Ressourcen unterstützen.

Ebenfalls Bestandteil der Planungsphase ist die **organisatorische Gestaltung der Umsetzung** eines Employer Branding. Wichtige Fragen sind hierbei, wo (in welchen Aufgabenbereichen) und wie der Umsetzungsprozess eines Employer Branding organisatorisch verankert werden soll. Als organisatorische Verankerung bietet sich das Personalmarketing an („Wo"). Für das „Wie", also für die Durchführung des Umsetzungsprozesses könnte beispielsweise eine Projektgruppe Employer Branding gebildet werden. Hierbei sollten eindeutige Zuständigkeiten, Aufgabenbereiche und Verantwortlichkeiten innerhalb der Projektgruppe festgelegt werden. Bei der Besetzung dieser Projektgruppe sollte darauf geachtet werden, dass sowohl Mitarbeiter des Personalmanagements als auch des Marketings zusammenarbeiten, um das notwendige Fachwissen zu bündeln, aber auch um die jeweiligen Interessen ausreichend berücksichtigen zu können. Darüber hinaus muss auch die Einbindung der Mitarbeiter gewährleistet werden, um authentische Informationen über das Selbstbild des Unternehmens sowie die Wahrnehmung des Unternehmens als Arbeitgeber durch die Mitarbeiter zu erhalten. So wird die Akzeptanz aber auch die Authentizität der entwickelten Employer Brand bei den Mitarbeitern umso größer sein, je stärker sie am Entwicklungsprozess der Arbeitgebermarke beteiligt wurden. Dies spiegelt sich auch in der Außenwirkung der Employer Brand.

5.2 Analyse

Die Analysephase umfasst die Ermittlung des Personalbedarfs, die Segmentierung des Arbeitsmarktes, die Identifikation relevanter Zielgruppen sowie die Analyse der Ist-Situation des Arbeitgebermarktes und der aktuellen Positionierung des Unternehmens als Arbeitgeber (vgl. Petkovic, 2008, S. 183).

5.2.1 Ermittlung des Personalbedarfs

Ausgangspunkt der Analyse ist die Ermittlung des kurz-, mittel- und langfristigen Personalbedarfs des Unternehmens. Daran schließen sich Überlegungen an, welche Möglichkeiten der internen Personalbeschaffung zur Verfügung stehen und welche Stellen beziehungsweise Aufgabenbereiche über die externe Personalbeschaffung gedeckt werden müssen. Hierbei gilt es ganz besonders, die Auswirkungen des demografischen Wandels auf die zukünftige Personalbeschaffung für das eigene Unternehmen zu analysieren und zu berücksichtigen. Da sich die externe Personalbeschaffung im Zuge des demografischen Wandels zukünftig schwieriger gestalten wird, sollten die Möglichkeiten der internen Personalbeschaffung ausgeschöpft werden. Der Personalbedarf muss sowohl quantitativ (wieviele Mitarbeiter brauche ich wann und wo?) als auch qualitativ (welche Qualifikationen sollen welche Mitarbeiter wann und wo mitbringen?) eindeutig bestimmt werden. Dazu gehören auch die Identifikation benötigter Fachrichtungen und Berufe, erwünschter Abschlüsse, Qualifikationen (fachliche, methodische, soziale) und vielleicht auch von Spezialkenntnissen sowie mögliche Berufserfahrungen, die von den Bewerbern erwartet werden.

5.2.2 Arbeitsmarktsegmentierung und Zielgruppenbestimmung

Als nächsten Schritt gilt es, den Arbeitsmarkt zu analysieren und zu segmentieren. Zunächst sollte der gesamte Arbeitsmarkt in relevante Teilarbeitsmärkte gegliedert werden, um anschließend gezielt bestimmte Zielgruppen ansprechen zu können. Geeignete Kriterien zur Segmentierung des Arbeitsmarktes können zum Beispiel geographische Merkmale (wie regionale, nationale, internationale Ausrichtung), demografische Merkmale oder qualifikationsorientierte Merkmale sein, aber auch unterschiedliche Einstiegsmöglichkeiten in das Unternehmen (wie über Praktikum, Diplomarbeit, Traineeprogramm, Bewerber mit Berufserfahrung) sowie bestimmte Erwartungen, die die Zielgruppen an das Unternehmen stellen (vgl. Kotler/Bliemel, 2006, S. 430 ff.).

Im Anschluss an die Marktsegmentierung werden die verschiedenen Segmente bewertet und eine Auswahl getroffen, welche konkreten Segmente und Zielgruppen durch das Employer Branding angesprochen werden sollen. Die Auswahl relevanter Bewerberzielgruppen ist natürlich von den unternehmensspezifischen Bedingungen und dem Leistungsbedarf geprägt. Neben den begehrten High Potentials für den Fach- und Führungsnachwuchs sollten auch weitere für das Unternehmen bedeutsame Zielgruppen bestimmt werden.

High Potentials zeichnen sich durch hohe Fähigkeits- und Leistungspotenziale aus, die bereits im Studium (kurze Studiendauer mit sehr guten Noten) und in ihren ersten Berufserfahrungen deutlich wurden sowie durch eine hohe Karriereorientierung (vgl. Thielicke, 2004, S. 40). Ihnen wird im Rahmen des Employer Branding sicher eine besondere Aufmerksamkeit beigemessen, zumal sie aufgrund ihrer guten Qualifikation größere Chancen bei unterschiedlichen Arbeitgebern haben und auch selbst höhere Ansprüche an ihre Arbeitgeber stellen werden. Für eine integrierte Employer Brand dürfen die anderen Bewerberzielgruppen aber nicht vernachlässigt werden.

5.2.3 Analyse der Ist-Situation

Im Anschluss an die Zielgruppenbestimmung gilt es, die Ist-Situation zu analysieren und die Attraktivität des eigenen Unternehmens auf dem Arbeitsmarkt zu klären (vgl. Petkovic, 2008, S. 183). Hierzu bedarf es einer umfassenden Analyse des Arbeitgeberumfeldes als auch relevanter unternehmensinterner Gegebenheiten.

Die **Analyse des Arbeitgeberumfeldes** sollte unter anderem klären, wie sich das Arbeitsmarktumfeld für das Unternehmen darstellt. Dazu gehört zum Beispiel die Existenz geeigneter (regionaler oder auch überregionaler) Bildungsinstitutionen (zum Beispiel Berufsschulen,

5.2 Analyse

Berufsakademien, Hochschulen, Universitäten), die Anzahl und Qualität von Absolventen in gesuchten Berufsbereichen sowie die Analyse der Konkurrenzsituation auf dem Arbeitgebermarkt. Auch aktuelle Entwicklungen und Trends im Arbeitsmarktumfeld (Wirtschaftskrise, demografischer Wandel, Abwandungstendenzen etc.) sollten identifiziert werden.

Es muss untersucht werden, wie **attraktiv das Unternehmen als potenzieller Arbeitgeber** von den relevanten Zielgruppen wahrgenommen wird und warum. Darüber hinaus interessiert der Vergleich der eigenen Attraktivität mit der Attraktivität von Wettbewerbern im Arbeitsmarkt. Es stellt sich die Frage, anhand welcher Faktoren Arbeitgeber von den Zielgruppen als attraktive Arbeitgeber beurteilt und ausgewählt werden (vgl. Eisele, 2001, S. 415).

Am Lehrstuhl für Marketingmanagement der HHL-Leipzig Graduate School of Management bildet das Employer Branding einen Forschungsschwerpunkt. So wurden dort schon seit 2001 Untersuchungen zum Employer Branding durchgeführt, seit 2003 auch in Kooperation mit e-fellows.net, dem Zeit-Verlag und TNS Infratest (vgl. Kirchgeorg/Günther, o. J., S. 2). Unter anderem wurden in den Jahren 2002 und 2004 Befragungen bei High Potentials zu den Anforderungen an zukünftige Arbeitgeber durchgeführt. Als Ergebnis zeigt die folgende Tabelle die zehn wichtigsten Arbeitgeberanforderungen, die in diesen Studien ermittelt wurden.

Tab. 5.1   Top 10 Anforderungskriterien der Befragungen aus 2004 und 2002 im Vergleich; Quelle: Kirchgeorg/Günther, o. J., S. 2

Wichtige Anforderungskriterien von High Potentials an den zukünftigen Arbeitgeber	
Wichtige Kriterien der gestützten Befragung aus 2004	Wichtige Kriterien der gestützten Befragung aus 2002
1. Gutes Arbeitsklima	1. Freundschaftliches Arbeitsklima
2. Ehrliches Arbeitsklima	2. Aufstiegs- und Entwicklungsmöglichkeiten
3. Herausfordernde Aufgaben	3. Herausfordernde Aufgaben
4. Mitarbeiter werden gefördert	4. Freiräume für selbstständig kreatives Arbeiten
5. Gute Aufstiegsmöglichkeiten	5. Vielfältige Weiterbildungsmöglichkeiten
6. Zukunftsfähigkeit des Unternehmens	6. Einen guten Vorgesetzten haben
7. Gerechtes Arbeitsklima	7. Teamkultur
8. Vielfältige Weiterbildungsmöglichkeiten	8. Flexible Gestaltung der Arbeitszeit
9. Balance zwischen Berufs- und Privatleben	9. Zukunftsfähigkeit der Branche
10. Das Unternehmen ist vertrauenswürdig	10. Unternehmenskultur passt zu meinen Werten

Bei den Anforderungskriterien an zukünftige Arbeitgeber wird deutlich, dass weiche Faktoren für High Potentials besonders wichtig sind, wie zum Beispiel gutes Arbeitsklima, eigene Entfaltungsmöglichkeiten und Karriereperspektiven. Demgegenüber scheinen materielle

Anreize, wie zum Beispiel ein hohes Gehalt oder Zusatzvergütungen keine große Rolle zu spielen – oder aber sie werden als gegeben vorausgesetzt (vgl. Kirchgeorg/Günther, o. J., S. 2).

Bei einer aktuellen Untersuchung zum Employer Branding an der HHL sollten die Befragten 46 Anforderungskriterien von Arbeitgebern im Hinblick auf ihre Wichtigkeit beurteilen. Von den zehn übergeordneten Kriterien, die ermittelt wurden, werden das Arbeitsklima, die Karriereperspektiven sowie die Zukunftsfähigkeit der Arbeitgeber als die wichtigsten identifiziert (vgl. Kirchgeorg/Günther, o. J., S. 7).

5.2.4 Relevant-Set-Konzept im Employer Branding

Im Hinblick auf eine Attraktivitätsanalyse als potenzieller Arbeitgeber ist es nützlich, sich zunächst mit dem Relevant-Set-Konzept im Employer Branding auseinanderzusetzen.

Ursprünglich stammt das Relevant-Set-Konzept aus dem Absatzmarketing und dient der Erklärung der Markenwahl von Konsumenten. Es kann aber auch unverändert auf den Auswahlprozess von Arbeitgebern angewendet werden (vgl. Wöhr, 2002, S. 75 f.; Thielicke, 2004, S. 52).

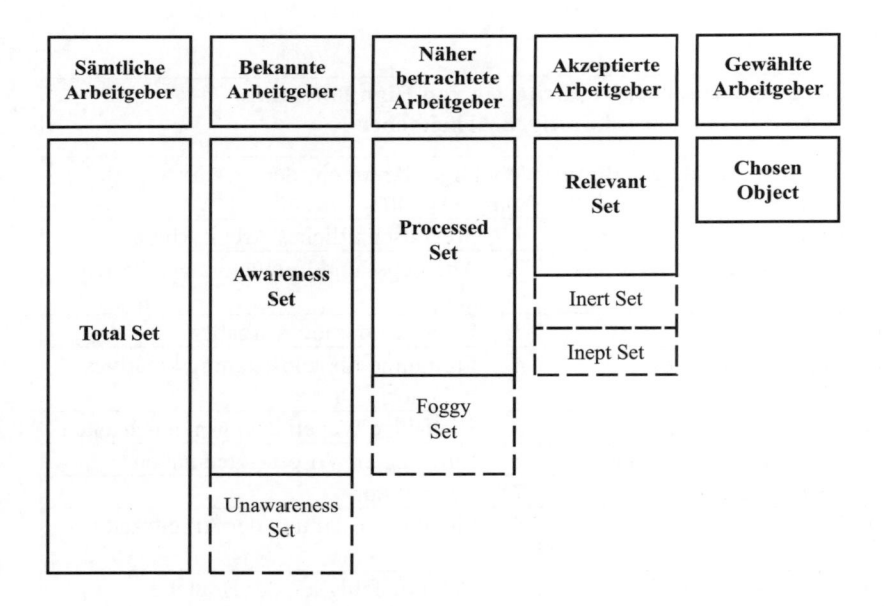

Abb. 5.2   Relevant-Set-Konzept im Employer Branding; Quelle: Süß, 1996, S. 111

Das Relevant-Set-Konzept geht davon aus, dass Bewerber die Risiken, die mit ihrer Arbeitsplatzwahl verbunden sind, möglichst minimieren möchten. Daher werden potenzielle Arbeitgeber von den Bewerbern in Abhängigkeit der wahrgenommenen Risiken in Kategorien (Sets) eingeteilt. Das Total Set umfasst die Gesamtheit der Arbeitgeber, die zur Auswahl stehen. Je nach Bekanntheit kann das Total Set in das Awareness Set (alle dem Bewerber bekannten Arbeitgeber) und das Unawareness Set (alle dem Bewerber nicht bekannten Arbeitgeber) unterteilt werden. Das Processed Set bildet diejenigen Arbeitgeber ab, die dem Bewerber nicht nur bekannt sind, sondern für ihn auch eine besondere Bedeutung beziehungsweise Attraktivität haben. Die Arbeitgeber, die der Bewerber zwar kennt aber über die er keine weiteren Informationen hat oder die für ihn uninteressant sind, werden dem Foggy Set zugeordnet. Das Relevant Set umfasst diejenigen Arbeitgeber, die für den Bewerber in die engere Wahl kommen, die also die „entscheidungsrelevante Menge alternativer Arbeitgeber" (Thielke, 2004, S. 53) abbildet und über die der Bewerber nähere Informationen beschafft. Für die Aufnahme in das Relevant-Set spielt das Image des Arbeitgebers eine entscheidende Rolle; aber auch die Übereinstimmung zwischen dem wahrgenommenen Arbeitgeberimage und dem eigenen Anforderungsprofil des potenziellen Bewerbers ist hier wichtig (vgl. Vollmer, 1993, S. 181). Diejenigen Arbeitgeber, die nach den ersten Informationen als doch nicht interessant beurteilt werden, werden dem Inept Set zugeordnet. Das Inert Set umfasst dagegen die neutralen Arbeitgeber, das heißt diejenigen Arbeitgeber, die vom Bewerber weder positiv noch negativ eingeschätzt wurden. Diejenigen Arbeitgeber, bei denen sich der Bewerber schließlich tatsächlich bewirbt, bilden die Chosen Objects.

Um die relevanten Auswahlkriterien für die Wunscharbeitgeber zu ermitteln, eignen sich insbesondere externe Befragungen der Zielgruppen. Marktforschungsunternehmen und Unternehmensberatungen bieten Studien an oder führen Befragungen zur Arbeitgeberattraktivität durch. Bei den Angeboten muss aber unterschieden werden, ob es sich lediglich um reine Rankings der beliebtesten Arbeitgeber oder ob es sich um eine detaillierte Analyse des Auswahlprozesses und der zugrunde liegenden Kriterien handelt. Beispielsweise hat McKinsey&Company die MOST WANTED Studie entwickelt, die die Auswahl eines Arbeitgebers mit einer klassischen Kaufentscheidung vergleicht und den Entscheidungsprozess für einen Arbeitgeber detailliert analysiert (vgl. Steinle/Thies, 2008, S. 26).

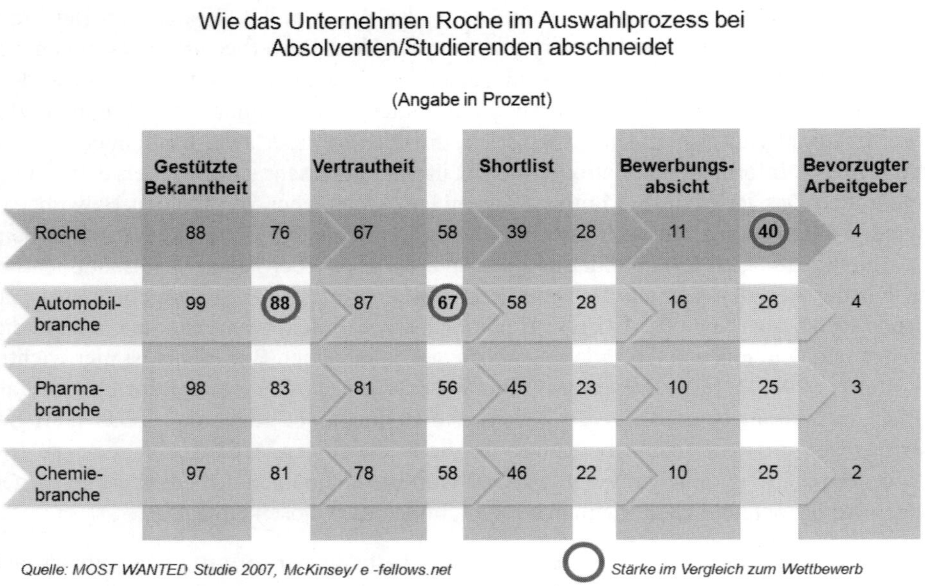

Wie das Unternehmen Roche im Auswahlprozess bei Absolventen/Studierenden abschneidet

(Angabe in Prozent)

	Gestützte Bekanntheit		Vertrautheit		Shortlist		Bewerbungs-absicht		Bevorzugter Arbeitgeber
Roche	88	76	67	58	39	28	11	(40)	4
Automobil-branche	99	(88)	87	(67)	58	28	16	26	4
Pharma-branche	98	83	81	56	45	23	10	25	3
Chemie-branche	97	81	78	58	46	22	10	25	2

Quelle: MOST WANTED Studie 2007, McKinsey/ e -fellows.net ◯ Stärke im Vergleich zum Wettbewerb

Abb. 5.3 Employer Brand Attractivness Mapping; Quelle: Steinle/Thies, 2008, S. 28

Wie aus dieser Abbildung ersichtlich, werden hier verschiedene Stufen der Bekanntheit und des Entscheidungsprozesses bis hin zur Bewerbung bei Roche analysiert. Ausgehend von der Bekanntheit des Unternehmens wird die Vertrautheit mit Roche abgefragt, aber auch die Aufnahme in die engere Wahl (Shortlist), die konkrete Bewerbungsabsicht der Befragten sowie der Anteil der Befragten, für die Roche der bevorzugte Arbeitgeber ist (vgl. Steinle/Thies, 2008, S. 27). Die Befragung erfolgte anhand von 24 Treibern, die unter anderem die „Begeisterung für Produkte", „herausfordernde Aufgaben", „Innovationsstärke", „Arbeit macht Spaß" oder die „Internationalität" des Unternehmens abfragt (vgl. Steinle/Thies, 2008, S. 27). Aus diesen detaillierten Daten lassen sich auch die Gründe für die jeweilige Platzierung identifizieren sowie Vorschläge für zukünftige Verbesserungen ableiten (vgl. ebenda).

Ausschlaggebend für eine erfolgreiche Arbeitgebermarke und daraus resultierender qualifizierter Bewerbungen ist jedoch nicht allein die Bekanntheit eines Unternehmens, sondern vielmehr die Beliebtheit und das positive Image eines Unternehmens (vgl. ebenda, S. 26). Dies spiegelt sich in den hohen Transferraten der Befragten von einer Entscheidungsstufe zur nächsten (das heißt von der Bekanntheit zur Vertrautheit, zur Shortlist, zur Bewerberabsicht und anschließend zum bevorzugten Arbeitgeber) wider.

5.2.5 Profil idealer Arbeitgeber und Abgleich Selbstbild – Fremdbild

Wurden die relevanten Auswahlkriterien der Bewerber für attraktive Arbeitgeber identifiziert, kann das Unternehmen nun sein Profil eines idealen Arbeitgebers erstellen (Selbstbild).

Gleichzeitig muss geprüft werden, inwieweit das Unternehmen selbst den bevorzugten Auswahlkriterien der Zielgruppen entspricht (Fremdbild) und wie die Zielgruppen das eigene Unternehmen im Vergleich zu Wettbewerbern wahrnehmen. Aus der Gegenüberstellung des ermittelten Idealprofils eines Wunscharbeitgebers mit dem ermittelten wahrgenommenen Profil des Unternehmens durch die Zielgruppen können Stärken und Schwächen des Arbeitgeberprofils ermittelt und anschließend entsprechende Verbesserungen des Profils abgeleitet werden (vgl. Zaugg, 2002, S. 14; Simon, 1995, S. 126).

Das ermittelte Fremdbild, das heißt die wahrgenommene Attraktivität des Unternehmens durch die Zielgruppen sollte der eigenen Wahrnehmung als Arbeitgeber (Selbstbild des Unternehmens) gegenübergestellt werden. Um das Selbstbild des Unternehmens zu ermitteln, bietet sich eine detaillierte Befragung der Mitarbeiter als interne Zielgruppe des Unternehmens an sowie die Auswertung verschiedener Indikatoren (zum Beispiel Motivation und Arbeitszufriedenheit der Mitarbeiter, Fluktuationsrate, Bindung der Mitarbeiter an das Unternehmen, Einschätzung von Karriereperspektiven etc.). Eine starke Markenidentität als attraktiver Arbeitgeber ergibt sich erst aus der weitgehenden Übereinstimmung zwischen dem Selbstbild und dem Fremdbild des Unternehmens. Daher ist es wichtig, das Fremdbild mit dem Selbstbild abzugleichen. Bestehen hier unterschiedliche Einschätzungen beziehungsweise Wahrnehmungen, müssen die Gründe hierfür ermittelt werden und geeignete Maßnahmen initiiert werden, um beide Bilder (Fremdbild und Selbstbild) aufeinander abzustimmen.

Ansatz des Markensteuerrades zur Ermittlung der Markenidentität

Das Selbstbild einer Marke aus der Sicht der internen Zielgruppe wird als Markenidentität bezeichnet (vgl. Burrmann/Meffert/Feddersen, 2007, S. 4). Diese Identität (Markenidentität) des eigenen Unternehmens als Arbeitgeber lässt sich anhand des Markensteuerrades analysieren. Hier werden wichtige Kerntreiber des Arbeitgebers ermittelt und analysiert. Es geht darum, die Wirkung und das Auftreten, aber auch die Wahrnehmung und die Nutzenkomponenten des Unternehmens als Arbeitgeber aus der Sicht der internen Zielgruppe zu ermitteln (Esch, 2007, S. 102).

Mit Hilfe des Markensteuerrades kann ein detaillierter Abgleich des Selbst- und des Fremdbildes der Arbeitgebermarke erfolgen.

```
┌─────────────────────────────────────────────────────────┐
│  Funktionaler                      Persönlichkeits-     │
│  Nutzen                            merkmale             │
│                                                         │
│         Marken-         │   Tonalität                   │
│         nutzen          │   Was bin ich?                │
│      Was biete ich an?  │                               │
│                   Marken-                               │
│                   kompetenz                             │
│                   Wer bin ich?                          │
│                         │                               │
│       Markenattribution │ Markenbild                    │
│         Über welche     │ Wie trete ich auf?            │
│         Eigenschaften   │                               │
│  Eigenschaften  verfüge ich?                            │
│  des Unternehmens                                       │
│                                 Bilder, die für die Marke│
│  Eigenschaften der Angebote     charakteristisch sind   │
└─────────────────────────────────────────────────────────┘
```

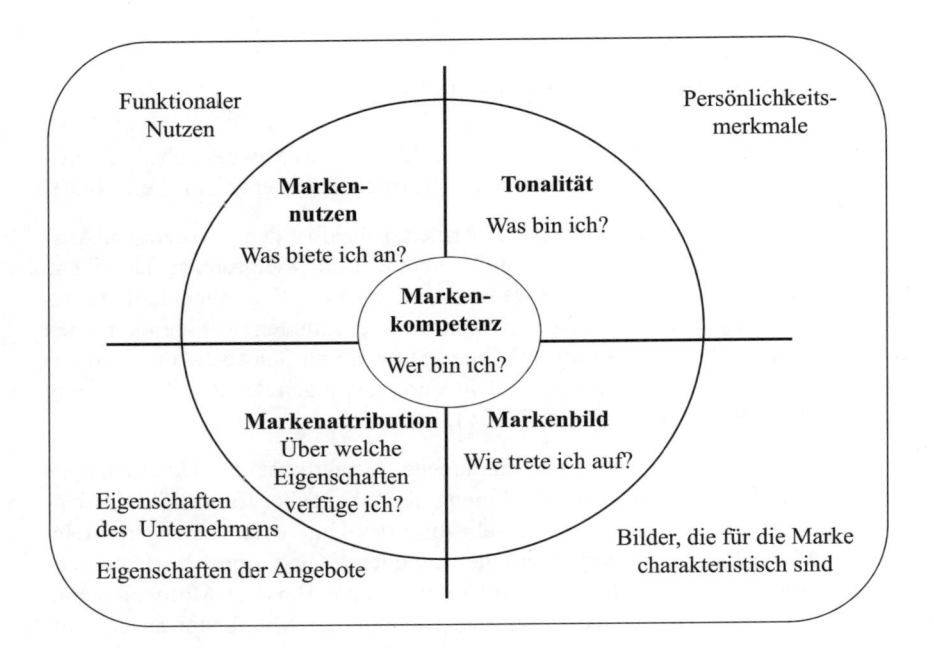

Abb. 5.4 Markensteuerrad, Quelle: Esch, 2007, S. 102

Das Markensteuerrad bildet sowohl die sachlich-rationale Dimension als auch die emotionale Dimension der Markenidentität ab. Die Kompetenz der Marke steht im Zentrum des Markensteuerrades. Sie bildet die emotionalen und rationalen Kernwerte der Markenidentität ab. Die sachlich-rationale Dimension auf der linken Seite des Markensteuerrades verdeutlicht den Markennutzen (das heißt, was biete ich als Arbeitgeber an?) sowie die Markenattribution (das heißt, über welche Eigenschaften verfüge ich als Arbeitgeber?). Der Markennutzen könnte zum Beispiel durch interessante und eigenverantwortliche Aufgabenbereiche oder vielfältige Karriere- und Entwicklungsmöglichkeiten als Leistungen des Unternehmens konkretisiert werden. Die Markenattribution beschreibt die Eigenschaften der Angebote und des Unternehmens. Die rechte Seite bildet die emotionalen Markeninhalte ab. Dazu gehört die Markentonalität, das heißt, die Positionierung von Persönlichkeitsmerkmalen des Arbeitgebers (wie bin ich als Arbeitgeber?), innovationsorientiert, jung, traditionell, zukunftsorientiert etc. Die Tonalität der Marke kann transportiert werden über Kommunikationsmaßnahmen, aber auch beispielsweise über die Gestaltung der Unternehmensräumlichkeiten. Ebenfalls dazu gehört das Bild der Arbeitgebermarke, das den Auftritt des Unternehmens als Arbeitgeber visualisiert. Hier können zum Beispiel Produkte, Mitarbeiter, bestimmte Logos oder Symbole eingesetzt werden, die für die Marke charakteristisch sind (vgl. Esch, 2007, S. 101 f.). Die emotionale Positionierung der Arbeitgebermarke ist für eine Differenzierung von anderen Arbeitgebermarken besonders wichtig. Das Unternehmen präsentiert sich mit einer Arbeitgeberpersönlichkeit, die bestimmte emotionale Attribute enthält. Hier liegt die Vermutung nahe, dass potenzielle Bewerber sich eher für ein Unternehmen entscheiden, dessen Persönlichkeitsmerkmale denen des potenziellen Bewerbers ähneln (vgl. Esch, 2007, S. 106).

5.2.6 Positionierung

Die grundsätzliche Ausrichtung des Unternehmens als Arbeitgeber auf dem Arbeitsmarkt erfolgt durch die Positionierung (vgl. Petkovic, 2008, S. 190).

Ziele formulieren

Um das eigene Arbeitgeberimage an den Attraktivitätsfaktoren der Zielgruppen auszurichten, bedarf es zunächst der Formulierung konkreter Ziele, die die Strategiebereiche zur Positionierung am Arbeitsmarkt abstecken. Hilfreich ist die Entwicklung eines Wunschbildes als Arbeitgeber, das sich an den Attraktivitätsfaktoren der Zielgruppen orientiert und gleichzeitig die Stärken und Chancen des eigenen Unternehmens hervorhebt. Beispielsweise könnte ein wichtiges langfristiges Ziel lauten, die Bekanntheit und die Attraktivität des Unternehmens bei wichtigen Zielgruppen mit Hilfe geeigneter Maßnahmen zu steigern sowie ein positives Arbeitgeberimage aufzubauen.

Schaffung einer Employer Value Proposition

Um die Attraktivität des eigenen Arbeitgeberimages zu steigern, sollten sowohl die eigenen Stärken des Unternehmens als auch die im Rahmen der Situationsanalyse ermittelten Attraktivitätsfaktoren der Zielgruppen besonders hervorgehoben werden. Ziel hierbei ist es, eine Employer Value Proposition, also ein Alleinstellungsmerkmal für das Unternehmen herauszuarbeiten, mit dem es sich deutlich von der Konkurrenz anderer Arbeitgeber abheben kann. Die zentrale Frage, die das Unternehmen hier beantworten muss lautet: „Was macht mich als Arbeitgeber so besonders oder so einzigartig?" Dabei sollten die Stärken und Alleinstellungsmerkmale des Unternehmens auf möglichst vielfältige Weise an die Zielgruppen kommuniziert werden. Geeignete Botschaften sollten hierbei nicht nur rationale Argumentationen umfassen, sondern auch emotional ansprechen, zum Beispiel durch emotionale Assoziationen oder Bilder, um die Arbeitgebermarke auch emotional positiv zu besetzen (vgl. Petkovic, 2008, S. 191). Für die Etablierung der Employer Value Proposition und der Schaffung eines positiven und einzigartigen Arbeitgeberimages bietet das oben beschriebene Markensteuerrad eine gute Unterstützung.

5.3 Umsetzung

In der Umsetzungsphase erfolgt die konkrete Planung und Durchführung der Maßnahmen, mit denen ein Employer Branding realisiert werden soll.

Ausgangspunkt dieser Umsetzung ist eine klare **Employer-Branding-Strategie**, die beispielsweise folgende Aspekte umfassen könnte (vgl. Steinle/Thies, 2008, S. 28 f.):

- **Fokussierung**:
  Festlegung, an welchen Vorgaben und Rahmenbedingungen sich das Employer Branding orientieren soll. Nahe liegt eine Orientierung an der Personalplanung und weiteren relevanten unternehmensinternen Vorgaben. Zusätzlich müssen die Bedingungen des Ar-

beitsmarktes und aktuelle Entwicklungen (zum Beispiel Auswirkungen des demografischen Wandels, aktuelle Wirtschaftskrise) berücksichtigt werden.

- **Differenzierung**:
Empfehlenswert ist auch eine Differenzierung der verschiedenen Aktivitäten und Maßnahmen des Employer Branding im Hinblick auf bestimmte Zielgruppen. So können je nach Zielgruppe spezifische Maßnahmen und Aktivitäten in unterschiedlicher Intensität realisiert werden, wobei auch zielgruppenspezifische Besonderheiten berücksichtigt werden können.

- **Standardisierung**:
Die eingesetzten Instrumente und Prozesse des Employer Branding sollten vereinheitlicht werden, um dadurch einen abgestimmten Auftritt nach außen und nach innen zu gewährleisten.

- **Kooperation**:
Um Synergieeffekte zu nutzen und den Zugang zu interessanten Zielgruppen zu erleichtern, bietet sich die Zusammenarbeit mit spezifischen Kooperationspartnern an, wie beispielsweise mit Hochschulen, Verbänden, Begabtenförderungswerken oder mit Karrierenetzwerken (zum Beispiel www.e-fellows.net).

Im Zuge der **Gestaltung** werden die den Zielgruppen anzubietenden personalpolitischen Leistungen festgelegt. Diese Leistungen sollten für die Zielgruppen eine möglichst hohe Attraktivität und einen hohen Nutzen beinhalten, um die eigene Qualität als Arbeitgeber hervorzuheben und sich von anderen Arbeitgebern abzugrenzen. Wichtig ist hierbei, dass die angebotenen Leistungen auch tatsächlich vom Unternehmen erfüllt werden können, um das Vertrauensverhältnis zu den Zielgruppen nicht zu gefährden und um als Arbeitgeber glaubwürdig zu sein. Dazu bedarf es grundlegender personalpolitischer Entscheidungen und Strategien, um ein attraktives Angebot an Arbeitsplätzen und Leistungen für die Mitarbeiter unternehmensweit zu etablieren.

Unabhängig von unternehmensspezifischen Besonderheiten gibt es bestimmte Kerntreiber für die Attraktivität eines Arbeitsplatzangebotes. Dazu zählen unter anderem die Höhe und Zusammensetzung der Vergütung, die Attraktivität und inhaltliche Herausforderung des Aufgabengebietes, vorhandene Karriere- und Entwicklungsmöglichkeiten sowie Perspektiven für Auslandseinsätze (vgl. Süß, 1996, S. 194 ff.). Darüber hinaus können – je nach Zielgruppe – auch Work-Life-Balance-Angebote (zum Beispiel Möglichkeiten von Teilzeitbeschäftigungen, Beteiligung an den Kosten der Kinderbetreuung oder Betriebskindergärten, Eltern- oder Pflegezeiten etc), aber auch Angebote im Bereich des sozialen (Corporate Social Responsibility) oder ökologischen Engagements (Sustainability) attraktive Angebote und geeignete Alleinstellungsmerkmale sein.

Aufgabe der **Kommunikationspolitik** ist es, die festgelegten Leistungsangebote zu kommunizieren. In der Kommunikationspolitik werden sowohl die Kommunikationsmedien, als auch die einzusetzenden Instrumente und Maßnahmen festgelegt, mit denen das Leistungsspektrum an die ausgewählten Zielgruppen vermittelt wird.

Bei der Kommunikationspolitik des externen Personalmarketings kann grundsätzlich zwischen der unpersönlichen Massenkommunikation und der persönlichen Kommunikation im

Direktkontakt unterschieden werden (vgl. Baumgarth, 2001, S. 181 f.). Die unpersönliche Massenkommunikation kann ihre Botschaften über schriftliche, mündliche und elektronische Medien über eine große Reichweite verbreiten; auch sind die Botschaften beliebig wiederholbar. Demgegenüber ist die persönliche Kommunikation durch den direkten Kontakt mit den Zielgruppen gekennzeichnet. Dies hat den Vorteil, dass die Vermittlung der Botschaften und die Kommunikation individuell auf die Bedürfnisse der Zielgruppen abgestimmt werden kann (vgl. Kroeber-Riel/Weinberg, 2003, S. 511 f.). Einen Überblick über mögliche Instrumente der Massenkommunikation und der persönlichen Kommunikation bietet folgende Tabelle:

Tab. 5.2 Ausgewählte Instrumente der Massen- und der persönlichen Kommunikation im Employer Branding; Quelle: eigene Darstellung in Anlehnung an Süß, 1996, S. 201 ff.; Simon et al, 1995, S. 165 ff.

Teilbereiche des Employer Branding	Persönliche Kommunikation	Massenkommunikation
	einzigartiges und einheitliches Arbeitgeberprofil nach außen und innen kommunizieren	einheitlicher Auftritt nach außen und innen, zum Beispiel über Image-Anzeigenkampagnen, Internet- und Intranetauftritt
Mitarbeiterrekrutierung	Bekanntheit und Attraktivität als Arbeitgeber steigern durch Präsenz an und Kooperationen mit ausgewählten Hochschulen, Teilnahme an Hochschulmessen, Kooperationen mit Lehrstühlen und Professoren	Human Resources Kommunikation durch Veröffentlichung konkreter Unternehmensdaten, persönlicher Geschichten von Praktikanten und Mitarbeitern, aber auch Führungskräften (Web2, Portale etc.); Stellenanzeigen und Bewerberbroschüren
Mitarbeiterbindung		
Bindung neu rekrutierter Mitarbeiter	Mentoren-Programme	
Bindung und Stärkung der Bindung bereits vorhandener Mitarbeiter	Karriereperspektiven Auslandsaufenthalte Entwicklungsmöglichkeiten Strategische Gesamtvergütungs- und Anreizsysteme Strategic Rewards, Auszeichnungen	
Bindung zu ehemaligen Mitarbeitern	Alumni-Netzwerke Einladung Ehemaliger zu Betriebsveranstaltungen Veranstaltungen für Ehemalige	

5.4 Erfolgsmessung

Welchen Erfolg die Strategien und Maßnahmen des Employer Branding zur Steigerung der Arbeitgeberattraktivität haben, wird in der Phase der Erfolgsmessung überprüft. Da das Employer Branding zum Teil umfangreiche Ressourcen des Unternehmens in Anspruch nimmt, bedarf es eines ausgeprägten Controllingsystems, um die inhaltlichen aber auch die materiellen Erfolge zu überprüfen (vgl. Steinle/Thies, 2008, S. 31; Petkovic, 2008, S. 230 ff.). Je nach Unternehmensgröße und Personalbeschaffungsbedarf wird auch das Budget für ein Employer Branding variieren. Employer Branding benötigt nicht in jedem Fall ein großes Budget. So können sich auch regional orientierte mittelständische Unternehmen mit einem kleineren Budget auf weniger umfangreiche, dafür aber gezielt positionierte Employer Branding Maßnahmen konzentrieren.

Anhand der zugrunde liegenden operationalen Zielsetzungen können verschiedene Entwicklungen und Veränderungen gemessen werden; zum Beispiel, ob sich der Bekanntheitsgrad erhöht oder sich das Arbeitgeberimage bei den Zielgruppen positiv verändert hat und das Unternehmen bei den Zielgruppen eine stärkere Präferenzwirkung erzielt. Zur Überprüfung der verschiedenen Zielkomponenten stehen dem Controlling vielfältige quantitative und qualitative Instrumente zur Verfügung.

Zu den qualitativen Instrumenten zählen zum Bespiel Befragungen der Zielgruppen, um das Image des Arbeitgebers zu ermitteln. Aber auch die Analyse des Auswahlprozesses von Zielgruppen bietet interessante Informationen über die Passgenauigkeit und Attraktivität der eigenen Positionierung. Auch Arbeitgeberrankings und Studien zur Arbeitgeberattraktivität können Aufschluss über den Erfolg des Employer Branding geben. Interessant ist hier weniger der absolute Rangplatz als vielmehr die relative Stellung zu Wettbewerbern beziehungsweise die Entwicklung über die letzten Jahre (vgl. Steinle/Thies, 2008, S. 31). Detailliertere Informationen über die eigene Attraktivität lassen sich zum Beispiel über die Befragung von Teilnehmern im Anschluss an durchgeführte Veranstaltungen gewinnen.

Aber auch quantitative Kennzahlen können wichtige Informationen über die Zielerreichung des Employer Branding liefern. So könnte zum Beispiel die Anzahl von Initiativbewerbungen ermittelt werden oder auch die Anzahl an geeigneten Bewerbungen nach der Veröffentlichung einer Stellenanzeige. Auch das Verhältnis von angebotenen zu angenommenen Arbeitsverträgen sowie die Kündigungsrate innerhalb der ersten drei Monate sind wichtige Indikatoren. Ebenfalls bedeutsam ist der Einsatz mediengestützter Messinstrumente, zum Beispiel die Aufrufe der Internetseiten des Unternehmens, speziell von Job- und Karriereseiten.

Tab. 5.3 Ausgewählte Controllinginstrumente zur Messung des Erfolges von Employer Branding Maßnahmen; Quelle: eigene Darstellung

Qualitative Controllinginstrumente	Quantitative Controllinginstrumente
Befragungen der Zielgruppen	Anzahl der Initiativbewerbungen
Analyse des Auswahlprozesses der Zielgruppen	Anzahl der Aufrufe von Informationen und Berichten im Internet
Arbeitgeberrankings	Anzahl der Aufrufe von Job- und Karriereseiten auf den Internetseiten des Unternehmens
Studien zur Arbeitgeberattraktivität	Anzahl der Bewerbungen nach Schaltung eine Anzeige
Befragungen von Teilnehmern nach Veranstaltungen	Verhältnis von angebotenen zu angenommenen Arbeitsverträgen
	Kündigungsrate innerhalb der ersten drei Monate

Die Erfolgsmessung des Controllings dient wiederum als Grundlage zur Überprüfung der Zielsetzungen des Employer Branding sowie der geplanten und umgesetzten Strategien und Maßnahmen.

6 Zusammenfassung

Traditionelle Formen der Mitarbeitergewinnung werden zukünftig immer weniger Erfolg haben, wenn es darum geht, gut qualifizierte Mitarbeiter zu erreichen. Dies gilt insbesondere im Hinblick auf die Herausforderungen, denen sich Unternehmen im Zuge des demografischen Wandels stellen müssen. Ein professionelles und zielgruppenorientiertes Employer Branding bietet die Chance, sich frühzeitig als attraktiver Arbeitgeber zu positionieren und sich von anderen Unternehmen als Arbeitgeber abzuheben. Wichtig ist hierbei jedoch, ein wirklich einzigartiges Image aufzubauen, das auch hält, was es verspricht. Nur dann können potenzielle Bewerber nicht nur als tatsächliche Mitarbeiter gewonnen, sondern auch längerfristig an das Unternehmen gebunden werden.

7 Fragen

1. Warum erlangt das Employer Branding im Zuge des demografischen Wandels für die Unternehmen besondere Bedeutung?
2. Welchen Nutzen hat das Employer Branding für die potenziellen Bewerber und für das Unternehmen?
3. Warum ist es wichtig, das Fremdbild mit dem Selbstbild des Unternehmens als Arbeitgeber abzugleichen?

Die Lösungen zu den Fragen finden Sie online (siehe Vorwort)

8 Literatur

Die Literaturhinweise finden Sie online (siehe Vorwort)

9 Praxisbeispiel 1: Entwicklung einer einzigartigen Arbeitgebermarke auf Basis gelebter Markenwerte bei der TNT Express GmbH

Autor: Jürgen Seifert

Jürgen Seifert startete vor nahezu 15 Jahren seine Karriere bei TNT. Der Managing Director Human Resources, Corporate Services & JCS von TNT Express Deutschland ist Mitglied des Executive Boards und hat maßgeblich zur Gründung der TNT Akademie im Jahr 1996 beigetragen, deren Geschäftsführer er bis heute ist. Vor seiner jetzigen Tätigkeit stellte er als Director Human Resources wichtige Weichen für die Neuausrichtung der Personalstrategie und die Stärkung der Position von TNT Express als bevorzugter Arbeitgeber.

Dieses Praxisbeispiel finden Sie online (siehe Vorwort)

10 Praxisbeispiel 2: Gestaltung der internen Arbeitgeberattraktivität bei tegut…

Autor: Karl-Heinz Brand

Karl-Heinz Brand ist nach einer Ausbildung im Handel und Studium zum Dipl.-Betriebswirt seit 1983 bei der Unternehmensgruppe tegut… in Fulda beschäftigt. Seine Aufgabenbereiche liegen schwerpunktmäßig in der inhaltlichen Ausgestaltung und Führung der Bereiche Personalmanagement, Arbeitsrecht, Leistung und Vergütung sowie Bildung und Förderung.

Er ist seit 2002 Mitglied der tegut… Geschäftsleitung und hat die Zuständigkeit für die Ressorts Mensch und Arbeit sowie Arbeitssicherheit und Betriebsräte der Unternehmensgruppe.

Darüber hinaus vertritt er das Unternehmen in Verbänden, den Tarifkommissionen Einzelhandel Hessen und Thüringen, ist Mitglied im Handelsausschuss DIHK und ehrenamtlicher Richter am Arbeitsgericht.

Dieses Praxisbeispiel finden Sie online (siehe Vorwort)

F Kompetenzentwicklung im demografischen Wandel

Autorin: Dagmar Preißing

Dr. Dagmar Preißing ist Professorin für Allgemeine Betriebswirtschaftslehre mit dem Schwerpunkt „International Management" an der Hochschule Fulda. Ihre Forschungsschwerpunkte sind prekäre und atypische Beschäftigungsverhältnisse sowie die Thematik älterer Arbeitnehmer in Unternehmen. Zuvor war sie an der privaten AKAD Hochschule Leipzig – staatlich anerkannt – Prorektorin und lehrte den Schwerpunkt Human Resources Management und Leadership. Sie verfügt über eine mehrjährige Berufspraxis als Führungskraft sowohl in der Industrie als auch im privaten Bildungsbereich.

Inhalt

1	**Lernziele**	143
2	**Einleitung**	143
3	**Grundlagen der Kompetenzentwicklung**	144
3.1	Kompetenzentwicklung in Abgrenzung zu Personalentwicklung	144
3.2	Zielgruppen der Kompetenzentwicklung im demografischen Wandel	145
3.3	Der Kompetenzbegriff	147
3.4	Systematisierung von Kompetenzen	149
3.5	Das Kompetenzmodell	153
4	**Maßnahmen zur Verwirklichung lebenslangen Lernens und beruflicher Handlungskompetenz**	156
4.1	Definition lebenslanges Lernen	156
4.2	Lernfähigkeit älterer Mitarbeiter	158
4.3	Lernformen und Lernorte für die berufliche Kompetenzentwicklung	162
4.4	Institutionalisierte Weiterbildung	165
4.5	Nicht-institutionalisierte Weiterbildung	167
4.5.1	Lernen am Arbeitsplatz	167
4.5.2	Lernen im sozialen und privaten Umfeld	174
4.6	Lebenszyklusorientierte Personalentwicklung	179
4.7	Demografieorientierte Kompetenzentwicklung	182
5	**Mögliche Probleme bei der Verwirklichung einer demografieorientierten Kompetenzentwicklung bei älteren Mitarbeitern**	189
5.1	Das kalendarische Alter der Mitarbeiter	189
5.2	Das betriebliche Personalmanagement	190
5.3	Einstellung Älterer	191
6	**Fazit**	191
7	**Fragen**	193
8	**Literatur**	193
9	**Praxisbeispiel: Fallstudie zur Konzeption und Umsetzung einer demografieorientierten Personalentwicklung der Gothaer**	194

1 Lernziele

1. Sie lernen die Grundzüge der Kompetenzentwicklung kennen.
2. Sie wissen um die Bedeutung und den Inhalt der beruflichen Handlungskompetenz.
3. Sie wissen um die besonderen Anforderungen an die Kompetenzentwicklung im Rahmen des demografischen Wandels.
4. Sie wissen um die inhaltliche Bedeutung lebenslangen Lernens.
5. Sie lernen die Maßnahmen institutionalisierter und nicht-institutionalisierter Weiterbildung kennen.
6. Sie lernen die Maßnahmen einer demografieorientierten Kompetenzentwicklung im demografischen Wandel kennen.
7. Sie wissen um die Bedeutung und Konsequenzen der Kompetenzentwicklung im demografischen Wandel.

2 Einleitung

Der demografische Wandel hat im Wesentlichen zwei Auswirkungen: Erstens wird die absolute Zahl des Erwerbspersonenpotenzials bis zum Jahr 2050 um circa 10 Millionen Personen sinken, zweitens werden die zur Verfügung stehenden Erwerbspersonen insgesamt älter. Die absolut sinkende Zahl der zur Verfügung stehenden Erwerbspersonen kann eventuell durch technischen Fortschritt und eine weiter zunehmende Globalisierung mit der damit verbundenen Auslagerung von niedrig qualifizierten Tätigkeiten kompensiert werden. Hingegen ist die Überalterung der deutschen Gesellschaft auch mit einer Alterung der potenziellen und tatsächlichen Erwerbspersonen verbunden. Die heute stärkste Alterskohorte der Erwerbstätigen ist zwischen Ende 30 und 50 Jahren. Diese Gruppe altert in den kommenden Jahren. Damit stellen die über 50-Jährigen in Zukunft die größte Gruppe der Erwerbstätigen dar. Gleichzeitig sinkt der Anteil der Jüngeren und damit das künftige Angebot an unter 30-jährigen Arbeitskräften. Zusätzlich beinhaltet die gesetzlich verankerte Verlängerung der Lebensarbeitszeit der Menschen auf 67 Jahre, dass aus finanziellen Gründen eine Frühverrentung mit Ende 50 beziehungsweise Anfang 60 unwahrscheinlicher wird.

Diese Entwicklung bedeutet für Unternehmen, dass sie künftig mit älteren Belegschaften konfrontiert sind, und die Wahl an Alternativen ist beschränkt. Die bisher vielfach praktizierte jugendzentrierte Personalpolitik und der Ersatz älterer Arbeitnehmer durch Jüngere ist in dieser Form nicht mehr praktikabel.

Wir leben heute in einer Wissensgesellschaft und einer vorwiegend im tertiären Sektor stattfindenden Produktivität bei gleichzeitiger Alterung der verfügbaren Erwerbspersonen. Für Unternehmen stellt der Kompetenzerhalt ihrer alternden Belegschaften einen zentralen Wettbewerbsfaktor dar und sollte daher in den strategischen Fokus gestellt werden. Will ein Unternehmen weiterhin erfolgreich sein, gilt es, gerade die Potenziale älterer Erwerbspersonen zu erkennen und zu entwickeln. Hierbei wird die Forderung nach „lebenslangem Lernen" von einer Leerformel zu einer überlebensnotwendigen strategischen Ausrichtung im Rahmen der Personalentwicklung.

In den folgenden Ausführungen zur Kompetenzentwicklung wird keine explizite Unterscheidung zwischen den Geschlechtern vorgenommen. Es wird davon ausgegangen, dass von Unternehmensseite aus alle angesprochenen Entwicklungsmaßnahmen zum Kompetenzerhalt oder zur Kompetenzentwicklung geschlechter- und altersneutral für alle Betroffenen verfolgt werden.

3 Grundlagen der Kompetenzentwicklung

3.1 Kompetenzentwicklung in Abgrenzung zu Personalentwicklung

Die traditionellen Begriffsabgrenzungen von Personalentwicklung beinhalten, dass Mitarbeiter im Hinblick auf ein gefordertes Anforderungsprofil hin ausgebildet oder entwickelt werden sollen. Das heißt, das aktuelle Fähigkeitsprofil stimmt nicht mit dem künftig geforderten überein. Die Mitarbeiter weisen somit Defizite auf und rechtfertigen damit Maßnahmen der Personalentwicklung. Vorausgesetzt wird hierbei auch, dass diese Fähigkeitslücke nicht über externe Personalbeschaffung geschlossen werden soll. Somit wird Personalentwicklung auch als interne Personalbeschaffung interpretiert.

Die Sichtweise, Personalentwicklung primär als Maßnahme zum Schließen von Qualifikationsdefiziten zu sehen, ist im Kontext des demografischen Wandels zu revidieren. Denn werden Personalentwicklungsmaßnahmen nur dann durchgeführt, wenn bereits Defizite festgestellt wurden, so besteht die Gefahr, dass die Lernfähigkeit zum Schließen dieser Defizite im Verlauf einer Erwerbsbiografie abhanden gekommen ist. Wenn jahrelang keine Personalentwicklung angeboten oder für erforderlich gehalten wurde, ist die Fähigkeit zum Lernen verlernt. Dies kann vor allem die Gruppe der Erwerbspersonen mit einer längeren Erwerbsbiografie betreffen, also ältere Mitarbeiter. So führt eine reine Defizitsichtweise auf die Notwendigkeit von Personalentwicklung langfristig zur Vernichtung von Humanressourcen.

Wenn also das Entwicklungspotenzial von Mitarbeitern im Wesentlichen von der Lernfähigkeit der betroffenen Mitarbeiter abhängt, muss Personalentwicklung perspektivisch ergänzt werden: Personalentwicklung als permanenter Prozess der potenzialorientierten Kompetenzentwicklung. Diese Sichtweise beinhaltet eine andere Qualität der Personalentwicklung in dem Sinne, dass sie Mitarbeitern die Fähigkeit zu selbstorganisierten Lernprozessen vermittelt, um strukturellen Wandel sowohl auf organisatorischer als auch auf individueller Ebene zu bewältigen. Der Prozess des lebenslangen Lernens wird durch diese Form der Personalentwicklung institutionalisiert. Aus diesem Grund wird in diesem Beitrag auch von Kompetenzentwicklung gesprochen.

3.2 Zielgruppen der Kompetenzentwicklung im demografischen Wandel

Es können vier hauptsächliche Zielgruppen der Kompetenzentwicklung im Kontext der demografischen Entwicklung identifiziert werden:

1. Ältere Mitarbeiter
2. Frauen
3. Mitarbeiter mit Migrationshintergrund
4. (Nicht-ausbildungsfähige) Jugendliche

Wie im Folgenden erläutert wird, sind einerseits die Kosten für Unternehmen hoch, wenn diese Zielgruppen nicht entwickelt werden, andererseits werden diese Zielgruppen vor dem Hintergrund demografischer Entwicklungen für Unternehmen zwangsläufig von Interesse.

Zu 1: Ältere Mitarbeiter
Sind im Jahr 2007 noch die 35- bis 50-Jährigen die stärkste Gruppe der Erwerbstätigen, so verschiebt sich diese Zahl konsequenterweise im Zeitablauf nach hinten. Bereits ab dem Jahr 2020 stellen die 50- bis 65-Jährigen die stärkste Gruppe der Erwerbspersonen dar. Im Jahr 2010 liegt der Altersscheitelpunkt bei 40 Jahren, das heißt, die Hälfte der Bevölkerung ist älter als 40 Jahre. Diese Entwicklung wird sich voraussichtlich in einer ähnlichen Entwicklung der Altersstruktur von Unternehmen zeigen: Mit dem Altern der zur Verfügung stehen-

den Erwerbspersonen wird auch künftig der Großteil aller Mitarbeiter älter als 40 Jahre sein. Somit werden ältere Mitarbeiter zentraler Gegenstand der Kompetenzentwicklung. Damit wird ein Umdenken von Unternehmen erforderlich, denn gerade diese Altersgruppe der über 50-Jährigen wurde bisher weitestgehend von Maßnahmen der Personalentwicklung ausgeschlossen. Begründet wird diese Haltung meist damit, dass aufgrund des Alters des Mitarbeiters und seinem baldigen Ausscheiden aus dem Unternehmen keine Amortisation der Personalentwicklungsinvestition mehr möglich sein wird. Diese Haltung wird aufgrund der demografischen Entwicklung nicht mehr möglich sein. Ältere Mitarbeiter werden in den Fokus der strategischen Kompetenzentwicklung rücken.

Zu 2: Frauen
Die Erwerbsbeteiligung der Frauen liegt immer noch deutlich unter der von Männern. Damit stellen Frauen ein Potenzial an Erwerbspersonen dar, das noch immer nicht ausgeschöpft wird. Frauen gehören inzwischen zu den gut ausgebildeten Erwerbspersonen und weisen gegenüber Männern eine zunehmend gleichwertige oder sogar höhere Qualifizierung auf. Dennoch stehen vielfach qualifizierte Frauen dem Arbeitsmarkt häufig nicht zur Verfügung. Als Grund hierfür wird die noch nicht ausreichende Vereinbarkeit von Familie und Beruf genannt. Und wenn Frauen erwerbstätig sind, zeigen sie oftmals einen beruflichen Lebenszyklus, der nicht durch eine konstante Entwicklung, sondern durch Unterbrechungen gekennzeichnet ist. Denn es sind immer noch vorwiegend die Frauen, die ihren beruflichen Werdegang zugunsten familiärer Aufgaben unterbrechen, zurückstellen oder ganz aufgeben. Diese familiär bedingten Berufsunterbrechungen führen meist zu Kompetenzverlusten, die entweder einen Wiedereinstieg ins Berufsleben erschweren, unmöglich machen oder eine unterwertige Beschäftigung zur Folge haben. Damit stellt die Zielgruppe der Frauen in Anbetracht der künftigen dramatischen Verknappung qualifizierter Fach- und Führungskräfte eine hochqualifizierte Gruppe Erwerbstätiger dar, deren Kompetenzen im Verlauf ihrer Erwerbsbiografie zu erhalten und auszuschöpfen sind.

Zu 3: Mitarbeiter mit Migrationshintergrund
Erwerbspersonen mit Migrationshintergrund stellen eine weitere interessante Zielgruppe für die Kompetenzentwicklung dar. Menschen mit Migrationshintergrund nehmen bisher unterdurchschnittlich an Aus- und Weiterbildungsmaßnahmen teil und sind ungünstigen Beschäftigungschancen ausgesetzt. Die wertvollen Potenziale wie Mehrsprachigkeit, die Erfahrung von Mobilität oder interkultureller Erfahrungen, die sich im Rahmen eines Diversity Management für Unternehmen vorteilhaft auswirken würden, bleiben den arbeitsmarktpolitischen Entscheidungsträgern oftmals verborgen. Zudem weist diese Personengruppe eine Altersstruktur auf, die deutlich jünger ist als die der deutschstämmigen Bevölkerung. Bei der Kompetenzentwicklung von Mitarbeitern kann also auf diese Zielgruppe künftig nicht verzichtet werden. Die Forderung nach Kompetenzentwicklungskonzepten, die eine Integration und die Ausübung höher qualifizierter Tätigkeiten dieser Erwerbsgruppe ermöglicht, steht im Kontext des demografischen Wandels im Vordergrund.

Aber die Frage nach der Arbeitsmarktintegration dieser Personengruppe ist immer auch verbunden mit Aspekten der sozialen, ökonomischen, kulturellen und politischen Teilhabe und Integration von Migranten. Unternehmen können hier nur einen Teil des Integrationsmanagements leisten.

Zu 4: (Nicht-ausbildungsfähige) Jugendliche
Der Anteil der zur Verfügung stehenden jungen Menschen unter 20 Jahren beträgt im Jahr 2050 um die 15% der Gesamtbevölkerung. Im Rahmen dieser kleinen Zielgruppe steht wiederum nur eine bestimmte Quote den Unternehmen für eine Ausbildung zur Verfügung. Bereits heute klafft die Schere zwischen Unternehmen, die Auszubildende suchen und dem Angebot an qualifizierten Jugendlichen, auseinander. Insofern sind Ausbildungskonzepte für jene Jugendlichen erforderlich, die von Unternehmen als „nicht-ausbildungsfähig" eingestuft werden. Die Gründe für die „Nichtausbildungsfähigkeit" sind neben individuellen (zum Beispiel psychische Beeinträchtigungen, Lern- und Leistungsschwierigkeiten, Verhaltensauffälligkeiten) und sozialen Faktoren (zum Beispiel gesellschaftliche Herkunft, Nationalität, Religion, Geschlecht) auch strukturelle Umstände (zum Beispiel Konjunkturlage, regionale Unterschiede im Bildungssystem), die zur Benachteiligung Jugendlicher im Bildungs- und Ausbildungssystem führen. Eine Nicht-Beteiligung Jugendlicher am Erwerbsleben ist in Anbetracht des erheblichen Mangels an jugendlichen Erwerbspersonen ökonomisch und gesellschaftlich nicht vertretbar. Es werden Konzepte erforderlich, die eine Ausbildungsfähigkeit und damit die Beteiligung Jugendlicher am Erwerbsleben ermöglichen. Ausbildungskonzepte wie Kooperationen der Betriebe mit der Jugendsozialarbeit, Konzepte der gestuften Ausbildung, die Zahlung eines Ausbildungsbonus im Rahmen des Sozialgesetzbuchs SGB III oder die Berufsvorbereitung durch die Bundesagentur für Arbeit sind bereits Ansätze für die bestehende Problematik. Eine neu gedachte Ausbildung, die prospektiv ausgerichtet ist, wird damit zu einem zentralen Erfolgsfaktor für Unternehmen im Wettbewerb um jugendliche Mitarbeiter.

Der inhaltliche Fokus der folgenden Ausführungen liegt vorwiegend auf der Zielgruppe der älteren Mitarbeiter, denn die Überalterung von Belegschaften ist das zentrale Problem im Rahmen des demografischen Wandels.

3.3 Der Kompetenzbegriff

Kompetenzen drücken das aus, was mit beruflichen Weiterbildungsmaßnahmen erreicht werden soll: Der Erhalt und Ausbau der beruflichen Handlungskompetenz, wobei hierunter tätigkeitsspezifische oder tätigkeitsübergreifende Kenntnisse und Fähigkeiten verstanden werden (vgl. Erpenbeck, Heyse, 1996, S. 33). Damit steht die berufliche Handlungskompetenz für den Erhalt der Beschäftigungsfähigkeit von Erwerbspersonen.

Der Begriff der Kompetenz hat sich aus einem breit angelegten Diskurs aus arbeitsmarkt- und bildungspolitischer Sicht sowie aus konkreter beruflicher und betrieblicher Lehr-Lern-Prozess-Perspektive gebildet. Entsprechend unterschiedliche Sichtweisen gibt es zum Begriff der Kompetenz. So bezeichnet Bergmann berufliche Kompetenz als „... die Motivation und Befähigung einer Person zur selbstständigen Weiterentwicklung von Wissen und Können auf einem Gebiet, so dass dabei eine hohe Niveaustufe erreicht wird, die mit Expertise charakterisiert werden kann" (Bergmann, 2001, S. 531). Kompetenz wird hier also als die Fähigkeit zur erfahrungsbasierten Weiterentwicklung definiert.

North beschreibt Kompetenz als eine Relation zwischen den an eine Person herangetragenen oder selbstgestalteten Anforderungen und ihren Fähigkeiten beziehungsweise Potenzialen, diesen Anforderungen gerecht zu werden. Kompetenzen konkretisieren sich im Moment der Wissensanwendung und werden am erzielten Ergebnis der Handlungen messbar. Diese Handlungen sind durch einen Handlungsrahmen oder eine Handlungsanweisung vorbestimmt. (vgl. North, 2003, S. 200)

Eine umfassende Definition des Kompetenzbegriffs, die mehrere Konzepte integriert, liefert Weinert „Competence is a roughly specialized system of abilities, proficiencies, or individual dispositions to learn something successfully, to do something successfully, or to reach a specific goal. This can be applied to an individual, a group of individuals, or an institution (i.e. a firm)." (Weinert, 1999, S. 44)

So gibt es noch immer kein durchgängig einheitliches Verständnis von Kompetenz, doch hat sich die Definition der interdisziplinären Arbeitsgemeinschaft für Betriebliche Weiterbildungsforschung e.V. (ABWF) zumindest in Deutschland etabliert (vgl. Erpenbeck, Sauer, 2001, S. 9).

Hier werden Kompetenzen als Produkte selbstorganisierter, lebensbegleitender Lernprozesse verstanden. Bedeutsam ist, dass diese Lernprozesse nicht nur an traditionellen Orten der Weiterbildung, sondern vor allem auch an Lernorten der Arbeits- und Lebenswelt erworben werden. Kompetenzen werden als Fähigkeiten, Anlagen, Bereitschaften, oder auch Selbstorganisationsdispositionen begriffen. Diese Dimension der Disposition zur Selbstorganisation ist ein wichtiger Aspekt: Er versetzt Individuen in die Lage, unter veränderlichen Rahmenbedingungen und sich verkürzenden Bestandszeiten von Wissen flexibel und schöpferisch zu agieren. (vgl. Erpenbeck, Rosenstiel, 2003, S. XI). Oder wie Erpenbeck und Sauer es formulieren, als „Voraussetzungen ..., in Situationen von Ungewissheit und Unbestimmtheit ... selbstorganisiert schöpferisch Neues hervorzubringen" (Erpenbeck, Sauer, 2000, S. 303).

Damit ist der Begriff der Kompetenz umfassender als jener der Qualifikation. Denn Qualifikationen beschreiben die Fähigkeit einer Person, eine bestimmte Tätigkeit auf einem gegebenen Mindestniveau auszuführen. Dieses Mindestniveau ist zumeist – wie zum Beispiel durch staatliche Abschlüsse – anerkannt attestiert. Denn Qualifikation wird in standardisierten Prüfungssituationen gemessen und in Zeugnissen oder Zertifikaten festgeschrieben. Damit ist Qualifikation eine statische Wissens- und Fertigkeitsdisposition im Gegensatz zu Kompetenz. Letztere befähigt Individuen, dynamisch und handlungsorientiert auf die Komplexität und Unvorhersehbarkeit heutiger wirtschaftlicher und politischer Prozesse zu reagieren. (vgl. Bergmann, Uhlemann, 1997, S. 87). Individuen, die über Kompetenzen und nicht nur über Qualifikationen verfügen, besitzen damit die Fähigkeit zur Selbstorganisation. Es gelingt ihnen erfolgreicher als anderen, mit Hilfe selbstorganisierter Lernprozesse strukturellen Wandel sowohl auf organisationaler als auch auf individueller Ebene zu bewältigen.

Zudem sind Kompetenzen stets an Individuen und deren Biografien gebunden. Denn die Eigenschaft zur Selbstorganisation beruht auch auf einer individuellen Lern- und Erwerbsbiografie. Hierbei ist von Bedeutung, wie ein Individuum das bisherige Lernen erlebt hat, ist es positiv oder negativ belegt? Des Weiteren stellt sich die Frage, inwiefern nur pflichtgemäß während der Schule und Ausbildung gelernt wurde oder ob es einen lebensbegleitendes Lernen gab. Entsprechend wurde das Lernen entweder verlernt oder das Lernen als kontinuierlicher Prozess im Alltag beibehalten. Für eine effiziente und effektive Kompetenzentwicklung ist es daher notwendig, auf die jeweilige Person individuell einzugehen, ihre Lernbiografie zu berücksichtigen und passende Konzepte zu entwickeln.

3.4 Systematisierung von Kompetenzen

Das Personalmanagement sieht Kompetenzen im Zusammenhang mit der Beschäftigungsfähigkeit von Individuen. Das heißt, als Ziel der Kompetenzentwicklung wird der Erhalt und die Verbesserung der Ausübung einer beruflichen Tätigkeit angestrebt. Diese berufliche Handlungskompetenz lässt sich in vier Kompetenzbereiche unterteilen, die wie folgt charakterisiert werden:

Tab. 3.1 Berufliche Handlungskompetenz; Quelle: eigene Darstellung in Anlehnung an Heyse, 2003, S. 577

Fachkompetenz	Methodenkompetenz	Soziale Kompetenz	Personale Kompetenz
„Wissen"	„Können"	„Verhalten"	„Bewusstsein"
• Ausbildung • Berufserfahrung • Fachfertigkeiten • Theoretisches und praktisches Wissen	• Anwendbares Fachwissen • Konzeptionelle Fähigkeiten • Problemlösungstechniken • Anwendbare Methoden • Entscheidungsfindung • Analytisches Denken	• Kommunikationsfähigkeit • Teamfähigkeit • Integrationsfähigkeit • Konfliktfähigkeit • Verantwortungsbewusstsein • Verhaltensflexibilität • Empathie	• Einstellungen • Werthaltungen • Motive • Selbstwert • Eigenes Denken • Entwicklungsbereitschaft • Biografische Entwicklung

Im Kontext demografischer Veränderungen sind jedoch noch vier weitere Kompetenzbereiche zur beruflichen Handlungskompetenz von Bedeutung. Diese Kompetenzarten waren bisher kein Bestandteil der individuellen beruflichen Handlungskompetenz. Doch für die mit dem demografischen Wandel verbundenen veränderten Belegschaftsstrukturen scheint es erforderlich, diese weiteren Kompetenzarten in die berufliche Handlungskompetenz zu integrieren. Diese Elemente der erweiterten Handlungskompetenz können wie folgt beschrieben werden:

Tab. 3.2   Erweiterte berufliche Handlungskompetenz; Quelle: eigene Darstellung

Lernkompetenz	Erfahrungs-kompetenz	Interkulturelle Kompetenz	Führungs-kompetenz
„Haltungen"	„Arbeitswelt"	„Wahrnehmung"	„Interaktion"
• Lernbiografie • Lebenslanges Lernen • Fähigkeit, notwendige Lernhandlungen selbstständig und eigenverantwortlich durchzuführen • Auseinandersetzung mit neuen Aufgaben und Arbeitsinhalten	• wiederholte Wahrnehmung und daraus abgeleitetes Wissen • Transformation bestehender Konzepte auf Neues • Interpretation aktueller Geschehnisse basierend auf Bekanntem • durch Übung erlangte Kenntnis • Einsicht • Wissen aus der Arbeitswelt	• Wahrnehmung fremder Kulturen • Biografische Entwicklung • Fremdsprachen • Werthaltung • Einstellungen • Interkulturelle Kommunikationsfähigkeit • Verhaltensflexibilität • interkulturelle Sensibilität • emotionale Kompetenz	• Kommunikation • Führungsverhalten • Einstellungen • Motive • theoretische Kenntnis über Führungstechniken und -modelle • Identifikation mit Unternehmenszielen • Interaktion mit Mitarbeitern

Lernkompetenz

Lernkompetenz kann als Fähigkeit zum erfolgreichen Lern-Handeln oder der Fähigkeit, eine Lernleistung zu erbringen, betrachtet werden (vgl. Mandl, Krause, 2001, S. 10). Hierbei hängt jedoch das Erbringen einer Lernleistung von drei Faktoren ab:

1. der Lernfähigkeit,
2. der Lernbereitschaft und
3. der Lernmotivation.

Die Lernfähigkeit ist, basierend auf den Erkenntnissen der Alternsforschung, prinzipiell ein Leben lang gegeben. Vielmehr stellt sich die Lernbereitschaft und Lernmotivation aus Sicht der Unternehmen bei älteren Mitarbeitern als problematisch dar. Diese Einschätzung kann mehrere Ursachen haben.

Zum einen werden ältere Mitarbeiter seitens der Unternehmen vielfach nicht mehr zu Weiterbildungsmaßnahmen geschickt. Der Grund hierfür liegt im Alter des Mitarbeiters. Die Unternehmen sehen diese Investition aufgrund des absehbaren Ausscheidens des Mitarbeiters aus dem Unternehmen aus Altersgründen als nicht mehr rentabel. Diese Sichtweise ist sicherlich künftig nicht mehr vertretbar. Bei einem künftigen Rentenalter von 67 Jahren und der sich verkürzenden Halbwertszeit des Wissens amortisiert sich jegliche Weiterbildungsmaßnahme. Diese Haltung gegenüber älteren Mitarbeitern seitens der Unternehmen bewirkt wahrscheinlich die vielfach bemängelte Lernmotivation Älterer. Wer aber letztlich diese scheinbar fehlende Motivation verursacht hat, ist vor diesem Hintergrund nicht eindeutig zu beantworten.

Andererseits muss natürlich zugestanden werden, dass es durchaus ältere Mitarbeiter gibt, denen die Lernbereitschaft fehlt. Aufgrund einer persönlichen negativen Lernbiografie oder auch einer rentenorientierten Haltung wird berufsorientiertes Lernen nicht mehr als notwendig erachtet. Die Einstellung, dass das bisher erworbene Wissen bis zum Renteneintritt ausreichend ist, mag durchaus vorhanden sein.

Gerade deshalb ist die Forderung nach Erhalt der Lernkompetenz von Mitarbeitern in einem Unternehmen sicherlich die dringlichste im Rahmen der Kompetenzentwicklung. Der Ausdruck des „lebenslangen Lernens" sollte nicht nur eine Worthülse bleiben, wenn ein Unternehmen den demografischen Wandel erfolgreich bewältigen will. Bei einer stetig sinkenden Halbwertzeit des Wissens und länger werdender Lebensarbeitszeit ist es unumgänglich, Lernkompetenz zum Wissenserhalt und zur Wissenserweiterung zumindest über die berufliche Lebensspanne hinweg zu fordern und zu fördern.

Erfahrungskompetenz
Gerade Erfahrungskompetenz ist eine Eigenschaft, die älteren Mitarbeitern zugesprochen wird. Der Begriff der Erfahrungskompetenz ist wissenschaftlich nicht abschließend definiert. „So wird Erfahrung mal als Erlebnis aufgefasst, mal als Ergebnis von Erlebnissen in Form von Wissen, Fähigkeiten und Normen." (Bruggmann., 2000, S. 39). Man könnte auch sagen, dass Erfahrungskompetenz vor allem Erfahrungswissen beinhaltet. Und Erfahrungswissen stellt nur einen anderen Begriff für implizites Wissen dar. Nämlich Wissen, welches während einer Tätigkeit generiert beziehungsweise angeeignet wurde. Erfahrungswissen entsteht also durch eine Erfahrung, die während einer Tätigkeit gemacht worden ist. Implizites Wissen oder auch Erfahrungskompetenz ist somit an Menschen gebunden. Es lässt sich in der Regel nicht oder nur sehr schwer dokumentieren. Nicht selten kann Erfahrungswissen nur durch Beobachten, Nachmachen und Üben von Prozessen verstanden, erlernt und übertragen werden.

Wenn also künftig die größte Alterskohorte in einem Unternehmen die über 50-Jährigen darstellen, dann bedeutet dies zunächst, dass im Unternehmen ein großes Erfahrungswissen vorhanden ist. Andererseits scheidet dieses Erfahrungswissen in absehbarer Zeit oder vielfach auch zeitgleich aus dem Erwerbsleben aus. Es gibt Unternehmen, deren Altersstrukturanalysen zeigen, dass innerhalb eines Zeitraums von circa zwei bis drei Jahren 50% ihrer Mitarbeiter das Unternehmen altersbedingt verlassen werden. Damit verbunden ist ein enormer Verlust an implizitem Wissen. Es gilt nun, dieses Erfahrungswissen im Unternehmen zu halten. Im Rahmen der Kompetenzentwicklung gibt es hierfür zahlreiche Ansätze, wie zum Beispiel die Einrichtung altersgemischter Teams oder Mentorenprogramme. (Wie Erfahrungswissen in Unternehmen gehalten werden kann, damit beschäftigt sich das Kapitel „Wissensmanagement" von Uta Kirschten in diesem Lehrbuch).

Interkulturelle Kompetenz

Aufgrund einer stetig wachsenden globalisierten Welt erscheint es geradezu zwingend erforderlich, diese Disposition als Bestandteil einer beruflichen Beschäftigungsfähigkeit zu berücksichtigen. Vor allem ältere Mitarbeiter sind bisher in einer Wirtschaftswelt tätig gewesen, die noch nicht so stark von internationalen und globalen Zusammenhängen geprägt war. So war Auslandstätigkeit vorwiegend den Konzernen vorbehalten, wohingegen heute auch mittelständische Unternehmen international und global tätig sind. Die Fähigkeit, mit ausländischen Geschäftskontakten umzugehen, war damit früher nicht so stark gefordert. Heute hingegen wächst die jüngere Generation bereits in interkulturelle Umgebungen hinein: sei es einerseits durch kulturell gemischte Schulklassen, den Englischunterricht schon im Kindergartenalter oder später im Studium, welches Studienaufenthalte im Ausland sowie international ausgerichtete und englischsprachige Lehrinhalte einfordert.

Umso wichtiger ist es, dass ältere Mitarbeiter in diesem Kompetenzbereich entwickelt werden. Einerseits um gegenüber den jüngeren Erwerbspersonen nicht benachteiligt zu sein, andererseits um den veränderten Anforderungen in Form globaler Geschäftsbeziehungen gerecht zu werden. Somit wird das Training interkultureller Kompetenzen für ältere Mitarbeiter in der Kompetenzentwicklung einen breiteren Platz als bisher einnehmen.

Führungskompetenz

Der demografische Wandel wird hinsichtlich der Führung unterschiedliche Aspekte eröffnen. Zum einen werden sicherlich vermehrt weibliche Fach- und Führungskräfte als Nachwuchskräfte ausgebildet. Damit ergibt sich aber eine Konstellation, die eventuell Probleme hervorrufen könnte, nämlich die Führung älterer Mitarbeiter durch jüngere Frauen. Um eine Akzeptanz dieser Führungspersonen zu erreichen, muss ein alters- und geschlechtunabhängiges Verhalten sowie gegenseitiges Verständnis zwischen Führenden und Geführten erzeugt werden.

Zum anderen werden aufgrund veränderter Karrieren ältere Führungskräfte ihre bisherige Führungsverantwortung abgeben, um zum Beispiel den hohen Verantwortungsdruck bei gleichzeitig höherem Lebensalter abzubauen. Sie können dann zu Geführten von Personen werden, die zuvor ihre Mitarbeiter waren. Diese bis heute als Imageverlust geltende Situation erfordert ein Umdenken hinsichtlich Karriereverläufe sowie eine persönliche Haltung, die von gegenseitiger Wertschätzung gekennzeichnet ist.

Die demografische Veränderung kann auch bewirken, dass vermehrt ausländische Mitarbeiter und Führungskräfte in ein Unternehmen integriert werden. Hier sind dann zum einen Kompetenzen zur Führung interkultureller Teams gefordert. Zum anderen sollte das Verständnis inländischer Mitarbeiter gegenüber den kulturellen Führungsunterschieden der ausländischen Führungskraft gegeben sein. Genauso vorstellbar ist der Einsatz einer deutschen älteren Führungskraft im Ausland, die dann wiederum über Kenntnisse der kulturellen Besonderheiten ihrer ausländischen Mitarbeiter verfügen sollte.

Zusammenfassend kann festgehalten werden, dass die Summe der angeführten Teilkompetenzen letztlich die berufliche Handlungskompetenz bildet. Selbstverständlich sind die jeweiligen Kompetenzen in ihrer wechselseitigen Bedingtheit zu sehen. Sie durchdringen sich gegenseitig und werden in der praktischen Arbeit bei fachlichen und fachübergreifenden

Aufgaben im Beruf gefordert. Die Abhängigkeiten innerhalb der Teilkompetenzen fördern jeweils die Eigenschaften der anderen verbundenen Kompetenzen. So benötigt die Fachkompetenz, um erfolgreiches berufliches Handeln zu zeigen, methodische Kompetenzen zum Beispiel in Form von Problemlösungskompetenz.

Abschließend können im folgenden Schaubild die für eine berufliche Handlungskompetenz benötigten Teilkompetenzen im demografischen Wandel dargestellt werden:

Berufliche Handlungskompetenz			
Methodenkompetenz	Soziale Kompetenz	Fachkompetenz	Personale Kompetenz
Lernkompetenz	Erfahrungskompetenz	Interkulturelle Kompetenz	Führungskompetenz

Abb. 3.1 Berufliche Handlungskompetenz im demografischen Wandel; Quelle: eigene Darstellung

3.5 Das Kompetenzmodell

Basierend auf den Erkenntnissen der Alternsforschung existiert ein Stärken-Schwächen-Profil Älterer. Das tendenziell aufgezeigte Leistungsspektrum Älterer ist aufgrund des individuell unterschiedlichen Ablaufs von Alternsprozessen nur bedingt verallgemeinerbar. Doch es enthält zumindest Hinweise auf mögliche Ansatzpunkte für die Umsetzung kompetenzerhaltender Maßnahmen. Diesbezüglich sollten vor allem Stärken, die im Alter tendenziell stärker oder unveränderlich ausgeprägt sind, identifiziert und gezielt für den Kompetenzerhalt genutzt werden. Ebenso müssen Schwächen erkannt und berücksichtigt werden, damit lernbezogene Maßnahmen ihre Wirksamkeit entfalten können.

Es existieren im Wesentlichen zwei gegensätzliche Modelle der Einschätzung von Altersleistung:

1. Das Defizitmodell
2. Das Kompetenzmodell

Das aus den 1920er Jahren stammende **Defizitmodell** geht davon aus, dass Älterwerden von ständigen psychischen und physischen Abbauprozessen begleitet ist (vgl. Gallenberger, 2002, S. 93). Diese Sichtweise trägt zur Verfestigung negativer Altersstereotypen in der gesellschaftlichen Vorstellung von Altern bei. Es wurden Vorurteile wie folgende verankert: Ältere haben den Wunsch nach Rückzug und Alleinsein, die Lernfähigkeit und Leistungsbereitschaft nimmt ab oder das Interesse an aktuellen Entwicklungen schwindet. Die Aufzählungen dieser negativen Assoziationen mit Alter ließen sich fortführen. Vor allem in der Arbeitswelt ist diese Sichtweise, Ältere als leistungsgemindert zu betrachten, immer noch weit verbreitet. Damit trägt das Defizitmodell oft zur Rechtfertigung der Freisetzung oder der mangelnden Weiterbildung älterer Mitarbeiter bei.

An die Stelle des Defizitmodells trat zunächst in den 1960er Jahren das Aktivitäts- und Disengagementmodell, das in den 1970er Jahren vom **Kompetenzmodell** ersetzt wurde. Das aus der Psychologie der Lebensspanne resultierende Kompetenzmodell hat mittels differenzierter Erkenntnisse der Altersforschung die Altersstereotypen widerlegt. So konnten nur wenige generelle psychische Prozesse identifziert werden, die Kompetenzabbau im Alter bewirken. Dazu zählt die Abnahme der fluiden Intelligenz gegenüber der altersstabil geltenden kristallinen Intelligenz.

Tab. 3.3 Kompetenzmodell; Quelle: eigene Darstellung in Anlehnung an Weinert, 1994, S. 192

Fluide Intelligenz – Abnahme	Kristalline Intelligenz – Zunahme
• Weitgehend ererbte neurophysiologische Prozesse • Anpassung an neue Situationen • Kurzzeitgedächtnis • Arbeitsgedächtniskapazität • Informationsaufnahme • Informationsverarbeitungsgeschwindigkeit • Aufmerksamkeitsleistung	• Kognitive Prozesse, die in gelernte kulturelle Bedeutungszusammenhänge eingebettet sind • Aufgabenbewältigung unter Anwendung von Gelerntem und Abrufen von Informationen aus dem Langzeitgedächtnis • Sprachverständnis • Lösen von Wissensaufgaben • Kristallisation von Erfahrungen

Nach Weinert beinhaltet fluide Intelligenz „die stark biologisch determinierte Fähigkeit, figurale Zusammenhänge zu erkennen und abstrakte Schlussfolgerungen bei Aufgaben zu ziehen, die in ihrem Inhalt relativ bildungsunabhängig sind", während kristalline Intelligenz „... jene kognitiven Kompetenzen, die notwendig sind, um stark wissensabhängige Aufgaben zu lösen", umfasst (Weinert, 1994, S. 192).

Des Weiteren wird von einem Leistungswandel im Alter in folgenden Bereichen ausgegangen:

3.5 Das Kompetenzmodell

Tab. 3.4 Leistungswandel älterer Mitarbeiter; Quelle: eigene Darstellung in Anlehnung an Haeberlin, 2003, S. 598

Fachlich-personal-soziale Leistungsfähigkeit	Körperliche Leistungsfähigkeit	Psychische Leistungsfähigkeit
Zunahme ⬆	Abnahme ⬇	Gleichbleibend ⬌
• Erfahrungs- (implizites) Wissen • Geübtheit in Abhängigkeit von Art und Dauer der Tätigkeit • prozessübergreifende Fähigkeiten wie Genauigkeit und Geübtheit • Ausdrucksvermögen und sprachliche Gewandtheit • Selbstständigkeit • Verantwortungsbewusstsein • Zuverlässigkeit • Sicherheitsbewusstsein • Qualitätsbewusstsein • Ausgeglichenheit und Beständigkeit • Einschätzung eigener Fähigkeiten • Toleranz • Soziale Kompetenz • Kooperation • Konfliktfähigkeit, Entscheidungs- und Handlungsökonomie • dispositives Denken • Empathie, emotionale Intelligenz • Gelassenheit, Selbstsicherheit und Mut • Beruhigung im Team • Entschiedenheit • Selbststeuerung • Argumentative Kraft • Kommunikationsfähigkeit • Schnelligkeit und Validität des Urteilsvermögens • Handlungsbezogene Wahrnehmung von kritischen Situationen • Herabgesetztes Erleben von Eigenbetroffenheit • Angst vor Veränderungen	• Muskelkraft • Beweglichkeit • Widerstandsfähigkeit gegen kurzzeitige Belastungen • Seh- und Hörvermögen, Tastsinn • Geistige Beweglichkeit und Umstellungsfähigkeit • Kurzzeitgedächtnis • Arbeitsgedächtniskapazität • Informationsverarbeitungsgeschwindigkeit • Aufmerksamkeitsleistung • Reaktionsvermögen bei komplexer Aufgabenstellung • Widerstandsfähigkeit bei hoher psychischer Dauerbelastung • Risikobereitschaft • Abstraktionsvermögen	• Aufmerksamkeit • Konzentration • Assoziation • Widerstandsfähigkeit gegen eine im Arbeitsprozess übliche Belastung • Kooperationsfähigkeit • Psychische Ausdauer • Kreativität • Zielorientierung

Bedeutsam ist hierbei, dass Ältere im Alltag über Kompensationsmöglichkeiten, die allgemein auch unter dem Begriff der Erfahrung zusammengefasst werden, verfügen.

Das Kompetenzmodell des Alterns ist die heute wissenschaftlich gültige Sichtweise auf das Alter. Es betont, dass verschiedene Alterskategorien ein unterschiedliches Leistungsspektrum anbieten und zeigt, dass ältere Mitarbeiter keine schlechte, sondern nur eine gewandelte Leistungsfähigkeit im Vergleich zu Jüngeren aufweisen. Pauschal kann gesagt werden, dass die physische Belastbarkeit in Form von Muskelabbau abnimmt und sich die kognitiven Fähigkeiten zwischen fluider und kristalliner Intelligenz verschieben.

Zusammenfassend kann festgehalten werden, dass bei älteren Mitarbeitern keine Leistungsminderung, sondern ein **Leistungswandel** gegeben ist. Ob entsprechend die Alterung von Belegschaften überhaupt als ein personalpolitisches Problem betrachtet wird, hängt letztlich davon ab, wie in den Unternehmen die Leistungsfähigkeit der Älteren eingeschätzt wird. Und natürlich davon, welche unternehmerische Bereitschaft besteht, kompetenzerhaltende Maßnahmen für Mitarbeiter aller und vor allem höherer Altersgruppen durchzuführen.

Entscheidend ist aber, dass das Entwicklungspotenzial Älterer im Vergleich zu Jüngeren genauso vorhanden ist und erst ab dem 80. Lebensjahr oder der vierten Lebensphase von Entwicklungsbeeinträchtigungen gesprochen werden kann. Damit ist das Entwicklungspotenzial aller Mitarbeiter über alle Alterskategorien gegeben.

4 Maßnahmen zur Verwirklichung lebenslangen Lernens und beruflicher Handlungskompetenz

4.1 Definition lebenslanges Lernen

Um den Begriff des lebenslangen Lernens inhaltlich abgrenzen zu können, muss zunächst geklärt werden, was unter Lernen zu verstehen ist. Die Definitionen von Lernen sind zahlreich. Im Folgenden werden daher wichtige Merkmale zusammenfassend aufgezeigt, die charakteristisch für Lernen sind.

4.1 Definition lebenslanges Lernen

Lernen:
- beinhaltet eine relativ dauerhafte Veränderung des eigenen Handlungspotenzials,
- ist das Aneignen von Wissen, Kenntnissen und Fähigkeiten,
- ist das Einprägen von Erfahrungen in das Gedächtnis,
- ist das Verarbeiten und Umsetzen von Informationen,
- entsteht durch Erfahrung, auch durch Fremderfahrung,
- entspricht einer Verhaltensänderung durch Erfahrung,
- steht für jede Art von aktueller Anpassung an veränderte Anforderungen.

Lernen ist somit ein allgegenwärtiger Prozess der Informationsaufnahme und -verarbeitung, der jederzeit möglich ist und zu veränderten Kompetenzstrukturen, Einsichten und Kenntnissen führt.

Lernen vollzieht sich immer im:
- kognitiven Bereich (zum Beispiel Wissen, Information),
- affektiven Bereich (zum Beispiel Werte, Einstellungen) und
- psychometrischen Bereich (zum Beispiel handwerkliche Techniken, Bewegungsabläufe).

Hierbei lässt sich Lernen in drei verschiedene Lernebenen einteilen:

```
                        Lernen
         ┌────────────────┼────────────────┐
Intentionales Lernen  Beiläufiges Lernen  Unbewusstes Lernen
```

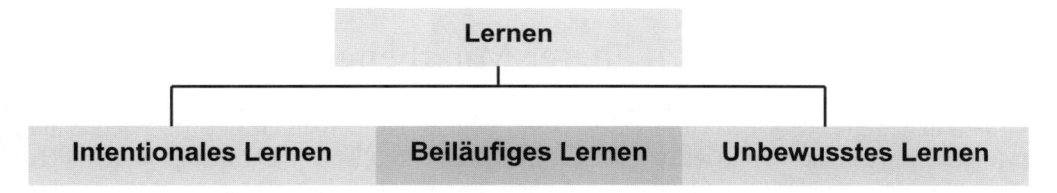

Abb. 4.1   Lernebenen; Quelle: eigene Darstellung in Anlehnung an Zimmermann et al., 2006, S. 13

1. **Das intentionale Lernen oder auch explizite Lernen**
   Explizites Lernen ist ein bewusst erlebter, kontrollierter Prozess. Es ist begründbar, planbar und mitunter auch erfassbar in Form von Prüfungen und gezeigten Leistungen oder Evaluationen. Intentionales Lernen erfolgt zumeist in Form von Weiterbildungsmaßnahmen.
2. **Das beiläufige Lernen**
   Es erfolgt unbewusst und informell und ist daher nicht beabsichtigt. Gleichsam parallel beziehungsweise integrativ wird im Arbeitsprozess oder im privaten Umfeld gelernt. Dieses Lernen ist in Form von Reflexion zugänglich. So könnte es zum Beispiel durch Interviews mit den betroffenen Personen explizit gemacht werden.
3. **Das unbewusste Lernen oder auch implizite Lernen**
   Unbewusstes Lernen ist immer und überall möglich sowie nicht beobachtbar. Es kann auch nicht durch Tiefeninterviews oder therapeutisch zugänglich gemacht werden. Diese Form des Lernens ist daher problematisch, weil der Lernende den Prozess seines zusätzlichen Kompetenzerwerbs nicht bewusst nachvollziehen kann. Und damit kann er diese

impliziten Kompetenzen, die Produkte seines unbewussten Lernens sind, auch nicht vorsätzlich auf andere Situationen übertragen und anwenden.

Lebenslanges Lernen
Basierend auf dieser Sichtweise des Lernens lässt sich der Begriff des **lebenslangen Lernens** ableiten. „Lebenslanges Lernen umfasst alles formale, nicht-formale und informelle Lernen an verschiedenen Lernorten von der frühen Kindheit bis einschließlich der Phase des Ruhestands" (Hillmann, 2008, S. 18). Oder wie die EU-Kommission formuliert, ist lebenslanges Lernen „... jene zielgerichtete Tätigkeit, die einer kontinuierlichen Verbesserung von Kenntnissen, Fähigkeiten und Kompetenzen dient" (EU-Kommission, 2000). Diese Auffassung des Lernens sieht den Lernvorgang als infiniten Prozess, der sich über die unterschiedlichen Lebensphasen eines Menschen erstreckt. Dabei werden in der frühen Lebensphase jene Kompetenzen erworben, die für die spätere berufliche und außerberufliche Bildung die notwendige Voraussetzung bilden. Die Bedeutung des lebenslangen Lernens wird anhand der gemeinsamen „Strategie für das Lebenslange Lernen in der Bundesrepublik Deutschland", die von Bund und Ländern am 5. Juli 2004 verabschiedet wurde, nochmals eindringlich verdeutlicht. Denn auch hier gilt die Befähigung zum lebenslangen Lernen als Schlüssel für wirtschaftlichen und gesellschaftlichen Erfolg.

4.2 Lernfähigkeit älterer Mitarbeiter

Grundsätzlich gilt, dass Lernen in jedem Alter möglich ist. Lernen erfolgt besonders dann erfolgreich, wenn die Voraussetzung der Lernfähigkeit erfüllt ist. Die Lernfähigkeit, definiert als die Funktionsweise verschiedener Gedächtnissysteme, ist von zahlreichen Faktoren abhängig, wie folgendes Schaubild zeigt:

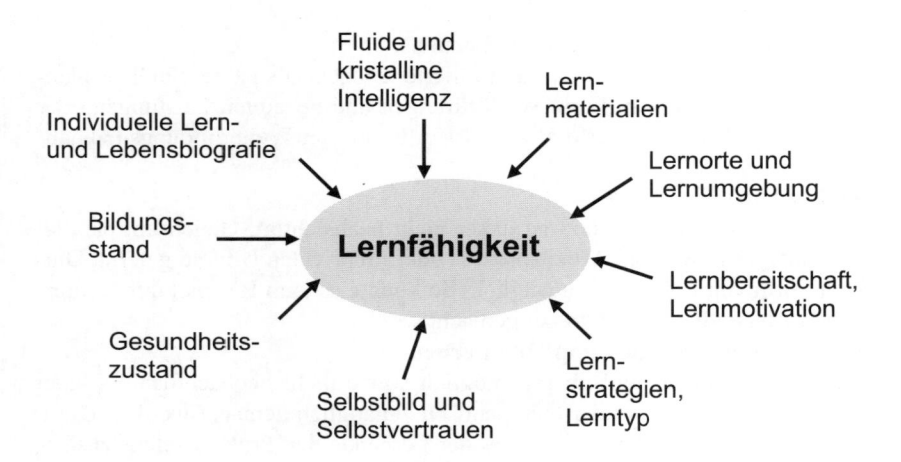

Abb. 4.2 Lernfähigkeit älterer Mitarbeiter; Quelle: eigene Darstellung in Anlehnung an Nickolaus, 2008

4.2 Lernfähigkeit älterer Mitarbeiter

Um nun Lernen in den jeweiligen Weiterbildungsmaßnahmen gerade für ältere oder auch lernentwöhnte Mitarbeiter erfolgreich zu gestalten, muss bei der konkreten betrieblichen Weiterbildungsplanung auf diese Einflussfaktoren Rücksicht genommen werden. Nur dann wird ein optimaler Lernerfolg sicher gestellt. Die folgenden Ausführungen berücksichtigen daher im Wesentlichen jene Faktoren des Lernerfolgs, die sich zu denen jüngerer oder lerngewohnter Mitarbeiter unterscheiden.

Selbstbild und Selbstvertrauen
Als wichtige Grundvoraussetzung für Lernmotivation ist das Selbstvertrauen in die eigenen Lernfähigkeiten. Älteren sollte die Angst vor Versagen oder vor negativen Vorurteilen Jüngerer gegenüber ihrer Lernfähigkeit genommen werden. Wissenschaftlich fundierte Aussagen belegen die Lernfähigkeit Älterer und sollten entsprechend offen kommuniziert werden.

Fluide und kristalline Intelligenz
Wie bereits gezeigt, nimmt die fluide Intelligenz mit zunehmendem Alter ab (vgl. Hörwick, 2003, S. 7 ff.). Für die Lernfähigkeit Älterer bedeutet dies, dass folgende Schwierigkeiten beim Lernen beobachtet werden können, aus denen entsprechende Gestaltungsanforderungen an die Weiterbildungsmaßnahme resultieren:

Tab. 4.1 Lernschwierigkeiten älterer Mitarbeiter und daraus resultierende Gestaltungsanforderungen an die Bildungsmaßnahme; Quelle: vgl. Hörwick, 2003, S. 15 ff.

Lernschwierigkeiten älterer Mitarbeiter	Lösungsansätze zur Gestaltung von Weiterbildungsmaßnahmen für Ältere
Fehlen einer Lerntechnik	Bevor ältere oder lernentwöhnte Mitarbeiter an Weiterbildungsmaßnahmen teilnehmen, sollte ihnen vermittelt werden, wie man lernt. Das heißt, Methoden des Lernens werden selbst zum Inhalt einer Bildungsmaßnahme. Zum Auffinden der richtigen Lernstrategie ist es erforderlich, den Lerntypus zu bestimmen.
Erschwerte Behaltensleistungen bei schlecht aufbereitetem Material	Das in der Weiterbildungsmaßnahme eingesetzte Lernmaterial sollte klar strukturiert und verständlich sein und eine übersichtliche Gliederung aufweisen. Ältere Teilnehmer benötigen zu Beginn der Bildungsmaßnahme eine Übersicht über den gesamten zu vermittelnden Lehrstoff. Das Erkennen von Gesamtzusammenhängen erleichtert das Lernen. Es wäre auch durchaus denkbar, dass die älteren Weiterbildungsteilnehmer in die Gestaltung der Bildungsmaßnahme und der entsprechenden Unterlagen einbezogen werden.
Behinderung durch zu schnell gebotenen Lernstoff	Die Vermittlung des Lernstoffs sollte ausreichend Gelegenheit zum „Einatmen" und „Ausatmen" der neuen Inhalte ermöglichen. Die zeitliche Planung ausreichender Pausen ist unbedingt erforderlich. Die Lerndauer sollte zwei Tage nicht überschreiten. Der Lernstoff sollte daher besser über Lernblöcke mit mehreren Tagen Pause dazwischen verteilt werden. Insgesamt gilt also die Regel der kurzen Verweildauer in der jeweiligen

	Bildungsmaßnahme. Auch eine stark dozentenorientierte Bildungsmaßnahme bedingt Lernstörungen, denn ältere Erwachsene wollen die klassische Schülerrolle vermeiden. Daher sind Unterrichtsformen mit aktivierenden Methoden des Lehrens und Lernens zu wählen.
Lerninhalte müssen öfter wiederholt werden	Es sollten ausreichend Möglichkeiten geschaffen werden, das Gelernte zu wiederholen. Nach jedem Lernblock sollte eine das Wissen vertiefende und festigende Übung eingeplant werden. Die Lerninhalte sind zusätzlich praxisorientiert zu gestalten. Das heißt, ein abstrakter, rein theoretischer Lerninhalt erschwert die Behaltensleistung. Erforderlich sind Inhalte, die einen konkreten Bezug zur beruflichen Realität herstellen. Wünschenswert ist eine Vorgehensweise vom konkreten zum abstrakten Inhalt. Gleichzeitig ist eine Unter- oder Überforderung hinsichtlich des Lernstoffs zu vermeiden.
Der Lernprozess ist störanfälliger	Die Weiterbildungsmaßnahme sollte in Räumlichkeiten stattfinden, die eine vollkommene Ungestörtheit vom Berufsalltag oder anderen Störfaktoren wie Lärm oder schlechte Lichtverhältnisse gewährleisten. Ein geschützter Lernraum ist unabdingbar.
Die Fähigkeit, den neuen Lernstoff zu reproduzieren, nimmt ab	Zum einen erleichtern praktische Übungen die Reproduktion neuer Lerninhalte. Zum anderen wird die Reproduktion erfolgreicher, wenn das neue Wissen mit dem bereits vorhandenen Wissen durch Bildung von Analogien und die Verwendung praktischer Beispiele eingesetzt wird. Das Vorwissen dient hier zur Verankerung neuer Inhalte.
Schwierigkeiten, wenn es darum geht, bereits vorhandene Strukturen und Arbeitsabläufe umzustellen beziehungsweise zu verändern	Verhaltensänderungen werden mit zunehmendem Alter immer schwieriger. Daher ist für eine erfolgreiche Veränderung im Hinblick auf Anwendung neu vermittelten Wissens nicht nur eine häufige positive Rückkoppelung seitens der Führungskraft notwendig, sondern auch die organisationale Neugestaltung von Strukturen oder Arbeitsabläufen, die den Einsatz der neuen Verhaltensweisen im Arbeitsprozess begünstigen.

Demgegenüber weisen Ältere, bedingt durch die Entwicklung der kristallinen Intelligenz, folgende **Vorteile** im Lernprozess auf:

- Fähigkeit, einen Vergleich von neuem zu bereits vorhandenem Wissen vorzunehmen,
- erhöhte Eigenverantwortlichkeit und selbstständiges Arbeiten,
- problemzentrierte Sichtweise auf Lerninhalte, vor allem im Hinblick auf deren Anwendungsbezogenheit,
- professioneller Umgang mit komplexen Sachverhalten.

Diese Vorteile, die Ältere hinsichtlich ihrer Lernfähigkeit aufweisen, sollten nicht nur passiv hingenommen, sondern positiv genutzt werden. Folgende grundsätzliche methodisch-didaktische Forderung an die Gestaltung von Bildungsmaßnahmen kann aus den dargestellten Vor- und Nachteilen der Lernfähigkeit Älterer abgeleitet werden: Der **Praxisbezug** ist die zentrale Forderung bezüglich Weiterbildungsinhalten. Ein fehlender Praxisbezug zur aktuellen Tätigkeit wird als sinnentleertes Lernen verstanden. Die Behaltensleistung des neuen Lernstoffs ist wesentlich höher, wenn eine Verknüpfung zwischen bekanntem und neuem Wissen hergestellt wird. Auch sollten die Lernabschnitte so viel praktische Elemente wie möglich beinhalten, dass die Teilnehmer aktiv in die Erarbeitung des Lernstoffs einbezogen sind. Eine Verdeutlichung des Nutzens der neuen Inhalte für die betriebliche Praxis sollte für die Teilnehmer erkennbar sein. Diese komparativen Vorteile bei einem praxisorientierten Lernen zeigen, dass Weiterbildungsmaßnahmen in Form nicht-institutionalisierten Lernens für Ältere zu bevorzugen sind.

Bildungsstand, Lern- und Lebensbiografie sowie Lernbereitschaft und Selbstbild
Aufgrund des individuellen Verlaufs von Biografien fällt die Lernfähigkeit sowie Lernbereitschaft Älterer auch sehr heterogen aus. Lernfähigkeit und Lernbereitschaft hängen von personellen Einflussfaktoren ab, insbesondere von der im Bildungs- und Berufsverlauf gesammelten Lernerfahrung. Ältere, die im Verlauf ihres Lebens positive Lernerfahrung sammeln konnten und sich dadurch ihrer Lernfähigkeit bewusst sind, weisen eine tendenziell höhere Lernbereitschaft auf.

Auch trägt ein höherer Bildungsstand dazu bei, dass Lernen als fortwährender Prozess als selbstverständlich verstanden und praktiziert wird. Hingegen bedingen ein niedriger Bildungsstand sowie bisher gemachte negative Lernerfahrungen eine mangelnde Lernbereitschaft. Lernen selbst ist also als eine Kompetenz im Sinne der Lernfähigkeit einzuordnen und muss von Individuen im Verlauf ihrer Biografie erworben und auch behalten werden. Denn Lernen kann „verlernt" werden, und diese Lernentwöhnung bedingt auch mangelnde Lernmotivation. Umso wichtiger wird damit die Einsicht in die Forderung nach lebenslangem Lernen, institutionalisiert von Unternehmen und der Gesellschaft. Damit lernentwöhnte Mitarbeiter nicht in eine Art Teufelskreis geraten, sollten diese durch persönliche Ansprache und Ermunterung im Rahmen von Mitarbeitergesprächen motiviert werden, Lernprozesse aufzunehmen. Hierbei können Unternehmen lernungeübten Älteren eine Lernbegleitung in Form eines fachlich geschulten Moderators zur Seite stellen, der beim selbstorganisierten Lernen für methodische Unterweisung, Lernreflexion und Rückmeldung sorgt.

Doch sind es nicht nur die personellen Faktoren, die Lernfähigkeit und Lernbereitschaft beeinflussen. Es sind auch die Faktoren des Arbeits- und Lernumfelds, die positiven Einfluss ausüben können. So identifiziert Straka drei motivierende Bedingungen, unter denen selbstorganisiertes Lernen im Prozess der Arbeit möglich wird:

1. „Das Erleben von Autonomie in Form von Handlungsspielräumen,
2. das Erleben der eigenen Kompetenzen durch erfolgreiche Aufgabenbewältigung,
3. das Erleben sozialer Einbindung durch Anerkennung der Arbeitsleistung" (Straka, 2001, S. 166).

Der notwendige Zusammenhang zwischen Kompetenzerhalt als Ziel der Personalentwicklung in Einklang mit den strategischen Unternehmenszielen einerseits und den Bedingungen der Organisationsgestaltung andererseits tritt hier besonders deutlich zu Tage. Die strategische Verzahnung von Unternehmensentwicklung, Personalentwicklung und Organisationsentwicklung ist notwendig, um eine entsprechende organisationale Lerninfrastruktur bereitzustellen. Diese Infrastruktur zeigt sich dann in einer Kombination von unterschiedlichen Lernformen, Lernorten und Lernbereichen, die zu spezifischen Lernarrangements zusammengefügt werden. Es ist damit letztlich auch die Selbstverpflichtung des Unternehmens, Lernen als institutionalisierten Prozess zu sehen und zu implementieren, um Lernfähigkeit und Lernbereitschaft von Mitarbeiten zu erhalten oder zu initiieren.

Der Gesundheitszustand
Es ist selbsterklärend, dass für den Lernerfolg die Gesundheit des Mitarbeiters die grundlegende Voraussetzung darstellt. Im Rahmen des betrieblichen Gesundheitsmanagements sollte sich daher eine Kombination aus:

- langfristig präventiven Maßnahmen (zum Beispiel Gesundheitsvorsorgeuntersuchungen) sowie
- kurzfristigen reduktiven Maßnahmen (zum Beispiel ergonomische Arbeitsplatzgestaltung) und
- verhaltensorientierten Maßnahmen (zum Beispiel Ernährung, Bewegung) durchsetzen.

Eine beteiligungsorientierte Gefährdungsbeurteilung von Mitarbeitern durch Befragungen, Gesundheitsberichte oder Gesundheitszirkel können diese Maßnahmen begleiten. Je gesundheitsförderlicher die Strukturen und Prozesse in einem Unternehmen gestaltet sind, desto gesünder und lernfähiger sind die Mitarbeiter. Gesundheitserhaltende und -fördernde Maßnahmen dürfen jedoch nicht erst am Ende, sondern sollten bereits zu Beginn der Erwerbsbiografie verwirklicht werden. (siehe hierzu auch das Kapitel „Betriebliches Gesundheitsmanagement" von Max Ueberle in diesem Lehrbuch).
Das Fazit aus der dargestellten Lernfähigkeit ist, dass Ältere nicht schlechter, sondern nur anders lernen als Jüngere. Um den Lernerfolg sicherzustellen, wird damit eine Gestaltung der Weiterbildungsmaßnahmen erforderlich, die das Lernverhalten Älterer unterstützt.

4.3 Lernformen und Lernorte für die berufliche Kompetenzentwicklung

Vor dem Hintergrund einer Vielzahl unterschiedlicher Lernformen stellt sich die Frage, welche für das Entwicklungsziel der beruflichen Handlungskompetenz prädestiniert und gleichzeitig für die Zielgruppe älterer Mitarbeiter geeignet ist.

Dem Ansatz der beruflichen Handlungskompetenz zufolge kann Kompetenz entwickelt und gefördert werden. Kompetenz gilt damit als lern- und beeinflussbar. Doch beinhaltet Kompetenzentwicklung auch eine neue, kompetenzbasierte Lernkultur.

Das bisherige Verständnis von beruflicher Weiterbildung wurde kaum im Zusammenhang mit der Komplexität der Arbeits- und Lebenswelt gesehen. Vielmehr beschränkte sich Wei-

4.3 Lernformen und Lernorte für die berufliche Kompetenzentwicklung

terbildung auf den Aspekt der institutionalisierten Weiterbildungspraxis, wie zum Beispiel Seminare. Dieses Verständnis von Weiterbildung beruhte auf den Empfehlungen der Bildungskommission des Deutschen Bildungsrates vom 13. Februar 1970. Hier wird Weiterbildung als ein „... ergänzender nachschulischer, umfassender Bildungsbereich verstanden und Weiterbildung als Fortsetzung oder Wiederaufnahme früheren organisierten Lernens mit vorschulischen und schulischen Lernprozessen als ein zusammenhängendes Ganzes betrachtet, in dessen Mittelpunkt die Planbarkeit, die curriculare Gefasstheit und die Kontrollierbarkeit des Lernens standen" (Deutscher Bildungsrat, 1970, S. 51).

Die neue Qualität in der Weiterbildung besteht aus zwei Aspekten: Zum einen in der grundsätzlichen Forderung nach lebenslangem Lernen, zum anderen darin, den Lernbedarf aus wirtschaftlichen und gesellschaftlichen Prozessen des Strukturwandels zu erkennen. Aufgrund der Komplexität und Geschwindigkeit dieser Veränderungsprozesse können Weiterbildungskonzepte jedoch kaum mehr vorausschauend den künftigen Lernbedarf kennen oder gar standardisiert konzipieren. Vielmehr sieht Weiterbildung ihre Aufgabe heute darin, situationsbezogen alle Arbeits- und Lebensbereiche zur beruflichen Kompetenzentwicklung heranzuziehen, beginnend mit der Geburt bis zur vierten Lebensphase. Damit findet Lernen nicht mehr nur in den hierfür institutionalisierten Einrichtungen statt, sondern auch vor allem am Arbeitsplatz sowie im sozialen und privaten Umfeld. Entsprechend lassen sich auch unterschiedliche Lernorte und Lernformen identifizieren.

Formal lässt sich Lernen nach dem „**Wo**" und „**Wie**" seines Stattfindens in:

- institutionalisiertes und
- nicht-institutionalisiertes Lernen unterscheiden.

Institutionalisiertes Lernen entspricht dem klassischen, bisherigen Verständnis von Lernen und ist auch jene Form des Lernens, die weitestgehend in der Unternehmenspraxis vorgefunden wird. Das institutionalisierte Lernen findet im Rahmen organisierter Weiterbildung statt. Dies kann entweder in externen oder internen Einzel- und Gruppenmaßnahmen erfolgen.

Nicht-institutionalisiertes Lernen kann immer und überall stattfinden. Denn es bewegt sich außerhalb organisierter Weiterbildungsveranstaltungen, zum Beispiel am Arbeitsplatz oder im privaten und sozialen Umfeld.

Die folgende Darstellung zeigt die unterschiedlichen Lernformen und Lernorte der Kompetenzentwicklung:

Tab. 4.2 *Lernformen und Lernorte; Quelle: eigene Darstellung in Anlehnung an Hübner et al., 2003, S. 59*

Beruflicher Kompetenzerhalt und berufliche Kompetenzentwicklung		
Lernort	• Institutionalisiert: Externe und interne Weiterbildungseinrichtungen, Akademien, Hochschulen	• Nicht-institutionalisiert: Arbeitsplatz, soziales und privates Umfeld
Lernform	• Intentionales Lernen • Explizites Lernen	• Intentionales Lernen • Beiläufiges Lernen • Unbewusstes Lernen – implizites Lernen
Lernbereich	• Fort- und Weiterbildung • Ausbildung • Umschulung • Unternehmensweiterbildung • Blended Learning	• Arbeitsplatz: Einarbeitung, Unterweisung, Anlernen, Beobachten, Ausprobieren, Erfahrungsaustausch, Qualitätszirkel, Audits, Messen, Konferenzen, Kongresse, Verbandsarbeit, Fachliteratur, Projektarbeit, Mentoring, Patenschaften, Coaching, Job-Rotation, Austauschprogramme • Soziales und privates Umfeld: Ehrenamtliche Tätigkeiten, Tätigkeiten in sozialen, kulturellen und ökologischen Projekten oder Einrichtungen, Literatur, Fernsehen, Internet, Erziehung von Kindern, Pflegetätigkeit für Familienangehörige

Vor dem Hintergrund dieser vielfältigen Lernformen und Lernorte stellt sich die Frage, welche für das Lernziel beruflicher Kompetenzerhalt älterer Mitarbeiter prädestiniert sind. Generell gilt, dass es keine einheitlich geeignete Lernform hinsichtlich der Herausbildung von Kompetenzen gibt. Jedoch werden institutionalisierte und nicht-institutionalisierte Lernformen für den Lernerfolg Erwachsener unterschiedlich gewichtet. So findet nach Heyse Lernen zu 80% in nicht-institutionalisierten Prozessen statt (vgl. Heyse, 2003, S. 588). Nicht-institutionalisiertes Lernen entspricht der neuen, kompetenzbasierten Lernkultur und ist gerade im Kontext älterer Mitarbeiter von zentraler Bedeutung. Denn wie bereits gezeigt wurde, lernen ältere Mitarbeiter anders.

Doch zunächst sollen die Möglichkeiten institutionalisierter Weiterbildung im Hinblick auf das Ziel berufliche Handlungskompetenz beleuchtet werden.

4.4 Institutionalisierte Weiterbildung

Die formal organisierte Weiterbildung stellt das dar, was bisher üblicherweise in den Unternehmen unter dem Begriff Weiterbildung verstanden wurde. Hierunter fallen Fortbildungen und Umschulungen in Form von Seminaren, Kursen oder Workshops, die entweder in externen Weiterbildungsinstitutionen stattfinden oder auch intern durchgeführt werden. Primär eingesetzt wird hierbei die intentionale Lernform. Um die Attraktivität dieser Lernform zu steigern, sollte diese mit den Besonderheiten des Lernverhaltens Älterer abgestimmt werden. Die oben genannten Vorschläge zur Erhöhung der Lernfähigkeit sind in diese klassischen Weiterbildungsmaßnahmen zu integrieren. Diese Forderung beinhaltet jedoch nicht zwingend, dass es nur noch spezielle Weiterbildungsmaßnahmen für Ältere gibt. Diese Stigmatisierung, wie sie sich beispielsweise durch institutionalisierte Veranstaltungen in Form von „nur für Ältere" ergeben können, ist auszuschließen. Diese Form der Veranstaltungsplanung würde das wichtige Forum des Wissensaustausches und Wissenstransfers zwischen Alt und Jung ungenutzt lassen. Deshalb sollten und können auch in altersheterogenen Gruppen die individuellen Lernbedürfnisse, der Teilnehmer berücksichtigt werden (siehe hierzu auch das Kapitel „Wissensmanagement" von Uta Kirschten in diesem Lehrbuch).

Auch wenn der Lernerfolg Erwachsener bei nicht-institutionalisierten Lernformen höher gewichtet wird (vgl. Heyse, 2003, S. 588), verliert die institutionalisierte Lernform nicht zwingend an Bedeutung. Der Grund hierfür liegt in den zukünftig stärker vertretenen holistischen Arbeitsorganisationen von Unternehmen. Die bisher stark tayloristisch geprägte Arbeitswelt, gekennzeichnet durch einen hohen Grad an funktioneller Arbeitsteilung, wird abgelöst. Denn die Globalisierung bewirkt ein volatiles wirtschaftliches Umfeld, welches andere Anforderungen, wie zum Beispiel Flexibilisierung, an die Arbeitsorganisation stellt. Die strenge Arbeitsteilung wird aufgegeben, Hierarchien flachen ab und die Integration von planenden und ausführenden Tätigkeiten wird in holistischen Arbeitsorganisationen erhöht. Entsprechend komplexer werden auch die Qualifikationsanforderungen an einen Mitarbeiter.

Berufliche Handlungskompetenz wird bei der steigenden Komplexität von Tätigkeitsfeldern zwingend erforderlich. Setzt man also die Verbreitung holistischer Organisationsformen voraus, so wird eine Erstausbildung in Verbindung mit stetigem fachlichem Kompetenzerwerb über ein Erwerbsleben hinweg immer bedeutsamer. Damit wird der Prozess des lebenslangen Lernens in institutionalisierten Weiterbildungsmaßnahmen auch für ältere Erwerbspersonen unabdingbar. Und umso wichtiger ist es für Unternehmen, die Lernfähigkeit ihrer Mitarbeiter über ein Berufsleben hinweg zu erhalten und bei der Gestaltung von Weiterbildungsmaßnahmen die individuelle Lernfähigkeit zu berücksichtigen.

Sonderform der institutionalisierten Weiterbildung – Blended Learning
Eine heute nicht mehr zu vernachlässigende Form des Lernens stellt das Blended Learning dar. Blended Learning (blended: vermengt, vermischt) heißt direkt übersetzt zunächst einmal nichts anderes als „vermischtes Lernen". Es beinhaltet die ideale Mischung unterschiedlicher Lehr- und Lernformen, verteilt auf mehrere Medien. Das heißt, Blended Learning ist eine Kombination aus klassischen Lehr- und Lernmethoden, mit E-Learning und tutorieller Begleitung. So werden Face-to-Face Veranstaltungen wie Seminare mit asynchronen und synchronen Medienarrangements wie Intra- und Internet verknüpft, Selbstlernphasen wechseln

mit Lehrenden-Lerner-Situationen oder Team-Lernsituationen ab. Wichtig ist hierbei, dass die Lehr- und Lerninhalte nicht einfach additiv aneinandergereiht, sondern auf verschiedenen Ebenen aufeinander abgestimmt und damit in einem gemeinsamen Konzept verbunden sind (vgl. Reinmann-Rothmeier, 2003, S. 29).

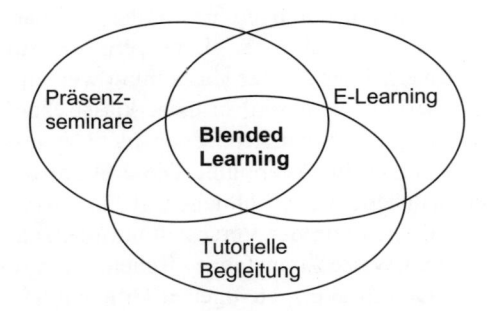

Abb. 4.3   Blended Learning; Quelle: eigene Darstellung

Der aus E-Learning resultierende Nutzen besteht im Wesentlichen aus drei zentralen Faktoren:

1. der hypermedialen Darstellung von Lerninhalten,
2. dem selbstgesteuerten Lernen,
3. dem kooperativen Lernen.

Ein methodisch-didaktischer Mehrwert von Blended Learning gegenüber den klassischen Lehr- und Lernmethoden oder dem reinem E-Learning ist nur dann gegeben, wenn ein passendes Lernarrangement für ältere Mitarbeiter gefunden wird. Dieses sollte folgende Voraussetzungen erfüllen: Freie Gestaltung des Lernprozesses, des Lerntempos und der Lernzeiten. Ebenso setzt Blended Learning eine hohe Selbstkompetenz voraus, die gerade bei der Zielgruppe Älterer anzutreffen ist.

Des Weiteren hat die Qualität der elektronischen Lernarrangements eine zentrale Bedeutung, um eine hohe Akzeptanz dieser Lernform bei den Lernenden zu erreichen. „Content is King" lautet eine bekannte Formel aus der Praxis multimedialen Lernens. So sollen die Inhalte von E-Learning stark praxisorientiert sein. Am Besten sind Aufgabenstellungen aus dem direkten Arbeitsumfeld der Lernenden zu wählen. Damit erkennt der Lernende einen direkten Nutzen für sich und seine Tätigkeit. Auch sollten die Lernarrangements den Lernenden Strukturierungshilfen für ihr individuelles Lernen bieten. Zudem ist eine Medienüberflutung und damit Reizüberflutung zu vermeiden. Wichtig ist des Weiteren, E-Learning in eine soziale Infrastruktur und Sinnumgebung einzubetten. So schaffen soziale Netzwerke, Lern- und Arbeitsgruppen und Communities of Practice jene Arbeitsebenen, die das computervermittelte Wissen mit Sinn anreichern und zu handlungsrelevantem Wissen werden lassen. Denn Lernen per Netz wird erst dann akzeptiert, wenn die Inhalte nicht zusammenhanglos auf Internetseiten stehen (vgl. Preißing, 2006, S. 53ff.).

Die angeführten Erfolgskriterien stimmen mit der Lernfähigkeit älterer Mitarbeiter überein. Damit wird ein lange gepflegtes Vorurteil widerlegt, welches gerade den Einsatz neuer Medien bei Älteren als ungeeignete Kompetenzentwicklungsmaßnahme sieht.

Als Voraussetzung für den erfolgreichen Einsatz von Blended Learning ist jedoch der kompetente Umgang mit den unterschiedlichen Lernsoftware-Typen. Es ist daher ratsam, diese Ausgangsvoraussetzung zu schaffen, indem älteren Mitarbeitern ein vorbereitender Kurs angeboten wird, der es ihnen ermöglicht, die Lernsoftware problemlos, ihren eigenen Bedürfnissen angepasst zu bedienen und zu nutzen. Hierbei ist jedoch zu beachten, dass ein Software-Schulungskurs nicht mit altersgemischten, sondern mit altershomogenen Teams durchgeführt wird. Grund hierfür ist die meist unterschiedliche Herangehensweise im Umgang mit dem PC. Jüngere gehen den Weg des „trial and error", indem über Mausklicks und intuitive Nutzung von Icons die Software erlernt wird. Hingegen benötigen ältere Lerner mehr Zeit und Systematik, um den Umgang mit der Software kennen zu lernen. Die im Rahmen eines solchen Seminars erarbeiteten Schritte zur Nutzung der jeweiligen E-Learning-Software sollten des Weiteren in Form eines Nachschlagewerks für jeden Teilnehmer zur Verfügung stehen, damit dieser auch nach dem Seminar einen Leitfaden hat. Gleichzeitig sollte dafür gesorgt werden, dass dem Mitarbeiter jederzeit ein Ansprechpartner für technische Probleme oder auch Fragen in Bezug auf die Lernsoftware zur Verfügung steht. Sind diese Bedingungen erfüllt, dann erreicht man mit Blended Learning in pädagogischer und wirtschaftlicher Hinsicht im Vergleich zu einseitigen institutionalisierten Lernkonzepten eine höhere Effizienz und Effektivität (vgl. Reiß, Dreher, 2002, S. 10).

Es kann festgehalten werden, dass Blended Learning beim Einsatz eines passenden Lernarrangements dem Lernbedürfnis Älterer durchaus entspricht und damit ein Instrument der Kompetenzentwicklung für ältere Mitarbeiter darstellt.

4.5 Nicht-institutionalisierte Weiterbildung

4.5.1 Lernen am Arbeitsplatz

Die Vorteile der Lernfähigkeit Älterer liegen erwiesenermaßen in den bereits genannten Fähigkeiten wie in erhöhter Eigenverantwortlichkeit und selbstständigem Arbeiten, neues Wissen zu bereits vorhandenem Wissen abzugleichen, in problemzentrierter Sichtweise auf Lerninhalte und deren Anwendungsbezogenheit sowie im professionellen Umgang mit komplexen Sachverhalten. Diese Lernfähigkeit lässt sich besonders im Rahmen der nicht-institutionalisierten Weiterbildung bestmöglich erwerben und nutzen, nämlich durch Lernen im Prozess der Arbeit. Eine einheitliche Definition vom „Lernen im Prozess der Arbeit" existiert bisher noch nicht. Eine Vielzahl von Begrifflichkeiten wie arbeitsgebundenes, arbeitsplatznahes, arbeitsintegriertes, arbeitsbegleitendes, arbeitsorientiertes, arbeitsimmanentes Lernen oder Lernen on the Job und Lernen in Arbeitsprozessen beinhalten auch abweichende inhaltliche Interpretationen.

Im Folgenden soll unter dem Lernen im Arbeitsprozess oder Lernen im sozialen und gesellschaftlichen Umfeld verstanden werden, dass durch die jeweils ausgeübte Tätigkeit ein individueller Kompetenzzuwachs verbunden ist.

Das berufsbezogene Lernen hängt ganz wesentlich von der Dauer des Erwerbslebens und den damit verbundenen Tätigkeiten ab. Somit wäre allein aufgrund der Dauer der Erwerbsphase davon auszugehen, dass ältere Erwerbspersonen eine umfangreichere Erwerbs- und Lernbiografie haben als Jüngere bei gleichen Bildungs-Ausgangsvoraussetzungen. Üblicherweise übten ältere Mitarbeiter im Verlauf ihres Erwerbslebens mehr unterschiedliche Arbeitstätigkeiten als Jüngere aus und erhöhten damit ihre berufliche Handlungskompetenz. Die Zuschreibung von Kompetenzen wie großes Erfahrungswissen oder Problemlösungsfähigkeit bestätigt diese Sichtweise. Das heißt, eine erhöhte Verweildauer im Berufsleben kann auch zu einer erhöhten beruflichen Handlungskompetenz beitragen, vorausgesetzt, das berufliche Tätigkeitsfeld bietet die Möglichkeit zum Lernen. Umso entscheidender ist es, einen Arbeitsplatz zu schaffen, der die Gelegenheit zum Lernen eröffnet, denn „Das größte Lernhindernis ist eine Tätigkeit, in der es objektiv nichts zu lernen gibt." (Hacker, Richter, 1990, S. 128)

Die Forderung lautet also, dass Unternehmen, wenn sie langfristig die Kompetenzen ihrer Mitarbeiter erhalten und fördern wollen, die Gestaltung lernförderlicher Arbeitsplätze einrichten. Nach einer Untersuchung der Europäischen Union gibt es eine Entwicklung hin zu zweistufigen Arbeitsmärkten. Auf der einen Seite gibt es die erste Stufe, gekennzeichnet durch Arbeitsplätze mit passender relativer Entlohnung, Arbeitsplatzsicherheit, Entwicklungsmöglichkeiten und generell guten Bedingungen, auf der anderen Seite gibt es die zweite Stufe, gekennzeichnet durch geringe Entlohnung, unsichere Arbeitsplätze, fehlende Weiterbildungsmöglichkeiten und fehlende berufliche Entwicklung (vgl. Beschäftigung in Europa, 2001, S. 79 f.). Diese perspektivlosen Arbeitsplätze gibt es gemäß dieser Studie auch noch in großem Umfang. Die damit verbundenen Dequalifizierungsrisiken entstehen also durch lernhemmende Arbeitsbedingungen und nehmen mit entsprechend langer Dauer eines Erwerbsverlaufs zu. Das heißt, dass gerade ältere Erwerbspersonen mit langer Erwerbsbiografie davon betroffen sein können. Es wurde empirisch belegt: "Personen, die in Arbeitsverhältnissen mit stark ausgeprägten Lernförderlichkeiten beschäftigt sind, weisen mit 56 Prozent eine hohe Lernkompetenz auf, während Personen an schwach lernförderlichen Arbeitsplätzen fast umgekehrt spiegelbildlich zu 53 Prozent eine niedrige Lernkompetenz deutlich werden lassen" (Baethge, Baethge-Kinsky, 2002, S. 118).

Es wird jedoch davon ausgegangen, dass sowohl Globalisierung und wissenschaftlicher Fortschritt neue Arbeitsplätze mit höherem Anspruchsniveau bedingen werden. Damit verbunden würde die Anzahl lernförderlicher Arbeitsplätze steigen, und der Kompetenzerhalt der Mitarbeiter wäre gesichert.

Gestaltung eines lernförderlichen Arbeitsplatzes
Im Hinblick auf ältere Mitarbeiter ist bei der Gestaltung des lernförderlichen Arbeitsplatzes vor allem das gewandelte Leistungsspektrum der jeweiligen Altersgruppe zu berücksichtigen. Nur so wird eine Überforderung vermieden und die geistigen und physischen Fähigkeiten bestmöglich ausgeschöpft. Des Weiteren ist ein Arbeitsplatz nicht per se lernförderlich, sondern abhängig von den Arbeitsinhalten, der Arbeitsorganisation und den sozialen Zusammenhängen des

Arbeitsprozesses. So gelten allgemein als lernförderliche Arbeitsplatzgestaltung folgende abstrahierte Anforderungen:

Tab. 4.3   Lernförderliche Arbeitsplatzgestaltung; Quelle: vgl. Karazman, 2004, S. 130; vgl. Hübner et al., 2003, S. 91

	Fachlich-personal-soziale Leistungsfähigkeit	Körperliche Leistungsfähigkeit	Psychische Leistungsfähigkeit
Veränderung	Zunahme ⬆	Abnahme ⬇	Gleichbleibend ⬌
Folgen und Perspektiven für den Personaleinsatz älterer Mitarbeiter	• ganzheitliche und selbstständig durchzuführende Arbeitsaufgaben • Dispositiver Tätigkeitsspielraum • Anforderungs- und Aufgabenvielfalt • Vermeidung der Unterforderung am Arbeitsplatz • Lösen von komplexen Aufgabenstellungen mit Spielraum und Selbstverantwortung • Sozial anspruchsvolle Aufgaben • Weniger Arbeitspensum, dafür jedoch qualitativ anspruchsvollere Aufgaben • Beziehungsaufgaben wie zum Beispiel Verhandlungen oder Kundenkontakt, Lieferantenkontakt • Aufgaben, bei denen Urteilsvermögen gefordert ist • Integration und Ausbildung Dritter • Knowhow-Sicherung • Führungs- und Leitungsaufgaben	• Vermeidung körperlich belastender Arbeiten • Weniger Arbeiten mit Stehen, Heben, Tragen oder mit sonstigen schweren Körperhaltungen • Geringe Arbeitsumgebungsbelastungen wie Hitze, Lärm oder schlechte Beleuchtung • Weniger Schichten, vor allem keine Nacht- und Frühschichten • Vermeiden von Druck-, Risiken- und Gefahrensituationen • Reduktion schlechter Organisation • Vermeidung starrer Leistungsvorgaben wie Zeitdruck in Form von Taktvorgaben	• Die Lernfähigkeit ist auch an einem neuen Arbeitsplatz gegeben • Die Fähigkeit zur Aneignung von Neuem ist tendenziell sogar eher steigend • Behaltensfähigkeit des Neuen ist nur gegeben, wenn die berufliche Relevanz gegeben ist • Altersgerechte Didaktik • Aktive Förderung der Lernbereitschaft • Vermeidung psychischer Belastungen wie Daueraufmerksamkeit oder soziale Isolation

Konsequen-zen für die Arbeits-organisation	• Partizipation bei der Arbeitsgestaltung • Gestaltung der Arbeitsmittel als Lernmittel • Vielfältige und intensive Kooperationsbeziehungen • Betriebliche Informations- und Beteiligungspraxis • Anerkennung von Arbeiten und Lernen im Betrieb • Abbau von Vorurteilen gegenüber Älteren im Rahmen der Unternehmenskultur

Diese Aspekte sollten bei der Kompetenzentwicklung älterer Mitarbeiter und beim Einsatz im beruflichen Aufgabenfeld berücksichtigt werden, um einen Erfolg der Kompetenzentwicklung sicherzustellen. Die Realisierung einer lernförderlichen Arbeitsplatzgestaltung findet vor allem mit Hilfe folgender Kompetenzentwicklungsmaßnahmen statt, die nach der zeitlichen und räumlichen Nähe zum Arbeitsplatz in vier Hauptgruppen unterteilt werden (vgl. Scholz, 2000, S. 510 ff.):

1. Personalentwicklung into the job,
2. Personalentwicklung on the job,
3. Personalentwicklung near the job,
4. Personalentwicklung out of the job.

Diese vier Hauptgruppen werden um die fünfte Perspektive Personalentwicklung along the job und die sechste Perspektive off the job ergänzt.

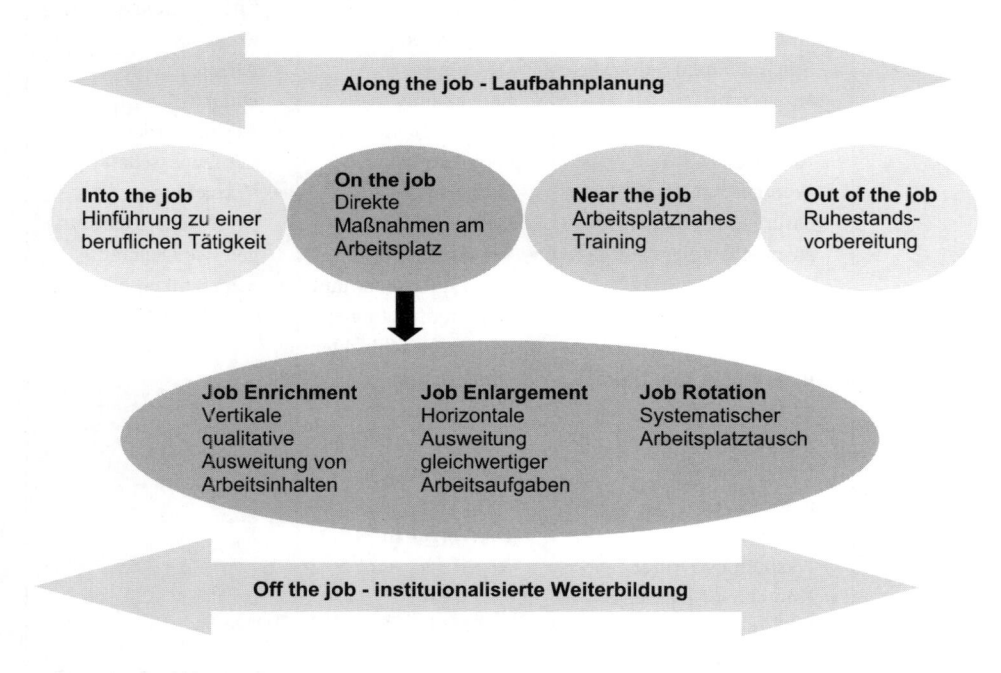

Abb. 4.4 Formen der Personalentwicklung am Arbeitsplatz; Quelle: eigene Darstellung in Anlehnung an Scholz, 2000, S. 510 ff.

1. **Personalentwicklung into the job**
   Hierunter sind Maßnahmen zu verstehen, die zu einer neuen Tätigkeit hinführen wie Berufsausbildung, Praktikum oder Trainee-Programme. Diese Maßnahmen sind gerade für jüngere, aber nicht mehr zwingend für ältere Mitarbeiter relevant. Ältere Erwerbspersonen stehen bereits im Berufsleben.
2. **Personalentwicklung on the job**
   Diese Maßnahmen entsprechen dem eigenaktiven **Lernen in der Arbeitstätigkeit**. Theorie und Praxis bilden hier eine Einheit. Daher sind diese Entwicklungsmaßnahmen besonders für ältere Erwerbspersonen geeignet, die den unmittelbaren Bezug zwischen neu Erlerntem und ihrer beruflichen Tätigkeit für den Lernerfolg benötigen. Die Mitarbeiter lernen durch Aktivitäten wie Einarbeitung, Unterweisung, Anlernen, Beobachten, Ausprobieren bis zur selbstständigen Ausübung ihrer Aufgaben und den damit verbundenen Problemstellungen. Die jeweiligen Aufgaben sind so zu gestalten, dass sie **lernfördernde Inhalte** aufweisen. Besonders geeignet sind hierfür **Projektarbeiten**. Sie bieten vielseitige Vorteile, wenn es um den Kompetenzerhalt älterer Mitarbeiter geht. Zum einen kann durch intergenerative Gruppen- und Projektarbeiten ein Erfahrungsaustausch zwischen Alt und Jung ermöglicht werden. Altes Wissen kann um Neues ergänzt und junges Wissen um jahrelange Erfahrungswerte angereichert werden. Voraussetzung hierfür ist eine altersheterogene Zusammensetzung des Teams. Aber auch ein genereller Erfahrungsaustausch, beispielsweise zwischen unterschiedlichen Funktionen und Abteilungen, ist möglich.

Themen von Gruppen- oder Projektarbeit könnten beispielsweise **Prozessveränderungen** sein, die durch neue Technologien bedingt sind. Der direkte Einbezug des älteren Mitarbeiters in die Planung und Gestaltung des Veränderungsprozesses ist unbedingt erforderlich, denn diese strukturellen Veränderungen bergen insbesondere eine Gefahr für ältere Mitarbeiter. Oftmals beinhalten Veränderungsprozesse ein neues Anforderungsprofil für veränderte Prozesse. Dieses neue Profil wird mit jüngeren, passend qualifizierten Arbeitskräften besetzt, die Älteren stehen für die Vergangenheit, also die alte Unternehmensstruktur und werden entsprechend in traditionelle Arbeitsbereiche mit den Altprodukten versetzt. Dequalifizierung der älteren Mitarbeiter ist die Folge. Daher ist die Integration Älterer in Umstrukturierungsprozesse unabdingbar und beinhaltet mehrere positive Effekte. Einerseits geschieht die Planung nicht mehr über die Köpfe der betroffenen Mitarbeiter hinweg, womit die Veränderungen von den betroffenen Mitarbeitern aufgrund des Verständnisses für den Sachverhalt mitgetragen werden. Andererseits findet aufgrund technischer Veränderungen keine weitere Dequalifizierung älterer Mitarbeiter statt, die ansonsten bei den überholten Technologien verbleiben müssten. Im Idealfall wird der Mitarbeiter den Veränderungsprozess nicht nur begleiten, sondern auch gleichzeitig selber mitvollziehen und eine Kompetenzerweiterung durchlaufen.

Beispielhaft für eine derartige Situation sei das Unternehmen Vetter Fördertechnik GmbH genannt. Eines ihrer Werke wies eine hohe Nachfrage nach Altersteilzeit und hohe krankheitsbedingte Fehlzeiten auf. Als Ursache stellte sich heraus, dass gerade die älteren Mitarbeiter die physisch anstrengenden Tätigkeiten ausführten, wohingegen die jüngeren Mitarbeiter die leichteren Tätigkeiten an technisch neueren CNC-gesteuerten Maschinen übernahmen. Grund hierfür war, dass eher den jungen Mitarbeitern der Umgang mit Maschinen neuester Steuerung zugetraut wurde. „Wenn eine neue Maschine kommt, dann schickt man eher den 25- oder 30-Jährigen auf einen Lehrgang, weil der über 50 das sowieso nicht mehr begreift" (Bertelsmann Stiftung, 2008, S. 60). Die Lösung bestand in Qualifizierungsmaßnahmen der Älteren für weniger belastende Arbeitsplätze (vgl. Bertelsmann Stiftung, 2008, S. 59 ff.).

Grundsätzlich lassen sich Arbeitsinhalte auf zwei Arten erweitern:
- durch einen Abbau der Aufgabenspezialisierung,
- durch eine Vergrößerung des Entscheidungs- und Kontrollspielraums.

Aus der Kombination dieser Möglichkeiten lassen sich drei weitere Varianten der Personalentwicklung on the job ableiten: Job Enrichment, Job Enlargement und Job Rotation. Alle drei Maßnahmen dienen primär dazu, bestehende Aufgaben inhaltlich anzureichern und damit die Lernfähigkeit zu erhalten sowie an einer lernförderlichen Arbeitsplatzgestaltung mitzuwirken.

Job Enrichment
Diese Form der Arbeitsbereicherung beinhaltet nicht, dass die Arbeitsaufgabe erweitert wird, sondern der Mitarbeiter einen größeren Entscheidungs- und Kontrollspielraum erhält. Diese Höherqualifizierung bedeutet zusätzliche Verantwortungsübernahme, mehr Autonomie und ein Reduzieren einseitiger Belastungen. Gerade für das Leistungsprofil älterer Mitarbeiter ist diese Form der Kompetenzentwicklung bestens geeignet.

Job Enlargement
Hierbei erhält der Arbeitnehmer zusätzlich zu seinem bereits bestehenden Aufgabenbereich weitere Tätigkeiten, die ihn seine Arbeit als sinnvolles Ganzes erleben lassen. Wichtig ist hierbei zu berücksichtigen, dass unter Job Enlargement nicht das Umverteilen von Aufgaben von wegrationalisierten Arbeitsplätzen zu sehen ist, sondern eine individuelle, folgerichtige und qualitativ gleichwertige Aufgabenerweiterung angestrebt ist. Des Weiteren werden durch job enlargement sukzessive Kernkompetenzen im erweiterten Aufgabenbereich aufgebaut.

Job Rotation
Diese Form der arbeitsplatzbezogenen Kompetenzentwicklung beinhaltet einen systematischen Arbeitsplatztausch, verbunden mit jeweils neuen Arbeitsaufgaben. Somit erhöht Job Rotation nicht nur die Flexibilität des Mitarbeitereinsatzes, sondern initiiert starke Lernprozesse der Mitarbeiter durch Ausübung neuer Aufgaben.

Allen Ansätzen gemeinsam ist die Intention, Arbeitsmonotonie und einseitige Belastungen zu vermeiden. Gleichzeitig soll arbeitsplatznahe Lernförderung stattfinden, um die Kompetenzen der Mitarbeiter zu erhalten und zu erweitern. Unter Berücksichtigung des Qualifikationsprofils älterer Arbeitnehmer sind alle Kompetenzentwicklungsmaßnahmen on the job von besonderer Bedeutung. Auch die Personalentwicklung near the job ist als arbeitsplatznahes Training besonders für die Zielgruppe Älterer relevant.

4.5 Nicht-institutionalisierte Weiterbildung

3. Personalentwicklung near the job
Qualitätszirkel oder Multiplikatorenmodelle sind typische Beispiele für Personalentwicklungsmaßnahmen near the job. Diese Instrumente sind arbeitsplatznah, jedoch nicht an einen konkreten Arbeitsplatz gebunden.

Unter **Multiplikatorenmodellen** versteht man den Einsatz interner Trainer (Multiplikatoren), die nach ihrer internen Qualifizierung ihr Wissen an andere Mitarbeiter im Unternehmen weitergeben (vgl. Scholz, 2000, S. 518). Diese Form des Lernens kann auch als „Lernen durch Lehren" bezeichnet werden. Voraussetzung für diese Methode des Lernens ist jedoch, dass der Multiplikator selbst Interesse und Freude an der Wissensvermittlung hat und über die Fähigkeit verfügt, Zusammenhänge erklären und vermitteln zu können. Der Lerneffekt für den Lehrenden besteht darin, sich mit den zu vermittelnden Wissensinhalten gezielt und intensiv auseinandersetzen zu müssen. Im Hinblick auf ältere Mitarbeiter bestehen die positiven Effekte darin, dass zusätzlich vorhandenes Erfahrungswissen in die Vermittlung der Lehrinhalte einfließt und inhärentes Wissen offenbar wird. Zudem können ältere Mitarbeiter, die eventuell aufgrund körperlicher Beschwerden ihre Aufgabe nicht mehr erfüllen könnten, diese neue sinnvolle Aufgabe übernehmen. Je nachdem, wie die gegenwärtige Tätigkeit des Multiplikators aussieht, kann Lernen durch Lehren im Austausch, als Schwerpunktverlagerung oder als Erweiterung seiner augenblicklichen Aufgaben erfolgen.

Die Auflistung lernförderlicher Arbeitsplätze lässt sich zahlreich fortführen. So sind Qualitätszirkel, Lernstatt, Lernarena, Mentoring, intergenerative Gruppen- und Projektarbeit, Messen, Konferenzen, Kongresse, Austauschprogramme, Hospitationen, Veranstaltungszyklen oder die unternehmensinterne Unternehmensberatung weitere sinnvolle Instrumente der arbeitsplatznahen Kompetenzerweiterung älterer Mitarbeiter. Allen gemeinsam ist der Wissensaustausch entweder in hierarchischer, qualifikatorischer oder altersbezogener Hinsicht (siehe hierzu das Kapitel „Wissensmanagement" von Uta Kirschten in diesem Lehrbuch).

4. Personalentwicklung out of the job
Diese Kompetenzentwicklungsmaßnahme zielt auf die Ruhestandsvorbereitung oder letztlich auf die Personalfreisetzung in sozial verträglicher Form ab. Wenn Stellenabbau in einem Unternehmen droht, so besteht die Zielgruppe der Personalfreisetzung gerade aus älteren Mitarbeitern, von denen man sich entweder im Rahmen von Frühpensionierungen oder durch Outplacement-Maßnahmen trennt. Bei Letzterem werden Mitarbeiter auf Tätigkeiten entweder in Tochterunternehmen vorbereitet, an Zeitarbeitsunternehmen vermittelt oder zur Selbstständigkeit befähigt. Die verschiedenen Formen des Outplacements werden im Kontext des demografischen Wandels nicht näher erläutert, zielt doch die bestehende Thematik auf den Kompetenzerhalt und -entwicklung Älterer im beschäftigten Unternehmen ab.

5. Personalentwicklung along the job
Personalentwicklung along the job bedeutet die klassische Laufbahn- und Karriereplanung. Unter Laufbahnplanung versteht man die zeitlich und planmäßig vorgezeichnete Stellenfolge von Mitarbeitern, die systematisch im Voraus bestimmbar ist. Dabei kann zwischen der **horizontalen** und **vertikalen** Laufbahn in Abhängigkeit der Hierarchiestufe

unterschieden werden. Die horizontale Laufbahnplanung beinhaltet neue Aufgaben auf der gleichen Hierarchieebene, die vertikale Laufbahnplanung hingegen eine neue Funktion mit hierarchischem Aufstieg. Vorausgesetzt wird hierbei selbstverständlich, dass sich der betroffene Mitarbeiter bewährt hat. Karriereplanung entspricht der Generalisierung der Laufbahnplanung, wobei idealtypische Entwicklungspfade mit entsprechenden Zielpositionen aufgezeigt werden. Die Einteilung der Karrierewege erfolgt in die beiden Hauptgruppen Fach- und Führungskräfteentwicklung. Die Probleme dieser Personalentwicklungsmaßnahmen sind, dass sie mit bestimmten Assoziationen seitens der Mitarbeiter verbunden sind. So beinhaltet das heutige Karrieredenken immer noch folgende Vorstellungen:

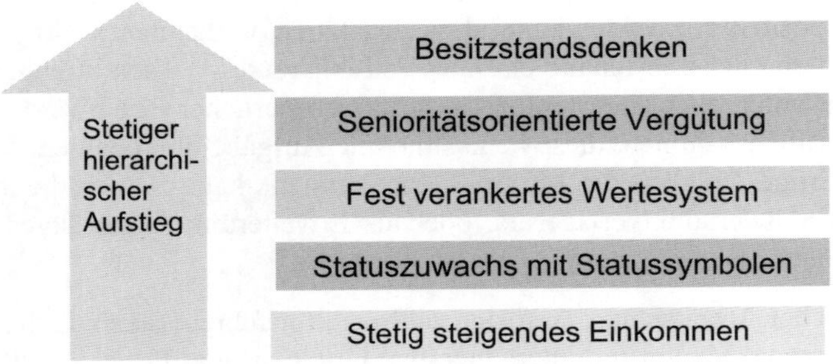

Abb. 4.5 Vertikale Karriere; Quelle: eigene Darstellung

Diese Form der idealtypischen Laufbahn- und Karriereplanung wird im Rahmen des demografischen Wandels nicht mehr verwirklichbar sein. Denn die Grenzen dieser Personalentwicklungsmaßnahme sind offensichtlich.

6. **Personalentwicklung off the job**
Personalentwicklung off the job beinhaltet die klassische Form der institutionalisierten Weiterbildung und wurde bereits erläutert.

4.5.2 Lernen im sozialen und privaten Umfeld

Eine zuweilen noch unterschätzte Form der Kompetenzentwicklung stellt das „Lernen im sozialen Umfeld" dar, auch „produktive Freizeit" genannt. Hierunter versteht man jene Aktivitäten außerhalb der Arbeitszeit, die zur Kompetenzentwicklung beitragen. Das können Besuche von Volkshochschulkursen, Fernunterricht, Mitwirkung in Verbänden, Organisationen, Kirchen und Ähnlichem sein. Entscheidend ist, dass die zeitlichen und finanziellen Ressourcen für diese Aktivitäten vom Individuum selbst und nicht vom Unternehmen oder Arbeitsamt getragen werden. (vgl. Fahr, 2001, S. 118).

4.5 Nicht-institutionalisierte Weiterbildung

Nach Elsdon kann das Lernen im sozialen Umfeld in folgende Arten unterteilt werden:

- „Lernen, das sich im Beruf auswirkt,
- politisches Lernen,
- übergreifendes, persönliches Lernen, das Menschen und ihr Umfeld verwandelt, sowie
- Lernen von spezifischem Inhalt, dem eine Vereinigung gewidmet ist." (Elsdon, 1997, S. 109).

Für die Zielsetzung „Erhalt beruflicher Handlungskompetenz" im demografischen Wandel ist vor allem das **„Lernen, das sich im Beruf auswirkt"** von besonderer Relevanz. Empirische Belege zur Wirkung dieser Lernform liegen zwar noch nicht vor, aber die neuere Literatur geht davon aus, dass bei allen Tätigkeiten im sozialen Umfeld eine Kompetenzentwicklung stattfindet (vgl. Hübner et al., 2003, S. 92 ff.).

Das Lernen im sozialen Umfeld kann nach zwei Lernbereichen strukturiert werden, den Bereich des direkten und indirekten beruflichen Lernens:

Direktes berufliches Lernen	Indirektes berufliches Lernen
• Vor- und Nachbereitung von Bildungskursen • Lesen von Fachliteratur • Fernsehen • PC-Lernen, PC-Surfen • Besuch von Fachmessen und Fachveranstaltungen	• Tätigkeiten im privaten, familiären Umfeld • Lesen von Literatur • Mitwirkung in Vereinen, Organisationen, Verbänden, Kirchen, Parteien, Projekten... • Besuch von Messen und Veranstaltungen

⇓ ⇓

Berufliches Lernen im sozialen Umfeld

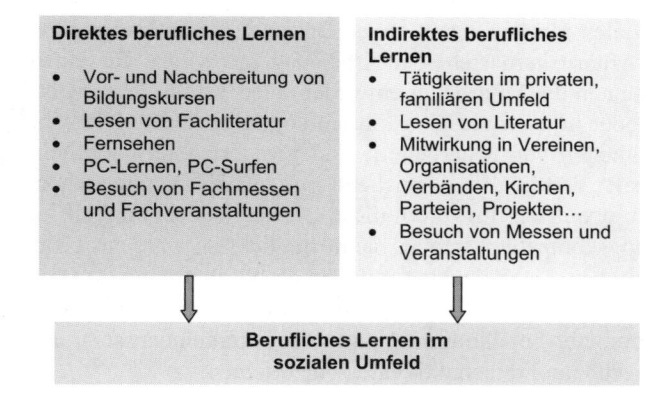

Abb. 4.6 Berufliches Lernen im sozialen Umfeld; Quelle: eigene Darstellung in Anlehnung an Hübner et. al., 2003, S. 98

Beim **direkten Lernen** geht es also primär darum, die persönlichen Ressourcen bewusst für die berufliche Kompetenzentwicklung einzusetzen. Beim indirekten Lernen hingegen werden erworbene Kompetenzen im privaten Umfeld erst nachträglich für berufliche Zwecke eingesetzt.

Das **berufsbezogene Lernen** im sozialen Umfeld wird hierbei wesentlich von folgenden Faktoren bestimmt:

- Qualifikation, sozialer Status, Berufsorientierung, Lernfähigkeit und -bereitschaft und weiterer Merkmale der Erwerbsperson,
- Qualität des sozialen Umfelds, in dem sich Lernprozesse vollziehen,

- Verweildauer der Lernenden im Lernfeld und die mögliche Lernintensität,
- weitere Entwicklung des Arbeitsmarkts oder Veränderungen der Erwerbsarbeit.

(vgl. Huebner et al., 2003, S. 99)

Unter dem Aspekt der demografieorientierten Kompetenzentwicklung ist das „Lernen im sozialen Umfeld" ein wichtiger Beitrag zur Umsetzung der Forderung nach lebenslangem Lernen. Wenn auch in der Freizeit berufliches Lernen möglich ist, so bekräftigt diese Erkenntnis die Existenz veränderter Arbeitsgesellschaften im Hinblick auf Work-Life-Balance und damit der Vereinbarkeit von Familie und Beruf. Die alternsgerechte Kompetenzentwicklung sollte darauf achten, dass freiwerdende Zeitkapazitäten – gerade auch von älteren Mitarbeitern, bedingt durch Altersteilzeit oder Abgabe von Führungsverantwortung – im Sinne eines direkten oder indirekten beruflichen Lernens genutzt werden. Denkbar wäre hier die Einrichtung einer betrieblich organisierten Beratung zur Gestaltung der Freizeit, die außerdem Kontakte und eventuell gleichzeitig Funktionen in fachlich unternehmensnahe Verbände, Organisationen, Projekte oder auch Sportvereine vermittelt.

Ein weiterer sinnvoller Lösungsansatz wäre die Integration beruflichen Lernens im sozialen Umfeld in die Personalentwicklungsstrategie des Unternehmens. So ist beispielsweise in Japan das berufliche Lernen im sozialen Umfeld schon längst Bestandteil der Kompetenzentwicklung. Führungskräften und Mitarbeitern steht ein Arbeitstag pro Monat für einen Rollenwechsel zur Verfügung. So können die Mitarbeiter entweder einen Tag als armer Bettelmönch durch die Straßen ziehen oder in einer sozialen Einrichtung Hilfsdienste übernehmen. Die denkbaren Einsatzmöglichkeiten von Mitarbeitern sind geradezu unerschöpflich. Der so genannten „Freizeitgesellschaft" würde also ausreichend Zeit zur Verfügung stehen, ihre Kompetenzen im Privatleben zu erweitern. Inwiefern diese Chance jedoch sinnvoll im Hinblick auf eine berufliche Handlungskompetenz erfolgt, bleibt fraglich. So wäre aus einer gesellschaftlichen und unternehmerischen Sicht denkbar, stärker gesellschaftliche Aufklärung über die Auswirkungen bestimmter Freizeitaktivitäten zu betreiben (zum Beispiel über die Folgen hohen Fernseh- oder Computer-Spielkonsums) und von Unternehmensseite aus die Vermittlung oder ein eigenes Angebot an Freizeitaktivitäten einzurichten.

Vereinbarkeit von Familie und Beruf (Work-Life-Balance)
Familiäre Verpflichtungen wie Elternzeit, Pflege von Angehörigen oder Kinderbetreuung stellen eine Verbindung der demografieorientierten Kompetenzentwicklung mit dem Aspekt des Lernens im sozialen, hier konkret dem familiären, Umfeld dar. Eine Kompetenzentwicklung, die den familiären mit dem beruflichen Lebenszyklus vereinbar macht, verzichtet deswegen nicht auf die Kompetenzentwicklung ihrer Mitarbeiter, denn es findet auch Lernen im familiären Bereich statt. Bisher wurde eine Fokussierung von Mitarbeitern auf den familiären Lebensbereich eher als Ursache für Kompetenzverlust gesehen als für Kompetenzgewinn. Diese Sichtweise muss im Rahmen einer demografieorientierten Kompetenzentwicklung aufgegeben werden, denn Familienarbeit vermittelt arbeitsplatzrelevante Kompetenzen.

Vor allem soziale Kompetenzen werden aufgrund der emotionalen Bezüge, ihrer Verbindlichkeit und Unmittelbarkeit, wegen Lernort Familie erworben. Die Bandbreite der Bewältigungskompetenzen von Alltagsproblemen wie der Erkrankung eines Kindes, die Fahrorganisation der Kinder, die Pflege kranker Angehöriger oder einfach nur die Einkaufsplanung sind

4.5 Nicht-institutionalisierte Weiterbildung

vielfältig. Und diese Beispiele entsprechen nur einigen Aspekten des täglichen familiären Lebens. Daran wird auch sichtbar, dass unterschiedliche Situationen mit unterschiedlichen Personen und unterschiedlichen Anforderungen auch immer neue Erfahrungen verbunden sind. Und diese führen zum Kompetenzerwerb. Beispielhaft für den positiven Kompetenzerwerb im familiären Umfeld und seine positive Übertragbarkeit auf das Berufsleben ist die Studie des amerikanischen Beratungsunternehmens Lawrence A. Pfaff & Associates zu nennen (vgl. Assig, Beck, 1998, S. 24). Es wurde festgestellt, dass das klassische Managementprofil wie Kommunikationskompetenz, kooperative Führung, Innovation, Durchsetzungsvermögen, Planung und Entscheidung bei Frauen besser ausgeprägt ist als bei Männern. Dieser klare Kompetenzvorteil weiblicher gegenüber männlicher Beschäftigter wird damit begründet, dass die Familienarbeit immer noch vorwiegend von Frauen geleistet wird.

Die Anerkennung des Kompetenzerwerbs im familiären Lebenszyklus und seine Übertragbarkeit auf die betriebliche Dimension lässt Erwerbsunterbrechungen oder eine familiäre Lebensphasenorientierung als berufliche Qualifizierungsstrategie bewerten. Umso bedeutsamer wird es für die künftige Kompetenzentwicklung, geschlechterunabhängig das Lernen im familiären Umfeld zu fördern, um die dort entwickelten Kompetenzen im Unternehmen umfänglicher zur Verfügung zu haben.

Die Vereinbarkeit von Familie und Beruf erfordert aber auch passende Kompetenzentwicklungsmaßnahmen mit folgenden Notwendigkeiten:

Tab. 4.4 Maßnahmen zur Vereinbarkeit von Familie und Beruf; Quelle: eigene Darstellung

Flexible Arbeitszeitmodelle	Die zeitliche Ausrichtung der Aufgabenerfüllung erfolgt in Abstimmung mit den familiären zeitlichen Erfordernissen. So existieren beispielsweise bei der BMW AG über 300 verschiedene Arbeitszeitmodelle
Job Sharing	Möglichkeit, den Arbeitsplatz zu teilen, auch in Führungspositionen
Arbeitsorganisation in Teams	Im Rahmen der Teamorganisation besteht für die Teammitglieder die Möglichkeit, untereinander die Abläufe entsprechend ihrer individuellen Verpflichtungen zu gestalten und so auch ein „Notfallprogramm" zu haben.
Flexible Arbeitsorte	Hier sind Heimarbeitsplätze, Telearbeitsplätze oder eine Aufteilung zwischen den Arbeitsplätzen im Betrieb und zu Hause denkbar
Flexible Elternzeitlösungen	Die Elternzeit stellt einen befristeten Freistellungsanspruch für Arbeitnehmer nach der Geburt eines Kindes dar und ist im „Bundeselterngeld- und Elternzeitgesetz (BEEG)" rechtlich geregelt. Die Elternzeit kann anteilig von beiden Elternteilen gemeinsam oder von einem Elternteil alleine genommen werden und kann pro Kind bis zu maximal drei Jahren betragen. Interessant ist hierbei im Rahmen der demografieorientierten Kompetenzentwicklung, dass bis zu zwölf Monate der Elternzeit flexibel auf Zeiten übertragbar sind, die bis zur Vollendung des achten Lebensjahres des Kindes dauern, vorausgesetzt der Arbeitgeber stimmt zu. Die Inanspruchnahme der Elternzeit birgt für die Betroffenen die Gefahr des Abbaus fachlicher Qualifikationen. Eine Reintegration bei der Rückkehr aus der Elternzeit wird dann schwierig. Auch ist oftmals die vor der

	Elternzeit ausgeübte Position nicht mehr verfügbar. In Folge werden nach Beendigung der Elternzeit die Mitarbeiter vielfach unterqualifiziert weiterbeschäftigt. Diese Verschwendung an Personalressourcen ist aus ökonomischer Sicht nicht nachvollziehbar und erfordert daher den fachlichen Kompetenzerhalt der Beschäftigten während ihrer Elternzeit. Ihre spezielle Förderung wird eine unabdingbare Notwendigkeit der demografieorientierten Kompetenzentwicklung. Denkbar sind hier Maßnahmen wie: • Kontakterhaltungsprogramme während der Elternzeit: regelmäßige Teilnahme an wichtigen Meetings, Betriebsversammlungen, Weihnachtsfeiern und Informationsbereitstellung, Elternzeit-Mentoring-Programme, • Einrichtung eines Heim- oder Telearbeitplatzes, • Projektarbeit, • Förderung der Teilzeitarbeit während der Kinderbetreuungsphase, • Teilnahme an Weiterbildungsmaßnahmen, • aktive Förderung des beruflichen Wiedereintritts nach der Elternzeit, zum Beispiel in Form von Wiedereingliederungsprogrammen, Rückkehrgespräche, • betriebliche oder betrieblich unterstützte Kinderbetreuung. Ein wichtiger Aspekt im Rahmen der Elternzeit ist, dass die Unternehmenskultur die Beanspruchung der Elternzeit gleichberechtigt fördert. Es soll nicht nur als selbstverständlich gelten, dass die weiblichen Beschäftigten die Elternzeit in Anspruch nehmen, sondern eine aktive Förderung der männlichen Beschäftigten zur Inanspruchnahme der Elternzeit erfolgt.
Entwicklungsperspektiven	• gleichberechtigte Aufstiegsmöglichkeiten auch für weibliche Führungskräfte, • gleiche Entwicklungsperspektiven und Weiterbildung für Voll- und Teilzeitbeschäftigte, • Weiterbildung zu familienorientierten Zeiten mit eventuellem Angebot an Kinderbetreuung.
Betriebliche Services	Betriebliche Services für Mitarbeiter wie Kinderbetreuung, Vermittlung von Pflegeleistungen, Tageseltern, Haushaltsservice, Kindertagesstätten, Notfallbetreuung und Ähnlichem. Es geht hierbei nicht darum, dass Unternehmen selbst diesen Service einrichten, sondern über Modelle nachgedacht wird, die finanzierbar sind. So können Unternehmen Service Kontingente kaufen oder sich an den Dienstleistungsunternehmen beteiligen und dann ihren Mitarbeitern kostenlos oder kostenreduziert die entsprechenden Leistungen zur Verfügung stellen (vgl. Rump et al., 2006, S. 209 ff.).

Für die erfolgreiche Umsetzung dieser Maßnahmen ist es sinnvoll, die Mitarbeiter in die Gestaltung der Maßnahmen aktiv einzubeziehen und damit die Eigenverantwortung zu stärken. Dies fördert die Motivation der Betroffenen, und die Maßnahmen erfolgen stärker personen- und bedarfsorientiert.

Betrachtet man die betriebswirtschaftlichen Auswirkungen einer Personalpolitik, welche die Vereinbarkeit von Familie und Beruf gewährleistet, müssten zwischenzeitlich alle Unternehmen entsprechende Maßnahmen realisieren. Denn neuere Studien belegen, dass familienbewusst geführte Unternehmen eine um 17% höhere Mitarbeiterproduktivität als andere Unternehmen aufweisen (vgl. Kraus, 2009, S. 24).

4.6 Lebenszyklusorientierte Personalentwicklung

Die lebenszyklusorientierte Personalentwicklung ist bestrebt, die Kompetenz der Mitarbeiter während der gesamten Dauer ihrer Betriebszugehörigkeit zu erhalten und zu entwickeln. Hierbei richten sich die jeweiligen kompetenzerhaltenden Maßnahmen am betrieblichen Lebenszyklus des Mitarbeiters aus. Das Lebenszyklus Modell beinhaltet hierbei, dass sich der individuelle Lebenszyklus eines Menschen aus verschiedenen Teilzyklen zusammensetzt, der wiederum unterschiedliche Lebensbereiche betrifft:

- biosozialer Lebenszyklus (individuelle Entwicklung im Bereich der Identität und des physischen Zustands),
- familiärer Lebenszyklus (individuelle Entwicklung im Bereich der Familie),
- beruflicher Lebenszyklus (individuelle Entwicklung im Bereich des Berufs).
(vgl. Sattelberger, 1995, S. 288 ff.)

Diese Lebenszyklen sind eng miteinander verbunden und beeinflussen sich gegenseitig. Je nachdem, in welchem Lebenszyklus gerade eine Stresssituation entsteht, kann sich diese auf die anderen Lebenszyklen auswirken. Diese Interdependenzen können also für das Individuum insgesamt über alle Lebenszyklen hinweg belastend sein. Betrachten wir den demografischen Wandel, so kann beispielsweise angenommen werden, dass Mitarbeiter im familiären Lebenszyklus vermehrt mit Pflegeanforderungen von Angehörigen konfrontiert werden. Diese emotional anspruchsvolle und zeitintensive Aufgabe erhöht sicherlich das Stressniveau im privaten Bereich. Als Folge der Abhängigkeiten von Lebenszyklen kann es nun zu einer Häufung derartiger anspruchsvoller Situationen kommen. So könnte zum Beispiel zeitgleich im beruflichen Lebenszyklus eine Veränderung auf hierarchischer Ebene eintreten. Der Mitarbeiter wurde befördert und hat nun mehr Mitarbeiter-, Budget- oder Projektverantwortung. Dieses Zusammenfallen kritischer Situationen benötigt mehr Zeit und Energie als dem Individuum zur Verfügung stehen. Die Konsequenzen sind eine enorme Stressbelastung, die wiederum zu veränderten Verhaltensweisen des Mitarbeiters führen. So könnte er entweder sein Engagement in einem der beiden Lebenszyklen reduzieren, den Versuch unternehmen, beiden Bereichen gerecht zu werden – was jedoch langfristig nicht zu realisieren ist – oder er führt eine radikale Veränderung (zum Beispiel in Form einer Kündigung) herbei. Die individuelle Biografie ist somit einem vielfältigen Wandel unterworfen, und entsprechend sollen sich Personalentwicklungsmaßnahmen an diesen Lebenszyklen ausrichten, um effizient und effektiv zu sein.

Der berufliche Lebenszyklus wird im lebenszyklusorientierten Personalentwicklungsmodell immer noch sehr traditionell interpretiert. Er teilt sich in vier Phasen ein, die jedoch nur auf den beruflichen Zyklus in einem Unternehmen bezogen sind und daher betrieblicher Lebenszyklus genannt wird:

1. Phase der Einführung
Der Mitarbeiter tritt in das Unternehmen ein, er wird umfassend eingearbeitet und in die neue Arbeitsumgebung eingeführt, er integriert sich sozial in das Unternehmen.

2. Phase des Wachstums
Der Mitarbeiter füllt seine Aufgaben aus, professionalisiert sich, erwirbt zusätzliches Wissen, schafft Beziehungsnetze.

3. Phase der Reife
Das Potenzial der Position ist voll ausgeschöpft, es gibt keine neuen Lernchancen oder Herausforderungen mehr.

4. Phase der Sättigung
Die Leistung nimmt ab, Unter- oder Überforderung sind möglich, innere Kündigung, Outplacement-Maßnahmen stehen an.

Entwicklungspotenzial	Leistung niedrig	Leistung hoch
hoch	Phase der Einführung	Phase des Wachstums
niedrig	Phase der Sättigung	Phase der Reife

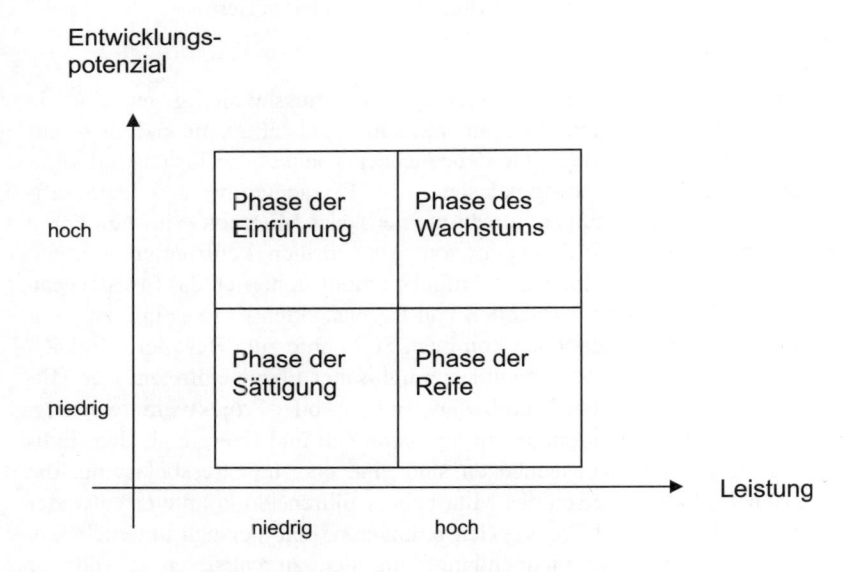

Abb. 4.7   Beruflicher Lebenszyklus; Quelle: vgl. Graf, 2001, S. 29

Die zu diesem betrieblichen Lebenszyklus identifizierten Personalentwicklungsmaßnahmen sind folgende:

4.6 Lebenszyklusorientierte Personalentwicklung

Tab. 4.5   Lebenszyklusorientierte Personalentwicklungsmaßnahmen; Quelle: vgl. Graf, 2001, S. 30; vgl. Sattelberger, 1995, S. 287

Betrieblicher Lebenszyklus	
Phasen	**Personalentwicklungsmaßnahmen**
Phase der Einführung	Einführungsprogramme, Abgleich von Bedürfnissen und Anforderungen des Unternehmens mit denen des Mitarbeiters, soziale Integration, Kulturschock-Bewältigung
Phase des Wachstums	Standortbestimmung, Karriereplanung, Bedeutung von Karriere und Aufstieg, Führungsfähigkeiten, Wachstum und Entwicklung in höhere Verantwortung, Job Rotation, Projektarbeit, Auslandseinsatz, Management-Development-Programme etc.
Phase der Reife	Standortbestimmung, Laufbahnberatung, Qualitätszirkel, Projektarbeit, Supervisor, Lehrer, Berater, Mentor, horizontale Karrieremöglichkeiten, Bewältigung von Entwicklungsplateaus, Umgang mit Älterwerden, Vertretung des Unternehmens nach außen, Vorbereitung auf eine flexible und gleitende Pensionierung
Phase der Sättigung	Outplacement, Pensionierung, loslassen können, Zukunftssicherung, Übernahme Beratungs- oder Mentorenrolle

Kritik am Modell der lebenszyklusorientierten Personalentwicklung vor dem Hintergrund demografieorientierter Anforderungen
Die lebenszyklusorientierte Personalentwicklung begründet die Auswahl bestimmter Entwicklungsmaßnahmen in den einzelnen Phasen betrieblicher Zugehörigkeit von Mitarbeitern. Doch im Rahmen des demografischen Wandels ist eine komplexere Sichtweise erforderlich. Die stärkere Berücksichtigung spezifischer Kriterien, die ältere Mitarbeiter im familiären und biosozialen Lebenszyklus auszeichnen, ist zur Auswahl passender Kompetenzentwicklungsmaßnahmen notwendig. Des Weiteren erscheint die statische Betrachtungsweise der Laufbahn- und Entwicklungsplanung über die vier Phasen des betrieblichen Lebenszyklus überholt. In Zukunft kann es nicht mehr darum gehen, parallel zum steigenden Lebensalter und zunehmender Betriebszugehörigkeit automatisch einen hierarchischen Aufstieg, senioritätsorientierte Einkommen und Besitzstandsdenken gleichzusetzen. Denn die Organisationsentwicklung geht immer mehr hin zu schlanken Strukturen und flachen Hierarchien, damit nimmt aber auch die Zahl der zu besetzenden Führungspositionen ab. Zusätzlich stellt die Bedrohung der Verweildauer in Führungspositionen bei steigendem Renteneintrittsalter eine nicht zu vernachlässigende Gefahr für Unternehmen dar, denn diese bedingt Perspektivlosigkeit für die jüngeren Nachwuchskräfte. Die Folge ist die Fluktuation der dringend benötigten jüngeren Nachwuchsfach- und Nachwuchsführungskräfte. Zum anderen sind die mit hierarchischem Aufstieg verbundenen und altersabhängigen Einkommenszuwächse kostenintensiv. Die Finanzierung dieser Einkommen wird für Unternehmen bei der dramatischen Überalterung ganzer Belegschaften nicht mehr realisierbar sein.

Ein weiterer wichtiger Aspekt ist der biosoziale Lebenszyklus älterer Führungskräfte. Bei einer Verschiebung des Renteneintrittsalters auf 67 Jahre und den abnehmenden Möglichkeiten einer Frühverrentung muss die Arbeitsfähigkeit bis zum 67. Lebensjahr erhalten bleiben. Nicht immer wollen und können Führungskräfte die hohen Belastungen von Führungsverantwortung bis zum Renteneintritt übernehmen. Selbst wenn ein allmählicher Rückzug aus der Führungsverantwortung gerne realisiert werden würde, stehen dem vorgegebene Karrieremuster und die Möglichkeit des Gesichtsverlusts bei einem Rückschritt zu hierarchisch niedriger aufgehängten Positionen entgegen.

Daher ist der berufliche Lebenszyklus zwischen der Phase des beruflichen Ein- und Ausstiegs so zu gestalten, dass eine dauerhafte Beschäftigungsfähigkeit vom Berufs- bis zum Renteneintritt gewährleistet ist. Gleichzeitig sollen sich jüngere Mitarbeiter in ihrer beruflichen Verwirklichung und Entwicklung durch die Präsenz der in Zukunft mehrheitlich existenten älteren Mitarbeiter nicht blockiert fühlen. Das heißt, der betriebliche Lebenszyklus bedarf einer Neugestaltung in Form einer alternsgerechten Laufbahnplanung.

4.7 Demografieorientierte Kompetenzentwicklung

Um von einer demografieorientierten Kompetenzentwicklung sprechen zu können, muss im bestehenden Modell im Wesentlichen die Phase des Wachstums und der Reife überdacht und zu einer Phase der Beschäftigungsfähigkeit über die gesamte Dauer eines Erwerbslebens geplant werden.

1. **Phase der Einführung**
   Wenn im Rahmen des betrieblichen Lebenszyklus bisher von einer Einführungsphase gesprochen wurde, so ist diese zwar zunächst für alle Mitarbeiter altersunabhängig gegeben, doch weisen ältere Mitarbeiter einige Vorteile gegenüber den Jüngeren auf. Aufgrund des biosozialen Lebenszyklus verfügen Ältere über eine höhere fachlich-personale und soziale Leistungsfähigkeit. Damit findet eine soziale Integration in das Unternehmen und eine fachliche Einarbeitung in das Aufgabengebiet wesentlich schneller statt. So beschreibt Fahrion Engineering, dass eine fachliche Integrationsphase der über 50-Jährigen im Durchschnitt drei Jahre dauert, hingegen benötigten Jungingenieure zwölf Jahre (siehe hierzu das Praxisbeispiel von Fahrion Engineering in diesem Lehrbuch).

   Auch der familiäre Lebenszyklus stellt sich bei Älteren positiv dar: Die Unterstützung durch Familienmitglieder könnte größer sein, da ein beruflicher Wechsel von den Familienmitgliedern eventuell bereits erlebt wurde und das Mittragen dieser Belastungssituation von den Beteiligten eingeübt werden konnte.

   Die in dieser Phase üblichen Personalentwicklungsmaßnahmen wie Einarbeitung oder soziale Einbindung fallen daher wesentlich kürzer aus.

2. **Phase der Beschäftigungsfähigkeit**
   Der bisher zweigeteilte betriebliche Lebenszyklus „Phase des Wachstums" und „Phase der Reife" scheint zu statisch betrachtet. Denn zum Erhalt der lebenslangen Beschäfti-

4.7 Demografieorientierte Kompetenzentwicklung

gungsfähigkeit ist primär ein Umdenken, weg von klassisch vertikal verlaufenden hin zu horizontalen Laufbahnplanungen, notwendig. Parallel hierzu muss das tradierte Karrieredenken, das an bestimmte Karriereanker gekoppelt ist, relativiert werden. Nur so können langfristig alle Mitarbeiter über alle Altersgruppen hinweg beschäftigungsfähig erhalten und an das Unternehmen gebunden werden. Hierfür erforderlich sind strukturelle Veränderungen:

Tab. 4.6 Strukturelle Veränderungen für die Phase der Beschäftigungsfähigkeit; Quelle: eigene Darstellung

Organisatorischer Wandel	<ul><li>Einführung flacher Hierarchien: Möglichkeit horizontaler Laufbahn- und Karriereplanung</li><li>Flexible Arbeitsorganisationen zur Vermeidung von Spezialisierungsfallen: kooperative Arbeitsformen wie Arbeitsgruppen, größere Anforderungsbreite und -tiefe und eine damit verbundene Lernforderung; Möglichkeit der Bildung von „Job Families", wobei hierunter die Zusammenfassung inhaltlich verwandter Aufgaben und Funktionen zu verstehen ist (siehe hierzu das Praxisbeispiel Gothaer Versicherung in diesem Lehrbuch); innovationsförderliche Aufgaben</li><li>Der Wert einer Funktion ergibt sich aus ihren funktionalen Anforderungen und nicht aus der Hierarchiezuordnung</li><li>Erfolgreiche Ausübung verschiedenster Funktionen unabhängig von hierarchischen Verankerungen: Es sollte für Führungskräfte möglich sein, aus ihrer bisherigen, stressbelasteten Funktion – vor allem bei zunehmendem Alter – in eine weniger zeitintensive und belastende Position zu wechseln. Dieser freiwillige Wechsel kann sowohl mit einem hierarchischen Wechsel als auch mit einem adäquaten Gehaltsverzicht verbunden sein</li><li>Mobilität in der Arbeitseinsatzplanung</li><li>Integration von Personal- und Organisationsentwicklung</li><li>Entwicklung zur lernenden Organisation: Hierbei entsprechen die Merkmale lernender Organisationen der biosozialen Leistungsfähigkeit älterer Mitarbeiter wie Konfliktlösungsfähigkeit, Selbstbeobachtung oder Prozessorientierung. Das heißt, die organisatorische Neustrukturierung wird aufgrund älter werdender Belegschaften sogar erleichtert</li><li>Arbeitszeitflexibilisierung: Ausrichtung der Arbeitszeit nach biosozialen und familiären Lebensphasen, denkbar sind hier Altersteilzeitmodelle, Lebensarbeitszeitkonten, Sabbaticals, Job Sharing</li></ul>
Gestaltung einer demografieorientierten Unternehmenskultur	<ul><li>Gelebte Wertschätzung zwischen den Organisationsmitgliedern, unabhängig von hierarchischen Stellungen</li><li>Möglichkeit des Rückzugs aus Führungsverantwortung ohne Imageverlust für die betreffende Führungskraft</li><li>Partizipativer und kooperativer Führungsstil</li></ul>

Gesellschaftliche Rahmenbedingungen	• Neuorientierung gesellschaftlicher Werte hinsichtlich der Integration des beruflichen, familiären und biosozialen Lebenszyklus. Beispielhaft soll hier die Lebensphase zwischen dem 30. und 40. Lebensjahr genannt werden. Hier finden im familiären Lebenszyklus entscheidende Weichenstellungen hinsichtlich Partnerwahl, Familiengründung und Sesshaftigkeit statt. Gleichzeitig erfolgt in dieser Altersphase eine starke berufliche Anforderung im Sinne des Durchlaufens der traditionellen Karriereschritte. Die zeitlichen und emotionalen Belastungen sind enorm. Hier könnten die neuen horizontalen Entwicklungswege helfen, die Belastungen im familiären und beruflichen Lebenszyklus besser vereinbar zu gestalten • Anerkennung und Wertschätzung aller gesellschaftlichen Mitglieder, unabhängig vom sozialen Status (wie Machtposition) und Einkommen. So dürfen beispielsweise Ältere, die sich aus Führungsrollen verabschieden, ihre gesellschaftliche Anerkennung nicht verlieren. Denn bisher waren mit dieser Rückzugsentscheidung ein Machtverlust und eine damit einhergehende schwächere soziale Stellung verbunden
Tarifliche Rahmenbedingungen	• Verpflichtung der Gewerkschaften und der Betriebsräte in demografieorientierte Tarifvereinbarungen • Einführung eines leistungsorientierten Entlohnungssystems, welches eine Vergütung unabhängig von der Dauer der Betriebszugehörigkeit und dem Alter erlaubt
Politische Rahmenbedingungen	Abkehr von der Frühverrentungspolitik

Insgesamt ist zur Phase der Beschäftigungsfähigkeit zu sagen, dass ein demografieorientiertes Personalmanagement primär ein anderes Karrieredenken als bisher benötigt. Oberstes Ziel ist die Entwicklung altersgerechter Laufbahnen und Karrieren mit den zugehörigen passenden Personalentwicklungsmaßnahmen. Passende gesellschaftliche und tarifliche Rahmenbedingungen sind hierfür unerlässlich. Die Instrumente des Kompetenzerhalts und der Kompetenzentwicklung, insbesondere für ältere Mitarbeiter, sind die bereits dargestellten Personalentwicklungsmaßnahmen. Bei der Wahl der jeweiligen Maßnahmen ist neben dem betrieblichen Lebenszyklus vor allem auch der familiäre und biosoziale Lebenszyklus zu berücksichtigen. Beispielhaft sind hier Auslandsentsendungen zu nennen. So werden vielfach Mitarbeiter mittleren Alters als Zielgruppe von Auslandsentsendungen gesehen, obgleich gerade ältere Mitarbeiter hierfür prädestiniert wären. Meist haben diese die Phase der Familiengründung, Betreuung schulpflichtiger Kinder oder den Bau eines Eigenheims abgeschlossen. Zudem weisen ihre biosozialen Fähigkeiten zahlreiche positive Aspekte wie hohe soziale Kompetenz oder Verhandlungsgeschick auf, die sich für einen erfolgreichen Auslandseinsatz begünstigend auswirken.

4.7 Demografieorientierte Kompetenzentwicklung

Der betriebliche Lebenszyklus hat als wichtigste Aufgabe, die Beschäftigungsfähigkeit ihrer Mitarbeiter bis zum Renteneintritt zu erhalten. Dabei ist der jeweilige betriebliche Lebenszyklus nur ein Bestandteil beziehungsweise Ausschnitt aus dem gesamten beruflichen Lebenszyklus: dieser sollte insgesamt von lebenslangem Lernen gekennzeichnet sein.

Exkurs: Demografieorientierte Beschäftigungsfähigkeit im Produktionsbereich
Einen speziellen Fall der lebenszyklusorientierten Beschäftigungsfähigkeit stellen Mitarbeiter dar, die vor allem körperlichen Belastungen ausgesetzt sind. Hier ist zum einen die Gefahr körperlicher Langzeitschäden und einer damit verbundenen Arbeitsunfähigkeit gegeben. Zum anderen sind körperlich auszuführende Tätigkeiten meist durch mangelnden Kompetenzerhalt und -entwicklung während der Beschäftigungszeit gekennzeichnet.

Gerade für diese Zielgruppe Beschäftigter ist vom Eintritt in das Berufsleben an eine langfristig orientierte und damit altersgerechte Personalentwicklung zu planen. Nur so kann die Beschäftigungsfähigkeit über den beruflichen Lebenszyklus hinweg erhalten werden.

Unternehmen stellen sich bereits dieser Problematik. So hat beispielsweise die Audi AG neue Personalentwicklungswege für Mitarbeiter aus dem direkten Fertigungsbereich entwickelt: Die Beschäftigten erhalten zum einen die Möglichkeit, aus getakteten in nicht getaktete Bereiche wie Qualitätssicherung oder Steuerungsfunktionen zu wechseln. Zum anderen wurde das Pilotprojekt „Silver Line" gestartet, welches eine Fahrzeugfertigung mit größeren Arbeitsinhalten, vielfältigeren Bewegungsabläufen und längeren Taktzeiten beinhaltet. (vgl. Bertelsmann Stiftung, 2008, S. 88 f.). Auch VW Nutzfahrzeuge hat ein innovatives Modell des Beschäftigungserhalts seiner Produktionsmitarbeiter in Form des „Kaskadenmodells" entwickelt. Zunächst wurde flächendeckend Gruppenarbeit mit umfangreichen Arbeitsinhalten und -anforderungen eingerichtet und nach dem Rotationsprinzip gestaltet. Können Mitarbeiter aus gesundheitlichen Gründen diese Gruppenaufgaben nicht mehr erfüllen, so wird nach dem ressourcenorientierten Ansatz (also im Sinne der Fragestellung, was kann der Mitarbeiter und nicht, was kann er nicht mehr) gehandelt. Es wird versucht, den Mitarbeiter in eine fähigkeitsgerechte Position zu versetzen. Ist dies gesundheitsbedingt nicht mehr möglich, so wird er in das „IntegrationsWerk" übernommen. Hierbei handelt es sich um 1500 Arbeitsplätze, die von Mitarbeitern mit gravierenden gesundheitlichen Schäden ausgeführt werden können wie zum Beispiel Wartungsarbeiten, Bestell- und Registraturtätigkeiten. Die Tätigkeit im IntegrationsWerk ist temporär angedacht, denn langfristig soll der Mitarbeiter wieder beschäftigungsfähig für den Fertigungsbereich werden, gegebenenfalls durch Qualifizierungsunterstützung. (vgl. Bertelsmann Stiftung, 2008, S. 99 ff.).

Neue Arbeitsaufgaben, die von Mitarbeitern aus getakteten Tätigkeiten übernommen werden können, sind durchaus gegeben. Voraussetzung hierfür ist jedoch, dass diese Mitarbeiter über gewachsene Kompetenzen und betriebliche Erfahrung verfügen. Als neue Aufgabenfelder bieten sich an:

- Einarbeitung von Jüngeren und neuen Mitarbeitern in Form eines Mentors, Lehrmeisters oder Ausbilders,

- Einsatz im Vertrieb oder Einkauf, hier kommt das betriebliche Erfahrungswissen, die soziale Kompetenz Älterer, die Akzeptanz beim Kunden oder Lieferanten positiv zum Tragen,
- Kassierer-, Dokumentations- Sekretariats-, Kontrolltätigkeit,
- Aufgaben im Qualitätsmanagement,
- Aufgabenwechsel in Form von Job Rotation kann innerhalb und zwischen Teams erfolgen.

Expertentum
Ist ein Wechsel in ein anderes Aufgabenfeld nicht gewünscht, so kann das Expertentum gefördert werden. Gemeint ist hier der vertiefte Erwerb fachlicher Kompetenzen, die jedoch langfristig verwertbar sein müssen. Ansonsten droht die Gefahr der Spezialisierungsfalle und den damit verbundenen Beschäftigungsrisiken. Diese Expertenpositionen erfordern eine klare inhaltliche Abgrenzung und eine strukturelle Verankerung in der Arbeitsorganisation.

Kritisch anzumerken ist, dass diese Möglichkeiten des Personaleinsatzes sowie der entsprechenden Qualifizierungsmaßnahmen eine Mindestgröße des Unternehmens erfordert. Großunternehmen verfügen im Gegensatz zu mittleren oder gar kleineren Betrieben über eine ausreichende Anzahl unterschiedlicher Arbeitsplätze, ein betriebliches Gesundheitsmanagement, eine flexible Arbeitsorganisation, finanzielle Ressourcen und nicht zuletzt über ein professionelles Personalmanagement, das die Konzeption passender Maßnahmen übernehmen kann.

Generell kann zur lebenszyklusorientierten Personalentwicklung in taktgebundenen Arbeitsbereichen gesagt werden, dass die Lernfähigkeit der Mitarbeiter von Beginn an erhalten werden muss, um einen späteren Wechsel in neue Tätigkeiten leichter vollziehen zu können. Ebenso sollten präventive betriebliche Gesundheitsmaßnahmen, Arbeitsergonomie und Arbeitsschutz eine Selbstverständlichkeit sein und nicht erst einsetzen, wenn Schäden bereits eingetreten sind (siehe hierzu das Kapitel „Betriebliches Gesundheitsmanagement" von Max Ueberle in diesem Lehrbuch).

3. **Phase der Neuorientierung**

   Unter der Phase der Neuorientierung sollen nicht nur die Maßnahmen der **Externalisierung** von Mitarbeitern verstanden werden. Externalisierung beinhaltet unter anderem die vorzeitige Ausgliederung von Mitarbeitern vor dem Erreichen des gesetzlichen Rentenalters durch Maßnahmen wie zum Beispiel Abfindungsregelungen, Umschulungen, Frühverrentung oder Outplacement. Externalisierung bedeutete bisher für Unternehmen eine sozial verträgliche Form der Personalfreisetzung älterer Mitarbeiter, war daher einfach innerbetrieblich durchzusetzen und senkte zudem Lohnkosten. Die nach dem Senioritätsprinzip vergüteten älteren Mitarbeiter konnten durch kostengünstigere Jüngere ersetzt und die Altersstruktur der Belegschaft verjüngt werden. Der demografische Wandel wird jedoch eine frühzeitige Freisetzung älterer Mitarbeiter erschweren. Zum einen durch den Mangel an jüngeren Fach- und Nachwuchskräften, Zum anderen aufgrund der mangelnden Finanzierbarkeit von Frühverrentungen. Damit sollte die Phase der Neuorientierung vorwiegend eine Auseinandersetzung mit Entwicklungsmaßnahmen zum offiziellen Renteneintritt und der Zeit danach beinhalten.

4.7 Demografieorientierte Kompetenzentwicklung

Damit der **Renteneintritt** und die damit möglicherweise verbundene Perspektivlosigkeit aufgefangen werden kann, bietet sich eine Begleitung des Mitarbeiters in den Ruhestand an. Der begleitende Coach sollte mit dem Mitarbeiter vor allem gemeinsame Ziele im biosozialen und familiären Lebenszyklus besprechen, die eine Dimension des lebenslangen Lernens integrieren. So könnten zum Beispiel zusätzliche Sprachkompetenzen aufgebaut, der Besuch einer Seniorenuniversität oder auch sportliche Betätigungen vereinbart werden. Eine Vorbildfunktion nimmt hier das weltweite größte Alten(bildungs)programm Eldenhostel in den USA ein. Mehr als tausend Bildungsinstitutionen bieten hier älteren Menschen eine Mischung aus Reise, Abenteuer und Bildung an.

Zielt das Unternehmen darauf ab, weiterhin Zugriff auf das Knowhow des Mitarbeiters auch nach dem Renteneintritt zu haben, so wären hier flexibel gestaltbare Tätigkeiten in der unternehmensinternen Unternehmensberatung, Mentoring oder Coaching und projektbezogenes Senior-Expertentum denkbar.

Die Phase der Neuorientierung verwirklicht also den Begriff des lebenslangen Lernens und sieht den Kompetenzerhalt oder die Kompetenzentwicklung in den biosozialen, familiären und durchaus auch beruflichen Lebenszyklen als verwirklichbar an.

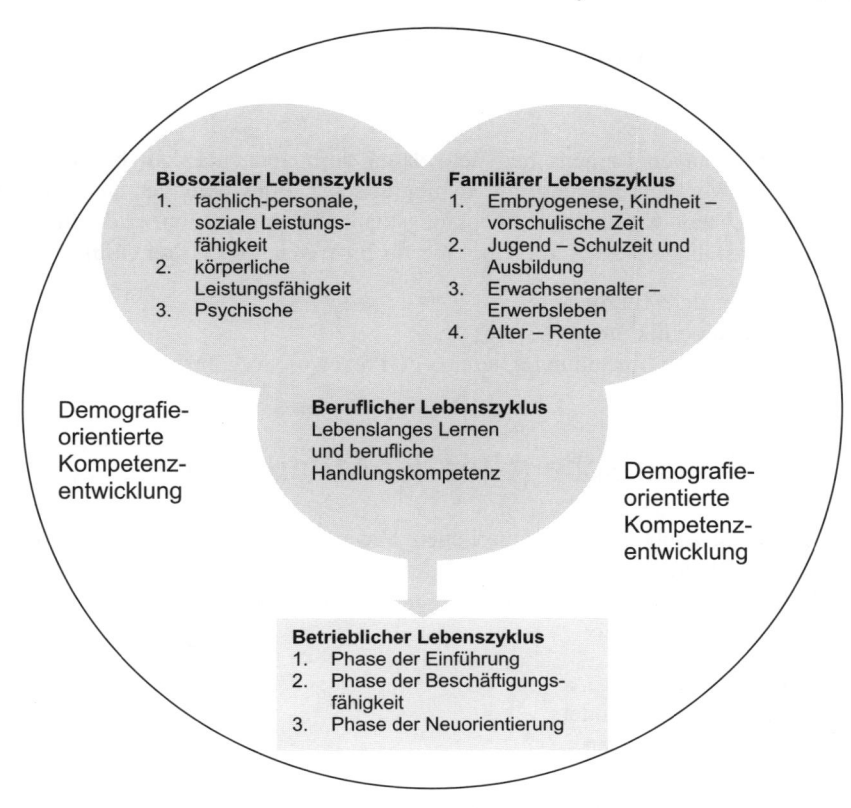

Abb. 4.8 *Demografieorientierte Kompetenzentwicklung; Quelle: eigene Darstellung*

Zusammenfassend kann festgehalten werden, dass die demografieorientierte Kompetenzentwicklung einen Kompetenzzuwachs mit zunehmendem Lebensalter und damit eine lebenslange Beschäftigungsfähigkeit gewährleistet.

5 Mögliche Probleme bei der Verwirklichung einer demografieorientierten Kompetenzentwicklung bei älteren Mitarbeitern

Die Notwendigkeit lebenslangen Lernens und dem damit verbundenen Erhalt beruflicher Handlungskompetenz ist vor dem Hintergrund demografischer Entwicklungen einsichtig. Dennoch sorgen entsprechende Kompetenzentwicklungsmaßnahmen nicht immer durchgängig für die Beschäftigungsfähigkeit Älterer. Es gibt hierfür im Wesentlichen drei Gründe:

1. Das kalendarische Alter der Mitarbeiter,
2. die betriebliche Personalpolitik und
3. der Leistungswandel und die Einstellung Älterer (vgl. Prezewowsky, 2007, S. 77 ff.).

5.1 Das kalendarische Alter der Mitarbeiter

Mit zunehmendem kalendarischem Alter unterliegen Erwerbspersonen einem Dequalifizierungsrisiko. Dieses beinhaltet, dass mit zunehmenden Lebensalter und damit weit zurückliegender Ausbildung eine Entwertung der ehemaligen Qualifikation erfahren wird. Diese Entwertung erfolgt zum Beispiel durch:

- technologischen Fortschritt,
- neue Arbeitsorganisationsformen oder
- neue Qualifikationsmuster Jüngerer.

Zwar kann diese Dequalifizierung oftmals durch Weiterbildung kompensiert werden, doch wird gerade diese den Jüngeren vorbehalten. Auch können die Geschwindigkeit und das

Ausmaß der Veränderungsprozesse bewirken, dass eine Anpassung an veränderte Qualifikationsprofile durch Weiterbildung in der geforderten Zeit nicht erreicht werden kann. Beispielhaft sei hier die Software-Industrie genannt: Die Einführung neuer Programme können hier das langjährige Fachwissen eines Mitarbeiters unbrauchbar machen.

5.2 Das betriebliche Personalmanagement

Nicht immer stellt die Kompetenzentwicklung ein fester Bestandteil der **strategischen** Ausrichtung des Personalmanagements dar. Gerade mittelständische Unternehmen verfügen häufig über eine mangelnde Kompetenzentwicklungsplanung oder auch über keine ausreichenden finanziellen und personellen Ressourcen zur Konzeption beschäftigungserhaltender Weiterbildung. So betont auch die Bertelsmann Stiftung, dass in einer Vielzahl von mittelständischen Unternehmen kein zukunftsorientiertes und vorausschauendes Management des betrieblichen Humankapitals praktiziert wird (vgl. Bertelsmann Stiftung, 2002, S. 9).

Ein weiteres Problem kann die **Personaleinsatzplanung** im Unternehmen darstellen. So führen langfristig gleichbleibende Tätigkeiten zu einem Verlust an Qualifikationsbreite sowie Lernfähigkeit. Damit ist eine Personaleinsatzspirale nach unten geöffnet. Denn fällt die bisher ausgeübte Tätigkeit weg, kann nur noch eine weniger qualifizierte ausgeübt werden, so lange, bis schlimmstenfalls überhaupt keine Einsatzmöglichkeit mehr gegeben ist. Der Mitarbeiter hat seine Beschäftigungsfähigkeit verloren.

Verschiedene Alterskategorien bieten ein unterschiedliches Leistungsspektrum. Ältere Mitarbeiter bieten eine gewandelte Leistungsfähigkeit im Vergleich zu jüngeren (siehe hierzu Kapitel 3.5). Wird dieses gewandelte Leistungsangebot im Sinne des Defizitmodells gesehen, dann führen Unternehmen eine Arbeitsteilung zwischen Jüngeren und Älteren ein, die negative Konsequenzen hat: Die Jüngeren werden für die Betreuung neuer Produkte und Prozesse eingesetzt, weil sie als lernfähig und kreativ eingeschätzt werden. Hingegen werden die Älteren aufgrund ihres Erfahrungswissens weiter zur Herstellung, Entwicklung und Wartung der traditionellen Produkte eingesetzt. Der ältere Mitarbeiter gelangt, weil er lernentwöhnt ist, in eine Einseitigkeits- beziehungsweise in eine Spezialisierungsfalle, was aber im Grunde kein Problem des kalendarischen Alters darstellen würde. Die negative Beschaffenheit einer solchen Arbeitsteilung zeigt sich vor allem dann, wenn die traditionellen Produkte ausgemustert und neue Maschinen einbezogen werden. Der ältere Mitarbeiter hat seine Beschäftigungsfähigkeit verloren.

Des Weiteren entscheiden sich Unternehmen bei der Frage, wem Kompetenzentwicklungsmaßnahmen zuteil werden, meist für jüngere Mitarbeiter. Denn die Bildungsinvestition in ältere Mitarbeiter wird als nicht mehr rentabel angesehen. Wenn ein absehbares Ausscheiden des Mitarbeiters aus Altersgründen aus dem Unternehmen unterstellt wird, eine Verweildauer des jüngeren Mitarbeiters aber durchschnittlich noch mindestens zehn Jahre betragen wird, so scheint es rationaler, dem Jüngeren die Kompetenzentwicklungsmaßnahme zuteil werden zu lassen. Diese Argumentation, dass die Amortisation der Kompetenzentwicklungskosten bei älteren Mitarbeitern nicht mehr eintrete, ist so nicht haltbar. Die Halbwertszeit des Wissens ist zwischenzeitlich so verkürzt und die Notwendigkeit des Wissenserhalts so notwendig, dass diese Argumentation vollkommen unzeitgemäß ist.

5.3 Einstellung Älterer

Entscheidend für die Teilnahme an kompetenzerhaltenden Maßnahmen ist die persönliche Einstellung gegenüber lebenslangem Lernen. Hierbei prägen die individuelle Lernbiografie sowie Lernmotivation die Einsicht in die Notwendigkeit permanenter Weiterbildung. Eine innere Haltung, die eine einmalig abgeschlossene Ausbildung als ausreichend für die weitere Erwerbsbiografie betrachtet, wird sich gegenüber Kompetenzentwicklungsmaßnahmen verschließen. Diese Sichtweise kann sich mit zunehmendem Alter verstärken. Denn nicht nur seitens des Unternehmens kann der Nutzen aus Weiterbildung für Ältere als nicht mehr rentabel betrachtet werden, sondern auch aus Sicht des älteren Mitarbeiters selbst. Die innere Haltung „das lohnt sich für mich doch nicht mehr" ist für den persönlichen Kompetenzerhalt kontraproduktiv. Die intrinsische Motivation zum Lernen ist aber Voraussetzung für lebenslanges Lernen.

Von ähnlicher Bedeutung ist die individuelle Lernbiografie. Negative Assoziationen, die mit Lernen verbunden sind, verhindern die Lernbereitschaft. Diese hängt von personellen Einflussfaktoren ab, insbesondere von der im Bildungs- und Arbeitsverlauf gesammelten Lernerfahrung, von der Beurteilung der eigenen Lernfähigkeit sowie von der wahrgenommenen Relevanz von Lerninhalten für die Praxis und den eigenen Bildungsbedarf (vgl. Bruggmann, 2000, S. 31). Ältere Mitarbeiter, die im Laufe ihrer Biografie positive Lernerfahrung gesammelt haben und sich dadurch ihrer Lernfähigkeit bewusst sind, weisen somit eine höhere Lernbereitschaft und damit auch Lernfähigkeit auf.

Des Weiteren kann Lernen verlernt werden. Wenn nach einer ersten Berufsqualifizierung keine weiteren Lernprozesse gefordert werden, weder im beruflichen noch im privaten Bereich, so findet im Zeitablauf eine Lernentwöhnung statt. Diese erschwert dann eine später eingeforderte Lernleistung oder macht diese im Zweifel sogar unmöglich.

Zusammenfassend lässt sich festhalten, dass nicht nur Unternehmen für die mangelnde Qualifizierung ihrer älteren Mitarbeiter verantwortlich gemacht werden, sondern auch die älteren Mitarbeiter selbst ihren Kompetenzerhalt verhindern können. Von beiden Parteien wird somit eine gedankliche Neuorientierung in Bezug auf lebenslanges Lernen eingefordert.

6 Fazit

Der demografische Wandel wird die künftige Arbeitswelt wesentlich prägen. Die Personalstruktur wird von alternden Belegschaften gekennzeichnet sein, und die Rekrutierungssituation verschärft sich im Hinblick auf das Angebot von Fachkräften und Führungsnachwuchskräften. Zudem führen volatile Strukturen in der Arbeitswelt, bedingt durch technischen und organisatorischen Wandel, zu einer immer schnelleren Überalterung herkömmlicher fachlicher Qualifikationen. Aus diesem Grund gewinnen überfachliche Qualifikationen an Bedeutung und die Forderung nach lebenslangem Lernen wird dringlicher. Die Aufgabe der Kompetenzentwicklung ist es nun, diesen veränderten Rahmenbedingungen gerecht zu werden und passende Konzepte zu entwickeln. Der Appell an die moderne Personalentwicklung lautet, sich nicht nur auf das Schließen von Fähigkeitslücken zu beschränken, sondern die nachhaltige Sicherung der Beschäftigungsfähigkeit von Erwerbspersonen über ihre gesamte Erwerbsbiografie hinweg zu erhalten. Und dies beinhaltet, den Prozess des lebenslangen Lernens zu initiieren, zu fordern und zu fördern. Die Maßnahmen einer demografieorientierten Kompetenzentwicklung haben sich hierfür als geeignet herausgestellt.

Sie beinhalten neben der institutionalisierten Weiterbildung die Verwirklichung von formellen und informellen Lernprozessen am Arbeitsplatz sowie im sozialen und privaten Umfeld. Diese Form nicht-institutionalisierter Weiterbildung stellt jedoch zahlreiche Anforderungen an die Arbeitsorganisation und die damit verbundene Gestaltung lernförderlicher Arbeitsplätze. Eine geeignete Arbeitsorganisation zeichnet sich durch Offenheit und Mobilität sowie Arbeitszeitflexibilisierung, Flexibilisierung des Arbeitsorts und der Arbeitsprozesse, wechselnde und lernförderliche Arbeitsinhalte, alternsgerechten Arbeitseinsatz, größere Entscheidungs- und Handlungsspielräume, neue soziale Konstellationen in Form von Teams oder Projektgruppen und die Vereinbarkeit von Familie und Beruf aus. Damit spielen die flexible Arbeitsorganisation und die lernförderliche Arbeitsplatzgestaltung eine zentrale Rolle bei der Implementierung einer demografieorientierten Kompetenzentwicklung. Begleitend zu diesem Implementierungsprozess sind die passenden betrieblichen Gesundheitsmaßnahmen sowie eine alternsorientierte Unternehmens- und eine kooperative Führungskultur zu gestalten.

Der demografische Wandel mit seinen Auswirkungen für das Personalmanagement muss keine Schreckensvision darstellen, wenn Unternehmen frühzeitig ihre Strukturen und personalwirtschaftlichen Instrumente auf den Wandlungsprozess ausrichten. Eine zentrale Rolle für die erfolgreiche Gestaltung des anstehenden Veränderungsprozesses spielt hierbei die Kompetenzentwicklung. Es liegt in der unternehmerischen Verantwortung, die Potenziale aller zur Verfügung stehenden Erwerbspersonen bestmöglich auszuschöpfen und im Sinne eines lebenslangen Lernprozesses die berufliche Handlungskompetenz zu erhalten. Letztlich stellt damit der demografische Wandel eine Chance für Unternehmen dar. Sie werden die Bedeutung kompetenter Mitarbeiter als einen wichtigen strategischen Wettbewerbsfaktor nicht nur in Form von Lippenbekenntnissen anerkennen.

7 Fragen

1. Nennen Sie die Ziele der Kompetenzentwicklung im Hinblick auf den demografischen Wandel?
2. Welche Zielgruppen sind für die Kompetenzentwicklung unter demografieorientierter Sichtweise besonders relevant? Begründen Sie Ihre Aussage.
3. Was versteht man unter beruflicher Handlungskompetenz?
4. Welche Bedeutung hat Blended Learning für die Kompetenzentwicklung älterer Mitarbeiter und welche Voraussetzungen des Lernarrangements sind hierbei zu berücksichtigen?
5. Begründen Sie die Forderung nach lebenslangem Lernen vor dem Hintergrund demografischer Entwicklungen.
6. Welche Unterscheidungsmerkmale weisen ältere gegenüber jüngeren Arbeitnehmern in der Lernfähigkeit auf?
7. Weshalb ist Lernen am Arbeitsplatz sowie im sozialen und privaten Umfeld eine bedeutsame Kompetenzentwicklungsmaßnahme?
8. Erläutern Sie das Konzept der demografieorientierten Kompetenzentwicklung in seinen Grundstrukturen.

Die Lösungen zu den Fragen finden Sie online (siehe Vorwort)

8 Literatur

Die Literaturhinweise finden Sie online (siehe Vorwort)

9 Praxisbeispiel: Fallstudie zur Konzeption und Umsetzung einer demografieorientierten Personalentwicklung der Gothaer

Autoren: Thomas Barann und Petra Dick

Thomas Barann ist seit 2002 Leiter der Abteilung Personal im Gothaer Konzern. Die Personalabteilung der Gothaer Versicherungen ist Service Provider für den Vorstand, das Management und alle Mitarbeiter der Gothaer. Die wichtigsten Verantwortungsfelder liegen in den Bereichen Personalstrategie, -planung, -administration, -entwicklung, Inhouse-Consulting, Compensation & Benefits, Leistungs- und Potenzialanalyse, Payroll und Personalcontrolling. Nach dem Studium der Rechtswissenschaften war Thomas Barann in der Konsumgüterindustrie (Henkel KGaA), der Bauindustrie (Hochtief AG) und in einer amerikanischen Unternehmensberatung (Towers Perrin) tätig.

Dr. Petra Dick ist seit 2001 im strategischen Personalmanagement des Gothaer Konzerns in Köln tätig. Schwerpunkte ihrer Arbeit sind die Themen Demografie, Frauen im Management, Funktionsbewertung und Vergütung.

Zuvor war sie wissenschaftliche Mitarbeiterin am Institut für Führung und Personalmanagement der Universität St. Gallen.

Dieses Praxisbeispiel finden Sie online (siehe Vorwort)

G Auswirkungen prekärer und atypischer Beschäftigungsverhältnisse auf die Kompetenzentwicklung im demografischen Wandel

Autorin: Dagmar Preißing

Dr. Dagmar Preißing ist Professorin für Allgemeine Betriebswirtschaftslehre mit dem Schwerpunkt „International Management" an der Hochschule Fulda. Ihre Forschungsschwerpunkte sind prekäre und atypische Beschäftigungsverhältnisse sowie die Thematik älterer Arbeitnehmer in Unternehmen. Zuvor war sie an der privaten AKAD Hochschule Leipzig – staatlich anerkannt – Prorektorin und lehrte den Schwerpunkt Human Resources Management und Leadership. Sie verfügt über eine mehrjährige Berufspraxis als Führungskraft sowohl in der Industrie als auch im privaten Bildungsbereich.

Inhalt

1	**Lernziele**	**197**
2	**Einleitung**	**197**
3	**Prekäre Beschäftigungsverhältnisse**	**199**
3.1	Definition prekäres Beschäftigungsverhältnis	199
3.2	Das Zonenmodell der (Des-) Integration	201
4	**Grundlagen atypischer Beschäftigungsverhältnisse**	**204**
4.1	Definition Normalarbeitsverhältnis	204
4.2	Definition atypisches Beschäftigungsverhältnis	205
4.3	Ausprägungen atypischer Beschäftigungsverhältnisse und prekäres Potenzial	206
5	**Atypische Beschäftigungsverhältnisse und psychologischer Vertrag**	**212**
5.1	Definition psychologischer Vertrag	212
5.2	Funktionen des psychologischen Vertrags	214
5.3	Wirkung des psychologischen Vertrags in atypischen Beschäftigungsverhältnissen	215
6	**Auswirkungen prekärer und atypischer Beschäftigungsverhältnisse auf die Kompetenzentwicklung im demografischen Wandel**	**217**
6.1	Die Einkommensdimension	217
6.2	Die zeitliche Dimension	218
6.3	Die räumliche Dimension	219
6.4	Die Konstrukt-Dimension	219
6.5	Dimension Lernen am Arbeitsplatz	221
6.6	Dimension Lernen im sozialen Umfeld	222
7	**Fazit**	**223**
8	**Fragen**	**225**
9	**Literatur**	**225**

1 Lernziele

- Sie lernen die Merkmale atypischer und prekärer Beschäftigungsverhältnisse kennen,
- Sie wissen um die Ausprägungen atypischer und prekärer Beschäftigungsverhältnisse,
- Sie Wissen, weshalb atypische Beschäftigungsverhältnisse auch oftmals prekär sind,
- Sie lernen den psychologischen Vertrag kennen,
- Sie entwickeln ein Verständnis dafür, weshalb der psychologische Vertrag für prekäre und atypische Beschäftigungsverhältnisse nicht gelten kann,
- Sie wissen um die Auswirkungen atypischer und prekärer Beschäftigungsverhältnisse auf die Kompetenzentwicklung von Mitarbeitern.

2 Einleitung

Die Grundformen der Beschäftigung ändern sich. Das bisher klassische Normalarbeitsverhältnis, verstanden als ein unbefristetes Vollzeitarbeitsverhältnis, wird von atypischen Beschäftigungsformen – wie beispielsweise Zeitarbeit – zunehmend abgelöst. Einer der Gründe hierfür liegt im globalen Wettbewerb, der eine immer kürzer werdende Planbarkeit von Entwicklungen bedingt. Im Gegenzug hierzu steigen die Anforderungen an die Anpassungsgeschwindigkeit der Produktionsprozesse und der Beschäftigungssysteme, um als Unternehmen im Wettbewerb bestehen zu können. So nimmt unter anderem der Flexibilisierungsbedarf der Arbeit zu. Unter dem Begriff der Arbeitsflexibilität soll die Gesamtheit aller Maßnahmen verstanden werden, die ein Unternehmen hinsichtlich der Arbeitsgestaltung vornimmt, mit dem Ziel, eine hohe und leistungsorientierte Reaktionsfähigkeit auf sich stetig verändernde Umweltbedingungen zu erreichen (vgl. Raeder, Grote, 2000, S. 8). Ein weiteres Argument für den Bedarf flexibilisierter Beschäftigungsformen stellt die bestehende Arbeitslosigkeit dar. Diese wird unter anderem auf den stark regulierten und damit auch inflexiblen Arbeitsmarkt zurückgeführt. Gefordert wird daher ein flexibilisierter und deregulierter Arbeitsmarkt, der mit Hilfe atypischer Beschäftigungsformen zu sinkenden Arbeitslosenzahlen führen soll. Im Folgenden werden jedoch Fragen nach den makroökonomischen Arbeitsmarktwirkungen der Deregulierung des Arbeitsmarktes in Form flexibler Beschäftigungsverhältnisse nicht thematisiert.

Mit dem Bedeutungsverlust des Normalarbeitsverhältnisses werden jedoch nicht nur positive Arbeitsmarktwirkungen unterstellt, sondern auch Befürchtungen verbunden. Denn die Ausweitung atypischer Beschäftigung führt zu einer Segmentierung des Arbeitsmarktes, bei dem der eine Teil der Erwerbspersonen sich dauerhaft in stabilen und geregelten und der andere Teil der Erwerbspersonen sich in instabilen und unregelmäßigen Arbeitsverhältnissen befindet, mit allen negativen Konsequenzen wie Prekariat und mangelnde soziale Absicherung.

Gerade der Begriff Prekariat oder Prekarisierung ist im Zusammenhang mit der Debatte um die Zunahme atypischer Beschäftigungsformen und damit der Entstandardisierung der Erwerbsarbeit geprägt worden. Er umschreibt die Konsequenzen, die sich aus der Ablösung des Normalarbeitsverhältnisses durch Formen atypischer Beschäftigung ergeben können. Prekarisierung beinhaltet nicht nur den Aspekt geringer Entlohnung, sondern wirkt sich umfassend auf die sukzessive Rücknahme von Schutzregelungen aus, die zur Sicherung vor den Risiken der Lohnabhängigkeit von den Tarifparteien in jahrzehntelangen Prozessen vereinbart und erstritten worden waren.

Eine Prekarisierung der Arbeit wirkt sich jedoch nicht nur auf Arbeitsaspekte, sondern auch auf das Privatleben der Betroffenen aus. Die längerfristige individuelle Lebensplanbarkeit im Rahmen atypischer und damit vielfach prekärer Beschäftigung ist faktisch nicht mehr gegeben. Die Unsicherheit des eigenen Erwerbsverlaufs, verbunden mit geringem Einkommen und auch der Möglichkeit von Arbeitslosigkeit, führt zu einer fehlenden Planbarkeit der Familiengründung, des Wohnungsbaus oder einer persönlichen Qualifikationsphase. Die Gefahr der Altersarmut aufgrund sinkender, individueller Versorgungsansprüche, wie der Rente, ist groß.

Im Folgenden werden die Konsequenzen atypischer und prekärer Beschäftigungsformen für Arbeitnehmer und Unternehmen im demografischen Wandel beleuchtet. Der demografische Wandel in Deutschland ist im Wesentlichen geprägt von alternden Belegschaften, einer absolut sinkenden Zahl an Erwerbspersonen und einer dramatischen Verknappung an jüngeren Nachwuchskräften (siehe hierzu das Kapitel von Tina Günther „Die demografische Entwicklung" in diesem Lehrbuch). Die zentrale Frage lautet daher, ob atypische Beschäftigungsformen zur erfolgreichen Bewältigung des demografischen Wandels geeignete Arbeitsverhältnisse darstellen. Es soll geprüft werden, inwieweit atypische Beschäftigungsverhältnisse negative oder positive Konsequenzen für den Kompetenzerhalt der zur Verfügung stehenden Erwerbspersonen und damit mittelbar oder unmittelbar auf die Effizienz und Wertschöpfung von Unternehmen haben. Denn gerade der Kompetenzerhalt und -ausbau in einer alternden Gesellschaft stellt einen Schlüsselfaktor für die erfolgversprechende Gestaltung des demografischen Wandels dar.

3 Prekäre Beschäftigungsverhältnisse

3.1 Definition prekäres Beschäftigungsverhältnis

Das Wort prekär stammt aus dem Lateinischen ab. Auf der einen Seite von „precarius", was übersetzt „bedenklich, peinlich, unangenehm, unsicher, heikel oder schwierig" bedeutet und andererseits vom Begriff „precere", womit „um etwas bitten müssen, etwas durch Bitten verlangen" umschrieben wird (vgl. Steiner, Mittländer, 2008, S. 7).

Eine einheitliche, allgemein anerkannte Definition von prekären Arbeitsverhältnissen existiert nicht, sondern ist in der Literatur zumeist abhängig von der jeweiligen analytischen Perspektive. So betrachten Keller und Seifert ausschließlich den Arbeitsmarkt sowie die Systeme sozialer Sicherung, um daraus Aussagen zu prekärer Beschäftigung und deren Ausmaß abzuleiten. In ihrer **Negativdefinition** legen sie fest, dass ein Beschäftigungsverhältnis dann als **nicht prekär** gilt, wenn es folgende vier Aspekte erfüllt:

1. Gewährleistung eines subsistenzsichernden Einkommens:
   Hierunter wird eine Einkommensgrenze verstanden, die oberhalb von zwei Dritteln des Medianlohns von Vollzeitbeschäftigten liegt. Dieser Einkommensaspekt ist in der Literatur allen Definitionen prekärer Arbeitsverhältnisse gemeinsam und unstrittig.
2. Integration in die Systeme sozialer Sicherung während und nach der Erwerbsphase:
   Hierunter wird die Absicherung gegen Arbeitslosigkeit, Krankheit und Alter verstanden.
3. Beschäftigungsstabilität im Sinne einer möglichst ununterbrochenen Beschäftigung:
   Die Beschäftigungsstabilität stellt die Voraussetzung für ein eigenständiges Einkommen dar und gewährleistet Ansprüche an die sozialen Sicherungssysteme.
4. Erhalt der Beschäftigungsfähigkeit:
   Die Beschäftigungsfähigkeit stellt unter Berücksichtigung der sich ständig wandelnden Qualifikationen und Tätigkeiten die Voraussetzung für eine Beschäftigungsstabilität dar.
   (vgl. Keller, Seifert, 2006, S. 238 f.).

Die Autoren legen also die Prekaritätsdimensionen Einkommen, soziale Sicherung und Beschäftigung für ihre Definition prekärer Beschäftigung zugrunde. Eine ähnliche Sichtweise nimmt Dörre bei seiner Definition prekärer Arbeitsverhältnisse ein: „Als prekär kann ein Erwerbsverhältnis bezeichnet werden, wenn die Beschäftigten aufgrund ihrer Tätigkeit deutlich unter ein Einkommens-, Schutz- und soziales Integrationsniveau sinken, das in der Gegenwartsgesellschaft als Standard definiert und mehrheitlich anerkannt wird. Aber auch wenn Arbeit mit Sinnverlusten, Anerkennungsdefiziten und Planungsunsicherheit in einem Ausmaß verbunden ist, dass gesellschaftliche Standards zuungunsten der Beschäftigten korrigiert werden, kann man sie als prekär bezeichnen." (Dörre, 2005, S. 252).

Um von einem prekären Beschäftigungsverhältnis sprechen zu können, müssen nicht alle Dimensionen gleichzeitig erfüllt sein. Beschäftigungsformen können in einer Dimension prekär, es in einer anderen jedoch nicht sein. Der Prekaritätsgrad eines Arbeitsverhältnisses erhöht sich jedoch, sobald sich die Kriterien kumulieren.

Die bisherigen Betrachtungen von Prekarität beinhalten ausschließlich objektive Merkmale. Diese sollen im Folgenden um Forschungsergebnisse aus den Sozialwissenschaften ergänzt werden. Dort findet die Einordnung eines Arbeitsverhältnisses als prekär anhand zusätzlicher subjektiver Komponenten sowie gesellschaftlicher Konsequenzen statt. Diese erweiterte Sichtweise auf prekäre Beschäftigungsverhältnisse ist insofern relevant, als subjektive Erlebensqualitäten eine entsprechende individuelle Bewertung der Arbeits- und Lebenssituation zur Folge haben. Und diese Einschätzung der eigenen Arbeitssituation wirkt sich dann wiederum auf die Arbeitsmotivation und damit auf Produktivitätsergebnisse eines Unternehmens aus.

Um diese subjektiven Komponenten erfassen zu können, haben Brinkmann et al. folgende fünf Dimensionen entwickelt:

Tab. 3.1 *Dimensionen prekärer Beschäftigung; Quelle: vgl. Brinkmann et al., 2006, S. 18*

Dimension	Prekariat
1. Reproduktiv-materiell	Haupterwerbstätigkeit bietet kein existenzsicherndes Einkommen und/oder damit keine Teilnahme am kulturellen Leben
2. Sozial-kommunikativ	Keine gleichberechtigte Integration in soziale Netzwerke am Arbeitsplatz und darüber hinaus; soziale Kreise bleiben aufgrund der ausgeübten Tätigkeit verschlossen; soziale Netze der Familie/Verwandtschaft müssen die Belastungen und Restriktionen der Tätigkeit ausgleichen
3. rechtlich-institutionell	Tendenzieller Ausschluss des Beschäftigten von institutionell verankerten sozialen Rechten und Partizipationschancen wie Tarifrechte, Mitbestimmung, Betriebsvereinbarungen oder gesetzliche Schutzrechte
4. Status und Anerkennung	Tätigkeit verhindert gesellschaftliche Anerkennung und/oder ist schlimmstenfalls mit sozialer Missachtung verbunden
5. Arbeitsinhalt	Tätigkeit ist mit dauerhaftem Sinnverlust verbunden oder mit krankhafter Arbeitswut, die zum Verlust des Privatlebens führen kann

Diese fünf Dimensionen prekärer Tätigkeit zeigen, dass prekär Beschäftigte im Vergleich zu Beschäftigten in Normalarbeitsverhältnissen weitaus geringere Möglichkeiten in allen Lebensbereichen haben. Dies wird durch einen geringen Verdienst, Angst, Unsicherheit über die berufliche Zukunft und soziale Desintegration bedingt. Die Ausarbeitung eines rationalen und langfristig angelegten Lebensplanes wird unmöglich. Prekäre Beschäftigungsverhältnisse besitzen somit ein **Desintegrationspotenzial**, das sich in eingeschränkten Partizipationsmöglichkeiten in der Arbeitswelt und dem gesellschaftlichen Leben zeigt (vgl. Dörre (a), 2005, S. 6).

Entsprechend lassen sich die Merkmale prekärer Arbeitsverhältnisse wie folgt zusammenfassen:

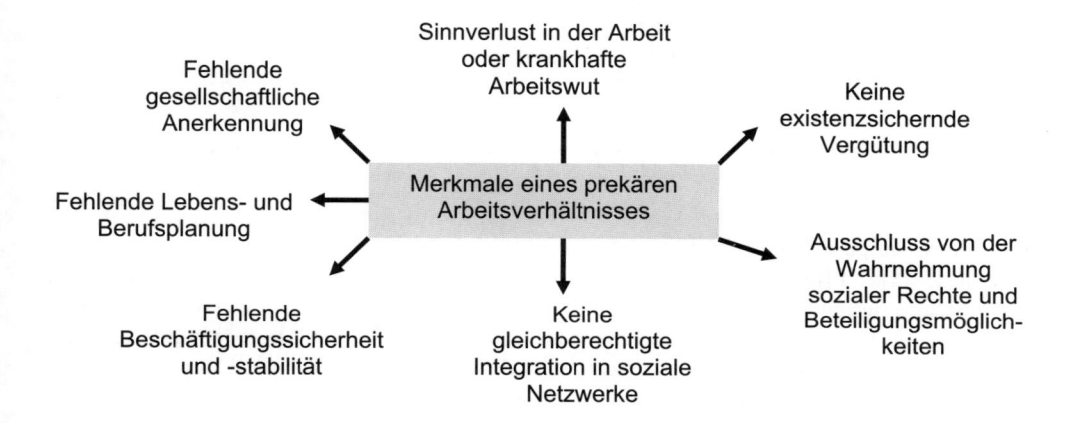

Abb. 3.1   Merkmale prekärer Arbeitsverhältnisse; Quelle: eigene Darstellung in Anlehnung an Brinkmann et. al. 2006, S. 18

3.2   Das Zonenmodell der (Des-) Integration

Ein weiteres Modell, welches eindrücklich das Desintegrationspotenzial prekärer Beschäftigung zeigt, ist das Zonenmodell des Sozialwissenschaftlers Castel (vgl. Castel, 2000), welches von Vogel (vgl. Vogel, 2003) und von Bartelheimer (vgl. Bartelheimer, 2002) vom Soziologischen Forschungsinstitut Göttingen weiterentwickelt wurde. Danach unterscheidet Vogel in:

1. eine Zone der „Integration",
2. eine Zone der „beruflich-sozialen Gefährdung" und
3. eine Zone der „Ausgliederung". (vgl. Vogel, 2003, S. 54)

Die schrumpfende Zone der Integration beinhaltet das immer noch geschützte Normalarbeitsverhältnis, in der Zone der Ausgliederung befinden sich die „Entbehrlichen" beziehungsweise „dauerhaft Ausgeschlossenen" der Arbeitsgesellschaft. Die Zone der „Gefährdung" bildet sich zwischen diesen beiden Extremzonen heraus. Sie ist gekennzeichnet durch Expansion und zeigt eine Vielfalt „verwundbarer" und „unsicherer" Arbeitsverhältnisse und beinhaltet prekäres Potenzial.

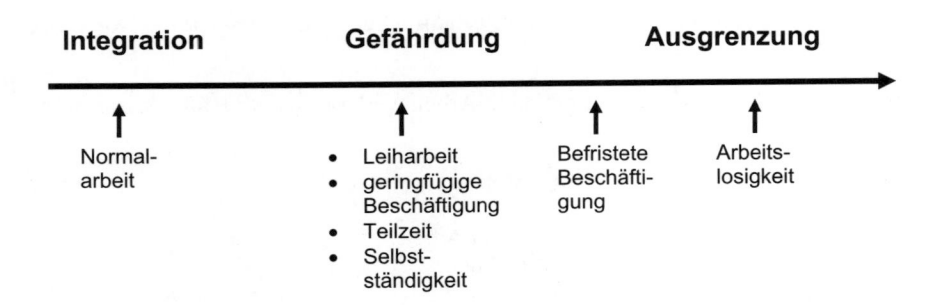

```
Integration          Gefährdung            Ausgrenzung
    ↑                    ↑                   ↑           ↑
 Normal-           • Leiharbeit         Befristete   Arbeits-
 arbeit            • geringfügige       Beschäfti-   losigkeit
                     Beschäftigung      gung
                   • Teilzeit
                   • Selbst-
                     ständigkeit
```

Abb. 3.2   Erwerbsformen zwischen Integration, Gefährdung und Ausgrenzung; Quelle: Oschmiansky, Oschmiansky, 2003, S. 4; vgl. Vogel, 2003, S. 54

Ein weiterer empirischer Befund bestärkt diese Zonentheorie. Hierbei wurden neun typische Formen der (Des-) Integration durch Erwerbsarbeit unterschieden, wobei die Datenbasis auf 70 halbstrukturierten Interviews (vgl. Dörre et al., 2005) und einer repräsentativen Befragung „Was ist gute Arbeit? von Tatjana Fuchs (vgl. Fuchs, 2006) beruht. Hierbei wurde eine Einordnung von Beschäftigten in Typologien mit Merkmalen vorgenommen, so dass die Verbreitung prekärer Beschäftigung ermittelt werden konnte.

Tab. 3.2   (Des-) Integrationspotenziale von Erwerbsarbeit: Erwerbstypen und deren Verbreitung; Quelle: vgl. Brinkmann et al., 2006, S. 57

Zonen	Bezeichnung	Merkmale	Prozentualer Anteil
Zone der Integration			
1. Gesicherte Integration	„Die Gesicherten"	Unbefristet Beschäftigte mit einem Bruttoeinkommen/Monat ab 2000 Euro, kaum belastende Beschäftigungsunsicherheit	31,5
2. Atypische Integration	„Die Unkonventionellen", „Selbstmanager"	Atypisch Beschäftigte mit einem Bruttoeinkommen/Monat ab 2000 Euro, positives Arbeitserleben, Einfluss- und Entwicklungsmöglichkeiten in der Arbeit	3,1
3. Unsichere Integration	„Die Verunsicherten"	Analog zu 1 und 2, aber stark belastende Beschäftigungsunsicherheit	12,9
4. Gefährdete Integration	„Die Abstiegsbedrohten"	Unbefristet Beschäftigte mit einem Bruttoeinkommen/Monat bis 2000 Euro, belastende Beschäftigungsunsicherheit	33,1

3.2 Das Zonenmodell der (Des-) Integration

Zone der Prekarität			
5. Prekäre Beschäftigung als Chance, temporäre Integration	„Die Hoffenden"	Atypisch Beschäftigte mit einem Bruttoeinkommen/Monat bis 2000 Euro, positives Arbeitserleben, keine anhaltenden Frustrationsgefühle	3,1
6. Prekäre Beschäftigung als dauerhaftes Arrangement	„Die Realistischen"	Atypisch Beschäftigte mit einem Bruttoeinkommen/Monat bis 2000 Euro, längere Arbeitslosigkeitsphasen und/oder Phasen prekärer Beschäftigung, Frustrationsgefühle	4,8
7. Entschärfte Prekarität	„Die Zufriedenen"	Atypisch Beschäftigte mit einem Bruttoeinkommen/Monat bis 2000 Euro, hauptsächliche Statusbeschreibung als Student, Hausfrau/-mann, in Elternzeit, Rentner usw., positives Arbeitserleben, kein anhaltendes Frustrationsgefühl	5,9
Zone der Entkoppelung			
8. Unüberwindbare Ausgrenzung	„Die Veränderungswilligen"	Erwerbstätige, längere Phasen der Arbeitslosigkeit und/oder Phasen prekärer Beschäftigung, hauptsächliche Statusbeschreibung: arbeitslos	1,7
9. Inszenierte Integration/ kontrollierte Ausgrenzung	„Die Abgehängten"	Nicht zuordnungsfähig, fehlende Angaben	3,9
Alle Erwerbstätigen (ohne Azubis und Selbstständige mit weiterer Beschäftigung)			100

Dieser empirische Befund zeigt, dass Castels und Vogels Zonen der Arbeitsgesellschaft für Erwerbstätige tatsächlich präsent sind. Es trifft jedoch nicht wie vermutet zu, dass Bedrohungsgefühle linear zunehmen, je weiter man in der Hierarchie der einzelnen Typen nach unten steigt. So sind beispielsweise Abstiegsängste besonders bei den Gruppen gegenwärtig, die noch etwas zu verlieren haben. Das Gefühl der Bedrohung kann insbesondere bei den „Abstiegsbedrohten" (Typ 4) deutlich ausgeprägter sein als bei denen, die der Zone der Prekarität zugerechnet werden können. Selbst die „Veränderungswilligen" (Typ 8) haben noch die Hoffnung, ihre Lage über kurz oder lang deutlich verbessern zu können. Damit kann die „Zone der Prekarität" kaum als eigenständiges, eindeutig abgrenzbares Segment des

Arbeitsmarktes beschrieben werden. Vielmehr sind die Ausprägungen der Erwerbsarbeit durch fließende Übergänge und Abstufungen zwischen stabiler und instabiler Erwerbsarbeit zu verzeichnen. Durch die Berücksichtigung der subjektiven Kriterien werden auch Verunsicherungstendenzen und Prekarisierungsängste berücksichtigt, was eine trennscharfe Abgrenzung von prekären und nicht prekären Arbeitsverhältnissen erschwert. Zwar werden nur 13,8% der Beschäftigten als „prekär" eingestuft, jedoch 33,1% der Beschäftigten als „gefährdet integriert/abstiegsbedroht" sowie 12,9% als „durch Beschäftigungsunsicherheit belastet" beziehungsweise „verunsichert" beschrieben. Das verdeutlicht, dass Prekarisierung keine Randerscheinung ist. Vielmehr verweisen die Ergebnisse auf eine allgemeine subjektive Unsicherheit von Erwerbstätigen, einschließlich derjenigen, die von Prekarität noch nicht betroffen sind. In Castels postulierter „gespaltener Arbeitsgesellschaft" können sich also selbst die formal Integrierten der Wirkung von Prekarität nicht mehr entziehen.

Inwieweit atypische Beschäftigungsverhältnisse prekäres Potenzial enthalten, wird im Folgenden aufgezeigt. Es ist jedoch wichtig, prekäre Beschäftigungsverhältnisse **nicht zwingend** mit atypischen Beschäftigungsverhältnissen gleichzusetzen. Denn prekäre Beschäftigungsverhältnisse enthalten neben den objektiven auch subjektive Komponenten, die individuell wahrgenommen und entsprechend als eine prekäre oder nicht prekäre Arbeitssituation eingeschätzt werden. Im Gegensatz hierzu sagt das atypische Arbeitsverhältnis noch nichts über die soziale Lage des Arbeitnehmers aus, es stellt zunächst lediglich eine Negativdefinition des Normalarbeitsverhältnisses dar.

4 Grundlagen atypischer Beschäftigungsverhältnisse

4.1 Definition Normalarbeitsverhältnis

Für das Verständnis atypischer Beschäftigungsverhältnisse ist es sinnvoll, zunächst den Begriff des Normalarbeitsverhältnisses inhaltlich abzugrenzen. Denn atypische Beschäftigungsverhältnisse können in einer **negativen Abgrenzung** zum Normalarbeitsverhältnis als alle Formen von Beschäftigungsverhältnissen gelten, die nicht die Kernmerkmale des Normalarbeitsverhältnisses erfüllen.

Das Normalarbeitsverhältnis war und ist immer noch die am weitesten verbreitete Beschäftigungsform. Es beinhaltet in der Regel, dass eine stabile, sozial abgesicherte, abhängige Vollzeitbeschäftigung, die außerhalb des eigenen Haushalts und ohne zeitliche Befristung in einer relativ gleichmäßig verteilten Arbeitszeit geleistet wird. Ein existenzsicherndes Einkommen ist hierbei gewährleistet. Die Rahmenbedingungen sind kollektivvertraglich und entsprechend eines arbeits- und sozialrechtlichen Mindestniveaus geregelt. Als weitere Merkmale dieser Beschäftigungsform sind der Anspruch auf Mitbestimmung, der Kündigungsschutz und die Anwendbarkeit des Arbeitsrechtes zu nennen. Ebenso stellt die Weisungsgebundenheit bei der Verrichtung der Arbeit einen weiteren wichtigen Aspekt der inhaltlichen Abgrenzung dar.

Damit von einem Normalarbeitsverhältnis gesprochen werden kann, sollten zusammenfassend folgende Merkmale erfüllt sein:

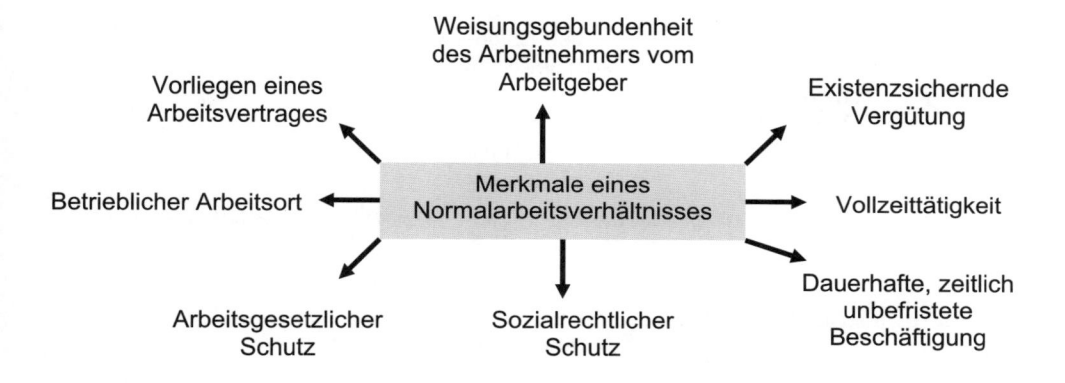

Abb. 4.1 Die Merkmale des Normalarbeitsverhältnisses; Quelle: eigene Darstellung in Anlehnung an Däubler 1988, S. 302 f.; Keller, Seifert, 2006, S. 236; Leiva, 2006, S. 22

Auch im Rahmen eines Normalarbeitsverhältnisses können Flexibilisierungsmaßnahmen greifen, ohne jedoch von einem atypischen Beschäftigungsverhältnis zu sprechen. Diese Maßnahmen sind Veränderungen der Arbeitszeit wie Teilzeitarbeit mit mehr als 20 Stunden, Schichtarbeit oder variable Arbeitszeiten.

4.2 Definition atypisches Beschäftigungsverhältnis

Ein atypisches Beschäftigungsverhältnis weicht in einem oder mehreren Bereichen vom normalen Arbeitsverhältnis ab, beziehungsweise erfüllt mindestens ein Kriterium des Normalarbeitsverhältnisses nicht. In einer positiven inhaltlichen Abgrenzung erfüllt ein atypisches Arbeitsverhältnis mindestens eines der folgenden Kriterien:

Merkmale eines atypischen Arbeitsverhältnisses

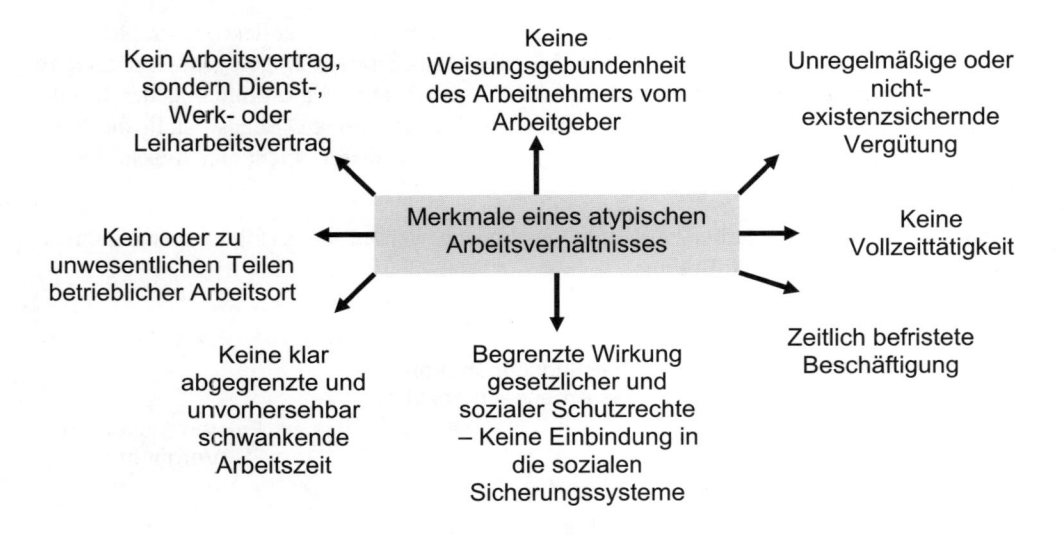

- Kein Arbeitsvertrag, sondern Dienst-, Werk- oder Leiharbeitsvertrag
- Keine Weisungsgebundenheit des Arbeitnehmers vom Arbeitgeber
- Unregelmäßige oder nicht-existenzsichernde Vergütung
- Kein oder zu unwesentlichen Teilen betrieblicher Arbeitsort
- Keine Vollzeittätigkeit
- Keine klar abgegrenzte und unvorhersehbar schwankende Arbeitszeit
- Begrenzte Wirkung gesetzlicher und sozialer Schutzrechte – Keine Einbindung in die sozialen Sicherungssysteme
- Zeitlich befristete Beschäftigung

Abb. 4.2 Merkmale atypischer Beschäftigungsverhältnisse; Quelle: eigene Darstellung in Anlehnung an Haunschild, 2004, S. 199 ff.

Mit Hilfe atypischer Beschäftigungsverhältnisse werden makroökonomisch vor allem die Flexibilisierung des Arbeitsmarktes, der Abbau von Arbeitslosigkeit sowie die Bewältigung des Strukturwandels angestrebt. Für Unternehmen bedeuten atypische Beschäftigungsverhältnisse vor allem Senkung der Personalkosten, Flexibilisierung der Personalplanung und Aufbrechen tariflicher Schutzregelungen. Mit welchen konkreten Instrumenten dies erreicht werden soll, zeigen die folgenden unterschiedlich entwickelten Formen atypischer Beschäftigungsverhältnisse.

4.3 Ausprägungen atypischer Beschäftigungsverhältnisse und prekäres Potenzial

Es liegen zahlreiche Formen atypischer Beschäftigung vor, die oftmals nach dem Grad ihrer Flexibilität und der Personalplanungs-Dimension eingeteilt werden. Hierbei beinhaltet die interne Personalplanungsdimension, dass über eine betriebsinterne Anpassung des Arbeitseinsatzes die veränderten Produktions- und Nachfragebedingungen erfüllt werden können. Die externe Personalplanungs-Dimension beinhaltet hingegen, dass eine Anpassung der Beschäftigtenzahl vor allem über externe Beschaffungsmaßnahmen am Arbeitsmarkt oder durch Personalfreisetzungen erfolgt.

4.3 Ausprägungen atypischer Beschäftigungsverhältnisse und prekäres Potenzial

Es werden im Folgenden jene Formen atypischer Beschäftigungsverhältnisse näher erläutert, die quantitativ zunehmend an Bedeutung gewinnen. Zu diesen atypischen Beschäftigungsverhältnissen gehören:

- geringfügige Beschäftigung (Mini-Job, bis 400 Euro/Monat),
- Niedriglohn Beschäftigung (Midi-Job, 400 bis 800 Euro/Monat),
- befristete Beschäftigung,
- Teilzeitarbeit mit zwanzig oder weniger Stunden,
- Leih- beziehungsweise Zeitarbeit.

Die zunehmende Bedeutung atypischer Beschäftigung kann an den Wachstumsraten der vier zentralen atypischen Beschäftigungsverhältnisse ersehen werden:

Tab. 4.1 Formen atypischer Beschäftigung in Tausend und ihre Entwicklung von 1997-2007, bezogen auf 15- bis 64-Jährige nicht in Bildung oder Ausbildung; Quelle: Statistisches Bundesamt (a), Mikrozensus, 2008

Jahr	Zahl der atypisch Beschäftigten in Tausend			
	Teilzeit	Geringfügig beschäftigt	Befristet beschäftigt	Zeitarbeit
1997	3 390	1 310	1 820	180
1999	3 830	1 740	2 170	250
2001	4 130	1 820	2 090	310
2003	4 420	1 950	1 970	300
2005	4 680	2 430	2 390	410
2007	4 950	2 770	2 660	610

Betrachtet man die prozentualen Wachstumsraten, so sind Zeitarbeit (+238%) und geringfügige Beschäftigung (+112%) die am stärksten wachsenden atypischen Beschäftigungsformen. Aber auch Teilzeitarbeit (+46%) sowie befristete Beschäftigung (+46%) zeigen ein nicht zu vernachlässigendes Wachstum.

Im Folgenden werden diese vier atypischen Beschäftigungsverhältnisse daher kurz erläutert und eine Einschätzung ihres prekären Potenzials gegeben.

Teilzeitarbeit
Teilzeitarbeit ist im Teilzeit- und Befristungsgesetz (TzBfG) geregelt und beinhaltet, dass jeder Arbeitnehmer Anspruch auf Teilzeit hat und diese eine Wochenarbeitszeit von 35 Stunden nicht übersteigen darf. Diese Stundenregelung gilt für Flexibilisierungsmaßnahmen innerhalb eines Normalarbeitsverhältnisses. Wird Teilzeitarbeit der atypischen Beschäftigung zugeordnet, so darf die Arbeitszeit nicht mehr als 20 Stunden pro Woche betragen. Des Weiteren ist in §2 Abs. 2 TzBfG ausdrücklich geregelt, dass auch geringfügig Beschäftigte zu den Teilzeitbeschäftigten im Sinne des Gesetzes gehören.

Wie bereits im Kapitel „Kompetenzentwicklung" dieses Buches erörtert, kann die Teilzeittätigkeit für Mitarbeiter im Sinne kompetenzorientierter Personalentwicklung sowie unter dem Aspekt der Vereinbarkeit von Familie und Beruf ein durchaus sinnvolles Instrument darstellen. Andererseits birgt Teilzeitarbeit aber auch Gefahren. Wenn Teilzeit-Mitarbeiter im Hinblick auf Weiterbildungsmaßnahmen, Laufbahnplanung und Geschlecht diskriminiert werden, so birgt Teilzeitarbeit ein Dequalifzierungsrisiko in sich. Ebenso kann die Teilzeit-Vergütung, wenn sie keine ausreichende finanzielle Einkommenssicherung beinhaltet, zu einer prekären Lebenssituation führen. Diese wiederum macht eine Bildungsinvestition durch den Betroffenen selbst unmöglich.

Damit stellt Teilzeit ein atypisches Beschäftigungsverhältnis dar, welches differenziert in Bezug zu seiner jeweiligen konkreten Arbeitssituation und seinem betrieblichen Umfeld beurteilt werden muss. Eine Vorteilhaftigkeit dieser Arbeitsform ist im Rahmen des demografischen Wandels nur unter bestimmten Voraussetzungen erfüllt.

Geringfügige Beschäftigung
Die geringfügige Beschäftigung kann in zwei Kategorien eingeteilt werden: Zum einen gibt es die geringfügig entlohnte Beschäftigung, die dann vorliegt, wenn das Arbeitsentgelt nicht mehr als 400 Euro/Monat beträgt (Mini-Job). Zum anderen gibt es die kurzfristige Beschäftigung, die zeitlich begrenzt ist auf maximal zwei Monate oder 50 Arbeitstage pro Kalenderjahr. Beide Ausprägungen der geringfügigen Beschäftigung müssen der Sozialversicherung gemeldet werden. Diese Beschäftigungsform kann auch als Nebentätigkeit zu einer anderen sozialversicherungspflichtigen Tätigkeit ausgeübt werden.

Das Einkommen aus geringfügiger Beschäftigung ist nicht existenzsichernd und kann daher immer nur einen Teil des Gesamteinkommens ausmachen. Wie die Statistik zeigt, wächst diese Erwerbsform dennoch kontinuierlich. Nachdem diese Erwerbsform kein existenzsicherndes Einkommen gewährt, kann davon ausgegangen werden, dass diese Erwerbsform vorwiegend als Zusatzeinkommen zum Familieneinkommen genutzt wird. Handelt es sich jedoch um das alleinige Erwerbseinkommen, bedingt durch arbeitsmarktpolitische Gründe, so ist damit zwingend eine prekäre Lebenssituation verbunden.

Befristete Beschäftigung
Eine befristete Beschäftigung beinhaltet die Vereinbarung zwischen Arbeitgeber und Arbeitnehmer, dass zu einem bestimmten Zeitpunkt oder zu einem bestimmten Ereignis das Arbeitsverhältnis endet. Die Befristung selbst bedarf einer gesetzlichen Grundlage, der Arbeitsvertrag hingegen bleibt gültig. Damit sind befristete Arbeitsverhältnisse nicht kündbar, außer im Falle einer außerordentlichen Kündigung oder es wurde im Arbeitsvertrag vereinbart.

Die Befristung eines Arbeitsvertrags erfolgt in Form einer:

- Befristung ohne Sachgrund
  Diese Art der Befristung ist nur dann möglich, wenn der Arbeitnehmer erstmalig für diesen Arbeitgeber arbeitet (§14 Abs. 2 TzBfG). Die Dauer der Befristung beträgt maximal zwei Jahre, kann jedoch bis zu dreimal verlängert werden.

- Befristung mit Sachgrund
  Im Arbeitsvertrag muss ein sachlicher Grund für die Befristung des Arbeitsverhältnisses angeführt werden (§14 Abs. 1 TzBfG). Die Gründe hierfür können vielfältig sein, beispielhaft sei hier die Vertretung eines Arbeitnehmers durch einen anderen genannt, oder der betriebliche Bedarf der Arbeitsleistung wird nur vorübergehend benötigt.
- Befristung ohne Sachgrund bei Neugründung
  Wird ein Unternehmen neu gegründet, so kann das Arbeitsverhältnis auf vier Jahre befristet werden, Verlängerungen der Befristung sind möglich (§14 Abs. 2a TzBfG).
- Altersbefristung
  Ab dem 52. Lebensjahr ist eine Befristung von maximal fünf Jahren mit einem neuen Arbeitnehmer möglich (§14 Abs. 3 TzBfG). Zusätzlich muss aber eine mindestens viermonatige Arbeitslosigkeit nachgewiesen werden oder die Inanspruchnahme von Transferkurzarbeitergeld oder die Teilnahme an öffentlich geförderten Eingliederungsmaßnahmen. Grundsätzlich ist die Frage nach einer altersdiskriminierenden Wirkung dieses Gesetzes noch immer nicht abschließend geklärt.

Somit enthalten befristete Beschäftigungsverhältnisse auf alle Fälle prekäres Potenzial aufgrund fehlender Beschäftigungssicherheit und -stabilität.

Zeitarbeit

Die Begrifflichkeiten für die atypische Beschäftigungsform Zeitarbeit sind zahlreich, so wird auch Personalleasing, Leiharbeit oder Arbeitnehmerüberlassung synonym für den gleichen Sachverhalt verwendet. Grundsätzlich beruht das Arbeitsverhältnis Zeitarbeit auf dem Gesetz zur Regelung der gewerbsmäßigen Arbeitnehmerüberlassung, dem so genannten Arbeitnehmerüberlassungsgesetz (AÜG).

Die Zeitarbeit stellt ein Instrument der externen Personalbeschaffung dar, bei der Arbeitskräfte auf der Grundlage von Arbeitnehmer-Überlassungsverträgen in Unternehmen eingesetzt werden. „Das Personalleasing (...) stellt eine spezielle Methode der temporären Personalbeschaffung insofern dar, als mit ihm nicht Mitarbeiter gewonnen werden, die vertraglich ständig an die jeweils beschäftigende Unternehmung gebunden sind, sondern vielmehr aufgrund von Arbeitnehmer-Überlassungsverträgen (vorübergehend) zur Verfügung gestellt werden." (Berthel, Becker, 2007, S. 252).

Nach Trenk-Hinterberger kann Zeitarbeit folgendermaßen definiert werden: „Arbeitnehmerüberlassung (Zeitarbeit, Leiharbeit, Personalleasing) liegt vor, wenn ein Arbeitgeber (Verleiher) einem Dritten (Entleiher) aufgrund einer Vereinbarung bei ihm angestellte Arbeitnehmer (Leiharbeitnehmer) vorübergehend zur Verfügung stellt, die der Dritte (Entleiher) nach seinen Vorstellungen in seinem Betrieb wie seine eigenen Arbeitnehmer eingliedert und sie dort zur Förderung des Betriebszwecks nach seinen Weisungen einsetzt." (Trenk-Hinterberger, 2004, S. 130).

Die Zeitarbeit stellt also ein besonderes Konstrukt im Rahmen der atypischen Beschäftigungsverhältnisse dar. Kennzeichnend für die Zeitarbeit ist das vertragliche Dreiecksverhältnis zwischen Entleiher, Leiharbeitnehmer und Verleiher:

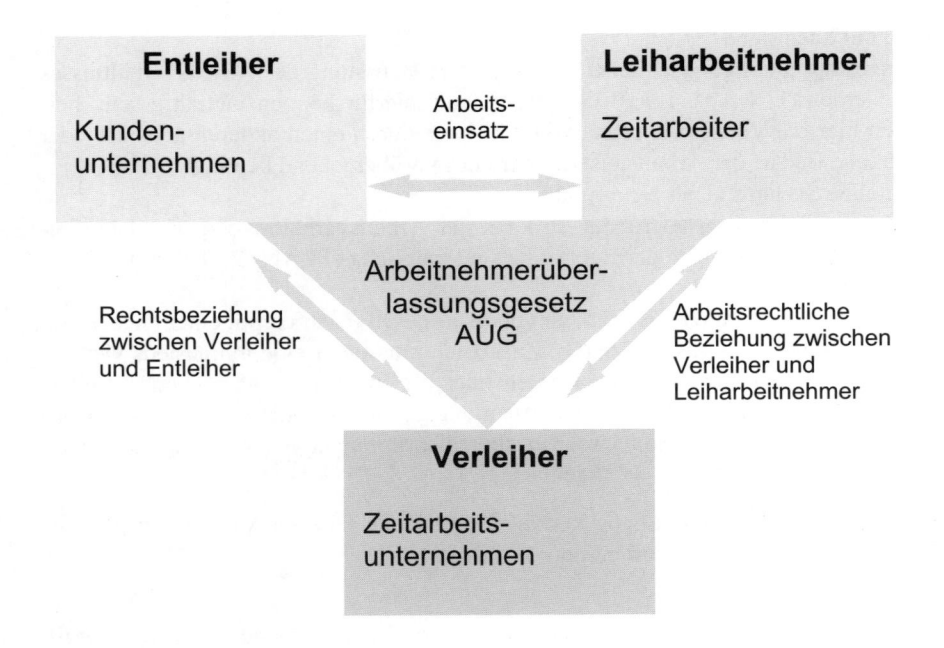

```
          Entleiher                              Leiharbeitnehmer
                                  Arbeits-
          Kunden-                  einsatz       Zeitarbeiter
          unternehmen


                              Arbeitnehmerüber-
        Rechtsbeziehung        lassungsgesetz      Arbeitsrechtliche
        zwischen Verleiher          AÜG            Beziehung zwischen
        und Entleiher                              Verleiher und
                                                   Leiharbeitnehmer


                                 Verleiher

                                 Zeitarbeits-
                                 unternehmen
```

Abb. 4.3   Arbeitnehmerüberlassung; Quelle: vgl. Schröder, 2005, S. 7

Während beim Normalarbeitsverhältnis der Arbeitnehmer und Arbeitgeber in einem direkten Arbeits- und Beschäftigungsverhältnis zueinander stehen, fällt bei der Zeitarbeit das Arbeits- und Beschäftigungsverhältnis auseinander. Es besteht eine arbeitsrechtliche Beziehung zwischen Arbeitnehmer und Verleihunternehmen (Arbeitsvertrag nach §611 BGB). Der Verleiher schließt dann einen Arbeitnehmer-Überlassungsvertrag mit dem Entleiher und überlässt im Rahmen dieses Vertrags seinen Beschäftigten dem Entleihunternehmen auf Zeit. Der Entleiher zahlt für den Einsatz des Leiharbeitnehmers in seinem Unternehmen dem Verleiher eine vereinbarte Leihgebühr.

Der Zeitarbeitnehmer übt also seine Tätigkeit beim Entleiher aus und erfüllt dort seine Arbeitspflicht nach §613 Satz 1 BGB (Beschäftigungsverhältnis zwischen Entleiher und Zeitarbeitskraft). Der Entleiher besitzt das Direktionsrecht und ist dem Zeitarbeiter gegenüber weisungsbefugt. Insgesamt gelten im Rahmen der Arbeitnehmerüberlassung auch die typischen Arbeitnehmer- und Arbeitgeberpflichten wie im Normalarbeitsverhältnis. So besteht die Hauptpflicht des Beschäftigten in der Arbeitspflicht, die er persönlich zur vereinbarten Zeit, an einem bestimmten Ort und nach vorgegebenem Inhalt beim jeweils festgelegten Entleiher zu erbringen hat. Außerdem gelten die Nebenpflichten wie zum Beispiel die Treuepflicht oder die Verschwiegenheitspflicht. Der Arbeitgeber hat den Arbeitnehmer für seinen Arbeitseinsatz nach §612 BGB zu entlohnen. Bei der Zeitarbeit ist das Verleihunternehmen für die Lohnzahlung und die Abführung der Sozialversicherungsbeiträge zuständig. Diese muss dem Zeitarbeitnehmer nach §11 Abs. 1 Satz 2 AÜG auch im Fall von verleihfreien Zeiten ein garantiertes Gehalt zahlen. Die üblichen Nebenpflichten des

Arbeitgebers gelten ebenso bei der Zeitarbeit. Allerdings teilen sich Verleiher und Entleiher nach §11 Abs. 6 AÜG die Fürsorgepflicht dahingehend, dass der Entleiher für die Durchführung des Arbeitsschutzes und der Verleiher für die Kontrolle desselben zuständig ist.

Das Konstrukt Arbeitnehmerüberlassung beinhaltet des Weiteren den so genannten Gleichbehandlungsgrundsatz beziehungsweise das Diskriminierungsverbot für Leasingkräfte nach §9 Nr. 2 AÜG, die an Kunden entliehen sind. Dieses Gesetz beinhaltet, dass Zeitarbeitnehmer in allen Arbeitsbedingungen einschließlich des Arbeitsentgelts den vergleichbaren Stammbeschäftigten des Entleihunternehmens gleichgestellt sein müssen. Man spricht hier auch vom Grundsatz des **„Equal Treatment"** und des **„Equal Payment"** (§3 Abs. 1 Satz 3 AÜG, §9 Satz 2 AÜG).

Würde dieses Gesetz in der Praxis tatsächlich greifen, so wäre nicht davon auszugehen, dass Zeitarbeit eine prekäre Wirkung und negative Konsequenzen für die Kompetenzbildung der Zeitarbeitnehmer beinhaltet. Doch zwei zentrale Ausnahmen zum Gleichbehandlungsgrundsatz relativieren diese Sichtweise.

Ausnahmen zum Gleichbehandlungsgrundsatz
1. Nettoarbeitsentgelt in Höhe des zuletzt bezogenen Arbeitslosengeldes
   Wenn der Zeitarbeitnehmer vor dem Beschäftigungsverhältnis mit dem Entleiher arbeitslos war, kann für die ersten sechs Wochen vom Equal-Payment-Grundsatz abgewichen werden. Es ist lediglich sicherzustellen, dass die Beschäftigten mindestens ein Nettoarbeitsentgelt in Höhe des letzten Arbeitslosenentgeltes erhalten.
2. Tariföffnungsklausel
   Das AÜG erlaubt eine Abweichung vom Grundsatz des Equal Payment, wenn ein anderslautender Tarifvertrag vorliegt. Mit dieser Regelung hat der Gesetzgeber erreicht, dass für die Branche der Zeitarbeit eigene Tarifverträge abgeschlossen wurden. Und in Konsequenz sind die dort ausgehandelten Tarifentgelte für Zeitarbeitnehmer geringer als die geltenden Tarifentgelte für die Stammbelegschaften.
   Damit ist die Wahrscheinlichkeit eines Zeitarbeitnehmers zu einem Prekaritätslohn arbeiten zu müssen, sehr groß. Der Prekaritätslohn oder auch Niedriglohn beinhaltet, dass ein Arbeitnehmer weniger als zwei Drittel des Medianlohns verdient. Damit wird die Lebensunterhaltssicherung durch das aus einem solchen Beschäftigungsverhältnis resultierenden Einkommens für einen Arbeitnehmer schwierig.

Vor diesem Hintergrund ist das rasante Wachstum der Zeitarbeitsbranche nachvollziehbar. Die Unternehmen flexibilisieren mit dieser Beschäftigungsform nicht nur ihre Personalplanung, sondern senken vor allem auch ihre Personalkosten. Bedenklich ist, dass Arbeitnehmerüberlassung nicht mehr nur als kurzfristige Flexibilisierungsmaßnahme seitens der Unternehmen gesehen wird, sondern Teil der langfristigen Personalplanung wird. Dies verdeutlichen folgende Zahlen: So sind im BMW Werk Leipzig von rund 3.500 Beschäftigten bereits 38% Zeitarbeitnehmer (vgl. Dombre, 2007, S. 4). Ähnliche Entwicklungen zeigt die Airbus AG auf: Von 22.000 Stellen sind rund 7.000 Stellen von Zeitarbeitnehmern besetzt (vgl. Glaubitz, 2008). Auch gründen immer mehr große Unternehmen ihr eigenes Zeitarbeitsunternehmen, um von günstigeren tariflichen Regelungen und niedrigeren Lohnkosten zu profitieren. So verfügt beispielsweise die Universitätsklinik Frankfurt am Main über ein eigenes Zeitarbeitsunternehmen mit fast 900 Krankenschwestern, Pflegern, Verwaltungs- und Reinigungskräften, Arzthelfern und medizinischen Assistenten (vgl. Böhm, 2007, S. 3).

Insgesamt ist festzuhalten, dass alle dargestellten atypischen Beschäftigungsformen ein hohes Potenzial für eine prekäre Beschäftigungssituation beinhalten. Die bereits realisierte und weiter angestrebte Arbeitsflexibilität hat also zahlreiche Auswirkungen negative Konsequenzen für Arbeitnehmer.

5 Atypische Beschäftigungsverhältnisse und psychologischer Vertrag

5.1 Definition psychologischer Vertrag

Die vorangegangenen Ausführungen haben die unterschiedlichen Ausprägungen der Flexibilisierung der Arbeit in Form atypischer Beschäftigung gezeigt. Diese Flexibilisierungsmaßnahmen haben einschneidende Auswirkungen auf die wechselseitigen Erwartungen und Angebote von Organisationen und Arbeitnehmenden, die sich im psychologischen Vertrag zeigen.

Neben dem **formaljuristischem Arbeitsvertrag** (expliziter Arbeitsvertrag) zwischen Arbeitgeber und Arbeitnehmer besteht auch der so genannte **psychologische Vertrag** (impliziter Arbeitsvertrag). Dieser umfasst die schriftlich nicht fixierbaren Angebote, Erwartungen, Wünsche und Hoffnungen mindestens zweier Parteien. Diese impliziten Angebote und Erwartungen können sich auf mündliche Absprachen oder Ankündigungen beziehen, sich aus organisationsspezifischen Ereignissen ableiten oder einfach nur subjektiv unterstellt werden. Die impliziten Erwartungen der Vertragspartner sind zwar nicht justiziabel, werden aber dennoch als verbindlich angesehen (vgl. Raeder, Grote 2001, S. 353; Gössing, 2005, S. 9).

Zu den impliziten Leistungen gehören beispielsweise seitens des Arbeitnehmers die tatsächlich erbrachte Leistungsmenge und deren Qualität sowie Motivation und persönliches Engagement. Seitens des Arbeitgebers zählen hierzu Versprechungen gegenüber dem Arbeitnehmer in Bezug auf potenzielle Karriereoptionen oder Gehaltsentwicklungen. Arbeitgeber und Arbeitnehmer teilen darüber hinaus Vorstellungen über die Regeln des Umgangs miteinander. Diese Regeln basieren auf gemeinsamen Werten und Normen, aus denen sich faktische aber nicht vertraglich gesicherte gegenseitige Erwartungen ergeben. Der psychologische

5.1 Definition psychologischer Vertrag

Vertrag ist entscheidend dafür, inwieweit Mitarbeiter ihr Engagement für die Arbeit weiterentwickeln und sich dem Unternehmen gegenüber loyal verhalten. Aufgrund des impliziten Charakters und der individuellen, subjektiven Interpretation dieses Vertrags unterliegt er dynamischen Veränderungen. Zudem besteht die Gefahr, dass die jeweiligen wechselseitigen Erwartungen nicht übereinstimmen.

Es genügt für ein funktionierendes Arbeitsverhältnis also nicht, nur einen juristischen Arbeitsvertrag abzuschließen, sondern es muss auch der psychologische Vertrag eingelöst und aufrechterhalten werden. Nur dann ist eine zufriedenstellende wechselseitige Beziehung zwischen Arbeitgeber und Arbeitnehmer zu erwarten. Wird der psychologische Vertrag verletzt, können entsprechende Verhaltenskonsequenzen wie innere Kündigung oder fehlende Motivation resultieren.

Heute wird eine Unterscheidung in den traditionellen und den neuen psychologischen Vertrag vorgenommen. So sehen Raeder und Grote den psychologischen Vertrag als Annahmen, die aufgrund von impliziten (oder expliziten) Versprechungen getroffen werden, die ein Austauschverhältnis zwischen dem Individuum und der Organisation beinhalten:

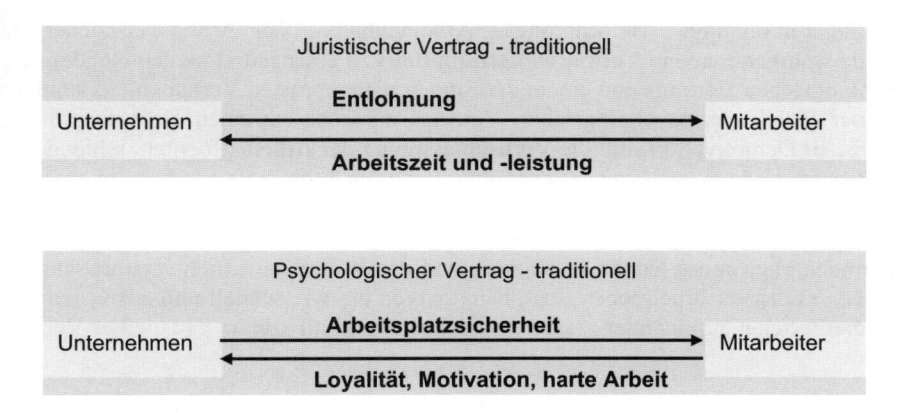

Abb. 5.1   Traditioneller juristischer und psychologischer Vertrag; Quelle: eigene Darstellung in Anlehnung an Raeder, Grote, 2001, S. 353

Gegenstand traditioneller psychologischer Arbeitsverträge sind also Arbeitsplatzsicherheit, lebenslange Beschäftigung und gegenseitige Loyalität. Die Arbeitgeber sahen ihre Pflicht darin, den Mitarbeitern eine lebenslange Beschäftigung für lebenslange Loyalität zu bieten. Im Gegenzug erhielten sie von den Mitarbeitern unbedingte Loyalität und eine motivierte, gute Arbeitsleistung.

5.2 Funktionen des psychologischen Vertrags

Die Funktionen des psychologischen Vertrags sind vielfältig. Er dient neben dem formalen juristischen Vertrag und seinen explizit gemachten, schriftlichen Vereinbarungen vor allem zum Aufbau stabiler psychologischer Kontrakte durch informelle Übereinkommen auf emotionaler Ebene. Darin liegen die Vorteile des psychologischen Vertrags begründet:

- Reduktion von Unsicherheiten, die ansonsten auch nach Abschluss des expliziten Arbeitsvertrags bestehen würden,
- Festlegung emotionaler Beschäftigungsbeziehungen,
- Klärung gegenseitiger Erwartungen, Einstellungen, Werte und Normen,
- sinkender Überwachungs- oder Kontrollaufwand im Unternehmen, aufgrund einer funktionierenden Vertrauensbasis der Vertragsparteien und der Erfüllung gegenseitiger Erwartungen,
- geeignetes Führungsinstrument zur Mobilisierung intrinsischer Motivation.

Jedoch liegen auch Nachteile des psychologischen Vertrags vor, nämlich dann, wenn dieser gebrochen wird. Inhalte von Vertragsverletzungen können vielfältig sein und beziehen sich beispielsweise auf Entlohnungs-, Beförderungs-, Arbeitsinhalts- oder Arbeitsplatzsicherheitsaspekte. Jede wahrgenommene Vertragsverletzung führt zu einer individuellen Neudefinition des psychologischen Vertrags und einem der Situation angepassten Verhalten. So kann beispielsweise der Bruch des psychologischen Vertrags zu einer extremen Demotivation führen. Folgen dieser Demotivation sind die Vernachlässigung der Arbeitspflichten, fehlende Loyalität und Misstrauen dem Arbeitgeber gegenüber. Letztlich kann diese Entfremdung zur inneren oder tatsächlichen Kündigung führen (vgl. Gössing, 2005, S. 62). Der Grund für diese Entwicklung ist oft eine unzureichende Kommunikation zwischen den Vertragspartnern. Die Zusammenarbeit muss jedoch nicht zwingend damit unwiderruflich zerstört sein. Ob sich mit einem Vertrauensbruch leben lässt, hängt davon ab, wie schnell und auf welche Art und Weise die Parteien aufeinander reagieren. Im positiven Fall kommt es zu einer Vertragsneudefinition.

Nach einer Studie von Turnley und Feldmann enthält der Bruch des psychologischen Vertrags signifikante Auswirkungen:

- höhere Fluktuationsraten,
- vermehrte Anzahl an Arbeitnehmerklagen,
- sinkende Loyalität,
- zunehmend nachlässiges Arbeitsverhalten. (vgl. Turnley, Feldman, 1999, S. 896 ff.)

Robinson und Rousseau stellten in ihren Studien fest, dass 55 Prozent der befragten Probanden zwei Jahre nach ihrer Beschäftigungsaufnahme einen Bruch des psychologischen Kontrakts festgestellt haben (vgl. Robinson, Rousseau, 1994, S. 245 ff.).

5.3 Wirkung des psychologischen Vertrags in atypischen Beschäftigungsverhältnissen

Mit der Veränderung von Arbeitsmarktstrukturen, zum Beispiel steigender Arbeitsflexibilisierung, vollzieht sich eine Umdeutung der Bindung zwischen Arbeitnehmer und Arbeitgeber. Diese Beziehung beruht nicht mehr auf dem Prinzip der Dauerhaftigkeit und Langfristigkeit, sondern anstelle dessen treten Aspekte wie der Erhalt der lebenslangen Beschäftigungsfähigkeit. Die arbeitsbezogenen Formen der Identifikation beziehen sich also weniger auf das Unternehmen, sondern werden stärker auf die Arbeitsaufgaben, die individuellen Leistungen und die eigenen beruflichen Entwicklungsperspektiven ausgerichtet. Entsprechend wird von einem **„neuen" psychologischen Vertrag** gesprochen.

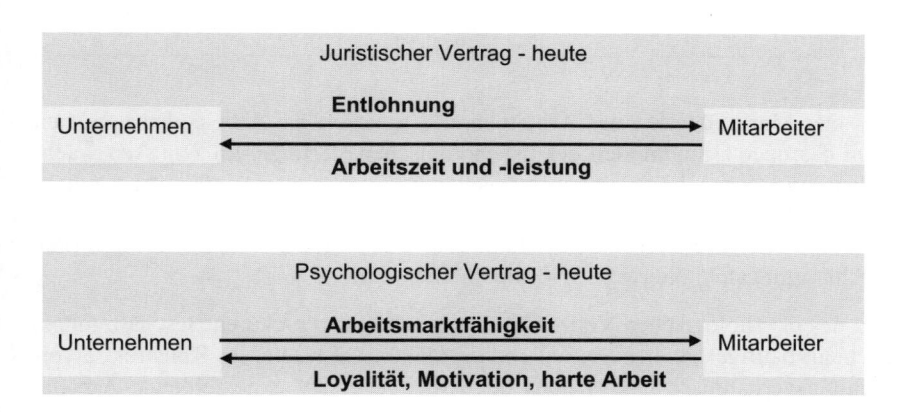

Abb. 5.2 Juristischer und psychologischer Vertrag heute; Quelle: eigene Darstellung in Anlehnung an Gössing, 2005, S. 24 ff.

Etwas differenzierter beleuchtet, beinhaltet der neue psychologische Vertrag im Vergleich zum traditionellen folgende Aspekte:

Tab. 5.1   Traditioneller und neuer psychologischer Vertrag im Vergleich; Quelle: Raeder, Grote, 2001, S. 354

Traditioneller psychologischer Vertrag	Neuer psychologischer Vertrag
• Arbeitsplatzsicherung • Lebenslange Beschäftigung • Gegenseitige Loyalität und Identifikation • Interner Aufstieg • Spezialisierung	• Eigenverantwortung für Beschäftigung • Interne Entwicklungsmöglichkeiten, den Fähigkeiten entsprechend • Erweiterung der Fähigkeiten • Eigenverantwortung für Entwicklung und Arbeitsmarktfähigkeit (Employability) • Orientierung an eigenen Fähigkeiten • Zielorientierung und Leistungsorientirung • Flexibilität, also Akzeptanz von Unsicherheit

Beschäftigungs- und Marktfähigkeit des Arbeitnehmers ersetzen die Arbeitsplatzsicherheit und bilden damit das neue Grundmodell des psychologischen Vertrags. Im Zuge der wachsenden Flexibilisierung der Arbeitsverhältnisse gewinnt die Arbeitsmarktfähigkeit zunehmend an Bedeutung. Aber genau hier liegt die Problematik des neuen psychologischen Vertrags im Rahmen atypischer Beschäftigungsverhältnisse: Wer trägt die Verantwortung für die langfristige Beschäftigungsfähigkeit von Arbeitnehmern?

Eine Verletzung des psychologischen Vertrags bei atypischen und prekären Beschäftigungsverhältnissen scheint häufiger als bei Normalarbeitsverhältnissen. Denn im Konstrukt atypischer Beschäftigungsverhältnisse liegt seitens der Arbeitgeberseite eine fehlende Arbeitsplatzsicherung vor, der Aspekt einer lebenslangen Beschäftigungsstabilität wird vollkommen aufgegeben und eine gegenseitige Loyalität und Identifikation ist nicht erkennbar. Zudem enthalten atypische Beschäftigungsverhältnisse ein hohes prekäres Potenzial. Damit wird die Forderung nach Eigenverantwortung für Entwicklung, Arbeitsmarktfähigkeit und Beschäftigung zu einer Leerphrase. Atypische Beschäftigungsformen ermöglichen kaum die Finanzierung selbst verantworteter Entwicklungsmaßnahmen zum Erhalt der Beschäftigungsfähigkeit. Auch die Forderung nach Akzeptanz von Unsicherheit berücksichtigt anscheinend nicht die Erkenntnisse psychischer Belastungsfolgen von Arbeitsflexibilisierungen (vgl. Wieland, Krajewski, 2002). Im folgenden Kapitel werden eingehend die Auswirkungen atypischer Beschäftigungsverhältnisse auf die Kompetenzentwicklung von Erwerbspersonen dargestellt.

6 Auswirkungen prekärer und atypischer Beschäftigungsverhältnisse auf die Kompetenzentwicklung im demografischen Wandel

6.1 Die Einkommensdimension

Flexible Beschäftigungsverhältnisse beinhalten prekäres Potenzial. Diese Sichtweise betrifft vor allem die Einkommensdimension, die zeitliche Dimension im Hinblick auf dauerhafte Beschäftigungsstabilität, die Beschäftigungssicherheit sowie die arbeitsrechtliche Dimension. Gerade in rechtlicher Hinsicht wird allen atypischen Arbeitsformen Prekarität bescheinigt, so ist hier der Ausschluss flexibel Beschäftigter aus Tarif- und Betriebsvereinbarungen zu nennen (vgl. Brinkmann et al., 2006, S. 19). Die meisten atypischen Beschäftigungsformen besitzen also zumindest ein Prekaritätsrisiko.

Doch welche Konsequenzen sind damit für den demografischen Wandel verbunden? Der demografische Wandel ist gekennzeichnet durch eine Überalterung von Belegschaften, einem dramatischen Schwund an jungen Nachwuchskräften und einem absolut sinkenden Erwerbspersonenpotenzial. Damit wird die Forderung nach lebenslangem Lernen und dem Erhalt der Beschäftigungsfähigkeit der noch zur Verfügung stehenden Erwerbspersonen zur zentralen strategischen Ausrichtung von Unternehmen.

Die Realität stellt sich jedoch anders dar. Nach den Aussagen der Expertenkommission Finanzierung Lebenslangen Lernens (vgl. Expertenkommission, 2004) leiden sämtliche Formen atypischer Beschäftigung darunter, dass im Rahmen betrieblicher Weiterbildung kaum eine Qualifikationsanpassung an veränderte Anforderungen erfolgt.

Diese Aussage kann anhand eines quantitativ ausgerichteten Projekts der Autorin, das an der Hochschule Fulda durchgeführt wurde, bestätigt werden. Das Projekt beinhaltet eine quantitative Untersuchung zur Frage der Arbeitszufriedenheit atypisch Beschäftigter im Vergleich zu normal Beschäftigten, die im Zeitraum August 2008 bis März 2009 durchgeführt wurde. Die quantitative Untersuchung wurde zum einen in Form einer Online-Fragebogenerhebung mit 231 beantworteten Fragebögen und einer schriftlichen Befragung in einem Produktionsunternehmen mit 305 Rückläufen durchgeführt. Hiervon waren insgesamt 121 Befragte atypisch beschäftigt. Die Antworten, die sich inhaltlich mit Weiterbildung beschäftigten, zeigen ein eindeutiges Bild:

32% der Befragten waren mit den Weiterbildungsmöglichkeiten am Arbeitsplatz eher unzufrieden und 34% sogar sehr unzufrieden. Nach eigener Einschätzung bekundeten die Befragten zudem, dass ein Bedarf an Fort- und Weiterbildung bestehe, denn 83% schätzten ihre Qualifikation als eher nicht oder nicht ausreichend ein (vgl. Preißing, 2009). Diese Situation stellt sich dann noch dramatischer dar, wenn atypische Beschäftigungsverhältnisse hinsichtlich ihres prekären Potenzials geprüft werden. Dies wurde im Hinblick auf die Einkommensgrenze durchgeführt, und es hat sich gezeigt, dass 96% der atypisch Beschäftigten zudem prekär beschäftigt sind.

Damit ist die Forderung des neuen psychologischen Vertrags, Weiterbildung in Eigenverantwortung zu übernehmen, ad absurdum geführt. Die private Finanzierung der Weiterbildungsmaßnahme ist nicht möglich. Arbeitgeber und Arbeitnehmer stehen also vor einer großen Herausforderung, wenn es darum geht, einen neuen „neuen", psychologischen Vertrag aufzubauen. Und dies gilt besonders vor dem Hintergrund des demografischen Wandels. Wenn ein prekäres, atypisches Beschäftigungsverhältnis hinsichtlich der Einkommensdimension vorliegt, kann der psychologische Vertrag die Verantwortung für lebenslanges Lernen beim Betroffenen selbst nicht mehr einfordern. Die Mitverantwortung der Unternehmen für Investitionen in lebenslanges Lernen muss wieder zur Selbstverständlichkeit werden.

6.2 Die zeitliche Dimension

Die zeitliche Dimension – im Hinblick auf dauerhafte Beschäftigungsstabilität und damit Beschäftigungssicherheit – erschwert eine längerfristige Planung von persönlichen Bildungsinvestitionen. Wenn die Beschäftigungssicherheit entfällt, entfällt auch die Einkommenssicherheit. So wird zum einen erneut die Finanzierbarkeit von Weiterbildungsmaßnahmen in Frage gestellt. Zum anderen bedeutet fehlende Beschäftigungsstabilität einen häufigeren Wechsel von Arbeitsplätzen. Damit stellt sich die Frage nach dem künftigen Tätigkeitsfeld im Anschluss an die derzeit ausgeübte Funktion. Beispielhaft sind hier vor allem die Zeitarbeitsverhältnisse zu nennen. Die durchschnittliche Verweildauer in einem Entleihunternehmen beträgt drei bis sechs Monate. Damit wird eine zielorientierte Bildungsplanung unmöglich, denn oftmals wird eine Anschlussbeschäftigung nicht immer unter dem Aspekt des Qualifikationserhalts oder gar -aufbaus aufgenommen, sondern vielmehr unter dem Aspekt der Vermeidung von Arbeitslosigkeit.

Das heißt also, dass durchaus unterwertige Beschäftigungsverhältnisse, verstanden als eine Nichtübereinstimmung des erlernten Ausbildungsberufs oder akademischen Abschlusses mit der ausgeübten Tätigkeit, eingegangen werden. Wie der Begriff „unterwertig" bereits zum Ausdruck bringt, handelt es sich um eine Überqualifikation des Stelleninhabers, dessen berufliche Handlungskompetenz im Rahmen des Aufgabenfelds nicht vollständig genutzt werden kann. Daraus resultiert für den Beschäftigten ein hohes Dequalifizierungsrisiko. Also beinhaltet auch die zeitliche Dimension, dass Kompetenz erhaltende Maßnahmen unzureichend umgesetzt werden.

6.3 Die räumliche Dimension

Beschäftigungsunsicherheit hat zusätzlich eine räumliche Dimension zur Konsequenz. Im Falle des häufigeren Wechsels von Arbeitsplätzen (im Rahmen der Zeitarbeit gelten durchaus Einsatzgebiete von bis zu 200 km vom Wohnort des Beschäftigten als vertretbar) können entweder Wohnortwechsel oder tägliches Pendeln verbunden sein. Gerade Letzteres bedingt, dass regelmäßig abendlich stattfindende Weiterbildungsmaßnahmen aufgrund von Zeitmangel nicht besucht werden können. Erforderliche Wohnortwechsel verhindern zusätzlich Bildungsmaßnahmen, die über einen längeren Zeithorizont, wie Abendschulen (Nachholen eines qualifizierten Schulabschlusses) oder berufsbegleitende Abendstudiengänge (beispielsweise Fernhochschulen) nicht aufgenommen werden. Denn die Unsicherheit, ob am künftigen Wohnort die Möglichkeit eines Wechsels in ein gleiches Bildungsangebot besteht, ist hoch. Damit kann auch die räumliche Dimension die Möglichkeit Kompetenz erhaltender Bildungsmöglichkeiten verhindern.

6.4 Die Konstrukt-Dimension

Die Gründe für eine mangelnde Kompetenzentwicklung können auch im formalen Konstrukt atypischer Beschäftigungsverhältnisse liegen. Dies wird besonders am Beispiel der Zeitarbeit deutlich. Die unterschiedlichen Interessenslagen aller Beteiligten in dem Konstrukt Zeitarbeit sind vielschichtig und bedingen die Frage nach der Verantwortung für den Kompetenzerhalt in der Zeitarbeit. Hierbei können drei Gruppen betrachtet werden:

1. der Verleiher,
2. der Entleiher,
3. der Zeitarbeitnehmer.

Zu 1: Der Verleiher
Der Verleiher stellt dem Entleiher qualifizierte Arbeitskräfte zur Verfügung, das heißt, er sollte also um die Qualifizierung seiner Mitarbeiter bemüht sein. Doch dem stehen primär die Kosten von Weiterbildungsmaßnahmen entgegen. Die Agenturen der kommerziellen Zeitarbeit agieren nur dann erfolgreich am Markt, wenn sie Erlöse für den Verleih erzielen. Jede zusätzliche Maßnahme, die also Kosten des Verleihers erhöht, müsste an den Kunden, den Entleiher, weitergegeben werden. Damit könnte aber der Verleiher im Vergleich zu den Agenturen, die auf kostenintensive Qualifizierungsmaßnahmen verzichten, Wettbewerbsnachteile haben. Daher werden die Verleiher es bevorzugen, bei Beginn eines Arbeitsverhältnisses nur bereits ausreichend qualifizierte Arbeitnehmer aufzunehmen. Sollte im Laufe dieser Beschäftigungsform eine Dequalifizierung und eine damit verbundene mangelnde Vermittlungsfähigkeit des Zeitarbeitnehmers auftreten, kann er freigesetzt und durch einen passend qualifizierten Nachfolger ersetzt werden, oder es tritt erst dann die benötigte Nachqualifizierung ein.

Ein weiterer negativer Aspekt für den Verleiher ist, dass bei einer Qualifizierung des Zeitarbeitnehmers dessen Beschäftigungsfähigkeit und damit dessen Arbeitsmarktwert erhöht wird. Damit steigert der Verleiher gleichzeitig sein Risiko, den Zeitarbeitnehmer an den Entleiher durch die Übernahme in ein Normalarbeitsverhältnis zu verlieren.

Ein dritter Grund für den Verleiher, Abstand von Qualifizierungsmaßnahmen gegenüber seinen Mitarbeitern zu nehmen, sind organisatorische Aspekte. Der Verleiher strebt eine zeitlich durchgängige Entleihphase seines Arbeitnehmers an, denn nur dann erzielt er Erlöse. Würden also in der möglichen Entleihphase Weiterbildungsmaßnahmen durchgeführt werden, so würden dem Entleiher in doppelter Hinsicht Kosten entstehen: Zum einen entfallen die Einnahmen für den Verleih, zum anderen entstehen Kosten für die Qualifizierung. So blieben im Wesentlichen zur Durchführung von Weiterbildungsmaßnahmen nur die verleihfreien Zeiten. Doch hier kommen organisatorische Probleme zum Tragen. So sind verleihfreie Zeiten sehr selten planbar, die passende Qualifizierungsmaßnahme müsste somit beliebig abrufbar sein. Diese Situation ist jedoch eher unwahrscheinlich, denn es müssten individuell absolvierbare Qualifikationsangebote bereitstehen (vgl. Weinkopf, 2007, S. 51). Die Ausnahme hierzu könnte eventuell E-Learning darstellen.

Resümierend kann also festgehalten werden, dass der Verleiher über wenig Anreize zur Entwicklung seiner Mitarbeiter verfügt.

Zu 2: Der Entleiher
Es ist unwahrscheinlich, dass sich der Entleiher für den Kompetenzerhalt oder -ausbau der Zeitarbeitnehmer verantwortlich fühlt. Denn er hat beim Entleihunternehmen jene Arbeitskraft angefordert, die bereits über das passende Anforderungsprofil der zu erfüllenden Aufgabe verfügt. Das Angebot formaler Weiterbildung durch das Einsatzunternehmen beschränkt sich im Wesentlichen auf die Sicherheitsunterweisung (vgl. Galais et al., 2007, S. 172).

Aktuelle Studien zeigen, dass das Entleihunternehmen sich nicht in der Verantwortung für die Kompetenzentwicklung der Zeitarbeitnehmer sieht. So lautet das Resümee der Studie von Axel Bolder, dass Kompetenzentwicklung in der Zeitarbeit nur in geringem Umfang erfolgt (vgl. Bolder, 2007, S. 105). Die ermittelten Daten der Umfrage bei Entleihern und Zeitarbeitsunternehmen zeigen, dass die Zeitarbeitnehmer ihre berufliche Kompetenz selbst erarbeiten müssen. Auch die Ergebnisse der repräsentativen Studie zur Kompetenzentwicklung in der Zeitarbeit von Seidel und Münchhausen zeigen, „..., dass die Kompetenzentwicklung von den Unternehmen noch sehr wenig wahrgenommen und berücksichtigt wird ..." (Seidel, Münchhausen, 2007, S. 160). Auch die Studie der Autorin zeigt, dass 21% der befragten Zeitarbeitnehmer mit den Weiterbildungsmöglichkeiten bei der Arbeit eher unzufrieden und 55% sogar sehr unzufrieden sind.

Im Rahmen der demografischen Entwicklung ist dies eine gefährliche Tendenz, wenn die wachsende Gruppe von Zeitarbeitnehmern nicht aktiv in ihrer Kompetenzentwicklung gefördert wird.

Zu 3: Der Zeitarbeitnehmer
Weist das Zeitarbeitsverhältnis prekäre Dimensionen, vor allem im Bereich Einkommen, zeitlich und räumlich auf, so wird eine eigenverantwortlich durchgeführte Weiterbildung nicht stattfinden können. Der Zeitarbeitnehmer ist auf die Unterstützung Dritter angewiesen. Nachdem jedoch weder der Entleiher noch der Verleiher über wenig positive Anreize verfügen, in die Kompetenzentwicklung des Zeitarbeitnehmers zu investieren, wird diese auch nicht stattfinden. So bleibt dem Zeitarbeitnehmer nur noch die Chance des Kompetenzerhalts durch Lernen am Arbeitsplatz.

6.5 Dimension Lernen am Arbeitsplatz

Lernen im Arbeitsprozess beziehungsweise am Arbeitsplatz bedeutet, dass mit der jeweils ausgeübten Tätigkeit ein individueller Kompetenzzuwachs verbunden ist (siehe hierzu das Kapitel „Kompetenzentwicklung" von Dagmar Preißing in diesem Lehrbuch). Damit jedoch ein Kompetenzerhalt oder eine Kompetenzentwicklung eintreten kann, muss das berufliche Tätigkeitsfeld die Möglichkeit zum Lernen bieten.

Gerade dem atypischen Beschäftigungsverhältnis Zeitarbeit, charakterisiert durch häufigen Wechsel von Tätigkeiten, Unternehmen oder Region, wird die Möglichkeit des Lernens am Arbeitsplatz unterstellt. Es könnte davon ausgegangen werden, dass die ständigen Veränderungen und der Umgang mit Neuem von Zeitarbeitnehmern hohe fachliche Flexibilität, Anpassungsfähigkeit und hohe soziale Kompetenzen verlangen. Man könnte es auch auf die einfache Formel bringen: Wer viele verschiedene Arbeitstätigkeiten ausführt, wird entsprechend viel lernen.

Inwieweit nun Zeitarbeitnehmer einen Lernprozess am Arbeitsplatz durchlaufen, zeigt die Studie von Galais, wonach Zeitarbeitnehmer folgende Fähigkeiten entwickeln:

Fähigkeit	Anteil der Zustimmung
Sich schnell in neue Tätigkeiten einarbeiten	74%
Sich in wechselnden Situationen zurecht finden	66%
Sich selbst Neues aneignen	56%
Auf Menschen zugehen	56%
Aktiv Fragen stellen und Informationen suchen	55%
Eigene Arbeit organisieren	53%
Wissen, wo eigene Stärken und Schwächen liegen	46%
Aus Fehlern lernen	45%
Wissen, wie berufliche Interessen aussehen	41%
Sich durchsetzen und Interessen vertreten	34%

Anzahl der befragten Personen: 429

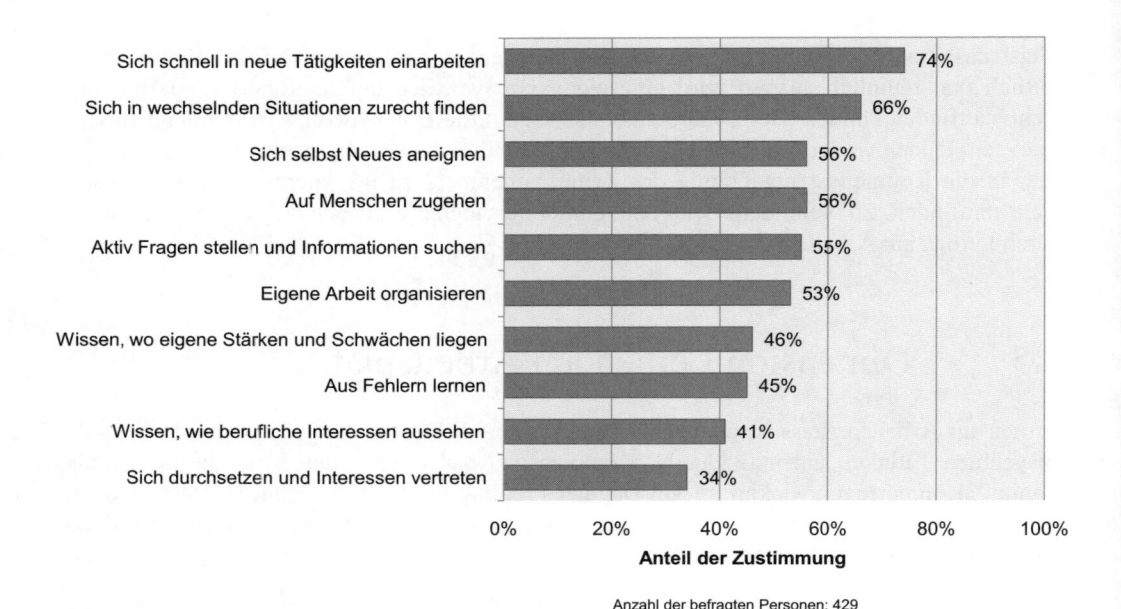

Abb. 6.1   Fähigkeiten, die durch Zeitarbeit weiterentwickelt werden; Quelle: Galais et al., 2007, S. 173

Im Rahmen dieser Studie wird als Schlussfolgerung festgehalten, dass der tatsächliche Lerngewinn im Wesentlichen im Bereich der Meta-Kompetenzen zu sehen ist und weniger im fachlichen Bereich. Die Kompetenzentwicklung scheint damit „... vor allem in der verbesserten Anpassungsfähigkeit an unterschiedliche Arbeitskontexte zu liegen" (Galais, 2007, S. 177). Ob diese verbesserte Fähigkeit jedoch im heutigen und künftigen Arbeitsmarkt ausreichend ist, um seine langfristige Beschäftigungsfähigkeit zu erhalten, wird wohl eher negiert werden müssen.

6.6   Dimension Lernen im sozialen Umfeld

Eine wichtige Form der Personalentwicklung stellt das Lernen im sozialen Umfeld dar, oder auch „produktive Freizeit" genannt (siehe hierzu das Kapitel „Kompetenzentwicklung" von Dagmar Preißing in diesem Lehrbuch). Es handelt sich hierbei um jene Aktivitäten außerhalb der Arbeitszeit, die zur Kompetenzentwicklung beitragen (vgl. Fahr, 2001, S. 118). Dies können sowohl Aktivitäten in Vereinen, Verbänden, politische und soziale Arbeit als auch Familienarbeit, wie die Pflege Angehöriger oder Kindererziehung, sein. Wenn also Lernen und damit Kompetenzentwicklung in der Freizeit möglich ist, so bekräftigt diese Erkenntnis die Forderung nach veränderten Arbeitsgesellschaften, die von Work-Life-Balance und damit der Vereinbarkeit von Familie und Beruf geprägt sind. Gerade Familienarbeit vermittelt arbeitsplatzrelevante Kompetenzen in Form sozialer Kompetenzen.

Es stellt sich die Frage, ob flexibilisierte Beschäftigungsverhältnisse diese Form der Kompetenzentwicklung fördern oder eher verhindern. Betrachtet man die Dimensionen der Flexibilisierung, so beinhalten diese meist einen häufigen Wechsel von Arbeitsorten, -zeiten und auch -beziehungen (vgl. Wieland, Krajewski, 2002, S. 21). Diese Mobilitätsanforderungen atypischer beziehungsweise flexibilisierter Beschäftigungsverhältnisse verhindern vielfach den Aufbau oder Erhalt sozialer Bindungen im familiären, freundschaftlichen oder auch beruflichen Umfeld.

Flexibilisierte Arbeitszeiten bedingen vielmehr eine Desynchronisation von Lebensrhythmen, wodurch eine gemeinsame Freizeitgestaltung erschwert wird. Wechselnde Arbeitsbeziehungen bedeuten einen Mangel an Rückhalt in sozialen beruflichen Netzwerken und bedingen stattdessen Interaktionsstress und Emotionsarbeit in neuen, oberflächlichen Beziehungen ohne Vertrautheit und Stabilität (vgl. Wieland, Krajewski, 2002, S. 23). Und ein häufig wechselnder Arbeitsort hat eine hohe Mobilitätsbelastung mit all ihren negativen Konsequenzen zur Folge, wie Mangel an Freizeit durch weite Pendlerwege oder soziale Vereinsamung durch Umzug und damit Verlust des bisherigen sozialen Umfelds.

Arbeitsflexibilisierung bedeutet nicht zwingend Lernförderung im sozialen Umfeld, denn die aktive Teilnahme am sozialen Leben kann durch diese Beschäftigungsform schwerwiegend gestört sein.

Zusammenfassend lässt sich festhalten: Weisen atypische Beschäftigungsverhältnisse auch noch zusätzlich prekäre Aspekte auf, so ist die Gefahr sehr groß, dass keine Kompetenz erhaltenden Maßnahmen durchgeführt werden – weder durch den Arbeitnehmer noch seitens des Arbeitgebers. Mitunter beinhaltet die atypische Beschäftigungsform sogar die Möglichkeit der Dequalifizierung. Die Forderung des neuen psychologischen Vertrags an den Arbeitnehmer, selbst für seine Beschäftigungsfähigkeit Sorge zu tragen, ist also bei atypisch und gleichzeitig prekär Beschäftigten nicht erfüllbar.

7 Fazit

Die Bedeutung des Normalarbeitsverhältnisses hat in den letzten zehn Jahren abgenommen: So betrug 1997 der Anteil der abhängig Beschäftigten in einem Normalarbeitsverhältnis noch 82,5%, im Jahr 2007 waren es nur noch 74,5%. Entsprechend stieg der Anteil atypisch Beschäftigter von 17,5% im Jahr 1997 auf 25,5% im Jahr 2007 (Statistisches Bundesamt (b), 2008, S. 7). Die zentrale Frage in diesem Zusammenhang ist die nach den Auswirkungen auf die Kompetenzentwicklung von atypisch Beschäftigten. Denn im Rahmen der demografischen Entwicklung, gekennzeichnet durch ein Sinken des absolut zur Verfügung stehenden Erwerbspersonenpotenzials, einer Überalterung der Erwerbspersonen und ein dramatischer Rückgang jüngerer Erwerbspersonen, wird die Kompetenzentwicklung der dann noch zur

Verfügung stehenden Erwerbspersonen zu einem wichtigen strategischen Erfolgsfaktor von Unternehmen.

Die Ergebnisse aus den vorangegangen Überlegungen zeigen, dass zur erfolgreichen Bewältigung der künftigen Anforderungen im Bereich Personalmanagement, atypische und prekäre Beschäftigungsverhältnisse ungeeignete Beschäftigungsformen darstellen. Die meisten atypischen Arbeitsverhältnisse erfüllen zwar die Flexibilisierungsanforderungen der Unternehmen, konterkarieren jedoch diese scheinbar positiven Effekte mit negativen Auswirkungen auf die Kompetenzentwicklung dieser Beschäftigtengruppe. Atypisch Beschäftigte sind keine Zielgruppe der Unternehmen für Weiterbildungsmaßnahmen. Denn im Rahmen der Arbeitsflexibilisierung sinkt die Verweildauer von Mitarbeitern, wodurch die Rentabilität von Weiterbildungsinvestitionen abnimmt.

Des Weiteren konnte gezeigt werden, dass die meisten atypischen Beschäftigungsverhältnisse über ein hohes Prekaritätsrisiko verfügen. Bezieht sich dieses im Wesentlichen auf die Einkommensdimension, so verfügt der Betroffene selbst über keine ausreichenden finanziellen Mittel, um Investitionen in seine persönliche Beschäftigungsfähigkeit vornehmen zu können. Konsequenzen hieraus können Dequalifzierung und damit langfristig eine fehlende Beschäftigungsfähigkeit sein. Die Forderung des so genannten neuen psychologischen Vertrags, dass Mitarbeiter in der Eigenverantwortung für ihre Beschäftigungsfähigkeit stehen, führt sich ad absurdum.

Unter Berücksichtigung der Tatsache, dass gerade junge Menschen, gering Qualifizierte und Ausländer am ehesten atypisch beschäftigt sind, müssen die aufgezeigten Entwicklungen als besonders negativ beurteilt werden (vgl. Statistisches Bundesamt (a), 2008). Eine Gesellschaft kann es sich im Hinblick auf die demografische Entwicklung nicht leisten, diese Gruppen nicht zu qualifizieren. Die Stärke der negativen Entwicklung hängt künftig zusätzlich davon ab, welche Branchen betroffen sind: So wären wissensabhängige Dienstleistungsbranchen besonders negativ von der Zunahme atypischer und prekärer Beschäftigungsverhältnisse berührt. Eine Wissensgesellschaft muss im Hinblick auf die demografische Entwicklung zwingend dafür Sorge tragen, dass dieser wachsende Anteil an Erwerbspersonen, die sich in prekären und atypischen Beschäftigungsverhältnissen befinden, hinreichend qualifiziert wird. Ansonsten wird die demografische Entwicklung die fatalen Konsequenzen flexibilisierter Beschäftigungsverhältnisse, wenn auch erst in einigen Jahren, verdeutlichen.

In diesem Beitrag wurden nur die negativen Konsequenzen flexibilisierter Arbeitsverhältnisse auf den Kompetenzerhalt und die Kompetenzentwicklung von Erwerbspersonen aufgezeigt. Unberücksichtigt blieben die Auswirkungen der Arbeitsflexibilisierung hinsichtlich psychischer Belastungen, die umfangreich sind und sich gerade auf alternde Belegschaften weitreichend auswirken. Die neue geforderte Arbeitsflexibilität begünstigt gesundheitliche Belastungsfolgen und eine mangelnde Vereinbarkeit von Familie und Beruf. Soziale Verarmung und Vereinsamung, emotionale Erschöpfung, Burnout oder Depression sind nur einige Folgen einer Arbeitswelt, die flexible Arbeitsformen als zentrale Antwort auf eine volatile Umwelt sieht. Die zukunftsfähige Arbeitsforschung hat hier noch ein weites Feld vor sich, um tragfähige Antworten für die Gestaltung einer vom demografischen Wandel gekennzeichneten Arbeitswelt zu entwickeln.

8 Fragen

1. Was verstehen Sie unter flexiblen Beschäftigungsverhältnissen?
2. Was kennzeichnet prekäre und atypische Beschäftigungsverhältnisse?
3. Nennen Sie Gründe, weshalb atypische Beschäftigungsverhältnisse auch oftmals prekär sind.
4. Weshalb kann der neue psychologische Vertrag für atypisch prekäre Beschäftigungsverhältnisse nicht gelten?
5. Welche Wirkung haben flexibilisierte und auch prekäre Arbeitsverhältnisse auf den Kompetenzerhalt und die Kompetenzentwicklung von Beschäftigten?
6. Zeigen Sie Lösungsansätze für die Kompetenzentwicklung in atypischen und prekären Beschäftigungsverhältnissen auf.

Die Lösungen zu den Fragen finden Sie online (siehe Vorwort)

9 Literatur

Die Literaturhinweise finden Sie online (siehe Vorwort)

H Wissensmanagement im demografischen Wandel – Herausforderung und Bedeutung für das Personalmanagement

Autorin: Uta Kirschten

Dr. Uta Kirschten ist Professorin für Human Resources Management an der privaten AKAD Hochschule Leipzig – staatlich anerkannt –. Ihre Forschungsschwerpunkte liegen in den Bereichen Wissensmanagement, Innovation und Arbeit, Frauen in Führungspositionen und Nachhaltigem Human Resources Management. Darüber hinaus leitet sie das Hallesche Institut für nachhaltiges Management (HANAMA) in Halle und verfügt über eine langjährige Berufspraxis in Forschung, Lehre und Beratung.

Inhalt

1	**Lernziele**	**230**
2	**Einleitung**	**230**
3	**Grundzüge des Wissensmanagements**	**231**
3.1	Entstehung und Begriff des Wissensmanagements	232
3.2	Zeichen – Daten – Information – Wissen	233
3.3	Wissensdimensionen: implizites und explizites Wissen	234
3.3.1	Implizites Wissen	234
3.3.2	Explizites Wissen	235
3.4	Wissensebenen	236
3.5	Teilsysteme des Wissensmanagements	237
4	**Konzeptionelle Ansätze des Wissensmanagements**	**239**
4.1	Organisationale Wissensbasis nach Pautzke	239
4.2	Wissenstransformation nach Nonaka und Takeuchi	242
4.3	Modell der Bausteine des Wissensmanagements	245
4.4	Grazer Metamodell des Wissensmanagements	247
5	**Entwicklung eines wissensorientierten Personalmanagements**	**249**
5.1	Verknüpfung zwischen Wissensmanagement, Personalmanagement und Kommunikationsmanagement	250
5.2	Mitarbeiter als Wissensträger	252
5.3	Gestaltungsfelder eines wissensorientierten Personalmanagements	253
5.3.1	Identifikation relevanter Wissensbestände durch das Personalmanagement	253
5.3.2	Erwerb und Entwicklung neuer Wissensbestände durch das Personalmanagement	254
5.3.3	Unterstützung der Wissens(ver)teilung durch das Personalmanagement	259
5.3.4	Unterstützung der Wissensnutzung durch das Personalmanagement	260
5.3.5	Bewahrung und Bewertung des Wissens durch das Personalmanagement	261

6	Herausforderungen des demografischen Wandels für ein wissensorientiertes Personalmanagement	**262**
7	Strategien eines wissensorientierten Personalmanagements zur Begegnung des demografischen Wandels	**264**
7.1	Rahmenbedingungen für ein wissens- und demografieorientiertes Personalmanagement	265
7.2	Demografieorientierte Strategien zum Wissenserwerb	267
7.3	Demografieorientierte Strategien zur Wissens(ver)teilung und zur Wissensnutzung	269
7.4	Demografieorientierte Strategien der Wissensbewahrung	271
8	**Zusammenfassung**	**274**
9	**Fragen**	**275**
10	**Literatur**	**275**
11	**Praxisbeispiel 1: Mitarbeiter schulen Mitarbeiter – Ein Projekt der voestalpine AG**	**276**
12	**Praxisbeispiel 2: Strukturiertes Wissensmanagement bei DMT – Kontinuität im demografischen Wandel**	**277**

1 Lernziele

1. Kennenlernen der Grundzüge des Wissens und des Wissensmanagements.
2. Kennenlernen und Bewertung verschiedener konzeptioneller Ansätze des Wissensmanagements.
3. Bedeutung der Entwicklung und Gestaltungsfelder eines wissensorientierten Personalmanagements nachvollziehen und erläutern können.
4. Kennenlernen der Herausforderungen, die der demografische Wandel an ein wissensorientiertes Personalmanagement stellt.
5. Verschiedene Strategiebereiche des wissensorientierten Personalmanagements unterscheiden und erläutern können, die für die Bewältigung der Herausforderungen des demografischen Wandels besonders gut geeignet sind.

2 Einleitung

Unsere Gesellschaft entwickelt sich immer mehr zu einer Wissensgesellschaft, in der Wissen als Ressource, aber auch wissensintensive Produkte und Dienstleistungen stark an Bedeutung gewinnen. Auch für die Unternehmen wird Wissen immer mehr zu einem bedeutsamen Erfolgsfaktor im Wettbewerb. Um Wissen als Ressource beziehungsweise Produktionsfaktor nutzbringend für das Unternehmen einzusetzen und zu gestalten, wurde das Management von Wissen beziehungsweise das Wissensmanagement entwickelt. Wissen existiert jedoch nicht losgelöst, sondern bedarf bestimmter Träger, zum Beispiel Individuen, Gruppen oder organisationaler Gedächtnisse. Da Wissen zunächst an individuelle Personen gebunden ist, kommt den Mitarbeitern als Wissensträger eine herausragende Bedeutung für das Management von Wissen zu. Daher ist das Wissensmanagement eng mit dem Personalmanagement verknüpft, wenn es darum geht, geeignete Ziele, Strategien und konkrete Maßnahmen für ein mitarbeiterorientiertes Wissensmanagement zu entwickeln und umzusetzen.

Der demografische Wandel unserer Gesellschaft führt bei Unternehmen zu gravierenden Veränderungen. So wird sich die Altersstruktur der Erwerbstätigen erheblich verändern, wobei der Anteil der älteren Mitarbeiter stark ansteigt. Scheiden diese zukünftig zahlenmäßig überwiegenden älteren Mitarbeiter aus dem Arbeitsleben aus, so droht den Unternehmen einerseits eine erhebliche Verknappung von Mitarbeitern als Wissensträger, andererseits ist ein erheblicher Verlust von Wissen (zum Beispiel Fachwissen, Erfahrungswissen) zu befürchten, das mit seinen Wissensträgern (Mitarbeitern) ebenfalls in den Ruhstand geht, sofern keine Anstrengungen unternommen werden, das Wissen im Unternehmen zu halten. So sind sowohl die Unternehmen, das Personalmanagement sowie das Wissensmanagement gefordert, geeignete Strategien zu entwickeln, um den gravierenden demografischen Veränderungen begegnen zu können.

3 Grundzüge des Wissensmanagements

Informationen, Erfahrungen und Wissen wurden schon immer generiert, gesammelt, verarbeitet und weitergegeben; ob innerhalb einer Organisation, einer Branche, in der Forschung oder in der Gesellschaft. Beispiele hierfür sind die Wissensvermittlung vom Meister auf den Lehrling, die systematische Beschäftigung mit Wissen in der Wissenschaft oder die Übertragung von Erfahrungen und Wissen in Familienunternehmen von der Seniorgeneration auf die Juniorgeneration. In der Wirtschaft erfolgte diese Wissenssammlung und -vermittlung lange Zeit allerdings ohne große methodische oder technische Unterstützung und war eher ein selbstverständlicher Bestandteil der Zusammenarbeit in Organisationen.

Mittlerweile hat in unserer Gesellschaft das Wissen an sich, das Wissen als Produktionsfaktor sowie als Produkt (wissensintensive Produkte und Dienstleistungen) immer mehr an Bedeutung gewonnen. Auch für Unternehmen hat sich Wissen zu einem immer bedeutsameren Erfolgsfaktor für ihre Innovations- und Wettbewerbsfähigkeit entwickelt. Zentrale Gründe für die große Bedeutungszunahme des Wissens liegen in folgenden Entwicklungen:

- In unserer Gesellschaft und Wirtschaft vollzieht sich ein Wandel von arbeitsintensiven hin zu wissensintensiven Arbeits- und Geschäftsfeldern. So gewinnt der Anteil wissensintensiver Produkte und Dienstleistungen in den Unternehmen an Bedeutung. Dadurch arbeiten auch immer mehr Menschen in wissensgeprägten Aufgabenbereichen (zum Beispiel Softwareentwicklung, Beratungsdienstleistungen, Service, Datenverarbeitung etc.).
- Wirtschaftliches Wachstum wird nicht mehr vorrangig durch eine höhere Beschäftigung von Mitarbeitern erreicht, sondern vielmehr durch die gesteigerte Produktivität der Ressource Wissen (vgl. Drucker, 1998, S. 37 ff.)
- Damit gewinnt Wissen neben Rohstoffen, Arbeit und Kapital als vierter Produktionsfaktoren stark an Bedeutung.
- Die vielfältigen Entwicklungen im Bereich der Informations- und Kommunikationstechnologie haben zu einer immensen Steigerung der Verfügbarkeit von Informationen (zum

Beispiel Internet) geführt, fördern aber auch die Möglichkeiten des globalen Informations- und Wissensaustauschs sowie der Dokumentation, Verarbeitung und Speicherung von Informationen. Diese informations- und kommunikationstechnischen Entwicklungen bilden eine zentrale Voraussetzung für die Verfügbarkeit, Verarbeitung und Nutzung umfangreicher Informations- und Wissensbestände.
- Die Tendenz der Internationalisierung und Globalisierung unserer Wirtschaft beschleunigt ebenfalls die Verfügbarkeit, die Menge und die Intensität des Austauschs von Informationen und Wissen.
- Die Auswirkungen des demografischen Wandels im Hinblick auf gravierende Verluste an Wissen und Wissensträgern durch das Ausscheiden der älteren Mitarbeiter aus dem Berufsleben führt dazu, dass sich Unternehmen intensiver um ein Wissensmanagement bemühen müssen, um wichtige Wissensbestände im Unternehmen zu bewahren.

Diese Entwicklung hin zu einer „Wissensgesellschaft" (vgl. Hasler Roumois, 2007, S. 14 f.) förderte auch eine systematischere Auseinandersetzung mit der Generierung, Dokumentation, Verarbeitung, Nutzung, Bewahrung und technischen Unterstützung des Wissens in den Unternehmen, wofür sich heute der Begriff Wissensmanagement etabliert hat.

3.1 Entstehung und Begriff des Wissensmanagements

Die Anfänge der Auseinandersetzung mit Wissensmanagement reichen zurück in die 1960er Jahre (vgl. Schüppel, 1996, S. 186). Erste Publikationen thematisieren die Bedeutung des Wissens im ökonomischen Kontext und im Rahmen einer sich verändernden Gesellschaft. Mitte der 1980er Jahre wurde das Wissensmanagement im Zusammenhang mit organisationalem Lernen diskutiert. Seit Mitte der 1990er Jahre entwickelte sich auch in der angloamerikanischen Literatur eine intensive Diskussion zum Wissensmanagement beziehungsweise „Knowledge Management". (vgl. Lehner, 2008, S. 30). Doch was ist Wissensmanagement und wie wird es inhaltlich abgegrenzt?

Das organisationale Wissensmanagement umfasst alle Aufgaben und Prozesse, die dazu dienen, das für eine Organisation relevante Wissen zu generieren, zu erfassen und zu speichern, zu verarbeiten, zu strukturieren und seinen Organisationsteilnehmern zur Verfügung zu stellen, um das Wissen für die Ziele und den Erfolg der Organisation möglichst umfassend nutzen zu können. Die Gesamtheit des einer Organisation zur Verfügung stehenden Wissens wird als Wissensbasis einer Organisation bezeichnet. Wissensmanagement ist damit die methodische und systematische Einflussnahme auf die Wissensbasis einer Organisation (vgl. Probst/Raub/Romhardt, 2006, S. 23). Die zentrale Aufgabe des Wissensmanagements ist es, sowohl das individuelle Wissen der Mitarbeiter, als auch die kollektiven und die organisationalen Wissensbestände des Unternehmens unter Einsatz aller verfügbaren Möglichkeiten und Strategien zum Nutzen des Unternehmens zu gestalten.

3.2 Zeichen – Daten – Information – Wissen

Gegenstand des Wissensmanagements ist also die Gestaltung und Steuerung der Ressource Wissen. Doch was ist Wissen?

3.2 Zeichen – Daten – Information – Wissen

Wissen basiert auf Zeichen, Daten und Informationen. North hat den Zusammenhang zwischen Zeichen, Daten, Informationen und Wissen sehr anschaulich an der so genannten Wissenstreppe veranschaulicht. Die Begrifflichkeiten bauen dabei hierarchisch aufeinander auf und jeder nächsthöhere Begriff enthält ein zusätzliches Merkmal und bildet eine größere Komplexität ab.

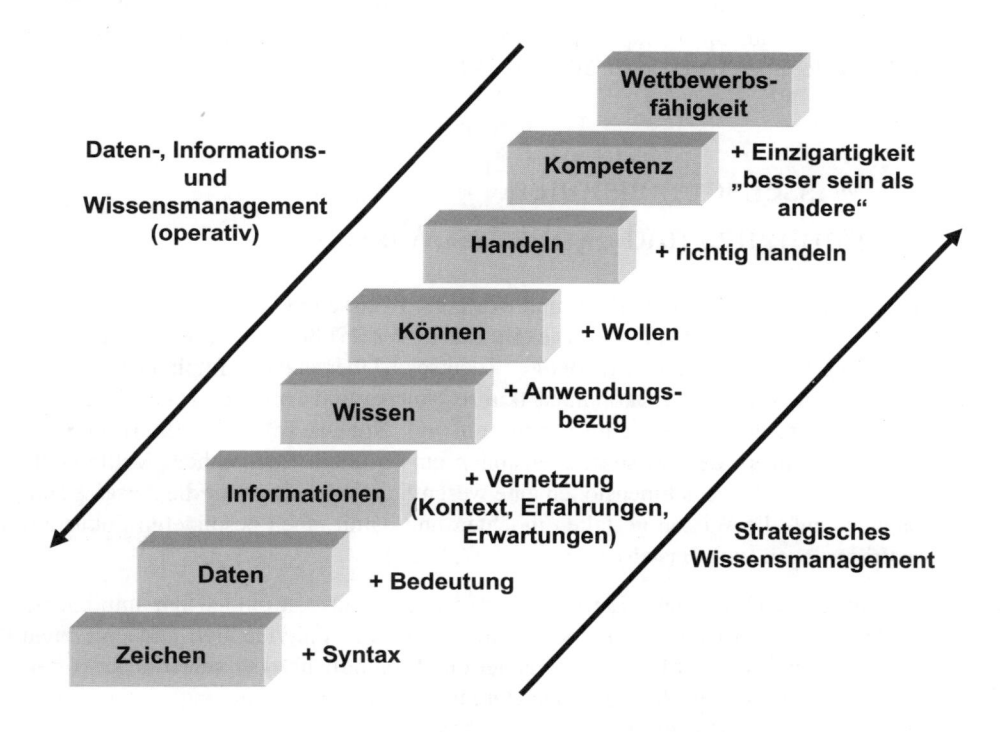

Abb. 3.1   Wissenstreppe; Quelle: North, 1999, S. 41

Zeichen sind die kleinste Einheit des Wissens. Werden Zeichen aus einem bestimmten Zeichenvorrat nach bestimmten Regeln (Syntax) kombiniert, bilden sie feste Zeichenverbände, zum Beispiel Wörter aus Buchstaben; diese Zeichenverbände werden als **Daten** bezeichnet. Daten an sich besitzen keinen direkten Verwendungszweck. Erst, wenn sie in einen konkreten Kontext beziehungsweise Problembezug eingeordnet werden, bekommen sie hierdurch eine bestimmte Bedeutung (Semantik) und werden damit zur **Information**. Das heißt, Daten werden erst dann zu Informationen, wenn der Empfänger sie in einer konkreten Kommunikationssituation erkennt und verwertet. (vgl. Al-Laham, 2003, S. 29; Rehäuser/Krcmar, 1996, S. 6). **Wissen** entsteht, wenn eine Person neue wahrgenommene Informationen mit vorhandenem Wissen verknüpft, sie in einen Sinnzusammenhang bringt und interpretiert und dadurch für sich neues Wissen schafft (vgl. Davenport/Prusak, 1998, S. 32 f.; Falk, 2007, S. 18). Neues Wissen ist also das Ergebnis eines Lernprozesses, wodurch eine Person ein höheres Handlungspotenzial und auch eine höhere Problemlösungsfähigkeit erreicht (vgl. Al-Laham, 2003, S. 42). Wissen ist dabei immer an Personen gebunden, von individuellen Erfahrungen geprägt und kontextspezifisch (vgl. North, 2005, S. 33). Erlangt das Wissen durch einen konkreten Problembezug die Fähigkeit zur Anwendung, entwickelt es sich zum **Können**. Kombiniert mit dem „Wollen" entwickelt sich das Können zum **Handeln**. Das Handeln wiederum wird zur **Kompetenz**, wenn im Hinblick auf das Problem beziehungsweise die Problemlösung richtig gehandelt wird. Aus der Kompetenz kann sich eine Wettbewerbsfähigkeit entwickeln, wenn die Kompetenz schwer zu imitieren und damit einzigartig oder etwas ganz Besonderes ist. (vgl. North, 2005, S. 34 f.).

3.3 Wissensdimensionen: implizites und explizites Wissen

Die Unterscheidung zwischen implizitem und explizitem Wissen als zwei Dimensionen des Wissens wurde von Michael Polanyi entwickelt, der in den 1960er Jahren des letzten Jahrhunderts den Begriff des „**Tacit Knowledge**" (deutsche Übersetzung: implizites Wissen) geprägt hat (Polanyi, 1966). Die Ökonomen Ikujiro Nonaka und Hirotaka Takeuchi griffen diese Typologie Mitte der 1990er Jahre wieder auf (vgl. Nonaka/Takeuchi, 1995) und verschafften diesem Konzept der Wissensdimensionen eine größere Bekanntheit. Mittlerweile bildet das Konzept der Wissensdimensionen eine wesentliche Grundlage für die Ansätze zum Wissensmanagement, die Wissen gestalten möchten und damit einen besonderen Fokus auf die Wissensträger legen (vgl. Hasler Roumois, 2007, S. 39).

Wissen entsteht durch individuelle Lernprozesse und ist damit erst einmal nur implizit im Kopf eines Menschen vorhanden. Dennoch können Teile des individuellen und impliziten Wissens auch externalisiert werden, zum Beispiel durch mündliche oder schriftliche Mitteilungen, die als Daten anderen Personen oder Organisationen zur Verfügung stehen. Somit lässt sich implizites von explizitem Wissen unterscheiden.

3.3.1 Implizites Wissen

Implizites Wissen ist die „Gesamtheit des Wissens im Kopf eines Menschen, das in einem unbewussten (stilles Wissen), nicht bewussten (latentes Wissen) oder bewussten Zustand sein kann und das aus kognitiven Elementen (die dadurch kodierbar oder artikulierbar sind) und aus operativen, kognitiv unzugänglichen Elementen besteht (die nicht explizierbar,

3.3 Wissensdimensionen: implizites und explizites Wissen

höchstens demonstrierbar sind)." (Hasler Roumois, 2007, S. 43). Diese Definition wird im Folgenden erläutert (vgl. Hasler Roumois, 2007, S. 40 ff.):

Bewusstes Wissen: Dies sind die impliziten Wissensteile, die der Person bewusst sind, über die die Person kognitiv verfügen kann und sie damit auch explizieren kann (zum Beispiel als Erklärung eines Phänomens oder in Prüfungssituationen). Dazu gehören auch die Wissensteile, über die sich eine Person bewusst ist, dass sie sie nicht mehr weiß, weil sie sie vergessen hat.

Latentes Wissen: Latente Teile des Wissens sind der Person nicht bewusst, können aber potenziell aktiviert und damit externalisiert werden. Häufig handelt es sich hier um Wissen, das nur „mitgelernt" wurde, zum Beispiel kulturelle Verhaltensweisen oder gesellschaftliche Umgangsformen. Latentes Wissen ist umso eher wieder aktivierbar beziehungsweise externalisierbar, je höher der kognitive Wissensanteil beim latenten Wissen ist.

Stilles Wissen: Stilles Wissen (Tacit Knowledge) umfasst den Wissensteil, der unbewusst beziehungsweise ohne bewusste Aufmerksamkeit über Erlebnisse, Erfahrungen und Handlungen aufgenommen beziehungsweise gelernt wurde. Dieser Wissensteil besteht sowohl aus kognitiven als auch aus operativen Bestandteilen; zum kognitiven stillen Wissen zählen zum Beispiel Werte, Einstellungen, Überzeugungen, Denkmuster, Glauben etc.., also mentale Modelle, die eine Person als selbstverständlich verinnerlicht hat und nicht als Wissen wahrnimmt. Operatives stilles Wissen kann zum Beispiel jahrelang geübte Geschicklichkeiten, praktisches Können beziehungsweise Fertigkeiten umfassen. Dieses Wissen ist schwer explizierbar, kann aber unter Umständen durch Zeigen vermittelt werden.

Implizites Wissen ist stark kontextgebunden; je unbewusster Wissen aufgenommen wird, desto kontextgebundener ist es. Insbesondere operative Wissensbestandteile (Fahrradfahren, bestimmte handwerkliche Fertigkeiten) bedürfen des gleichen Kontextes, um implizite Wissensbestandteile zu externalisieren oder auch um es zu aktivieren und weitere Informationen zu speichern.

3.3.2 Explizites Wissen

Als explizites Wissen werden diejenigen impliziten Wissensbestandteile bezeichnet, die einer Person bewusst und damit kognitiv zugänglich sind und die durch mündliche, schriftliche oder visuelle Kommunikation vermittelt werden können (vgl. Falk, 2007, S. 21). So kann das explizite Wissen mündlich weitergegeben, schriftlich niedergeschrieben oder visuell dargestellt werden, es kann gespeichert und verarbeitet werden. Das explizierte persönliche Wissen einer Person kann für eine andere Person über Daten zur potenziellen Information werden, die auch das Wissen der anderen Person bereichert. Da sich Wissen als einzige Ressource bei Gebrauch vermehrt, bewirkt die Weitergabe und Teilung von Wissen keinen Wissensverlust beim Wissensträger, sondern es findet vielmehr eine Wissensmultiplikation statt (vgl. Seidel, 2003, S. 6).

Für ein Unternehmen ist nur das explizite Wissen ihrer Mitarbeiter direkt nutzbar. Da aber das implizite Wissen der Mitarbeiter eine sehr wichtige Ressource für Unternehmen darstellt, zielen betriebswirtschaftliche Wissensmanagementkonzepte darauf ab, mithilfe verschiedener Instrumente und Maßnahmen das implizite Wissen zu explizieren und damit für das Unternehmen zugänglich und speicherbar zu machen.

3.4 Wissensebenen

Des Weiteren können verschiedene Ebenen des Wissens unterschieden werden. Grundsätzlich ist Wissen immer an Personen gebunden und bildet die **individuelle Wissensbasis**, die sich aus der Gesamtheit der impliziten und expliziten Wissensbestände einer Person zusammensetzt. Dennoch gibt es Möglichkeiten, das individuelle Wissen auch auf anderen Ebenen wie zum Beispiel der Gruppenebene oder der Organisationsebene zu verankern. Arbeiten Individuen mit ihren spezifischen Wissensbeständen zum Beispiel in Gruppen zusammen, so kann sich durch den Austausch der individuellen Wissensbestände im Zeitverlauf ein gemeinsames Gruppenwissen entwickeln, das sich beispielsweise durch gemeinsame Werte der Gruppe, durch gemeinsame Regeln der Zusammenarbeit, durch gemeinsame Prozesse oder eine Gruppenkultur manifestiert und als **kollektives Wissen** bezeichnet wird. Wird dieses kollektive Wissen dokumentiert und auch anderen Akteuren oder Gruppen innerhalb einer Organisation zur Verfügung gestellt (zum Beispiel durch Handbücher, Best Practice, Organisationskultur, gemeinsame Werte), so kann es sich über organisationale Lernprozesse zu einem **organisationalen Wissen** entwickeln, das der Organisation insgesamt zur Verfügung steht und von ihr genutzt werden kann. Dieses organisationale Wissen ist komplexer als die Summe seiner individuellen und kollektiven Teilwissensbestände (vgl. Al-Laham, 2003, S. 39 f.). Dennoch bleiben die einzelnen Personen Träger ihres Wissens, und auch das kollektive Wissen ist an die jeweiligen Gruppen und das individuelle Wissen ihrer Mitglieder gekoppelt (vgl. Falk, 2007, S. 22).

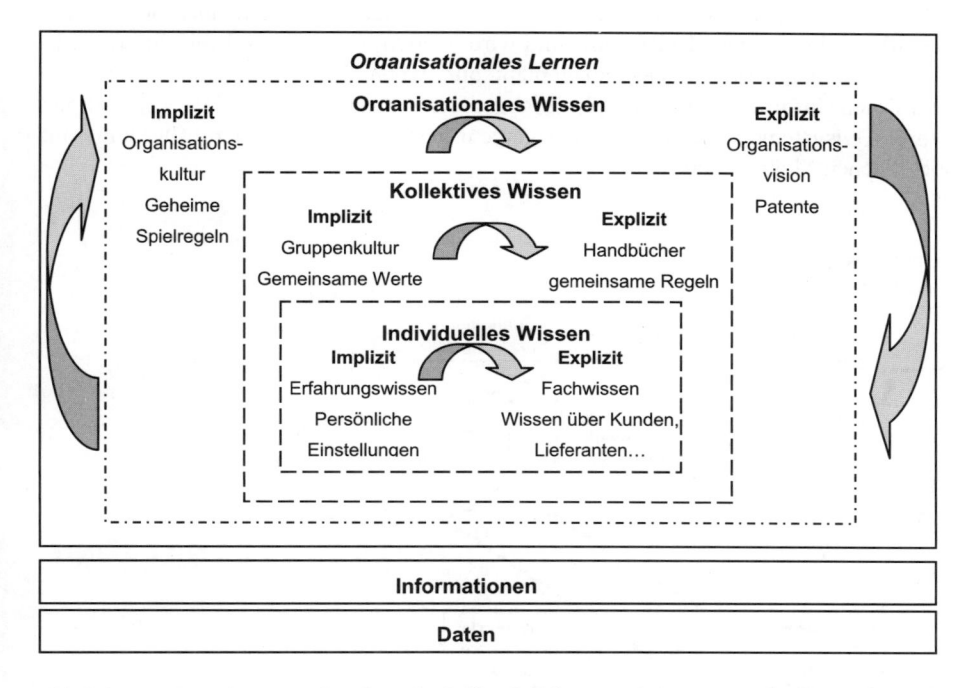

Abb. 3.2 Zusammenhang zwischen der individuellen, kollektiven und organisationalen Wissensbasis; Quelle: eigene Darstellung, in Anlehnung an Probst/Raub/Romhardt, 2006, S. 15; Falk, 2007, S. 22; Götz/Schmid, 2004, S. 204

3.5 Teilsysteme des Wissensmanagements

Dem wissenschaftlichen Wissensverständnis liegt das Erkenntnisinteresse zugrunde, also das Verstehen von Zusammenhängen (Erkenntnis: Lat.: cognitio) und die Erkenntnisgewinnung an sich. Demgegenüber zielt das wirtschaftliche Wissensverständnis neben der Frage, wie Wissen entsteht, auf die Möglichkeiten der Nutzung des Wissens für Unternehmen und Wirtschaft. In diesem Verständnis beinhaltet das Wissensmanagement eine Interventionsabsicht, um die organisationale Wissensbasis zu gestalten und nutzbringend für das Unternehmen einzusetzen (vgl. Probst/Raub/Romhardt, 2006, S. 23). Das Wissensmanagement umfasst also alle Strategien und Maßnahmen, um in einem Unternehmen die Ressource Wissen zu gestalten und zu steuern.

Ein ganzheitliches Wissensmanagement umfasst drei Teilsysteme:

1. den Menschen als arbeitendes und denkendes Individuum,
2. die Organisation und die strukturierenden Arbeitsprozesse und
3. die Technologie mit ihren unterstützenden Instrumenten.

Diese Teilsysteme wirken in einem komplexen Beziehungsgefüge aufeinander. Jedes Teilsystem beeinflusst die anderen Teilsysteme und wird wiederum von ihnen beeinflusst. Darüber hinaus funktioniert das Wissensmanagement nur, wenn die Teilsysteme miteinander agieren und Daten, Informationen und Wissen gegenseitig austauschen. Andererseits werden auch alle drei Teilsysteme vom Wissensmanagement gestaltet und gesteuert, allerdings mit jeweils spezifischen Maßnahmen.

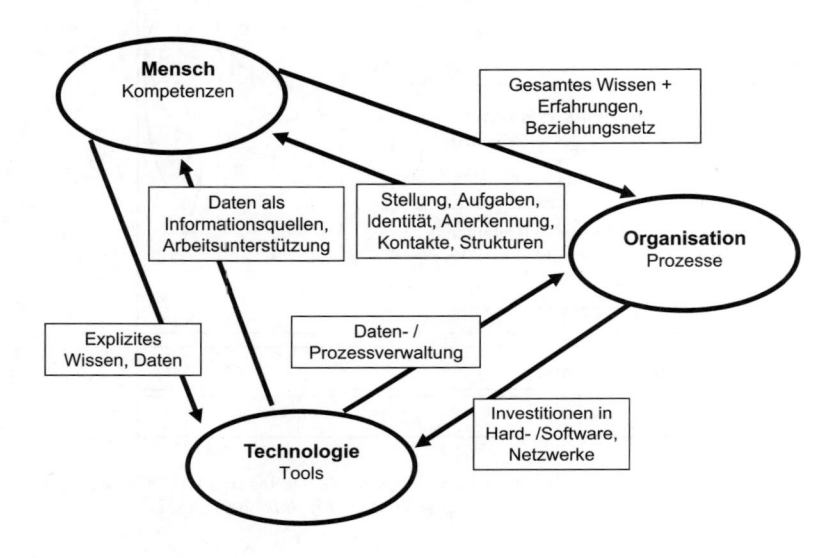

Abb. 3.3   Teilsysteme des Wissensmanagements; Quelle: Hasler Roumois, 2007, S. 71

Das **Teilsystem Mensch** stellt den „Wissensarbeiter" dar, der all seine Erfahrungen, sein Wissen und seine Kompetenzen in das Unternehmen einbringt. Hier geht es darum, die Lernfähigkeit und die Kompetenzen der Wissensarbeiter zu fördern, neues Wissen zu generieren und für das Unternehmen verfügbar (explizierbar) zu machen. Dabei spielen die Kommunikationsmöglichkeiten (Kommunikationsstrukturen, -wege, -instrumente) eine besonders wichtige Rolle. Aber auch die Unterstützung durch geeignete Informations- und Kommunikationstechnologien ist wichtig für die (Ver)Teilung, Nutzung und Bewahrung des Wissens.

Das **Teilsystem Organisation** umfasst die Gestaltung der Arbeitsprozesse und -strukturen, der Kommunikationsmöglichkeiten sowie der Anreizsysteme und der organisationalen Rahmenbedingungen (zum Beispiel Wissensorientierung als zentraler Wert der Unternehmenskultur, informationstechnologische Infrastruktur) für die beiden anderen Teilsysteme. Hier werden die Strukturen, Prozesse und Möglichkeiten gestaltet, innerhalb derer sich die beiden anderen Teilsysteme bewegen beziehungsweise handeln können.

Das **Teilsystem Technologie** beinhaltet die Hard- und Software des Wissensmanagements. Es stellt die technologische Infrastruktur zur Wissensgenerierung, -verteilung, -nutzung und -bewahrung bereit. Damit ermöglicht es erst ein systematisches Wissensmanagement durch die Speicherung und Bereitstellung von Daten und Informationen und unterstützt gleichzeitig die zentralen wissensorientierten Prozesse, die Kommunikation sowie die Herausbildung einer organisationalen Wissensbasis. (vgl. Hasler Roumois, 2007, S. 70 ff.).

4 Konzeptionelle Ansätze des Wissensmanagements

Wissensmanagement im Unternehmen verfolgt verschiedene Ziele: Das verfügbare Wissen soll optimal genutzt und erweitert werden, um es für die Entwicklung neuer Produkte und Dienstleistungen nutzbringend einsetzen zu können. Durch die Vermehrung des Wissenskapitals soll der Wert eines Unternehmens dauerhaft gesteigert werden. Das Wissenskapital des Unternehmens umfasst dabei sowohl unternehmensinterne (Wissensarbeiter, interne Netzwerke) als auch unternehmensexterne (Wissen von Lieferanten, Kunden, Geschäftspartnern, Wissenschaft, externen Kooperationen und Netzwerken) Wissenspotenziale. Das Wissen soll dabei „in der erforderlichen Menge und Qualität zum richtigen Zeitpunkt am richtigen Ort in effektiver und effizienter Weise verfügbar" gemacht werden. (Amelingmeyer, 2000, S. 21). Damit ist Wissensmanagement die gezielte Gestaltung der organisationalen Wissensbasis durch Interventionen, wobei die Dynamik der Wissensbasis sichergestellt werden soll (vgl. Probst/Raub/Romhardt, 2006, S. 23). Wissensmanagement im betriebswirtschaftlichen Kontext hat keinen Selbstzweck, sondern es dient letztlich dazu, den Erfolg des Unternehmens dauerhaft zu sichern und die Wettbewerbsfähigkeit des Unternehmens zu steigern. So geht es in der Praxis auch eher um eine wissensorientierte Unternehmensführung (vgl. North, 2005, S. 3). Mittlerweile gibt es verschiedene Ansätze, die sich mit der Gestaltung des Wissensmanagements in Organisationen beziehungsweise in Unternehmen beschäftigen. Einige der am meisten diskutierten Ansätze werden hier nun vorgestellt.

4.1 Organisationale Wissensbasis nach Pautzke

Pautzke beschäftigt sich mit der Veränderung der organisationalen Wissensbasis unter Berücksichtigung des Konzeptes und Prozesses des organisationalen Lernens. Organisationales Lernen definiert er als die „Nutzung, Veränderung und Fortentwicklung einer organisationalen Wissensbasis" (Pautzke, 1989, S. 89). Über organisationale Lernprozesse wird es möglich, auf die organisationale Wissensbasis einzuwirken und sie zu gestalten. Erst wenn individuelle Lernerfahrungen mittels institutionalisierter und standardisierter Prozeduren (zum Beispiel Strukturen, Handlungsabläufe, Regeln) individuumsunabhängig erfasst und als organisationales Wissen gespeichert werden, erfolgt nach Pautzke eine echte Veränderung der Organisation. Organisationales Lernen ist damit die „Nutzung, Veränderung und Fortentwicklung einer organisationalen Wissensbasis." (Pautzke, 1989, S. 89).

```
┌─────────────────────────────────────────────────────────┐
│                   Latente Wissensbasis                  │
│   ┌─────────────────────────────────────────────────┐   │
│   │               Aktuelle Wissensbasis             │   │
│   │   ┌─────────────────────────────────────────┐   │   │
│   │   │          Von allen geteiltes            │   │   │
│   │   │              Wissen (1)                 │   │   │
│   │   │                                         │   │   │
│   │   │      Der Organisation zugängliches      │   │   │
│   │   │        individuelles Wissen (2)         │   │   │
│   │   └─────────────────────────────────────────┘   │   │
│   │                                                 │   │
│   │      Der Organisation nicht zugängliches        │   │
│   │           individuelles Wissen (3)              │   │
│   └─────────────────────────────────────────────────┘   │
│                                                         │
│       Wissen der Umwelt, über das ein Metawissen        │
│           in der Organisation vorhanden ist (4)         │
└─────────────────────────────────────────────────────────┘
              Sonstiges kosmisches Wissen (5)
```

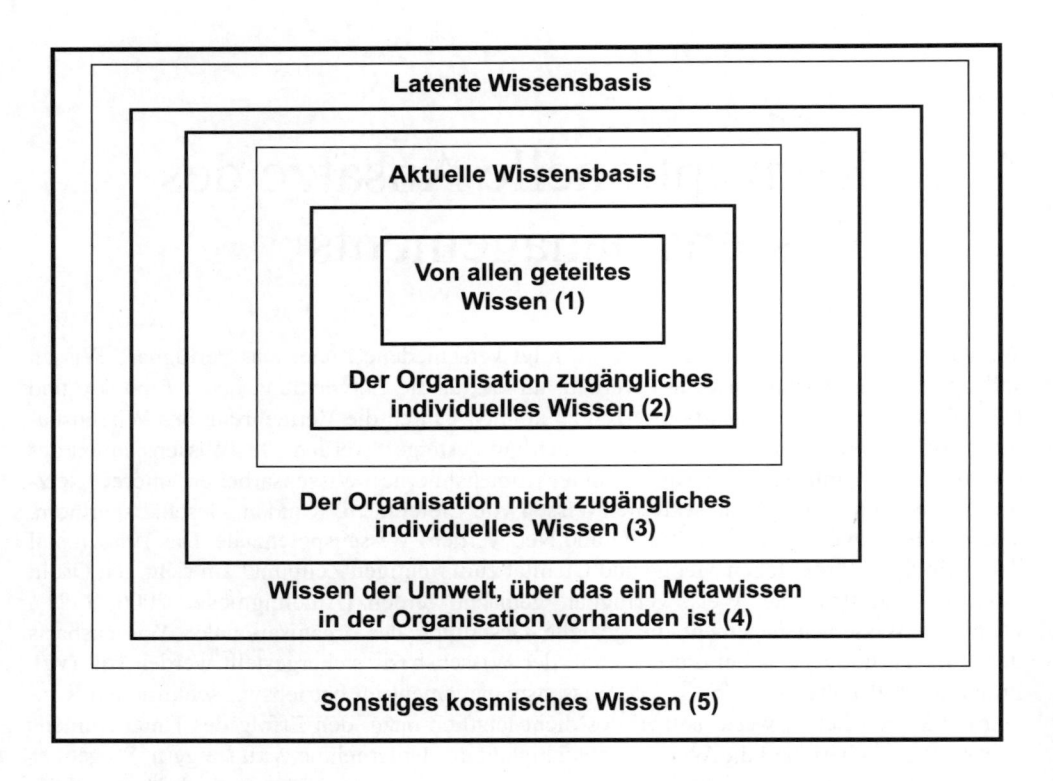

Abb. 4.1 Schichtenmodell der organisatorischen Wissensbasis; Quelle: Pautzke, 1989, S. 79

Pautzke hat ein Schichtenmodell der organisatorischen Wissensbasis entwickelt, das fünf verschiedene Schichten des organisationalen Wissens unterscheidet. Diese Schichten unterscheiden sich im Hinblick auf die Nutzung des in den jeweiligen Schichten enthaltenen Wissens für organisationalen Entscheidungsprozesse. In seinem Modell verwendet Pautzke einen sehr weiten Wissensbegriff, der alles umfasst, was in Handlungen und Verhalten einfließt, dieses prägt und damit einer kognitions-psychologischen Sichtweise entspricht.

Die einzelnen Schichten werden nun kurz vorgestellt.

Schicht (1): Von allen geteiltes Wissen
Diese innerste Schicht des Modells umfasst das organisationale Wissen, das heißt alle Wissensbestandteile, die von allen Organisationsmitgliedern geteilt und genutzt werden können. Dazu gehören unter anderem die Organisationskultur, gemeinsame Werte, Regelsysteme und Artefakte.

4.1 Organisationale Wissensbasis nach Pautzke

Schicht (2): Der Organisation zugängliches individuelles Wissen
Die zweite Schicht umfasst das individuelle Wissen der Organisationsteilnehmer, das sie der Organisation zur Verfügung stellen. Dabei kann es sich um individuelles Sach- und Fachwissen, Erfahrungen oder prozessbezogenes Wissen handeln.

Aus den ersten beiden Schichten setzt sich die aktuelle Wissensbasis der Organisation zusammen.

Schicht (3): Der Organisation nicht zugängliches individuelles Wissen
Das individuelle Wissen dieser Schicht steht der Organisation nicht zur Verfügung, weil die Organisationsmitglieder dieses Wissen nicht zugänglich machen wollen (Willens- und Transferbarrieren) oder weil es für die Organisation nicht verwertbar ist. So kann der Zugang zu diesem Wissen durch Willensbarrieren blockiert sein, die zum Beispiel aus der inneren Kündigung eines Mitarbeiters resultieren. Wird die Weitergabe des Wissens durch bestimmte Rahmenbedingungen oder beschränkte Informationsflüsse behindert, so liegen Transferbarrieren vor.

Schicht (4): Wissen der Umwelt, über das ein Metawissen in der Organisation vorhanden ist
Diese Schicht repräsentiert die latente beziehungsweise potenziell aktuelle Wissensbasis der Organisation. Gemeinsam mit dem Wissen der dritten Schicht umfasst sie Metawissen über das Wissen der Umwelt und über das Wissen, das die Mitglieder der Organisation besitzen, über das die Organisation aber nicht verfügen kann, das heißt, dass es derzeit nicht Bestandteil der organisatorischen Wissensbasis ist.

Schicht (5): Sonstiges kosmisches Wissen
Damit ist dasjenige Wissen gemeint, zu dem die Organisation keinen Zugang hat und über das sie auch kein Metawissen hat. Gründe für dieses Nichtwissen können individuelle, strukturelle oder auch kulturelle Barrieren sein, zum Beispiel begrenzte Informations-Verarbeitungsmöglichkeiten, bestimmte Weltbilder oder enge Strukturgrenzen.

Nach Pautzke sind Veränderungen der organisationalen Wissensbasis zwischen den einzelnen Schichten der Wissensbasis durch Lernprozesse möglich. Pautzke unterscheidet fünf verschiedene Lernprozesse, die die organisationale Wissensbasis verändern beziehungsweise erweitern können und auch die Nutzungswahrscheinlichkeit des Wissens erhöhen.

Lernprozess (1): Bereits verfügbares individuelles Wissen wird zwischen verschiedenen Organisationseinheiten ausgetauscht und damit anderen Organisationseinheiten zugänglich gemacht. Dieser interaktive Wissensaustausch kann zum Beispiel in Arbeitsgruppen oder einer gemeinsamen Projektarbeit stattfinden. Hierdurch entsteht neues Wissen, das alle Organisationsteilnehmer nutzen können ist.

Lernprozess (2): Stellen Organisationsteilnehmer ihr bisher der Organisation vorenthaltenes Wissen der Organisation doch zur Verfügung, so entstehen hieraus auch Lernprozesse, und dieses Wissen kann von allen Organisationsteilnehmern geteilt werden.

Lernprozess (3): Werden Willens- und Transferbarrieren abgebaut, so können Organisationsteilnehmer auch die Wissensteile in die Organisation einbringen, die bislang aufgrund der

Barrieren nicht zur Verfügung standen. Beispielsweise können Anreizsysteme zur Wissensteilung bestehende Willensbarrieren reduzieren. Die Einrichtung von Communities of Practice (Wissensgemeinschaften) oder der Abbau von Hierarchien könnte bestehende Transferbarrieren vermindern.

Lernprozess (4): Einzelne Organisationsmitglieder können ihre individuelle Wissensbasis dadurch erweitern, indem sie neues Wissen aus der Umwelt oder über die Umwelt aufnehmen (zum Beispiel durch Weiterbildung, Erfahrungen, Auslandseinsatz). Dieses neue Wissen können sie künftig in die Organisation einbringen und damit die organisationale Wissensbasis erweitern.

Lernprozess (5): Hierunter fallen Lernprozesse wie zum Beispiel Double-Loop-Learning (vgl. Argyris/Schön, 1978), die eine Veränderung der Lernstrategien beinhalten.

Das organisationale Lernen nach Pautzke zielt darauf, bestehendes Wissen mithilfe geeigneter und standardisierter Prozesse zu fixieren, latentes Wissen in die Organisation zu integrieren und erfahrungsbasiertes neues Wissen systematisch in die Organisation aufzunehmen.

4.2 Wissenstransformation nach Nonaka und Takeuchi

Nonaka und Takeuchi veröffentlichten 1995 ihr mittlerweile sehr anerkanntes Modell der Wissensschaffung im Unternehmen in dem Buch „The Knowledge-Creating Company". Ihrem Modell liegen zwei Dimensionen der Wissenserzeugung zugrunde: Die **ontologische Dimension** umfasst die verschiedenen Ebenen der Wissenserzeugung. Dazu gehören die individuelle Ebene, die Gruppenebene, die Unternehmensebene und die Interaktion zwischen Unternehmen. Die **epistemologische Dimension** bezieht sich auf die Unterscheidung zwischen implizitem und explizitem Wissen. Nonaka und Takeuchi gehen in ihrem Modell von zwei wesentlichen Annahmen aus: Erstens nehmen sie an, dass neues Wissen durch die Interaktion zwischen implizitem und explizitem Wissen entsteht. Ihre zweite Annahme besagt, dass die Wissensumwandlung nur im Rahmen eines sozialen Prozesses zwischen Menschen erfolgen kann.

Nonaka und Takeuchi unterscheiden in ihrem Modell vier Formen der Wissensumwandlung (vgl. Nonaka/Takeuchi, 1997, S. 84 ff.).

4.2 Wissenstransformation nach Nonaka und Takeuchi

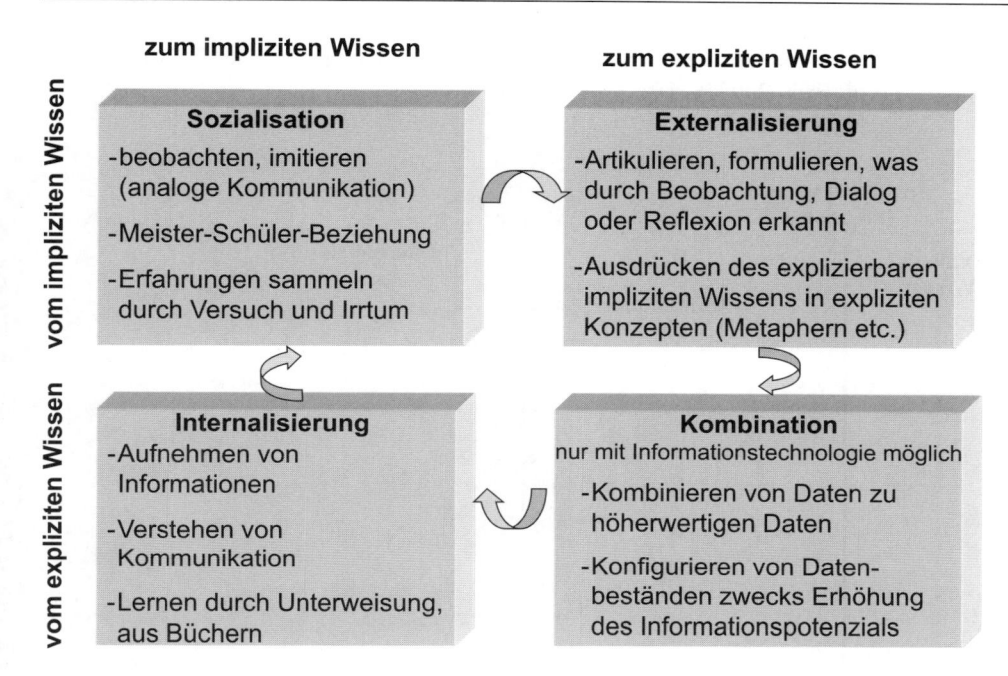

	zum impliziten Wissen	zum expliziten Wissen
vom impliziten Wissen	**Sozialisation** - beobachten, imitieren (analoge Kommunikation) - Meister-Schüler-Beziehung - Erfahrungen sammeln durch Versuch und Irrtum	**Externalisierung** - Artikulieren, formulieren, was durch Beobachtung, Dialog oder Reflexion erkannt - Ausdrücken des explizierbaren impliziten Wissens in expliziten Konzepten (Metaphern etc.)
vom expliziten Wissen	**Internalisierung** - Aufnehmen von Informationen - Verstehen von Kommunikation - Lernen durch Unterweisung, aus Büchern	**Kombination** nur mit Informationstechnologie möglich - Kombinieren von Daten zu höherwertigen Daten - Konfigurieren von Datenbeständen zwecks Erhöhung des Informationspotenzials

Abb. 4.2   Wissensspirale; Quelle: Hasler Roumois, 2007, S. 214, in Anlehnung an Nonaka/Takeuchi, 1997, S. 84

Sozialisation (von implizit zu implizit): Hierunter werden Prozesse verstanden, bei denen eine (unbewusste) Übernahme impliziten Wissens anderer erfolgt. Gelernt wird durch Beobachtung, Nachahmung, Erfahrung oder gemeinsame Tätigkeiten.

Externalisierung (von implizit zu explizit): Bei der Externalisierung wird implizites Wissen in explizites Wissen übertragen. Dies bedarf einer dialogischen Kommunikation, wobei das implizite Wissen mithilfe von Metaphern oder Analogien artikuliert (mündlich, schriftlich) und damit expliziert wird.

Kombination (von explizit zu explizit): Die Kombination verknüpft bestehendes explizites mit explizitem Wissen, wodurch neues Wissen entstehen kann. Möglich wird dies zum Beispiel durch den Austausch expliziten Wissens in einem fachlichen Gespräch oder einem gemeinsamen Workshop.

Internalisierung (von explizit zu implizit): Bei der Internalisierung wird neues explizites Wissen von einer Person beispielsweise durch Erfahrung oder Routinen verinnerlicht und so zu neuem implizitem Wissen dieser Person.

Eine Wissensspirale entsteht, wenn diese Umwandlungsprozesse immer wieder durchlaufen werden. Wenn also Mitarbeiter durch ihre Zusammenarbeit oder durch Beobachtung unbewusst voneinander lernen (Sozialisation), sie ihr Wissen externalisieren und damit dem Unternehmen zur Verfügung stellen, dieses Wissen mit dem Wissen anderer Mitarbeiter kombinieren sowie das hierdurch neu erworbene Wissen wiederum in ihrer individuellen Wissensbasis als implizites Wissen speichern, dann entsteht ein kontinuierlicher Wissensentstehungsprozess (vgl. Falk, 2007, S. 29).

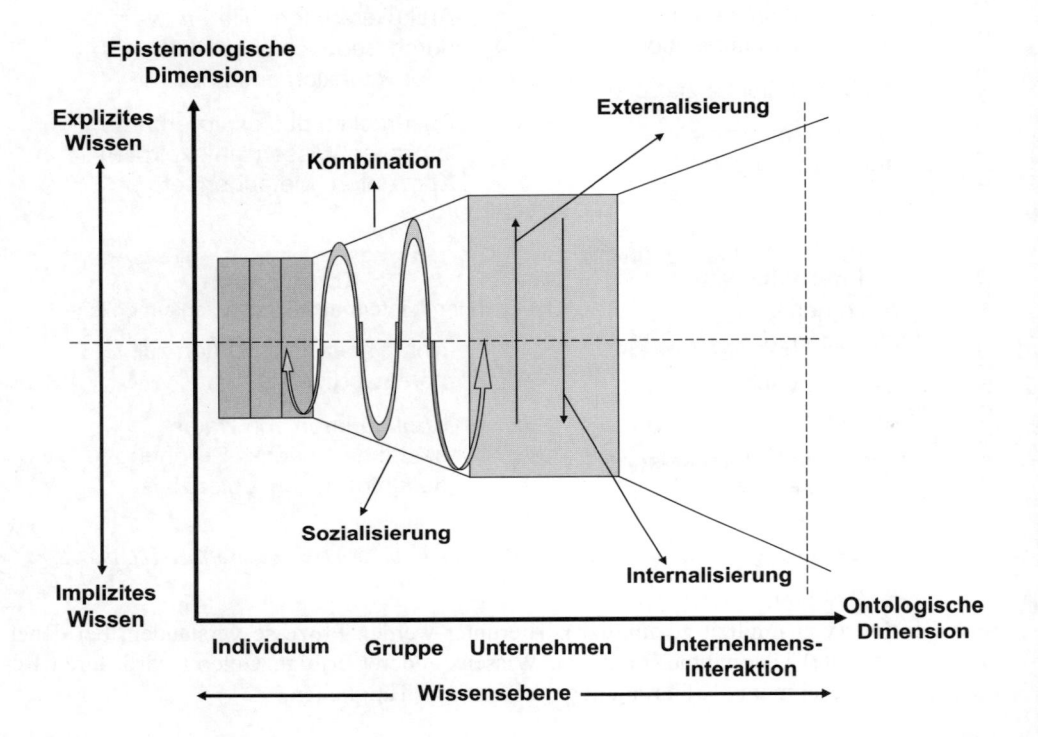

Abb. 4.3   Spirale der Wissensschaffung im Unternehmen; Quelle: Nonaka/Takeuchi, 1997, S. 87

Neben dieser epistemologischen Dimension (implizites versus explizites Wissen) heben Nonaka und Takeuchi auch die ontologische Dimension hervor, die sich auf die verschiedenen Organisationsebenen bezieht. So wird die Wissensgewinnung für ein Unternehmen umso wertvoller, je mehr Wissensebenen in die Gewinnung neuen Wissens einbezogen werden. So nützt es dem Unternehmen nur bedingt, wenn die Mitarbeiter selbst Wissen gewinnen (individuelle Ebene); größer wird der Nutzen für das Unternehmen, wenn dieses Wissen zum Beispiel durch Gruppenarbeit auf der Gruppenebene ausgetauscht und damit auch für andere Mitarbeiter verfügbar wird. Einen noch größeren Wert erlangt das kollektive Wissen, wenn es darüber hinaus durch Explikation dem Gesamtunternehmen zur Verfügung steht. Durch die Interaktion des Gesamtunternehmens mit seiner Umwelt, mit anderen Unternehmen und Institutionen sowie mit der Gesellschaft entstehen weitere Prozesse der Wissensumwandlung, die dem Unternehmen selbst wieder zugutekommen. Die Wissensspirale verdeutlicht diesen Prozess des organisationalen Lernens.

Um diese Wissensspirale zu aktivieren und die Prozesse der Wissensumwandlung zu fördern, bedarf es geeigneter Rahmenbedingungen, die die Prozesse der Wissensentwicklung im Unternehmen unterstützen, und zwar sowohl in der epistemologischen als auch in der ontologischen Dimension.

4.3 Modell der Bausteine des Wissensmanagements

Das Modell der Bausteine des Wissensmanagements wurde von Probst, Raub und Romhardt entwickelt und 1997 erstmals veröffentlicht. Mittlerweile hat dieses Modell große Bekanntheit erlangt. Es stellt einen ganzheitlichen Management-Ansatz dar, wobei Kernprozesse des Wissensmanagements im Unternehmen identifiziert und als Bausteine formuliert und beschrieben werden. Die einzelnen Bausteine sind alle untereinander verbunden, so dass Interventionen des Wissensmanagements in einem Baustein auch Auswirkungen auf die anderen Bausteine bewirken. Insgesamt sind es sechs Bausteine, in denen Interventionen im Hinblick auf das unternehmerische Wissensmanagement erfolgen können. Diese werden noch um Wissensziele und die Wissensbewertung als weitere Felder ergänzt, so dass ein Management-Regelkreis entsteht (vgl. Probst/Raub/Romhardt, 2006, S. 58).

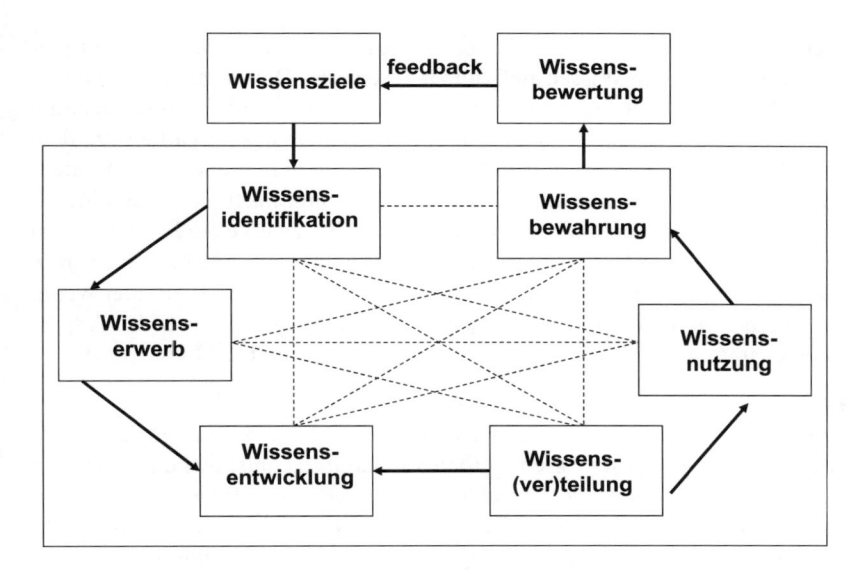

Abb. 4.4 Bausteine des Wissensmanagements; Quelle: Probst/Raub/Romhardt, 2006, S. 32

Die einzelnen Bausteine werden erläutert (vgl. Probst/Raub/Romhardt, 2006, S. 28 ff.):

Wissensziele
Der Wissenskreislauf beginnt mit der Formulierung von Wissenszielen, die sich aus den Zielen des Unternehmens ableiten. Sie sollten sich auf die normative (Unternehmensvision und -kultur), die strategische (langfristige Unternehmensstrategien) und die operative (Umsetzung der strategischen Ziele in operative Ziele und Maßnahmen) Ebene beziehen. Zur Identifikation der strategischen Ziele bietet sich die Erstellung einer Fähigkeitsmatrix an, die verschiedene Fähigkeiten (zum Beispiel Basisfähigkeiten, Hebelfähigkeiten, brachliegende Fähigkeiten, wertlose Fähigkeiten) identifiziert. (vgl. Probst/Raub/Romhardt, 2006, S. 31).

Wissensidentifikation
Häufig weiß ein Unternehmen nicht detailliert, welches Wissen konkret in welchen Unternehmensbereichen vorhanden ist und wo möglicherweise Wissensdefizite bestehen. Hier setzt der Baustein der Wissensidentifizierung an; er soll die existierenden Wissensbestände und mögliche Wissenslücken ermitteln und transparent darstellen, damit vorhandenes Wissen von den Mitarbeitern bei Bedarf schnell gefunden und genutzt werden kann, sowie auch mögliche Wissenslücken gezielt geschlossen werden können. Für das Wissensmanagement sind hierbei nicht nur die internen Wissensbestände interessant, sondern auch die externen Wissensbestände von Forschungsinstituten, Hochschulen, Konkurrenten, Lieferanten und Kunden. (vgl. Probst/Raub/Romhardt, 2006, S. 29).

Wissenserwerb
Werden Wissenslücken bei der Wissensidentifikation festgestellt, so muss Wissen vom Unternehmen erworben werden, um die Wissensdefizite zu beseitigen. Dies kann durch externe Wissensbeschaffung oder auch durch internen Wissensaufbau geschehen. Ist das benötigte Wissen extern vorhanden, kann es durch unterschiedliche Maßnahmen erworben werden: Beispielsweise durch die Rekrutierung externer Wissensträger, durch den Erwerb von Patenten oder anderen Wissensprodukten, durch die Zusammenarbeit mit Stakeholdern oder durch die Kooperation mit anderen Unternehmen (zum Beispiel in Netzwerken oder Allianzen) oder auch durch die Übernahme anderer Unternehmen. Wie leicht sich externes Wissen in das Unternehmen integrieren lässt, ist schwer erfassbar. Teilweise sind die Mitarbeiter wenig aufgeschlossen zur Übernahme externer Wissensbestände, teils bedarf es auch der Anpassung an die unternehmensinternen Strukturen. (vgl. Probst/Raub/Romhardt, 2006, S. 29).

Wissensentwicklung
Die interne Wissensentwicklung ist dann besonders wichtig, wenn Wissenslücken nicht durch externe Wissensbeschaffung geschlossen werden können (weil entsprechendes Wissen nicht vorhanden oder zu teuer ist) oder nicht erschlossen werden sollen (weil die fehlenden Wissensbestände sehr vertraulich und wichtig für die Wettbewerbsfähigkeit des Unternehmens sind und hier eine eigene Wissensentwicklung bevorzugt wird). Die interne Wissensentwicklung kann individuell oder auch kollektiv (zum Beispiel in Projektgruppen, Forschungsgruppen) gefördert werden. Wichtig ist, dass die impliziten Wissensbestände expliziert werden, um allen Organisationsteilnehmern zugänglich zu sein. Ebenso wichtig ist die Unterstützung der Wissensentwicklung durch eine Unternehmenskultur, die Werte wie Transparenz, Kommunikation und Interaktion vorlebt. (vgl. Probst/Raub/Romhardt, 2006, S. 29).

Wissens(ver)teilung

Ziel der Wissens(ver)teilung ist es, dass das im Unternehmen vorhandene und benötigte Wissen den Mitarbeitern zur richtigen Zeit am richtigen Ort und in der geeigneten Form zur Verfügung steht. So nutzt Wissen dem Unternehmen wenig, wenn etwa nur ausgewählte Mitarbeiter Zugang haben. Wissen kann erst dann zum Wohle des Unternehmens genutzt werden, wenn es zwischen den Mitarbeitern geteilt und miteinander zu neuem Wissen verknüpft wird. (vgl. Probst/Raub/Romhardt, 2006, S. 30).

Wissensnutzung

Das im Unternehmen vorhandene Wissen muss von den Mitarbeitern auch tatsächlich genutzt werden. Ziel ist es, eine optimale Nutzung des vorhandenen Wissens in den verschiedenen Unternehmensbereichen zu erreichen. So gilt es, die Mitarbeiter zum Beispiel durch geeignete Anreizsysteme zum Einsatz des vorhandenen Wissens zu motivieren, andererseits müssen mögliche Barrieren (zum Beispiel Transferbarrieren) der Wissensnutzung überwunden beziehungsweise abgebaut werden. (vgl. Probst/Raub/Romhardt, 2006, S. 30).

Wissensbewahrung

Aufgabe der Wissensbewahrung ist es, das vorhandene Wissen für den späteren Einsatz zu bewahren. Wichtig ist hierbei zu beurteilen, welches Wissen später wirklich noch benötigt wird und wie es gezielt und strukturiert bewahrt und gespeichert werden kann. Um nicht auch unnötiges Wissen aufzuheben, empfehlen Probst, Raub und Romhardt ein dreistufiges Vorgehen bei der Wissensbewahrung (vgl. Probst/Raub/Romhardt, 2006, S. 30):

1. Selektion des für das Unternehmen wichtigen Wissens,
2. Speicherung des Wissens auf individueller, kollektiver oder elektronischer Ebene sowie
3. Aktualisierung des Wissens (dies ist vor allem bei elektronischer Speicherung wichtig).

Wissensbewertung

Die Wissensbewertung schließt den Wissensmanagement-Kreislauf. Aufgabe der Wissensbewertung ist es, erstens das vorhandene und zu beschaffende Wissen im Hinblick auf seinen Nutzen für das Unternehmen zu bewerten und zweitens einen Soll-Ist-Vergleich zwischen den bestehenden Wissenszielen und dem aufgebauten Wissen durchzuführen, der dazu dient, die Wissensbestände und -potenziale zu kontrollieren und zu verbessern (vgl. Probst/Raub/Romhardt, 2006, S. 31).

Das Modell der Bausteine des Wissensmanagements von Probst, Raub und Romhardt erlaubt verschiedene Interventionsmöglichkeiten, um die organisationale Wissensbasis des Unternehmens zielgerichtet und unternehmensindividuell zu gestalten.

4.4 Grazer Metamodell des Wissensmanagements

Schneider entwickelte ein Metamodell des Wissensmanagements, das verschiedene Orientierungen und Funktionen von Wissensmanagement im Unternehmen unterscheidet. Die konkrete Ausgestaltung (Orientierung und Funktion) eines Wissensmanagements im Unternehmen wird nach Schneider von drei Parametern beeinflusst, die in der folgenden Abbildung jeweils als Achsen dargestellt sind: die Managementsicht, der Zielfokus und das Verständnis von Wissen (vgl. Schneider, 2001, S. 32 ff.).

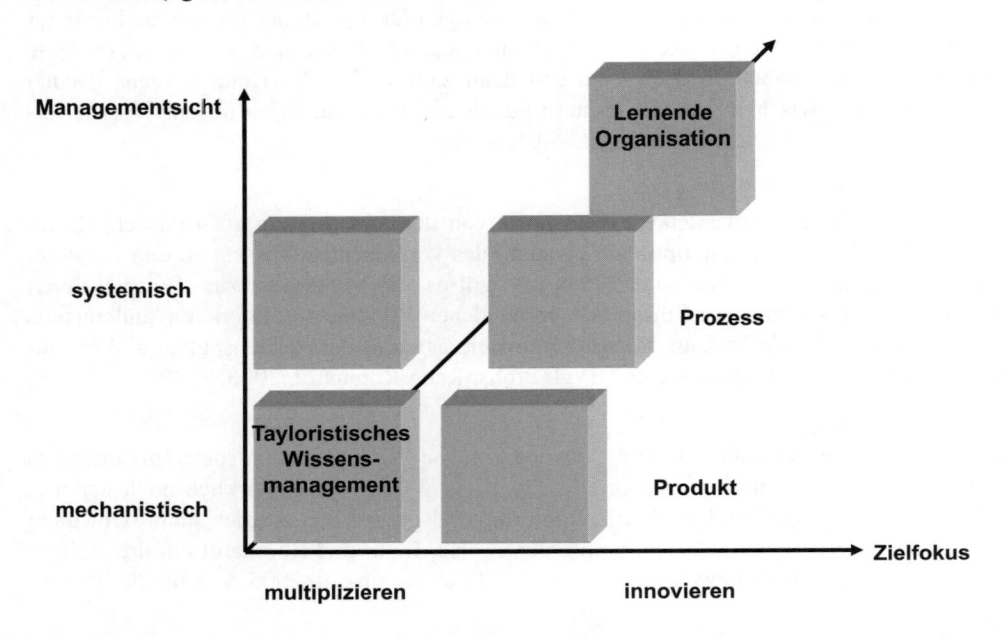

Abb. 4.5   Grazer Metamodell des Wissensmanagements; Quelle: Schneider, 2001, S. 32

Die Managementsicht
Die Ausrichtung des Wissensmanagements wird maßgeblich von der Sichtweise und dem Verständnis des Managements geprägt. Liegt dem Management eine eher mechanistische Sichtweise zugrunde, so wird sich das Wissensmanagement auch eher auf die Steuerung klassischer Managementaufgaben (Planung, Beschaffung, Umsetzung, Kontrolle) konzentrieren. Vertritt das Management demgegenüber eine systemorientierte Sichtweise, so wird es stärker die Eigendynamik der Teilsysteme und Lernprozesse berücksichtigen und sich auf die zielgerichtete Gestaltung geeigneter Rahmenbedingungen und Anreizsysteme konzentrieren.

Der Zielfokus
Mit dem Zielfokus legt das Unternehmen seine strategischen Zielsetzungen fest. Die Spannbreite reicht hier von einer mechanistischen Zielsetzung, die sich auf das Bewahren und Ausnutzen vorhandener Wissensbestände konzentriert, bis hin zu einer innovativen Zielausrichtung, die auch bereit ist, sich von bestehendem Wissen zu trennen, neues Wissen zu generieren und die auch Perspektivenwechsel zulässt.

Verständnis von Wissen
Auch das meist unbewusst zugrundeliegende Verständnis von Wissen beeinflusst stark die Gestaltung des Wissensmanagements. Wird Wissen eher als Produkt oder Ergebnis betrachtet, so dominieren Aufgaben der Strukturierung, Verteilung und Speicherung des Wissens.

Herrscht ein prozessorientiertes Wissensverständnis vor, werden Aspekte der Gestaltung und Lenkung von Wissensprozessen im Vordergrund stehen.

Je nach Ausprägung der drei Dimensionen können mit diesem Modell verschiedene Konstellationen des Wissensmanagements abgebildet werden. Die Varianten reichen dabei vom tayloristischen Wissensmanagement (Würfel 1) bis hin zur lernenden Organisation (Würfel 8). Die Gestaltung eines konkreten Wissensmanagements hängt dabei von den individuellen Gegebenheiten eines Unternehmens ab (Branche, Größe, Marktposition).

Mit dem Grazer Metamodell kann gut der Standort beziehungsweise die Konstellation eines bestehenden Wissensmanagements bestimmt werden. Ebenso eignet es sich als Erkenntnismodell, um ein geeignetes Wissensmanagement zu entwickeln. (vgl. Hasler Roumois, 2007, S. 222).

5 Entwicklung eines wissensorientierten Personalmanagements

Warum bedarf es der Entwicklung eines wissensorientierten Personalmanagements, wenn es doch schon Wissensmanagement im Unternehmen gibt?

Hierfür gibt es mehrere Gründe. Bislang ist die Auseinandersetzung mit dem Wissensmanagement geprägt von:

- **wissensspezifischen Besonderheiten:** zum Beispiel Kategorisierung von Wissen, individuelle, kollektive und organisationale Lernprozesse,
- **organisationsstrukturellen Fragen:** wie kann das Wissensmanagement in die Organisationsstruktur des Unternehmens integriert werden und von
- **informationstechnischen Gestaltungsmöglichkeiten:** welche Wissensmanagement-Systeme eigenen sich für die Unterstützung des Wissensmanagements im Unternehmen.

Weitgehend unberücksichtigt bleibt bisher jedoch die Verbindung zwischen Wissensmanagement und Personalmanagement, das heißt, welche wissensorientierten Ziele, Inhalte und Strategien betreffen auch den Aufgabenbereich des Personalmanagements und wie könnten wissensorientierte Strategien und Aufgaben in das Personalmanagement integriert werden (vgl. Probst/Gibbert/Raub, 2004, S. 2030; Klimecki/Thomae, 2001; Enkel/Back, 2001; Doz/Santos/Williamson, 2001).

In der Unternehmenspraxis nimmt sich das Personalmanagement häufig wissensorientierter Fragestellungen und Aufgaben an (vgl. Probst/Gibbert/Raub, 2004, S. 2030). Dies deutet auf eine unmittelbare Betroffenheit des Personalmanagements im Hinblick auf wissensorientierte Fragestellungen im Unternehmen hin.

Die besondere Bedeutung des Personalmanagements für das Wissensmanagement und für eine wissensorientierte Unternehmensführung resultiert aus dem Umstand, dass die Mitarbeiter die zentralen Wissensträger im Unternehmen sind. Das Personalmanagement, dessen Aufgabenbereich die Gestaltung aller mitarbeiterbezogenen Aufgaben im Unternehmen ist, verfügt über die Kernkompetenzen zur Gestaltung der Arbeitsbeziehungen im Unternehmen, die für die Implementierung einer Wissensorientierung im Unternehmen außerordentlich wichtig und wertvoll sind. So ist eine zentrale Quelle des Wissenserwerbs für Unternehmen die Beschaffung gut qualifizierter Mitarbeiter (vgl. Probst/Gibbert/Raub, 2004, S. 2030). Aber auch die im Hinblick auf die Wissens(ver)teilung, die Nutzung vorhandenen Wissens, die Weiterentwicklung der Wissensbestände sowie die Bewahrung und Bewertung wichtiger Wissensbestände für das Unternehmen bietet das Personalmanagement ein umfangreiches Instrumentarium, das es für die Wissensorientierung im Unternehmen zu nutzen gilt.

Insofern bedarf es mindestens der Beteiligung des Personalmanagements an der wissensorientierten Entwicklung des Unternehmens. Erfolgversprechender wäre noch die Entwicklung des Personalmanagements selbst zu einem **wissensorientierten Personalmanagement**, in dem die wissensrelevanten Ziele, Strategien und Maßnahmen systematisch und in allen Teilbereichen des Personalmanagements integriert werden und das Personalmanagement wichtige wissensorientierte Aufgaben übernimmt. Probst, Gibbert und Raub schlagen sogar die Entwicklung des Human Resources Managements hin zu einem **„Knowledge Resources Management"** vor, dessen Aufgaben in der „Gestaltung der Wissensressource Personal, als auch in der Steuerung allgemeiner Wissensprozesse in dem Unternehmen" (Probst/Gibbert/Raub, 2004, S. 2032) bestehen. Zentrale Aspekte für die Entwicklung eines wissensorientierten Personalmanagements werden im Folgenden skizziert.

5.1 Verknüpfung zwischen Wissensmanagement, Personalmanagement und Kommunikationsmanagement

Um die Wissensorientierung im Unternehmen umfassend zu berücksichtigen und zu implementieren, bedarf es der Verknüpfung zwischen Wissensmanagement, Personalmanagement und Kommunikationsmanagement.

Die zentrale Aufgabe des Wissensmanagements besteht in der Gestaltung und Steuerung der Ressource Wissen. Da Wissen aber durch individuelle Lernprozesse entsteht und damit immer an Personen gebunden ist, kommt den Mitarbeitern als Wissensträger eine zentrale Bedeutung zu. Daher muss das Wissensmanagement eng mit dem Personalmanagement zusammenarbeiten, das über die Kernkompetenzen zur Gestaltung der mitarbeiterbezogenen

5.1 Verknüpfung zwischen Wissens-, Personal- und Kommunikationsmanagement

Aufgaben im Unternehmen verfügt. Dazu bedarf es jedoch einer Integration wissensorientierter Ziele und Strategien in das Personalmanagement.

Die meisten wissensorientierten Prozesse (zum Beispiel der Wissensgenerierung, Wissensweitergabe, Wissensnutzung, Wissensbewahrung) werden maßgeblich durch den Einsatz von Informations- und Kommunikationstechnologien sowie geeigneten Informations- und Kommunikationsinstrumenten (I+K-Instrumente) unterstützt. So ist die Kommunikation beispielsweise eine zentrale Voraussetzung für die Weitergabe und Nutzung von Wissen. Daher muss auch das Kommunikationsmanagement als dritter Managementbereich mit dem Wissensmanagement und dem Personalmanagement inhaltlich und strukturell verknüpft werden.

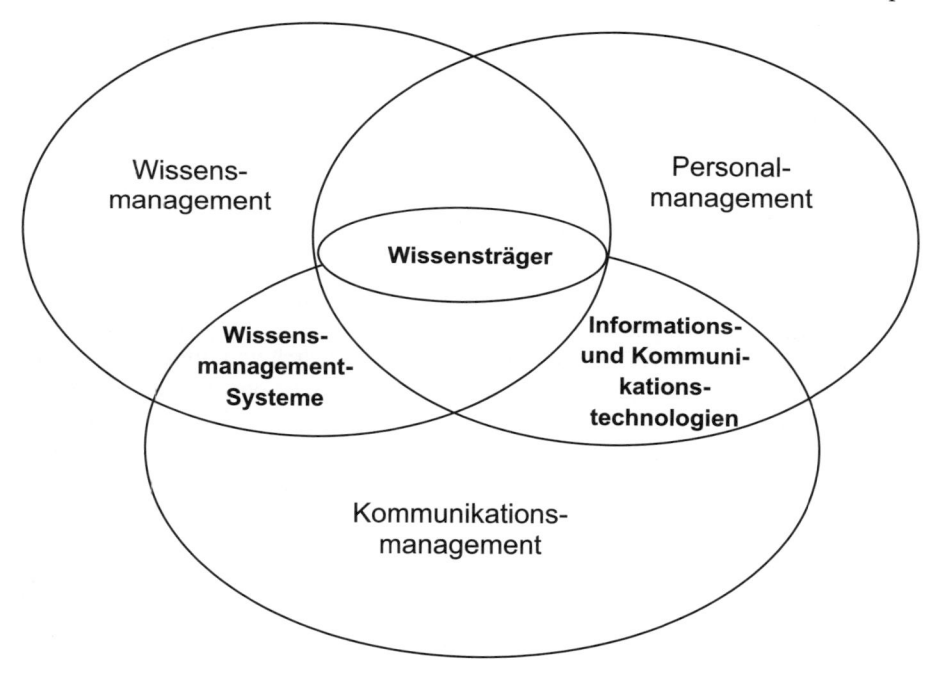

Abb. 5.1 Verknüpfung zwischen Wissensmanagement, Personalmanagement und Kommunikationsmanagement; Quelle: eigene Darstellung

Wie die Abbildung zeigt, bestehen zwischen den drei Managementbereichen deutliche inhaltliche Schnittmengen, die es gemeinsam zu gestalten gilt. Daher sollten von Anfang an die jeweiligen strategischen und operativen Zielsetzungen des Wissens-, Personal- und Kommunikationsmanagements aufeinander abgestimmt werden. Daraus können dann geeignete Strategien zur Erreichung der Ziele auf normativer, strategischer und operativer Ebene sowie konkrete Maßnahmen für die verschiedenen Aufgabenbereiche entwickelt und umgesetzt werden. Für eine erfolgreiche Verknüpfung und Zusammenarbeit der drei Teilmanagementsysteme ist wichtig, dass sich jeder Managementbereich auf seine Kernkompetenzen konzentriert und diese in die Zusammenarbeit an den jeweiligen Schnittstellen einbringt. Für die Schnittstelle „Wissensträger" bedeutet dies, dass das Wissensmanagement zum Beispiel die wissensorientierten Prozesse gestaltet und das Personalmanagement die geeigneten Strategien und Instrumente entwickelt und umsetzt, um die Wissensprozesse zu unterstützen. Bei der Schnittstelle Wissensmanagement-Systeme bringt das Kommunikationsmanagement die geeigneten Informations- und Kommunikationstechnologien als Kernkompetenz ein, und das Wissensmanagement modelliert die Technologien im Hinblick auf die Erfassung, Verarbeitung und Speicherung von wissensorientierten Daten und Informationen. Demgegenüber nutzt das Personalmanagement die vom Kommunikationsmanagement bereitgestellten Informations- und Kommunikationstechnologien an der gleichnamigen Schnittstelle, um die Kommunikation zwischen den verschiedenen Wissensträgern zu gestalten.

Wie ausgeprägt die Zusammenarbeit und Integration zwischen Wissensmanagement, Personalmanagement und Kommunikationsmanagement erfolgt, hängt natürlich von der spezifischen Situation, der wissensorientierten Zielsetzung sowie den wissensorientierten Leistungen (Produkte, Dienstleistungen) des einzelnen Unternehmens ab.

5.2 Mitarbeiter als Wissensträger

Wie bereits erläutert, gibt es wichtige Unterschiede zwischen Daten, Informationen und Wissen. Daten und Informationen sind die „Rohstoffe", aus denen Wissen entsteht, kommuniziert und gespeichert wird. Wissen selbst basiert auf der Vernetzung von Informationen mit eigenen Erfahrungen und Erwartungen. Damit ist Wissen immer personenbezogen, kontextgebunden und handlungsorientiert. Da Wissen also immer an Menschen gebunden ist, kommt den Mitarbeitern als Trägern des Wissens eine herausragende Bedeutung zu. So verlässt das implizite Wissen abends beziehungsweise nach Feierabend das Unternehmen und steht damit nicht mehr unmittelbar zur Verfügung (vgl. Probst/Gibbert/Raub, 2004, S. 2030). Kündigen Mitarbeiter, so geht dem Unternehmen möglicherweise wertvolles Wissen gänzlich verloren. Scheiden Mitarbeiter aus dem Erwerbsleben aus, wie dies durch den demografischen Wandel zukünftig verstärkt der Fall sein wird, so kann dies zu erheblichen Wissensverlusten und dauerhaften Wissenslücken führen, die die erfolgreiche Entwicklung des Unternehmens einschränken oder behindern.
Die zentrale Aufgabe des Wissensmanagements besteht nun darin, den Umgang mit der Ressource Wissen möglichst nutzbringend für das Unternehmen zu gestalten. Dies umfasst einerseits die Explizierung und das Nutzbarmachen der individuellen Wissensbestände und andererseits die Steigerung der Bereitschaft zur Wissensgenerierung und -teilung.

Bei der Explizierung und Nutzbarmachung des individuellen Wissens geht es darum, wichtige Wissensträger im Unternehmen zu identifizieren und das in den Köpfen der Mitarbeiter vorhandene Wissen (das implizite Wissen) zu explizieren und wenn möglich in kollektives und organisationales Wissen zu überführen. Hier sind sowohl das Wissens- als auch das Personalmanagement gefordert. Um die Bereitschaft der Mitarbeiter zur Wissensgenerierung und -teilung im Unternehmen zu erhöhen, bedarf es geeigneter Arbeitsbedingungen und Anreize. Hier muss das Personalmanagement mit seinen originären Kompetenzen ansetzen und gestaltend wirken. Beispielsweise können Anreizsysteme entwickelt werden, die die (Ver-) Teilung und Nutzung des vorhandenen Wissens fördern; der Austausch und die Nutzung vorhandener Wissenspotenziale kann durch differenzierte Kommunikationsstrukturen, -medien und -instrumente unterstützt werden, die Wissensflüsse in der Hierarchie nicht nur von oben nach unten, sondern auch von unten nach oben und horizontal ermöglichen. Differenzierte Personalentwicklungsmaßnahmen können gezielt die Kompetenzen der Mitarbeiter zur Generierung neuen Wissens sowie zur Teilung und Verarbeitung bestehenden Wissens fördern. Eine systematische Reflexion der Gestaltungsmöglichkeiten eines wissensorientierten Personalmanagements bietet das folgende Kapitel.

5.3 Gestaltungsfelder eines wissensorientierten Personalmanagements

5.3.1 Identifikation relevanter Wissensbestände durch das Personalmanagement

In Anlehnung an das Modell der Bausteine des Wissensmanagements von Probst, Raub und Romhardt werden wichtige Gestaltungsfelder eines wissensorientierten Personalmanagements vorgestellt.

Um herauszufinden, welche internen Wissensbestände im Unternehmen vorhanden sind, stehen dem Personalmanagement verschiedene Möglichkeiten offen.

Die Personalbestandsplanung ermöglicht einen Überblick über den aktuellen quantitativen und qualitativen Personalbestand. Damit kann die Personalbestandsplanung auch Informationen über im Unternehmen vorhandene (explizite) Wissensbestände und Wissensträger in den verschiedenen Teilbereichen und Handlungssystemen des Unternehmens zur Verfügung stellen.

Auch das Personalinformationssystem liefert Informationen über bestehende Wissensträger mit ihren jeweiligen Qualifikationen, ihren Fähigkeiten, ihren Aufgaben und Erfahrungen in den jeweiligen Einsatzbereichen (zum Beispiel Abteilung, Stelle). Anhand von Personalbeurteilungen lassen sich zusätzliche Hinweise auf aktuelle Wissensbestände, Entwicklungsmöglichkeiten aber auch mögliche Wissenslücken bei konkreten Wissensträgern ermitteln. Gleichzeitig lässt sich ermitteln, welche Wissensträger im Zuge des demografischen Wandels in welchen Zeiträumen aus dem Unternehmen ausscheiden werden und welche Wissensbestände für das Unternehmen gesichert werden müssen. Die Verwendung dieser Daten muss selbstverständlich vertraulich behandelt werden und so anonymisiert werden, dass die Persönlichkeitsrechte der Mitarbeiter nicht beeinträchtigt werden. Darüber hinaus können auch die Ergebnisse abgeschlossener Projekte und weitere dokumentierte Erfahrungen (zum Beispiel Best Practice, Lessons learned) über eine Projektdatenbank ermittelt werden.

Neben der Analyse der internen Wissensbestände ist aber auch die Analyse der extern verfügbaren Wissensbestände und deren Wissensträger für das Unternehmen wichtig. Hierzu zählen beispielsweise Wissensbestände von Kunden über die Qualität und Anwendungsfreundlichkeit der hergestellten und verkauften Produkte oder Dienstleistungen, das Wissen der Lieferanten über die in den Produkten verarbeiteten Vorprodukte, Materialien, Teilsysteme etc.. Aber auch Wissensbestände bei Unternehmen, mit denen zum Beispiel in Netzwerken oder Allianzen zusammengearbeitet wird, gehört ebenso dazu wie wissenschaftliche Erkenntnisse von Forschungsinstituten oder Hochschulen zum Tätigkeitsfeld des Unternehmens. Die vielfältigen Möglichkeiten der Informationsbeschaffung durch die neuen Medien und das Internet können einerseits eine hilfreiche Unterstützung bei der Identifikation von externen Wissensbeständen und Wissensträgern sein, können aber andererseits auch aufgrund der Vielfalt und steigenden Komplexität der Medien und Informationsquellen die Identifikation und Auswahl der wichtigen Wissensbestände erschweren (Informationsüberflutung). Zur Ermittlung der externen Wissensbestände und Wissensträger sollte das Personalmanagement eng mit anderen Funktionsbereichen zusammenarbeiten, insbesondere mit dem Kommunikations- und dem Innovationsmanagement.

5.3.2 Erwerb und Entwicklung neuer Wissensbestände durch das Personalmanagement

Die Schließung von Wissenslücken, aber auch der Erwerb und die Entwicklung neuer Wissensbestände ist für ein Unternehmen deshalb so wichtig, weil es die Innovationsfähigkeit des Unternehmens steigert, um neue Produkte, Dienstleistungen oder Problemlösungen zu entwickeln, die die Wettbewerbsfähigkeit des Unternehmens am Markt erhöhen. Die Wissensbasis des Unternehmens kann durch individuelle, kollektive oder auch organisationale neue Erkenntnisse, Fähigkeiten, Problemlösungen und Erfahrungen erweitert werden.

Mögliche Wissenslücken, die eine erfolgreiche Entwicklung des Unternehmens beeinträchtigen, können zum Beispiel durch die Personalbedarfsplanung identifiziert werden. Zentrale Aufgabe der Personalbedarfsplanung ist es, den derzeitigen Personalbestand (Personalbestandsplanung) mit dem zukünftigen Personalbedarf des Unternehmens in zeitlicher, örtlicher, quantitativer und qualitativer Hinsicht zu bestimmen (vgl. Jung, 2008, S. 113 ff.). Das bedeutet, dass bei der Personalplanung auch wissensorientierte Aspekte (zum Beispiel fehlende Wissensträger in bestimmten Abteilungen oder für bestimmte Entwicklungsprojekte, wissensorientierte Anforderungen für bestimmte Aufgabenbereiche, mögliche Wissensverluste durch den demografischen Wandel) mit berücksichtigt werden müssen. Insofern bildet die Personalplanung einen Schlüsselbereich zur Identifikation der organisationalen Wissensbasis sowie möglicher Wissenslücken beziehungsweise -defizite. Aus dem Ergebnis dieser Personalplanung können dann geeignete Personalmaßnahmen (zum Beispiel Personalbeschaffung, unter Umständen Personalabbau) abgeleitet werden.

Um fehlende Wissensbestände auszugleichen, kann neues Wissen entweder extern erworben und in das Unternehmen integriert (Wissenserwerb) oder intern neues Wissen aufgebaut (Wissensentwicklung) werden. Extern erworben werden kann fehlendes Wissen zum Beispiel durch den Einkauf von Wissensbeständen (zum Beispiel Patenten, Forschungsergebnissen) durch das Innovationsmanagement oder durch den Einkauf beziehungsweise die Einstellung von Wissensträgern durch externe Personalbeschaffung. Die interne Entwicklung neuen Wissens kann durch die interne Personalbeschaffung unterstützt werden, indem zum Beispiel

5.3 Gestaltungsfelder eines wissensorientierten Personalmanagements

Mitarbeiter mit anderen oder neuen Aufgaben betraut werden, bei denen sie neue Kenntnisse, Qualifikationen und Fähigkeiten erlernen sowie neue Erfahrungen sammeln und dadurch ihre Wissensbasis erweitern können. Darüber hinaus bietet die Personalentwicklung vielfältige Möglichkeiten zum Erwerb und zur Entwicklung neuer Wissensbestände durch Weiterbildung, Förderung und Organisationsentwicklung (siehe auch das Kapitel Kompetenzentwicklung von Dagmar Preißing in diesem Lehrbuch).

	Externe Wissensbeschaffung			Interne Wissensbeschaffung		
Einkauf von Wissen	**Einkauf von Wissensträgern**	**Zusammenarbeit mit externen Wissensträgern**	**Implizites Wissen explizieren**	**Interne Personalbeschaffung**	**Personalentwicklung**
Patente	Externe Personalbeschaffung	Kunden	Anreizsysteme	Versetzung	Aus- und Weiterbildung
Lizenzen	Berater	Lieferanten	Kommunikationsmöglichkeiten	Job Rotation	Förderung
Forschungsergebnisse		Experten	Informationstechnologien	Job Enrichment	Karriereplanung
		Wissenschaftler		Qualifizierung	Organisationsentwicklung
		Kooperationspartner		Stellenclearing	
		Netzwerke		Innerbetriebl. Stellenausschreibung	

Abb. 5.2 Beschaffung neuen Wissens; Quelle: eigene Darstellung

Wissenserwerb durch Personalbeschaffung

Für den Wissenserwerb nimmt die Personalbeschaffung eine Schlüsselfunktion ein. Grundlegende Aufgabe der Personalbeschaffung ist es, „ … die benötigten Mitarbeiter in der geforderten Anzahl und Qualifikation zum geeigneten Zeitpunkt für die nachgefragte Funktion zu marktgerechtem und leistungsorientiertem Einkommen zu beschaffen." (Jung, 2008, S. 134). Damit ist die Personalbeschaffung auch zuständig für die Versorgung des Unternehmens mit benötigten und geeigneten Wissensträgern, die neues und organisationsrelevantes Wissen in das Unternehmen einbringen. Enthalten die Unternehmensziele und -strategien klare Vorgaben hinsichtlich zukünftiger Wissensfelder, wissensorientierten Strategien und konkreter Wissensbedarfe, so kann die Personalbeschaffung gezielt wissensorientierte Kriterien in den Personalbeschaffungsprozess integrieren und geeignete Wissensträger ansprechen und auswählen. Als Analyseinstrument eignet sich hier eine Wissensmatrix, die dazu dient, unternehmensrelevante Wissensbedarfe, Wissensinhalte und Wissensträger zu identifizieren. Sie dokumentiert die strategischen Wissensziele des Unternehmens, stellt die aktuell vorhandenen und zukünftig notwendigen Wissensbedarfe des Unternehmens gegenüber und enthält auch Vorschläge, wie die zukünftigen Wissensbedarfe gedeckt werden können (vgl. Gerick, 2004, S. 2; Probst/Raub/Romhardt, 2006, S. 69 f.).

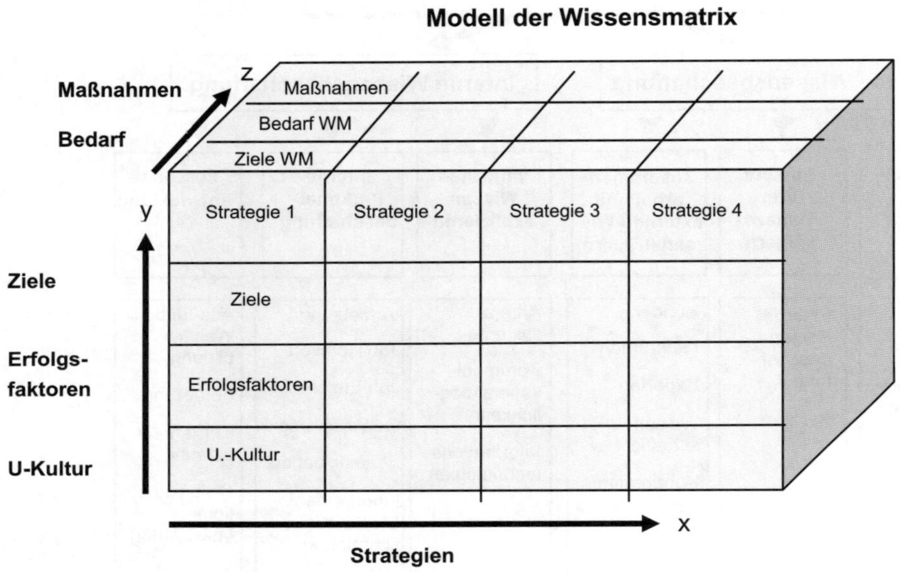

Abb. 5.3   Beispiel einer Wissensmatrix; Quelle: Gerick, 2004, S. 2

Zur Auswahl geeigneter Bewerber beziehungsweise Wissensträger anhand vorgegebener wissensorientierter Kriterien verfügt die Personalbeschaffung über ein vielfältiges und differenziertes Instrumentarium. Dazu gehören die detaillierte Analyse der Bewerbungsunterlagen, Personalfragebögen, Einstellungsgespräche sowie verschiedene Testverfahren (zum Beispiel Persönlichkeitstest, Fähigkeitstest).

Wissensentwicklung durch Personalentwicklung
Die Personalentwicklung umfasst alle planmäßigen und zielgerichteten Maßnahmen, die der Aus- und Weiterbildung, der individuellen beruflichen Entwicklung, Förderung und Karriereplanung der Mitarbeiter sowie der Organisationsentwicklung dienen (vgl. Becker, 2005, S. 4). Dabei gilt es, sowohl die persönlichen Interessen und Bedürfnisse der Mitarbeiter (zum

5.3 Gestaltungsfelder eines wissensorientierten Personalmanagements

Beispiel Sicherung des eigenen Arbeitsplatzes, Entfaltung eigener Fähigkeiten und bildungsorientierter Ansprüche) als auch die Interessen des Unternehmens (zum Beispiel Erhöhung der fachlichen und sozialen Qualifikation der Mitarbeiter, Sicherung des qualitativen Mitarbeiterbestandes, Verbesserung der Innovations- und Wettbewerbsfähigkeit) zu berücksichtigen.

Die Erweiterung bestehender und die Entwicklung neuer Wissensbestände ist hierbei ein wichtiger Bestandteil der Personalentwicklung, die auf die Vermittlung und Erweiterung der fachlichen, sozialen und methodischen Qualifikationen und Kompetenzen zielt. Wissensrelevante Kompetenzen können gut in diese Zielbereiche der Personalentwicklung integriert werden:

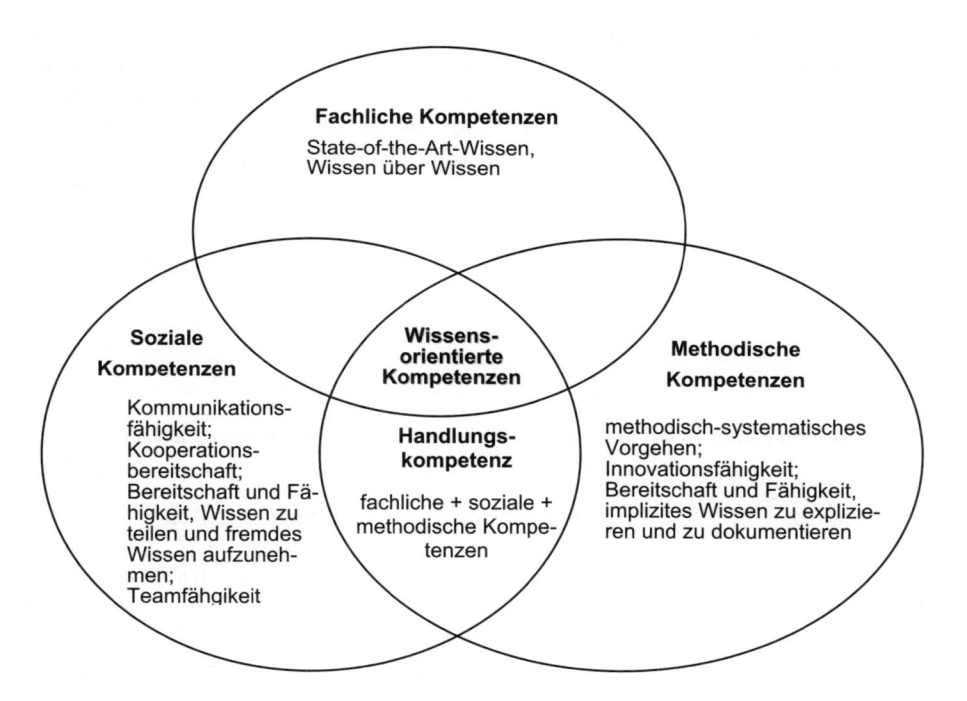

Abb. 5.4 Wissensorientierte Kompetenzen der Personalentwicklung; Quelle: spezifiziert auf wissensorientierte Kompetenzen von Jung, 2008, S. 255

Die **fachlichen Kompetenzen** eines Mitarbeiters umfassen spezifische Fähigkeiten und Fertigkeiten in einem bestimmten beruflichen Aufgabengebiet. Aufgabe der Personalentwicklung ist es, dafür zu sorgen, dass die Mitarbeiter auf dem aktuellen Stand des jeweiligen Fachwissens sind und das „State-of-the-Art-Wissen" kennen. Für wissensorientierte Unternehmen ist darüber hinaus wichtig, dass die Mitarbeiter auch über wissensbezogene Kenntnisse an sich verfügen, zum Beispiel hinsichtlich der Bedeutung und Vergänglichkeit des Wissens, den Unterschieden zwischen implizitem und explizitem Wissen und den Möglichkeiten, Wissen zu explizieren etc.

Die sozialen Kompetenzen betreffen die Fähigkeiten eines Mitarbeiters, mit anderen Menschen umzugehen und zusammenzuarbeiten. Dazu gehören zum Beispiel Kommunikations-, Kooperations- aber auch Konfliktfähigkeit. Diese sozialen Kompetenzen befähigen Mitarbeiter, mit Kollegen, Vorgesetzten oder anderen unternehmensrelevanten Akteuren aufgabengerecht zu kommunizieren, zu kooperieren, das heißt mit anderen Akteuren erfolgreich zusammenzuarbeiten. Auch die Bereitschaft und Fähigkeit, Wissen zu explizieren und mit anderen Mitarbeitern zu teilen, aber auch fremdes Wissen für die eigene Arbeit anzunehmen und zu verarbeiten, gehören hierzu. Diese sozialen Kompetenzen sind gerade für wissensintensive Unternehmen besonders wichtig.

Um ihre fachlichen Fähigkeiten ausschöpfen und die Arbeitsprozesse optimal organisieren zu können, müssen die Mitarbeiter auch über **methodische Kompetenzen** verfügen. Dazu zählen grundlegende Arbeits- und Managementmethoden, wie zum Beispiel Planungsmethoden, Strategieplanungs-, Entscheidungs- und Organisationsmethoden sowie Methoden der Schwachstellenanalyse. Darüber hinaus sind Methoden zur Unterstützung von Innovationsprozessen sowie Methoden, die die Explikation und Dokumentation von Wissen unterstützen, für ein wissensorientiertes Unternehmen außerordentlich wichtig. Sie fördern die Entwicklung von neuem Wissen und unterstützen die Herausbildung organisationalen Wissens für das Unternehmen.

Weitere Instrumente der Personalentwicklung zur Förderung wissensorientierter Fähigkeiten sind in der folgenden Tabelle ersichtlich.

Tab. 5.1   Wissensorientierte Instrumente und Methoden der Personalentwicklung; Quelle: eigene Darstellung

Wissensorientierte Instrumente/Maßnahmen der Personalentwicklung		
Personalbildung	Personalförderung	Organisationsentwicklung
• Teamorientierte Berufsausbildung • Wissensorientierte Weiterbildung • Wissensorientierte Führungsbildung • Case Writing Sessions • Planspiel • E-Learning • Communities of Practice • …	• Wissensorientierte Auswahl und Einarbeitung • Arbeitsplatzwechsel: Job Enlargement, Job Enrichment, Job Rotation • Auslandseinsatz • Nachfolge- und Karriereplanung • Strukturiertes Mitarbeitergespräch und wissensorientierte Leistungsbeurteilung • Management by Knowledge Objectives • Coaching, Mentoring • …	• Teamentwicklung • Projektarbeit • Gruppenarbeit • Wissensorientierte Qualitätszirkel • Lernstatt • Zukunftswerkstatt • Wissensorientierte soziotechnische Systemgestaltung • …

5.3.3 Unterstützung der Wissens(ver)teilung durch das Personalmanagement

Eine Kernaufgabe des Wissensmanagements besteht in der bedarfs- und aufgabenorientierten (Ver) Teilung und tatsächlichen Nutzung des vorhandenen individuellen, kollektiven und organisationalen Wissensbestandes. Es geht also darum, das im Unternehmen vorhandene Wissen an die richtigen Mitarbeiter und Stellen beziehungsweise Aufgabenbereiche im Unternehmen zu verteilen. Hierfür bedarf es einer Verknüpfung und Zusammenarbeit zwischen Wissensmanagement, Personalmanagement und Kommunikationsmanagement.

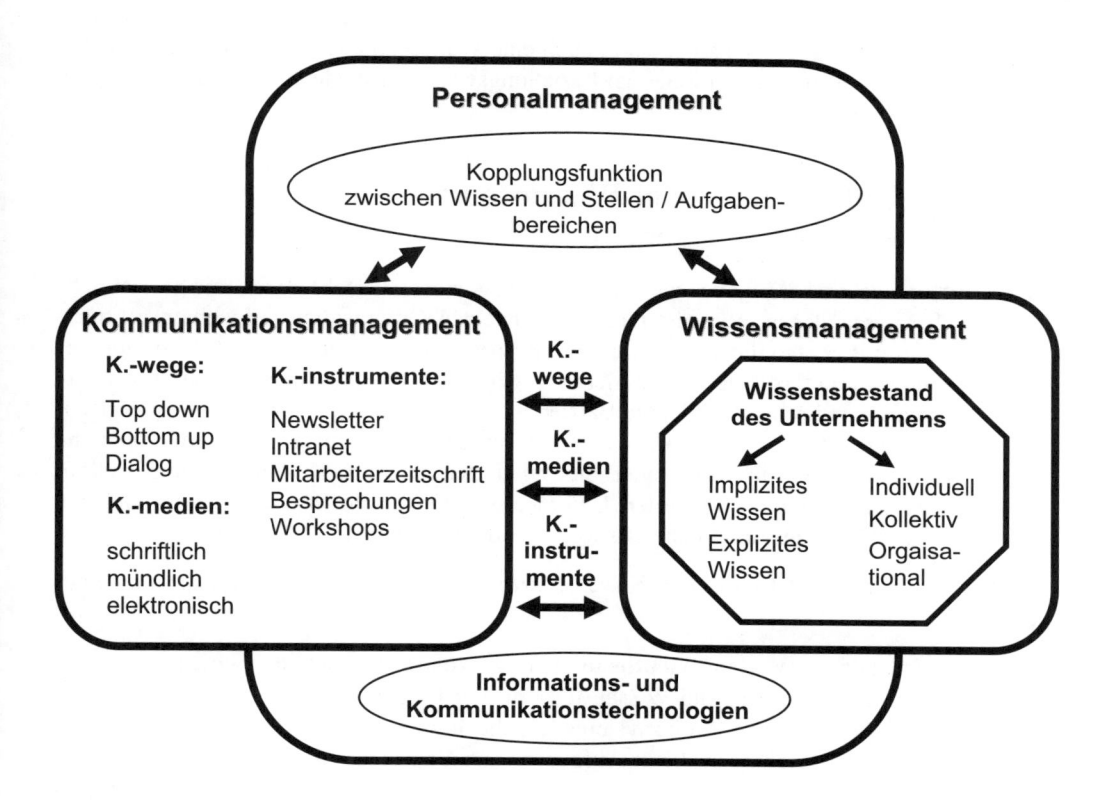

Abb. 5.5 Kopplung zwischen Personal-, Kommunikations- und Wissensmanagement zur Verteilung des Wissensbestandes im Unternehmen; Quelle: eigene Darstellung

Das Wissens- und das Personalmanagement verfügen über die aktuellen unternehmensrelevanten Wissensbestände und stellen sie bereit (zum Beispiel mithilfe von Informationstechnologien). Das Kommunikationsmanagement stellt demgegenüber die Kommunikationsinfrastruktur bereit, indem es verschiedene Kommunikationswege (top down, bottom up, dialogorientiert) sowie vielfältige Kommunikationsmedien und -instrumente (mündliche, schriftliche, elektronische Kommunikationsmedien) bereithält. Mit konkreten Kommunikationsinstrumenten (zum Beispiel Intranet, elektronischer Newsletter, E-Mail, Arbeitspapiere, Hintergrundberichte, Workshops, Dialoge zu aktuellen Themen) können dann die spezifischen Informationen zu den relevanten Stellen beziehungsweise Aufgabenbereichen und -trägern transportiert werden. Das Personalmanagement hat die Aufgabe der Kopplung zwischen Wissensinhalten beziehungsweise Informationen und den Kommunikationswegen, -medien und -instrumenten mit dem Ziel, die richtigen Informationen beziehungsweise Wissensbestände empfängerorientiert aufbereitet an die richtigen Adressaten (Stelleninhaber) über geeignete Kommunikationswege, -medien und -instrumente zu zuleiten. Darüber hinaus muss das Personalmanagement auch Informationen darüber bereitstellen, welche verschiedenen Stellen und Aufgabenbereiche jeweils auf Informationen und Wissensbestände anderer Aufgabenbereiche angewiesen sind, damit auch eine Weitergabe und ein Austausch aktueller beziehungsweise neuer Informationen an beziehungsweise mit anderen Handlungssystemen gewährleistet wird.

5.3.4 Unterstützung der Wissensnutzung durch das Personalmanagement

Eine weitere wichtige Aufgabe des Personalmanagements besteht darin, die tatsächliche Nutzung des vorhandenen Wissens durch die einzelnen Organisationsteilnehmer zu unterstützen. Dabei gilt es, mögliche Barrieren der Wissensnutzung und des Wissensaustausches zu überwinden. Zu unterscheiden sind hierbei organisatorische und hierarchische Barrieren, geschäftsprozess- und projektabhängige Barrieren und orts-, zeit- und kulturabhängige Barrieren (vgl. Kaiser, 2008, S. 201). Als weitere Voraussetzung für eine umfassende Nutzung des Wissens bedarf es nicht nur einer differenzierten internen Kommunikationsstruktur, sondern auch einer wissensorientierten Unternehmenskultur, die Wissensnutzung und den Austausch von Wissen ausdrücklich befürwortet und unterstützt.

Das Personalmanagement kann die Wissensnutzung durch folgende Instrumente unterstützen:

Beispielsweise können **wissensorientierte Anreizsysteme** die gezielte Nutzung und den Austausch von Informationen und Wissen fördern. Für hochqualifizierte Wissensträger bieten sich insbesondere solche Anreizsysteme an, die immaterielle Bedürfnisse befriedigen, wie zum Beispiel Übernahme größerer Aufgaben- und Verantwortungsbereiche oder eigener Projekte, steigende Anerkennung innerhalb und außerhalb des Unternehmens (zum Beispiel Berichterstattung, Vorträge etc.), Selbstverwirklichung oder größere eigene Gestaltungsbereiche. Aber auch **materielle Anreizsysteme**, wie zum Beispiel Prämiensysteme können den Wissensaustausch zwischen verschiedenen Wissensträgern oder Abteilungen fördern, indem dieser gezielt belohnt wird. Siemens hat hierfür so genannte „ShareNet Shares" eingerichtet. Jeder Mitarbeiter hat ein Konto, auf dem er Anteile sammeln kann, die durch die Wertschöpfung aus gemeinsam genutztem Wissen entstanden sind (vgl. Davenport/Probst, 2002).

Als weiteres Instrument können wissensorientierte Zielvereinbarungen zum Einsatz kommen, in denen explizit der Austausch von Wissen und auch die Nutzung fremden Wissens mit aufgenommen werden kann. Ebenso könnte die Integration des Wissensaustausches als Grundlage weiterer Karriereperspektiven ein geeignetes Motivationsinstrument sein.

Darüber hinaus sollte das Personalmanagement gezielt die Zusammenarbeit in Teams oder Projekten fördern, um den Wissensaustausch und die gemeinsame Wissensnutzung zu fördern. Ein geeignetes Instrument ist zum Beispiel das Case Writing, bei dem eine Projektgruppe gemeinsam eine Fallstudie bearbeitet, in die die jeweiligen Erkenntnisse und Erfahrungen der Projektmitglieder einfließen (vgl. Davenport/Probst, 2002).

5.3.5 Bewahrung und Bewertung des Wissens durch das Personalmanagement

Die Anstrengungen zur Entwicklung und Erweiterung der organisationalen Wissensbasis sind für ein Unternehmen nur dann sinnvoll, wenn es auch gelingt, das vorhandene Wissen im Unternehmen zu bewahren und gegen Verluste zu schützen. Wissensabflüsse aus dem Unternehmen können verschiedene Ursachen haben:

Die **mangelnde Explizierung von Wissen** kann eine Ursache für Wissensabflüsse aus dem Unternehmen sein. Gelingt es nicht, implizite Wissensbestände zu explizieren und damit auch für andere Mitarbeiter zugänglich zu machen (zum Beispiel durch mündliche Mitteilungen, schriftliche Dokumentation, Speicherung in Informationsverarbeitungssystemen etc.), so bleibt dieses Wissen immer an seinen Wissensträger gebunden. Damit kann es aber nicht von anderen Mitarbeitern mitgenutzt werden; auch ob es umfassend ausgeschöpft wird, ist nicht sicher. Daher ist es für das Unternehmen wichtig, möglichst weite Teile des impliziten (individuellen und kollektiven) Wissens zu explizieren und damit auch anderen Mitarbeitern zur Verfügung zu stellen. Gleichzeitig bedarf es der Dokumentation und Speicherung des explizierten Wissens, um es mitarbeiterunabhängig verfügbar zu machen und in die organisationale Wissensbasis zu überführen.

Eine **mangelnde Überführung von individuellen Wissensbeständen in kollektive und organisationale Wissensbestände** kann dazu führen, dass beim Ausscheiden von Wissensträgern aus dem Unternehmen auch ihr individuelles Wissen das Unternehmen verlässt.

Ebenso kann eine **unzureichende Dokumentation** (mündlich, schriftlich, visuell) und Speicherung (Datenbanken) **des organisationalen Wissensbestandes** zum Verlust von Wissensteilen führen; entweder durch Ausscheiden einzelner Mitarbeiter oder durch Reorganisationen im Unternehmen. Gerade bei Reorganisationen im oder des Unternehmens (Restrukturierung, Zusammenschluss verschiedener Unternehmen) kann es passieren, dass bestimmte (implizite) Wissensflüsse unterbrochen werden, da Abteilungen oder Geschäftsbereiche umstrukturiert oder wichtige informelle Netzwerke zerstört werden. Nicht selten verliert das Unternehmen dadurch einen Teil seines organisationalen Gedächtnisses.

Letztlich resultieren viele Wissensabflüsse aus dem **Ausscheiden von Mitarbeitern**. Während ein unverhofftes Ausscheiden eines Mitarbeiters aufgrund einer beruflichen Veränderung oder eines plötzlichen Todes für das Unternehmen schwer vorhersehbar ist, können für altersbedingte Ausscheidungsgründe (Ruhestand) rechtzeitig geeignete Strategien zur Wissensbewahrung entwickelt und umgesetzt werden. Im Zuge des demografischen Wandels erlangt die Entwicklung und Umsetzung geeigneter Wissensbewahrungsstrategien eine ganz besonders große Bedeutung.

Um zu wissen, welches Wissen für das Unternehmen unbedingt bewahrt werden sollte, muss es im Hinblick auf seine Bedeutung für das Unternehmen bewertet werden. Insofern sind die Bewahrung und die Bewertung des organisationalen Wissensbestandes nicht eindeutig voneinander zu trennen.

Insbesondere das Personalcontrolling kann einen Beitrag zur Bewertung der Wissensbestände leisten. Voraussetzung ist allerdings auch eine Integration wissensrelevanter Inhalte in das Personalcontrolling und damit seine Entwicklung zu einem wissensorientierten Personalcontrolling. Ein solches könnte geeignete Instrumente und Bewertungsmaßstäbe entwickeln, die eine Bewertung des unternehmerischen Wissensbestandes erlauben.

6 Herausforderungen des demografischen Wandels für ein wissensorientiertes Personalmanagement

Der demografische Wandel in Deutschland stellt die Unternehmen vor große Herausforderungen. Einige gravierende Veränderungen, die auf Unternehmen zukommen, sind folgende:

- Insgesamt sinkt die Anzahl der Erwerbstätigen zwischen 20 und 65 Jahren von zurzeit knapp 50 Millionen auf ca. 35,5 Millionen Erwerbstätige im Jahr 2050 (Statistisches Bundesamt, 2008).
- Dabei nimmt der Anteil der mittleren und älteren Erwerbstätigen erheblich zu und wird ab 2030 die Arbeitswelt dominieren. Schon 2010 wird jeder vierte Arbeitnehmer 50 Jahre alt sein, 2020 schon jeder dritte Arbeitnehmer (Bundesministerium für Bildung und Forschung, 2008).
- Der Anteil jüngerer Erwerbstätiger sinkt bis 2050 auf ca. 20% (Statistisches Bundesamt, 2008).

Was bedeuten diese demografischen Entwicklungen für die Personalbeschaffung in wissensorientierten Unternehmen?

6 Herausforderungen des demografischen Wandels

Jüngere Mitarbeiter werden rar
Bislang praktizieren Unternehmen überwiegend eine jugendzentrierte Personalpolitik. Diese Strategie der Unternehmen, bevorzugt jüngere Mitarbeiter einzustellen, ist durch den demografischen Wandel unserer Gesellschaft nicht mehr zukunftsfähig. Ältere Mitarbeiter werden in ihrer Anzahl überwiegen und der junge Nachwuchs wird rar. Diese Entwicklung wird einerseits den Wettbewerb um jüngere Erwerbstätige zunehmend verschärfen („War of Talents"), andererseits müssen die Unternehmen dringend neue Strategien entwickeln: sowohl für den Umgang mit einer insgesamt älter werdenden Belegschaft als auch im Hinblick auf eine höhere Wertschätzung der älteren Mitarbeiter.

Steigender Anteil älterer Mitarbeiter in den Belegschaftsstrukturen
Die bisherige weit verbreitete Praxis, Mitarbeiter ab 50 Jahre in den Ruhestand zu schicken oder gleiten zu lassen, ist für Unternehmen nicht mehr zukunftsfähig. Im Gegenteil, die Unternehmen müssen sich verstärkt mit der Tatsache auseinandersetzen, dass der Anteil älterer Mitarbeiter in ihren Belegschaftsstrukturen erheblich zunimmt. Das wiederum bedeutet, dass Unternehmen Strategien entwickeln müssen, um mit ihren tendenziell älteren Belegschaften genauso erfolgreich zu sein, wie früher mit einer stärker gemischten Belegschaftsstruktur. Dies hat nicht nur Auswirkungen auf die Entwicklung und Weiterbildung der Mitarbeiter, sondern grundsätzlich auf alle Bereiche des Arbeitslebens und des Personalmanagements. So geht es zum Beispiel um eine altersgerechte Gestaltung der Arbeitsinhalte und -strukturen, der Arbeitsbedingungen, der Anreizsysteme und nicht zuletzt auch um veränderte Personalbeschaffungsstrategien, um nur einige besonders wichtige Bereiche zu nennen.

Notwendigkeit der Bewahrung der Wissensbestände älterer Mitarbeiter für die Unternehmen
Mit dem demografischen Wandel und den älter werdenden Belegschaften geht ein gravierendes Problem für den Wissensbestand der Unternehmen einher. So erhöht sich für die Unternehmen das Risiko von Wissensverlusten dramatisch, wenn aufgrund der demografischen Entwicklung in absehbarer Zeit ein erheblicher Anteil der Belegschaften in den Ruhestand geht – und unter Umständen ihr Wissen mit in den Ruhestand nimmt. Dieses Problem ist vielen Unternehmen noch nicht bewusst und damit risikoreich. Verliert ein Unternehmen durch den Ruhestand seiner Mitarbeiter erhebliche Teile seiner Wissensbasis, so ist damit die Innovations- und Wettbewerbsfähigkeit dieser Unternehmen stark gefährdet. Daher sollten Unternehmen umgehend geeignete Strategien entwickeln, um ihre Wissensbestände zu sichern, zu dokumentieren und für das Unternehmen möglichst als organisationalen Wissensbestand zu bewahren.

7 Strategien eines wissensorientierten Personalmanagements zur Begegnung des demografischen Wandels

Um den beschäftigungsorientierten Auswirkungen des demografischen Wandels begegnen zu können, bedarf es zunächst der Entwicklung geeigneter Rahmenbedingungen, die ein wissensorientiertes Arbeiten im Unternehmen unterstützen und fördern. Darüber hinaus ist das wissensorientierte Personalmanagement gefordert, differenzierte Strategien für die verschiedenen wissensrelevanten Gestaltungsfelder zu entwickeln, um mögliche Auswirkungen des demografischen Wandels zuvorzukommen. Einige grundlegende Strategiebereiche und konkrete Strategien, die sich zur Bewältigung des demografischen Wandels besonders gut eignen, werden nun vorgestellt. Einen Überblick über die relevanten Rahmenbedingungen und die verschiedenen Strategiebereiche bietet folgende Abbildung.

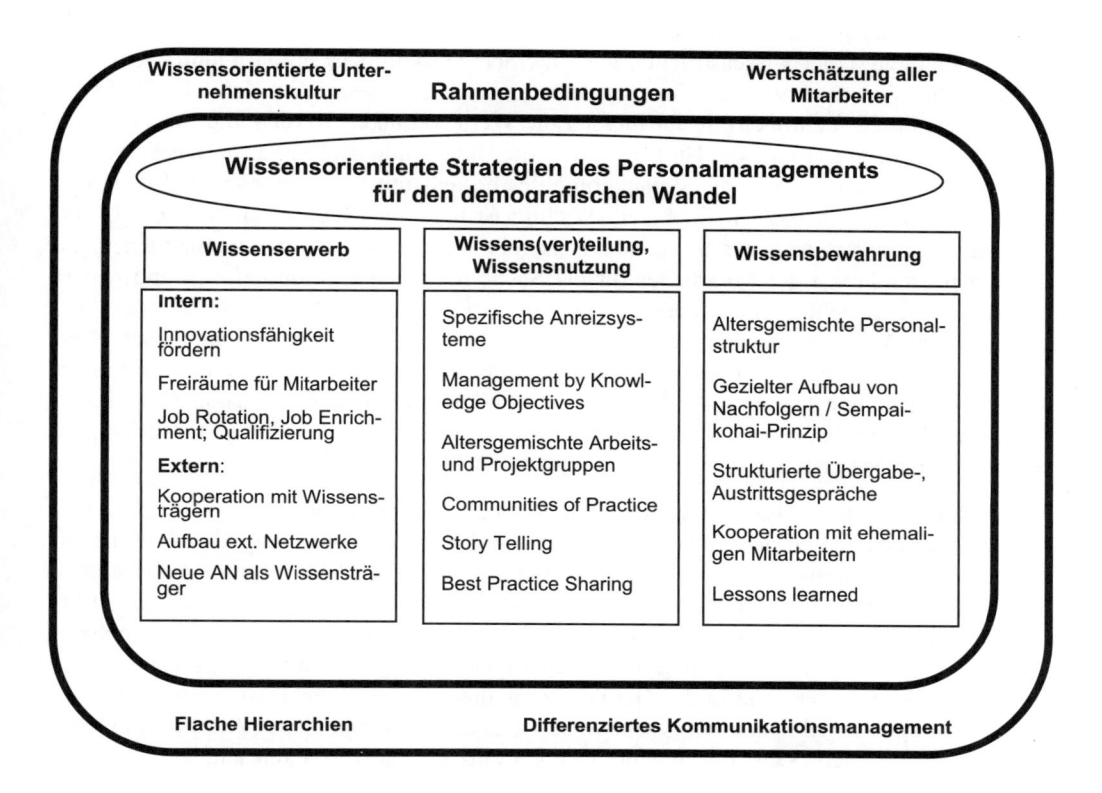

Abb. 7.1 Rahmenbedingungen und Strategien des wissensorientierten Personalmanagements zur Begegnung des demografischen Wandels; Quelle: eigene Darstellung

7.1 Rahmenbedingungen für ein wissens- und demografieorientiertes Personalmanagement

Die unternehmensinternen Rahmenbedingungen bilden die Voraussetzungen, unter denen täglich Wissen generiert, ausgetauscht und für das Unternehmen nutzbringend eingesetzt wird. So ist es auch und gerade für die Begegnung mit den Auswirkungen des demografischen Wandels sehr wichtig, die unternehmensinternen Rahmenbedingungen im Hinblick auf eine möglichst umfassende Unterstützung des Wissensmanagements zu gestalten und damit den Austausch, die Nutzung sowie die Bewahrung wichtiger Wissensbestände zu sichern. Eine wissens- und demografieorientierte Zusammenarbeit im Unternehmen kann vor allem durch folgende Rahmenbedingungen unterstützt werden:

Wissensorientierte Unternehmenskultur

Die Entwicklung einer wissensorientierten Unternehmenskultur ist ein Grundpfeiler für die erfolgreiche Wissensarbeit im Unternehmen (siehe hierzu auch das Kapitel von Frank Lönnies in diesem Lehrbuch). In ihr müssen die Werte verankert werden, die für die Generierung, den Austausch und die Nutzung sowie die Bewahrung der Wissensbestände wichtig sind. Dazu gehört vor allem die Verankerung des besonderen Stellenwerts von Wissen und der Wissensarbeit für das Unternehmen. Wichtig ist aber auch die Zusicherung der Unterstützung bei der Wissensgenerierung, zum Beispiel durch die Schaffung von inhaltlichen und zeitlichen Freiräumen der Mitarbeiter für die Suche nach neuen Informationen und neuem Wissen. Ebenso wichtig ist die Verankerung der Erwünschtheit und Unterstützung des Austauschs von Wissensbeständen zwischen verschiedenen Wissensträgern, auch über Hierarchieebenen hinweg. Weiter muss auch die große Bedeutung der Wissensbewahrung in der Unternehmenskultur verankert werden. Die Herausbildung grundlegender wissensorientierter Werte der Unternehmenskultur bereiten den Boden, auf dem spezifische wissensorientierte Strategien und Maßnahmen überhaupt erst wirken können.

Wertschätzung aller Mitarbeiter, vor allem auch älterer Mitarbeiter

Als weiterer Bestandteil der Unternehmenskultur sollte die Wertschätzung aller Mitarbeiter, unabhängig von ihrem Alter, als eigener Wert etabliert werden. Die bislang weitverbreitete Konzentration vieler Unternehmen auf jüngere Mitarbeiter und der Umgang mit älteren Mitarbeitern (zum Beispiel geringere Karriereperspektiven, weniger Weiterbildungsmöglichkeiten, wenig sensible Verabschiedung in den Ruhestand, geringe Beschäftigungschancen etc.) gibt älteren Mitarbeitern häufig das Gefühl, „zum alten Eisen" zu gehören, weniger wert zu sein und vom Unternehmen nicht geschätzt zu werden. Damit sind ältere Mitarbeiter eventuell weniger motiviert, sich für das Unternehmen einzusetzen oder ihren langjährigen Wissensbestand offenzulegen und zu teilen. Im Hinblick auf die sich verändernden zukünftigen Beschäftigtenstrukturen, in denen Mitarbeiter im Alter von ca. 40 Jahren bis 65 Jahren die Belegschaft ausmachen, wäre eine besondere Wertschätzung der jüngeren Mitarbeiter nicht angemessen. Vielmehr gilt es, die Leistungen, Erfahrungen und die oft hohe Bindung der älteren Mitarbeiter an ihr Unternehmen wertzuschätzen und anzuerkennen. Hierfür bedarf es aber einer Verankerung der Wertschätzung aller Mitarbeiter in der Unternehmenskultur. Daraus lassen sich dann geeignete Ziele, Strategien und Maßnahmen für den Umgang mit der zukünftig älteren Belegschaft entwickeln. Je stärker eine Wertschätzung der älteren Mitarbeiter in der Unternehmenskultur verankert ist und gelebt wird, desto eher werden die älteren Mitarbeiter auch bereit sein, ihr Fach- und Erfahrungswissen zu explizieren und zu teilen. Und gerade diese Bereitschaft der älteren Mitarbeiter zur Wissensteilung ist der Schlüssel zur Bewahrung ihres Wissens in dem Unternehmen und zur Erweiterung einer organisationalen Wissensbasis.

Flache hierarchische Strukturen

Je flacher die hierarchischen Organisationsstrukturen im Unternehmen sind, desto schneller und authentischer können Wissensbestände zwischen verschiedenen Aufgabenbereichen und Wissensträgern ausgetauscht werden. Das unterstützt auch die Entwicklung und Erweiterung der organisatorischen Wissensbasis sowie die Bewahrung wichtiger Wissensbestände im Unternehmen. Dadurch können Risiken des vorhersehbaren aber auch des unvorhersehbaren Wissensverlustes reduziert werden.

Umfassende Unterstützung durch das Kommunikationsmanagement
Dem Kommunikationsmanagement kommt eine herausragende Bedeutung für die Unterstützung der Wissensverteilung und -nutzung, aber auch der Bewahrung von Wissensbeständen zu. So stellt das Kommunikationsmanagement die informations- und kommunikationsrelevante Infrastruktur und geeignete Informations- und Kommunikationstechnologien bereit, die den Wissensaustausch und die Dokumentation der Wissensbestände unterstützt. Hier gilt es, ein differenziertes Kommunikationsmanagement mit leistungsfähigen Technologien aufzubauen, dass den Wissensaustausch top down, bottom up sowie diagonal zwischen verschiedenen Hierarchieebenen und Geschäftsbereichen sicherstellt. Darüber hinaus fördert der Einsatz verschiedener Medien (mündlich, schriftlich, elektronisch) sowie die Bereitstellung differenzierter Kommunikationsinstrumente den Austausch und die Bewahrung der Wissensbestände.

7.2 Demografieorientierte Strategien zum Wissenserwerb

Geeignete **interne Wissenserwerbsstrategien** zur Begegnung des demografischen Wandels sind zum Beispiel folgende:

Förderung der Innovationsfähigkeit der Mitarbeiter
Die Förderung der Innovationsfähigkeit der Mitarbeiter ist eine grundlegende Strategie, um neues Wissen zu generieren. In Zeiten älter werdender Belegschaften gewinnt diese Strategie noch an zusätzlicher Bedeutung. So können durch gezielte Förderung der Innovationsfähigkeit die Potenziale aller Mitarbeiter aktiviert und ausgeschöpft werden. Das Innovationsmanagement kennt viele Kreativitätstechniken, die geeignet sind, Kreativität und Innovationsfähigkeit der Mitarbeiter zu unterstützen und so für die Entwicklung neuen Wissens zu nutzen. Dazu gehören zum Beispiel Brainstorming, Brainwriting, morphologische Analysemethoden, die Synektik und die KJ-Methode (vgl. Schlicksupp, 2004).

Erweiterung der Gestaltungsspielräume für Mitarbeiter
Auch die Erweiterung der inhaltlichen und zeitlichen Gestaltungsspielräume für Mitarbeiter ist eine geeignete Strategie, die vorhandenen internen Potenziale zur Wissensgenerierung auszuschöpfen. Bei dem amerikanischen Mischkonzern 3M dürfen die Mitarbeiter 15% ihrer Arbeitszeit für eigene Projekte oder Entwicklungen verwenden, ohne darüber Rechenschaft ablegen zu müssen (vgl. Hauser/Ziess, 2006, S. 30). Dies fördert die Ideenvielfalt der Mitarbeiter und die Innovationsfähigkeit von 3M erheblich. Erhalten die Mitarbeiter inhaltliche und zeitliche Freiräume, die sie für die Entwicklung und Umsetzung eigener Ideen und Projekte nutzen dürfen, so fördert das nicht nur die Entwicklung neuen Wissens oder neuer Problemlösungen, sondern steigert auch das Engagement und die Eigenverantwortung der Mitarbeiter. Da durch den demografischen Wandel weniger neues Wissen über neue, junge Wissensträger für das Unternehmen gewonnen werden können, gilt es, diese grundlegende Strategie möglichst weitgehend auszuschöpfen.

Job Rotation, Job Enrichment

Durch den zeitweisen Wechsel des Arbeitsplatzes (Job Rotation) und die Übernahme neuer anderer Aufgaben gewinnt ein Mitarbeiter neues Wissen über die bislang unbekannten Arbeitsbereiche. Ebenso dient die qualitative Anreicherung der Arbeitsaufgaben (Job Enrichment) einer Stelle dazu, dem Mitarbeiter umfangreichere Fachkenntnisse zu vermitteln. Beide Methoden eigenen sich, um innerbetrieblich sowohl neues Wissen für einzelne Mitarbeiter zu generieren als auch vorhandenes Wissen zu teilen.

Qualifizierung

Auch Maßnahmen zur Qualifizierung werden im Zuge des demografischen Wandels erheblich an Bedeutung gewinnen. Sie ermöglichen den Erwerb neuen Wissens, ohne neue Mitarbeiter einstellen zu müssen. Damit können die vorhandenen internen Wissensbestände aktualisiert und erweitert werden.

Externe Wissenserwerbsstrategien

Sind die internen Potenziale zur Wissensgenerierung weitgehend ausgeschöpft, gilt es, extern neue Wissensquellen zu erschließen und für das Unternehmen nutzbar zu machen. Zur Gewinnung externen Wissens bieten sich im demografischen Wandel vor allem die folgenden Strategien an:

Kooperation mit externen Wissensträgern und Aufbau externer Netzwerke

Strategien zur Kooperation und zum Aufbau von Netzwerken zwischen verschiedenen Unternehmen werden seit den 1980er Jahren intensiv diskutiert (vgl. Sydow, 1992; Sydow, 1999; Windeler, 2001, als zentrale Vertreter der Debatte um Unternehmensnetzwerke). Im Zuge des demografischen Wandels gewinnen Kooperationen und Netzwerke für die gemeinsame Wissensgenerierung und Wissensentwicklung an zusätzlicher Bedeutung. Älter werdende und schrumpfende Belegschaften, die ihre eigenen Wissensgenerierungsmöglichkeiten schon ausgeschöpft haben, können sich neue Ideen, neue Problemlösungsstrategien oder neues Wissen durch die Zusammenarbeit mit externen Wissensträgern beschaffen. Als externe Wissensträger und potenzielle Kooperations- oder Netzwerkpartner kommen sowohl Kunden, Lieferanten, Forschung beziehungsweise Wissenschaft sowie andere Unternehmen (zum Beispiel Kooperation verschiedener Unternehmen einer Branche oder auch wertschöpfungsübergreifend) in Betracht. Der entscheidende Vorteil von Kooperationen beziehungsweise Netzwerken besteht darin, dass jeder Kooperationspartner seine spezifischen Kernkompetenzen in die gemeinsame Wissensentwicklung einbringt und die Kooperation insgesamt dadurch eine wesentlich umfangreichere und komplexere Problemlösungsfähigkeit und Wissensentwicklungsfähigkeit erreicht als jeder Kooperationspartner für sich (vgl. Kirschten, 2006).

Rekrutierung älterer Mitarbeiter

Neues Wissen kann das Unternehmen natürlich auch über die Beschäftigung neuer Mitarbeiter gewinnen. Neben der zukünftig schwieriger werdenden Rekrutierung jüngerer Mitarbeiter können Personalbeschaffungsstrategien auch in der Beschäftigung von älteren Personen liegen, die spezifisches Fach- und Erfahrungswissen aus anderen Unternehmen beziehungsweise Beschäftigungsverhältnissen als neues Wissen in das Unternehmen miteinbringen. Da sich sowieso die meisten Mitarbeiter schon jetzt regelmäßig weiterqualifizieren müssen und die Notwendigkeit zur Weiterbildung im Zuge der kürzer werdenden Veralterungszeiten des

Wissens noch steigen wird, ist davon auszugehen, dass auch diejenigen Mitarbeiter, die schon älter sind und schon länger im Berufsleben stehen, einen ähnlich guten Qualifikationsstandard aufweisen wie die rar werdenden jüngeren Mitarbeiter.

7.3 Demografieorientierte Strategien zur Wissens(ver)teilung und zur Wissensnutzung

Die Wissens(ver)teilung und die Nutzung des vorhandenen Wissens sind miteinander gekoppelt. So unterstützen viele Strategien sowohl die Offenlegung und Verteilung als auch die konkrete Nutzung des Wissens. Daher werden im Folgenden einige derjenigen Strategien vorgestellt, die sowohl für die Verteilung als auch für die Nutzung des bestehenden Wissens gut geeignet sind und auch den Herausforderungen des demografischen Wandels gerecht werden.

Spezifische wissensorientierte Anreizsysteme

Als grundlegendes Instrument zur Förderung der Wissensverteilung und -nutzung müssen geeignete Anreizsysteme geschaffen werden, die gezielt die Offenlegung, Verteilung und gegenseitige Nutzung der im Unternehmen vorhandenen Wissensbestände fördern. Dazu gehört die ausdrückliche Aufforderung, das eigene Wissen an die anderen Mitarbeiter weiterzugeben als auch das Wissen anderer (interner) Wissensträger für die eigene Arbeit zu nutzen. Auch die Fehlerfreundlichkeit gehört explizit hierzu. Wird im Unternehmen eine positive Fehlerkultur gelebt, so besteht eine viel größere Bereitschaft, Fehler offenzulegen und zu kommunizieren und aus Fehlern zu lernen. Es geht darum, die Gründe für Fehlverhalten zu identifizieren und aus den Fehlern zu lernen, um sie zukünftig vermeiden zu können. Insofern ist auch die Verankerung der Fehlerfreundlichkeit in der wissensorientierten Unternehmenskultur zu empfehlen.

Vor allem hochqualifizierte Wissensträger werden nicht nur durch materielle, sondern auch durch immaterielle Anreize (zum Beispiel Anerkennung, Karriereperspektiven, Gestaltungsspielraum etc.) motiviert. Ein wissensorientiertes Anreizsystem sollte also die spezifischen Bedürfnisse der verschiedenen Wissensträger bei der Anreizgestaltung berücksichtigen. Darüber hinaus sollte das Anreizsystem den Mitarbeitern bindungsorientierte Anreize anbieten, um dadurch den Verbleib der Mitarbeiter und ihres Wissens im Unternehmen zu fördern.

Management by Knowledge Objectives

In Erweiterung des Management-by-Objectives-Konzepts kann nicht nur die Erreichung bestimmter Aufgaben vereinbart werden, sondern auch der Erwerb zusätzlicher persönlicher Fähigkeiten oder Kenntnisse, die zum Beispiel durch entsprechende Weiterbildungsmaßnahmen des Mitarbeiters erworben werden (vgl. Probst/Raub/Romhardt, 2006, S. 55). Zugrunde liegt hier eine gemeinsame Zielvereinbarung zwischen dem Vorgesetzten und dem Mitarbeiter, in der bestimmte wissensorientierte Ziele (zum Beispiel Qualifizierungsziele oder auch Ziele der Wissensweitergabe oder -dokumentation) vereinbart werden und in regelmäßigen Abständen gemessen und entsprechend neue Ziele vereinbart werden.

Die Vereinbarung konkreter wissensorientierter Ziele im Zuge des Management-by-Knowledge-Objectives gilt für alle Mitarbeiter und bekräftigt die Erwünschtheit und Aufforderung zur Wissensteilung und -nutzung, unabhängig von bestimmten Aufgabenbereichen oder Altersunterschieden.

Förderung der unternehmensinternen Netzwerkbildung
Eine weitere Strategie zur Förderung der Wissensteilung und -nutzung im Unternehmen ist die Unterstützung zur Bildung unternehmensinterner wissensbasierter Netzwerke. Häufig bilden sich Netzwerke informell durch das Interesse der beteiligten Akteure an einem bestimmten Thema oder Problembereich. Der Aufbau von Netzwerken kann aber auch durch das Unternehmen gezielt unterstützt werden, beispielsweise durch die Bereitstellung von wichtigen Ressourcen wie Räume, Technologie, Reisekosten, Zeit oder durch Informationen über potentielle Netzwerkpartner. Entwickeln sich diese themen- oder problembezogenen Netzwerke aufgaben- und geschäftsbereichsübergreifend, so können sie umfangreiche Synergieeffekte im Hinblick auf den Austausch bestehender Wissensbestände und deren Nutzung realisieren. Netzwerke unterstützen auch den altersübergreifenden Austausch vorhandener Wissensbestände und können dazu beitragen, aktuelle Wissensbestände in die kollektive und organisationale Wissensbasis zu überführen.

Altersgemischte Arbeits- und Projektgruppen
Werden bewusst altersgemischte Arbeits- und Projektgruppen gebildet, so fördert dies die Wissensübertragung von älteren auf jüngere Mitarbeiter. Hierdurch kann aufgaben- und projektbezogen Wissen systematisch weitergegeben werden. Andererseits wird ein systematischer Austausch zwischen aktuellem Fachwissen und langjährigem Erfahrungswissen unterstützt.

Communities of Practice
Communities of Practice (Wissensgemeinschaften) sind ursprünglich informelle Gruppen von Mitarbeitern, die sich für das gleiche Wissensgebiet interessieren und darin zusammenarbeiten möchten (vgl. Probst/Raub/Romhardt, 2006, S. 168). Ähnlich wie bei der Netzwerkbildung kann die Bildung und Zusammenarbeit dieser Communities of Practice von der Unternehmensleitung oder dem Personalmanagement bewusst unterstützt und gefördert werden (zum Beispiel durch Bereitstellung erforderlicher Ressourcen oder Informations- und Kommunikationstechnologien). DaimlerChrysler installierte beispielsweise gezielt so genannte „Tech Clubs", um die Zusammenarbeit im Bereich der Produktentwicklung zu verbessern (vgl. DaimlerChrysler, 1999). Hierdurch wird bewusst die Wissensteilung und -nutzung in bestimmten Wissensbereichen sowie die Übertragung der Wissensbestände älterer Experten auch auf jüngere interessierte Mitarbeiter gefördert.

Story Telling
Für die Weitergabe komplexer Zusammenhänge und Wissensbestände eignet sich die Methode des Story Telling gut. Beim Story Telling wird komplexes Wissen in Form von Geschichten transportiert und weitergegeben. Dadurch kann neben dem Wissen auch der Kontext, in dem das Wissen steht, vermittelt werden. Dieser Kontext geht bei anderen Wissens-

vermittlungsmethoden, die nur auf die reine Wissensweitergabe abstellen, häufig verloren, ist aber gerade für komplexe Wissensbestände sehr wichtig. Das Story Telling eignet sich gut für die Weitergabe von Erfahrungswissen (Learning Histories), aber auch für Ereignisse oder Entwicklungen in einem Unternehmen und zielt darauf, organisationale Lernprozesse zu fördern. (vgl. Reinmann-Rothmeier et al., 2001, S. 123 ff.; Davenport/Prusak, 1998, S. 116). Diese Methode kann sowohl für die Wissensteilung als auch für die Bewahrung von Wissen eingesetzt werden.

Best Practice Sharing
Als Best Practice wird die allgemein anerkannte bestmögliche Lösung für ein bestimmtes Problem oder eine bestimmte Aufgabenstellung bezeichnet (vgl. Lehner, 2008, S. 182). Voraussetzung für die Identifikation einer bestmöglichen Lösung ist der Vergleich dieser Lösung mit anderen Lösungsvarianten innerhalb und außerhalb des Unternehmens im Hinblick auf die Effektivität und Effizienz der Lösung sowie ihre allgemeine Anerkennung als beste Lösung. Für den Vergleich verschiedener Lösungsansätze eignet sich zum Beispiel das Benchmarking, die Balanced Scorecard oder die Total Costs of Ownership (vgl. Bogan/English, 1994, S. 61 ff.). Wichtig ist, dass die beste Lösung leicht messbar, durchführbar und wiederholbar ist, damit sie auch zur Verbesserung der organisatorischen Effizienz angewendet wird (vgl. Lehner, 2008, S. 182).

Mithilfe von Best Practice Sharing, also der Offenlegung und Weitergabe von besten Lösungen, können auch andere Akteure auf diese besten Lösungen zurückgreifen und müssen nicht selbst nach Lösungsmöglichkeiten suchen. So wird das Wissen über Best Practice im Unternehmen geteilt und kann auch in den kollektiven und organisationalen Wissensbestand des Unternehmens übergehen. Gleichzeitig können die Wissensbestände und Erfahrungen älterer Mitarbeiter über Best Practice expliziert, dokumentiert und im Unternehmen geteilt werden.

7.4 Demografieorientierte Strategien der Wissensbewahrung

Um vorhersehbare aber auch unvorhersehbare Risiken eines Wissensverlustes durch das geplante (zum Beispiel Ruhestand von Mitarbeitern) aber auch ungeplante (zum Beispiel durch plötzlichen Tod, Kündigung) Ausscheiden von Mitarbeitern zu begrenzen, ist die Entwicklung und der Einsatz von Strategien der Wissensbewahrung ganz besonders wichtig. Die hier vorgestellten Strategien berücksichtigen diese demografischen Risiken.

Altersgemischte Personalstruktur
Gelingt es einem Unternehmen trotz der Auswirkungen des demografischen Wandels, eine ausgewogene Personalstruktur zu realisieren, so ist dies eine gute Voraussetzung für die Wissensweitergabe und die Bewahrung des unternehmensrelevanten Wissens. So können wichtige Wissensbestände auch mithilfe anderer Strategien beziehungsweise Instrumente (zum Beispiel gezielter Aufbau von Nachfolgern, Lessons learned) systematisch von den älteren auf die jüngeren Mitarbeiter übertragen werden. Zusätzlich ist natürlich die Doku-

mentation bedeutender Wissensbestände wichtig, um auch mitarbeiterunabhängig darauf zugreifen zu können. Herrscht im Unternehmen jedoch eine Personalstruktur vor, die überwiegend aus älteren Mitarbeitern besteht, erhöhen sich die Risiken des Wissensverlustes durch das Ausscheiden dieser Mitarbeiter dramatisch. Dies gilt insbesondere dann, wenn mehrere Mitarbeiter zeitgleich oder in einem recht kurzen Zeitraum ausscheiden, zum Beispiel aufgrund von Ruhestand.

Gezielter Aufbau von Nachfolgern
Für die Bewahrung des individuellen Wissens eines Mitarbeiters ist der gezielte und frühzeitige Aufbau von Nachfolgern sehr empfehlenswert. So könnte ein Nachfolger schon geraume Zeit vor dem Ausscheiden des Mitarbeiters mit dessen Aufgabengebiet vertraut gemacht werden, von seinen Erfahrungen lernen und so das spezifische Wissen, vor allem auch das Erfahrungswissen und die Kompetenzen des Positionsinhabers übernehmen. Dadurch kann die Übergabe und der Erhalt des spezifischen und langjährig aufgebauten Wissens des Positionsinhabers für das Unternehmen gesichert werden. Von großer Bedeutung ist diese Strategie vor allem bei der Unternehmensnachfolge, aber auch für strategisch wichtige Positionen im Unternehmen.

Aus Japan ist ein ähnliches Prinzip, das Sempai-kohai-Prinzip, bekannt, das dort systematisch angewendet wird.

Sempai-kohai-Prinzip/Tandem-Modell
Aus dem Japanischen stammt das Prinzip Sempai-kohai. Es beinhaltet die Zuordnung eines jüngeren Mitarbeiters (kohai), der einem älteren und erfahrenen Mitarbeiter (sempai) zugewiesen wird, um von ihm angeleitet zu werden und zu lernen. Die Verbindung dieser beiden Personen kann sich über das Arbeitsleben hinaus auch auf das Privatleben (gemeinsame Freizeitaktivitäten) erstrecken, um die Vertrauensbasis zu festigen und dadurch den Austausch von Informationen und Wissen zu fördern. (vgl. Probst/Raub/Romhardt, 2006, S. 200).

Dieses Prinzip lässt sich gut auf die Wissensübertragung von einem bald in den Ruhestand gehenden Mitarbeiter auf einen jüngeren Kollegen anwenden. So könnte das Personalmanagement denjenigen Mitarbeitern, von denen bekannt ist, dass sie in nächster Zeit (zum Beispiel in den nächsten ein bis zwei Jahren) in den Ruhestand gehen (geplanter Ruhestand), ein jüngerer Kollege zur Seite gestellt werden, im Sinne eines Mitarbeiters oder als Zusammenarbeit im Team. Der jüngere könnte von dem älteren und erfahrenen Kollegen die spezifischen Wissensinhalte seines Aufgabenbereiches detailliert kennenlernen; zusätzlich könnte er dessen Kontakte und Geschäftspartner (Kunden, Lieferanten, Kollegen anderer Unternehmensbereiche), aber auch dessen Erfahrungen und bewährte Problemlösungsstrategien kennen lernen. Diese intensive Zusammenarbeit ermöglicht den Austausch und die Übertragung wichtiger Wissensbestände des älteren Mitarbeiters auf den jüngeren Kollegen. Neben expliziten Wissensbeständen können durch diese Methode auch implizite Wissensbestände übertragen und vielleicht auch expliziert werden, zum Beispiel durch die Dokumentation bestimmter Problemlösungsstrategien oder Arbeitsabläufe. Voraussetzung für das Gelingen dieses „**Tandem-Modells**" ist die Bereitschaft des älteren Mitarbeiters, sein Wissen weiterzugeben, wofür eine wissensorientierte Unternehmenskultur und auch geeignete Anreizsysteme wichtig sind, als auch eine gemeinsame Vertrauensbasis zwischen dem älteren und dem jüngeren Mitarbeiter. So ist es wichtig, dem ausscheidenden Mitarbeiter nicht das Gefühl zu vermitteln, dass lediglich sein Wissen abgeschöpft werden soll, sondern dass er als Erfahrener wertgeschätzt wird, der seine wertvollen und vielleicht auch leidvollen Erfahrungen an den jüngeren Kollegen weitergibt, um ihm zu helfen und einen Beitrag zum Erhalt und vielleicht auch zur Erweiterung der organisationalen Wissensbasis zu leisten.

Strukturierte Übergabe- und Austrittsgespräche
Um systematisch die Wissensbestände ausscheidender Mitarbeiter zu dokumentieren und damit für das Unternehmen zu bewahren, sollten bei jedem ausscheidenden Mitarbeiter strukturierte Übergabe- und Austrittsgespräche durchgeführt werden. Anhand eines vorstrukturierten Fragebogens können spezifische Aufgaben- und Wissensbereiche, bearbeitete Projekte und deren Ergebnisse, Kontakte zu Kunden, Lieferanten, anderen internen und externen Kollegen, vorhandene Dokumentationen etc. erfragt und erfasst werden. Je nach Aufgabenbereich und Bedeutung der Stelle können diese vorstrukturierten Übergabegespräche detailliert oder überblicksartig erfolgen. Für die Dokumentation der Gespräche können verschiedene Medien genutzt werden, nicht nur schriftliche Dokumentationen, sondern zum Beispiel auch audiovisuelle Aufzeichnungen. Entwickelt, durchgeführt und ausgewertet werden sollten diese Übergabegespräche von Experten, allerdings unbedingt in Zusammenarbeit mit unternehmensinternen Mitarbeitern des Wissens- und Personalmanagements sowie der jeweiligen fachlichen Abteilung. Ideal wäre es, wenn von Anfang an der zukünftige Stelleninhaber mit in diesen Prozess eingebunden wird und dadurch noch eigene Anregungen im Hinblick auf wichtige Informationen und Wissensbestände einbringen kann. Die Bereitschaft des ausscheidenden Mitarbeiters zur konstruktiven Zusammenarbeit und zur Explizierung seines Wissens wird umso größer sein, je entspannter, konstruktiver und offener die Atmosphäre des Übergabegespräches ist und je wertschätzender der Übergabeprozess insgesamt gestaltet wird. Für das Unternehmen hat diese Methode den Vorteil, dass systematisch spezifisches Fachwissen (überwiegend explizites), aber auch Kontakte und Erfahrungen des ausscheidenden Mitarbeiters expliziert und für das Unternehmen bewahrt werden können.

Kooperation mit altersbedingt ausgeschiedenen Mitarbeitern
Auf die Erfahrungen und das Wissen von Mitarbeitern, die das Unternehmen verlassen haben oder bereits im Ruhestand sind, können Unternehmen zurückgreifen, indem sie mit den pensionierten oder ausgeschiedenen Mitarbeitern Kooperationsbeziehungen eingehen (vgl. Probst/Raub/Romhardt, 2006, S. 198). Ehemalige Mitarbeiter könnten zum Beispiel als Berater, Experte, Trainer, Mentor oder Coach eingesetzt werden und als Unterstützung in kritischen Situationen oder bei schwierigen Aufgaben (zum Beispiel Unternehmenskrisen, Reorganisationsprozesse, etc.) hinzugezogen werden. Dadurch sichert sich das Unternehmen auch nach dem Ausscheiden des Mitarbeiters den Zugang zu wertvollem Erfahrungswissen, und für den ausgeschiedenen Mitarbeiter bedeutet dies auch eine Wertschätzung durch sein Unternehmen. So kann sich für beide Seiten eine Win-Win-Situation entwickeln.

Die Bereitschaft des ehemaligen Mitarbeiters zur Kooperation hängt maßgeblich vom Verhalten des Unternehmens während seines Übergangs in den Ruhestand beziehungsweise während seiner Ausscheidungsphase ab. Wurde er eher abrupt und gleichgültig in den Ruhestand entlassen, so wird seine Bereitschaft, sein Wissen und seine Erfahrungen auch weiterhin dem Unternehmen zur Verfügung zu stellen, nicht sehr hoch sein. Hat das Unternehmen seinen Mitarbeiter dagegen beim Übergang in den Ruhestand angemessen und individuell begleitet, dann wird seine Bereitschaft zur Kooperation hoch sein, da er sich gut behandelt fühlt und das Kooperationsangebot des Unternehmens sein Selbstwertgefühl steigert und das Gefühl „Ich werde noch gebraucht" anspricht.

Lessons learned
Um die Erfahrungen der Mitarbeiter bei der Lösung spezieller Aufgaben oder Problemstellungen zu dokumentieren und damit auch für andere Mitarbeiter zugänglich zu machen, bietet sich die Strategie der Lessons learned an. Mithilfe einer systematischen Dokumentation und Aufarbeitung der eigenen Erfahrungen bei spezifischen Problemstellungen wird nicht nur das individuelle Erfahrungswissen anderen Wissensträgern zugänglich gemacht, sondern es hilft auch, Fehler nicht mehrfach zu machen und gezielt von den bisherigen Erfahrungen zu lernen. Für die Dokumentation der Lessons learned ist eine systematische und strukturierte Aufarbeitung wichtig. So dienen konkrete Vorgaben für die Strukturierung der Lessons learned einer einheitlichen Aufbereitung der Erfahrungen und gleichzeitig der Trennung zwischen wichtigen und weniger wichtigen Informationen. Darüber hinaus sollte die Dokumentation der Lessons learned systematisch in bestehende Arbeitsstrukturen integriert werden, zum Beispiel als abschließende Phase für Projekte. (vgl. Lehnert, 2008, S. 181). Mithilfe dieser systematischen Dokumentation wird das Erfahrungswissen unabhängig vom jeweiligen Mitarbeiter zugänglich und kann so in den organisationalen Wissensbestand des Unternehmens einfließen. Scheiden Mitarbeiter aus dem Unternehmen aus, bleiben ihre Erfahrungen trotzdem für das Unternehmen verfügbar.

Wissenskarten
Wissenskarten bieten strukturierte Überblicke über das in einer Organisation vorhandene Wissen (vgl. Tergan, 2004; Wiig, 2004, S. 283 ff.; Eppler, 2003). Damit erleichtern sie das Auffinden bestimmter Wissensbestände innerhalb eines Unternehmens. Wissenskarten enthalten jedoch nicht das Wissen selbst, sondern nur die Orte beziehungsweise Träger des Wissens. Je nach ihrem Inhalt können verschiedene Arten von Wissenskarten unterschieden werden, zum Beispiel Wissensquellen, Wissensanlagen, Wissensstrukturen, Wissensanwendung und Wissensentwicklung (vgl. Eppler, 2003, S. 192 f.). Für die Wissensbewahrung sind Wissenskarten nur dann nützlich, wenn sie auf organisational verankerte Wissensorte verweisen.

8 Zusammenfassung

Das Management von Wissen wird für Unternehmen immer wichtiger, um erfolgreich im Wettbewerb bestehen zu können. Die Wissenschaft stellt hierzu verschiedene Modelle und Konzeptionen zur Erklärung und Umsetzung eines Wissensmanagements in der Praxis zur Verfügung. Breite Anerkennung in Theorie und Praxis hat unter anderem das Modell der Bausteine des Wissensmanagements von Probst, Raub und Romhardt erlangt. Für eine ganzheitliche Wissensorientierung von Unternehmen bedarf es aber des Zusammenwirkens zwischen Wissensmanagement, Personalmanagement und Kommunikationsmanagement. Erst die gemeinsame Gestaltung spezifisch wissensorientierter Inhalte und Aufgaben, die sich an den Mitarbeitern als zentrale Wissensträger in den Unternehmen orientieren und vom Kommunikationsmanagement strukturell und technologisch unterstützt werden, ermöglicht eine unternehmensweit integrierte Wissensorientierung. Hierfür ist auch die Entwicklung des Personalmanagements hin zu einem wissensorientierten Personalmanagement wichtig.

Die Auswirkungen des demografischen Wandels auf die Erwerbstätigen stellen auch das Wissensmanagement vor zusätzliche Herausforderungen. Vor allem geht es darum, ausreichend neues Wissen für das Unternehmen zu gewinnen sowie die individuellen und kollektiven Wissensbestände der Unternehmen möglichst umfassend auszunutzen, aber auch zu sichern und im Unternehmen zu bewahren. Hier verfügt ein wissensorientiertes Personalmanagement über vielfältige strategische Möglichkeiten und Instrumente, um diesen demografischen Herausforderungen zu begegnen.

9 Fragen

1. Warum ist Wissen personengebunden?
2. Wie wirken die verschiedenen Teilsysteme des Wissensmanagements aufeinander?
3. Erläutern Sie das Modell der Bausteine des Wissensmanagements.
4. Welche Gründe sprechen für die Entwicklung des Personalmanagements hin zu einem wissensorientierten Personalmanagement?
5. Welche Managementsysteme sollten in einem wissensorientierten Unternehmen unbedingt zusammenwirken? Welche Schnittstellen bestehen zwischen den verschiedenen Managementsystemen?
6. Welche Risiken birgt der demografische Wandel für wissensorientierte Unternehmen?
7. Welche Rahmenbedingungen sind für ein wissens- und demografieorientiertes Personalmanagement wichtig?
8. Erläutern Sie vier wissens- und demografieorientierte Strategien zur Wissens(ver)teilung und -nutzung.

Die Lösungen zu den Fragen finden Sie online (siehe Vorwort)

10 Literatur

Die Literaturhinweise finden Sie online (siehe Vorwort)

11 Praxisbeispiel 1: Mitarbeiter schulen Mitarbeiter – Ein Projekt der voestalpine AG

Autoren: Ernst Balla und Wolfgang Danner

Ing. Mag. Ernst Balla ist Konzernpersonalentwickler in der voestalpine AG. In seiner Funktion ist er für alle divisionsübergreifenden Personalentwicklungsmaßnahmen im Konzern zuständig. Das umfasst vor allem die Führungskräfte-Entwicklung und den Aufbau von mobilen Managementreserven. Davor war er in der strategischen Personalentwicklung eines großen österreichischen Gesundheitskonzerns tätig.

Wolfgang Danner arbeitete nach seinem Studium der Betriebsinformatik mehr als ein Jahrzehnt im EDV-Bereich. Über ein Projekt und eine daraus resultierende Firmengründung kam er mit dem Personalbereich in intensiven Kontakt und erlag dessen Faszination. Nach einer Ausbildung zum Personalentwickler ist er heute für Qualifizierungsprojekte in einem Unternehmen der Stahlindustrie tätig.

Dieses Praxisbeispiel finden Sie online (siehe Vorwort)

12 Praxisbeispiel 2: Strukturiertes Wissensmanagement bei DMT – Kontinuität im demografischen Wandel

Autor: Roland Rehage

Roland Rehage ist seit Jahren Personalentwickler bei der DMT GmbH & Co. KG, ein Ingenieurdienstleistungsunternehmen der TÜV NORD-Gruppe. Zuvor absolvierte er das Studium der praktischen Sozialwissenschaften (FH), später folgte das Studium der Erziehungswissenschaften. Roland Rehage war zunächst knapp zwei Jahre in der externen Personal- und Organsationsentwicklung als Trainer und Consultant bei einer Unternehmensberatung tätig. Zu seinen Arbeitsschwerpunkten bei DMT gehören die Führungskräfteentwicklung, die Nachwuchsförderung sowie das Wissens- und Kompetenzmanagement der Mitarbeiter.

Dieses Praxisbeispiel finden Sie online (siehe Vorwort)

I Betriebliches Gesundheitsmanagement im demografischen Wandel

Autor: Max Ueberle

Max Ueberle ist Diplom-Politologe und arbeitet zu Fragen der betrieblichen Gesundheitsförderung und beruflichen Rehabilitation. Sein Schwerpunkt liegt dabei auf Kosten-Nutzen-Analysen und der Auswirkung von intangiblen Unternehmenswerten im Sozialkapital auf die Gesundheit von Mitarbeitern und den betrieblichen Erfolg. Zwischen beruflichen Stationen an Hochschulen war er längere Zeit in einer Rehabilitationsklinik tätig. Derzeit ist er Projektleiter in einem Unternehmen für integrierte Versorgung im Gesundheitswesen und außerdem freiberuflich in Beratung und Lehre engagiert.

Inhalt

1	**Lernziele**	**281**
2	**Einleitung**	**281**
3	**Grundlagen des Betrieblichen Gesundheitsmanagements (BGM)**	**282**
3.1	Einflussfaktoren auf das Betriebliche Gesundheitsmanagement	282
3.2	Aufgaben des Betrieblichen Gesundheitsmanagements	285
4	**Das Interesse der Unternehmen an gesunden Mitarbeitern**	**288**
5	**Besonderheiten älterer Mitarbeiter im Unternehmen**	**290**
6	**Praktische Durchführung eines betrieblichen Gesundheitsmanagements**	**292**
6.1	Defizitanalyse	293
6.2	Ermittlung wirksamer Interventionen	297
6.3	Sichtung lebensweltspezifischer Maßnahmen	297
6.4	Abschätzung der Effizienz	298
6.5	Zielsetzung	301
6.6	Durchführung der Interventionen	303
6.7	Erfolgskontrolle	307
7	**Fazit**	**308**
8	**Fragen**	**309**
9	**Literatur**	**310**
10	**Praxisbeispiel: Wilkhahn: Betriebliches Gesundheitsmanagement als integrierter Bestandteil der Unternehmenskultur**	**310**

1 Lernziele

Nach Durcharbeiten dieses Kapitels sollen die Leserinnen und Leser

- die zunehmende Bedeutung des Betrieblichen Gesundheitsmanagements (BGM) im demografischen Wandel erkennen,
- den betriebswirtschaftlichen Nutzen des BGM abschätzen können, sowohl unter einer monetären Sicht als auch hinsichtlich der langfristigen Sicherung des Leistungspotenzials eines Unternehmens,
- einen Überblick über die gängigen Instrumente des BGM haben,
- das Leistungspotenzial und die Leistungsgrenzen älterer Mitarbeiter einschätzen können.

2 Einleitung

In Deutschland waren im Jahr 2007 noch nicht einmal 55% der Menschen in der Altersgruppe der 55- bis 64-Jährigen erwerbstätig. In Schweden liegt der Anteil der erwerbstätigen älteren Arbeitnehmer bei 70%. In Luxemburg wiederum sind nur knapp über 30% der Personen in diesem Alter erwerbstätig. Geht man von einem vergleichbaren Gesundheitszustand der Menschen in diesen Ländern aus, so scheint es keine feste Altersgrenze zu geben, bis zu der eine Erwerbstätigkeit ausgeübt werden kann. Für die Erwerbsquote älterer Beschäftigter sind nicht nur gesundheitliche Gründe ausschlaggebend, sondern auch die gemeldete Arbeitslosenquote. Diese ist in Deutschland für diese Altersgruppe mehr als doppelt so hoch (10,3%) als in Schweden (4%) (vgl. Eurostat).

Dem Arbeitnehmer entgeht zumindest bei langfristiger Krankheit Einkommen. Für den Arbeitnehmer ist dieser ökonomische Aspekt jedoch nur einer unter vielen. Arbeit ist unabhängig vom Gelderwerb ein wichtiger Faktor zur Teilhabe am Leben in der Gesellschaft. Und darüber hinaus: Eine gute Gesundheit ermöglicht eine individuelle Lebensgestaltung über den erwerbsbezogenen Raum hinaus und hat somit einen wichtigen Einfluss auf die Möglichkeiten der privaten Lebensgestaltung.

Auch seitens der Arbeitgeber besteht ein starkes Interesse an einem bis in ein höheres Alter leistungsfähigen Mitarbeiter: Aufgrund der demografischen Entwicklung führt ein zurückgehendes Angebot an Arbeitskräften bereits heute zu einem spürbaren Mangel an fachlich qualifiziertem Personal.

Eine Folge davon ist eine ungleichmäßige Auslastung des Arbeitskräftepotenzials. Einer langfristigen Unterbeschäftigung auf dem Arbeitsmarkt steht intensive Beanspruchung auf der Seite der Beschäftigten gegenüber. Im gewerblichen Bereich wird etwa der Zeitdruck bei der Ausführung von Tätigkeiten als immer belastender wahrgenommen (Ebert: 2007, S. 167). Die unmittelbare körperliche Belastung ist dabei zwar durchaus noch bedeutend, steht in vielen Beschäftigungsfeldern jedoch nicht mehr im Mittelpunkt. Infolge der gestiegenen Kapitalintensität der Arbeitsplätze und zunehmend dienstleistungsorientierten Tätigkeiten gewinnen psychische Belastungen an Bedeutung (vgl. Lademann et al.: 2006). Ältere Arbeitnehmer sehen sich also einer zweifachen Herausforderung gegenüber. Das sind zum einen veränderte Anforderungen und Belastungen am Arbeitsplatz und zum anderen gewandelte Leistungsfähigkeit. Zu Letzterem gehören nicht nur häufig vermeidbare gesundheitliche Einschränkungen, sondern auch veränderte Ansprüche an das Arbeitsumfeld. So zeigen Untersuchungen für ältere Arbeitnehmer, dass diese der Führungsqualität ihrer Vorgesetzten eine steigende Bedeutung beimessen. Dauerhafte Mängel in der Führung wirken sich negativ auf die gesundheitliche Leistungsfähigkeit besonders von älteren Mitarbeitern aus.

Die Vermeidung gesundheitsbedingter Gefährdungen und somit von Krankheit ist die Aufgabe des Betrieblichen Gesundheitsmanagements. Dazu bedient es sich einer Fülle von Instrumenten.

3 Grundlagen des Betrieblichen Gesundheitsmanagements (BGM)

3.1 Einflussfaktoren auf das Betriebliche Gesundheitsmanagement

Im Unternehmensalltag wird unter Betrieblichem Gesundheitsmanagement (BGM) häufig der technische Arbeitsschutz und der Gesundheitsschutz verstanden. Dies sind diejenigen Bereiche, die Arbeitgebern und Arbeitnehmern regelmäßig begegnen, da sie durch die Unfallversicherungsträger rechtsverbindlich geregelt werden. Durch den technischen Außendienst von Mitarbeitern der Unfallversicherungsträger sind diese in den Unternehmen präsent

3.1 Einflussfaktoren auf das Betriebliche Gesundheitsmanagement

und überprüfen die Einhaltung von Vorschriften. Hinsichtlich der Unfallverhütung und der Verringerung von arbeitsbedingter Erkrankung sind mit diesen klassischen Mitteln im Laufe der Zeit durchaus ansehnliche Erfolge erzielt worden. Durch das stark regelorientierte und rechtlich kodifizierte Vorgehen kann für bekannte und erwartete Belastungen eine Obergrenze des Zulässigen festgelegt werden. Neue Belastungen und Herausforderungen erfordern allerdings innovative Lösungsansätze. Belastungen in der Arbeitswelt können auf vielen, sehr verschiedenen Ursachen beruhen. Anhand eines Beispiels sollen einige Zusammenhänge aufgezeigt werden.

Es wird die bereits angesprochene zunehmende Arbeitsbelastung infolge steigenden Arbeitstempos beobachtet. Sie wird als eine Auswirkung der Globalisierung verstanden. Die folgende Abbildung zeigt verschiedene Risiken und Chancen der Globalisierung im betrieblichen Bereich auf.

Belastungsfaktoren:	Sozialkapital:	Humankapital:
steigende Komplexität der Arbeitsabläufe und -inhalte, zunehmende Verantwortung, hoher Zeitdruck und Überstunden permanente organisatorische Veränderungen, drohende Arbeitslosigkeit …	Netzwerkkapital (peer-to-peer relations), Unternehmenskultur wie gemeinsame Überzeugungen oder Werte, Führung …	Fachkompetenz, Sozialkompetenz

Mitarbeiter

Stressreaktionen:
Personell: erhöhte Stresshormone und erhöhter Blutdruck, Verspannungen, Angst, Schlafstörungen, Gereiztheit, steigender Suchtmittelkonsum …
Organisatorisch: Mangelnde Arbeitszufriedenheit, steigende Fehlzeiten, wenig Innovationen, Qualitätsmängel …

Ergebnisse:
Personell: innere Kündigung, Burnout, Übergewicht, Depression, geschwächtes Immunsystem, kardio-vaskuläre Erkrankungen …
Organisatorisch: Erhöhtes Unfallrisiko, Konflikte, Mobbing, hohe Fluktuation, sinkende Produktivität, schlechte Kundenorientierung …

Abb. 3.1 Betriebliches Gesundheitsmanagement und Globalisierung; Die Abbildung zeigt verschiedene Belastungsfaktoren, die auf Beschäftigte einwirken. Die Auswirkungen betreffen sowohl den Beschäftigten unmittelbar als auch die Unternehmen; Quelle: eigene Darstellung in Anlehnung an Bertelsmann Stiftung, 2004. S. 31

Die Zusammenhänge sind in ähnlicher Form in vielen Wirtschaftszweigen zu beobachten. In der Grafik sind verschiedene Belastungsfaktoren aufgezeigt, die auf die Beschäftigten im Unternehmen einwirken. So steht eine steigende Komplexität der Arbeitsinhalte in Verbindung mit zunehmender Verantwortung der Mitarbeiter, die eine Folge flacher Hierarchien sind. Verantwortung kann somit weniger auf Vorgesetzte abgewälzt werden. Eine höhere zu bewältigende Arbeitsmenge verursacht einen zunehmenden Zeitdruck, wobei die Arbeitszeit nur durch Überstunden ausgeweitet werden kann. Durch einen raschen Wandel des Umfeldes wirken zudem ständig organisatorische Veränderungen von außen auf Mitarbeiter ein. Angesichts eines hohen Arbeitskräfteangebots auf dem Markt und damit drohender Arbeitslosigkeit können sich Mitarbeiter diesen Einflüssen kaum entziehen.

Im Beispiel werden nur Faktoren betrachtet, die unmittelbar im Betrieb wirksam sind. Soziale Einflüsse und Belastungsfaktoren außerhalb des Arbeitsplatzes kommen hinzu. Außerbetriebliche fördernde Lebensumstände helfen, die betrieblichen Belastungen in mehr oder weniger großem Umfang zu kompensieren. Ebenso wie das außerbetriebliche Umfeld kann aber auch das betriebliche Umfeld, das hier als Sozial- und Humankapital dargestellt wird, die Belastungen ausgleichen oder auch verstärken. Unter dem Sozialkapital werden im Wesentlichen die sozialen Beziehungen zwischen den Mitarbeitern untereinander und zu den Führungskräften im Unternehmen verstanden. Humankapital stellt die mehr fachliche Ausbildung der Mitarbeiter dar, die sie zur Bewältigung der an sie gestellten Aufgaben ohne übermäßige Beanspruchung befähigt. Ebenso wie der trainierte Sportler ohne eine übermäßige Beanspruchung Leistung erbringen kann, kann der angemessen ausgebildete Mitarbeiter seine Aufgaben tendenziell mit einer geringeren Anstrengung erfüllen und gerät weniger in die Gefahr einer Überbeanspruchung. Eine angemessene Vorbereitung auf die Aufgaben wirkt somit gesunderhaltend, die individuelle Ausstattung mit Humankapital hilft dem einzelnen Mitarbeiter. Sie hilft aber auch in der Zusammenarbeit zwischen den Mitarbeitern, indem sie etwa Führungspersonen zu einem angemessenen Führungsverhalten befähigt.

Übersteigen die Belastungsfaktoren in ihrer Summe die Kompensationsfähigkeit von Menschen, so ist mit negativen Stressreaktionen zu rechnen. Diese können sich in langfristig dysfunktionalen Kompensationsstrategien niederschlagen, etwa in Alkohol-, Nikotin- oder Kaffeekonsum. Denkbar sind auch körperliche oder psychische Störungen. Im Ergebnis setzen diese Stressreaktionen die Leistungsfähigkeit der Mitarbeiter herab und erschweren zunehmend die Erfüllung der Aufgaben am Arbeitsplatz. Diese waren in dem Modell aufgrund von Veränderungen im Zuge der Globalisierung gestiegen. Es kommt so ein sich selbst verstärkender Teufelskreis in Bewegung.

Stressreaktionen sind jedoch nicht nur bei den einzelnen Mitarbeitern zu erwarten, auch ganze Organisationen sind in ihrem Zusammenspiel gefährdet, wenn etwa die zwischenmenschlichen Beziehungen angespannt und gestört sind. In der Folge können Kreativitätsverluste eintreten, die sich in einer sinkenden Problemlösungsfähigkeit im Unternehmen niederschlagen. Verstärkt werden diese organisationsbasierten Funktionsstörungen durch die individuell reduzierte Kompensationsfähigkeit. Im Ergebnis kann eine Verringerung der Produktivität des Unternehmens und seines Produktionspotenzials erwartet werden.

3.2 Aufgaben des Betrieblichen Gesundheitsmanagements

Die Aufgabe des betrieblichen Gesundheitsmanagements wird es sein, sowohl den Einfluss der Belastungen als auch die Auswirkungen unvermeidbarer Belastungen auf die Gesundheit der Mitarbeiter möglichst gering zu halten. Die Auswirkungen der Belastungsfaktoren können auf drei Wegen begrenzt werden:

1. durch die Ausschaltung oder Reduktion von Stressquellen,
2. durch die Befähigung der Mitarbeiter zum Umgang mit Stressfaktoren und
3. durch die Verbesserung des Sozialkapitals im Unternehmen.

Die geradezu klassische betriebliche Gesundheitsförderung – besonders bekannt ist die Rückenschule geworden – setzt bei den Kompensationsfähigkeiten des Individuums bei der Stressbewältigung an. Die Palette der bisher angebotenen Maßnahmen reicht von körperlichen Trainings über den Umgang mit Suchtmitteln (Raucherentwöhnungskurse) zur Vermittlung von psychischen Kompensationsstrategien wie Progressiver Muskelentspannung und Autogenem Training. Besonders wirksam sind Maßnahmen der Sekundärprävention, das heißt im Bestreben, die Verschlimmerung von bereits eingetretenen gesundheitlichen Beeinträchtigungen zu verringern. Der Erhöhung der individuellen Kompensationsfähigkeit sind allerdings Grenzen gesetzt. Daher wird heute ein umfassenderer Ansatz des betrieblichen Gesundheitsmanagements vertreten, bei dem versucht wird, bereits das Auftreten von Stressquellen zu vermeiden. Dazu würde es im Beispiel etwa gehören, die Arbeitsabläufe so zu gestalten, dass sie möglichst wenig gesundheitsbelastend sind. So kann versucht werden, die Arbeitsinhalte in ihrer Komplexität den Fähigkeiten der Mitarbeiter anzupassen. Umgekehrt ist auch eine Investition in Humankapital möglich, also die Anpassung der Fähigkeiten der Mitarbeiter an die steigenden Anforderungen.

Die Herangehensweisen einer betrieblichen Gesundheitsförderung sind also vielfältig. In der folgenden Abbildung sind drei Bereiche dargestellt, in die sich das betriebliche Gesundheitsmanagement gliedern lässt.

Betriebliches Gesundheitsmanagement (BGM)		
Personal-management	Arbeits- und Gesundheits-schutz	Betriebliche Gesundheits-förderung
Familie, Gemeinde, Sozialversicherung		

Abb. 3.2   Komponenten des Betrieblichen Gesundheitsmanagements; Quelle: eigene Darstellung

Es ist aufgezeigt worden, dass viele unterschiedlich belastende Einflüsse gleichzeitig auf die Mitarbeiter eines Unternehmens einwirken. Dementsprechend sind auch unterschiedliche Vorgehensweisen für die Vermeidung von Belastungen und die Erhöhung der Bewältigungsfähigkeit der Mitarbeiter angebracht. Traditionell liegt der Ausgangspunkt des Betrieblichen Gesundheitsmanagements im Arbeits- und Gesundheitsschutz. Diese betriebliche Aufgabe legt das Augenmerk auf die **Unfallverhütung** und den Schutz der Mitarbeiter vor einwirkenden Gefährdungen wie Giften, Dämpfen oder Gefahrstoffen oder auch Lärm, Vibrationen, Feuchtigkeit, Hitze oder Kälte (zusammengefasst von Trägern der gesetzlichen Unfallversicherung in der GUV-Regel „Grundsätze der Prävention", verschiedentlich veröffentlicht, zum Beispiel Bundesverband der Unfallkassen: 2006; vgl. Leister: 2004). In diesem Bereich ist die gesetzliche Regelung verhältnismäßig eng. Zu den Aufgaben des Unternehmers gehört es besonders, die erforderlichen Maßnahmen zur Verhütung von Arbeitsunfällen, Berufskrankheiten und arbeitsbedingten Gesundheitsgefahren und für eine wirksame Erste Hilfe zu treffen.

Neben den staatlichen Arbeitsschutzvorschriften haben die Unfallversicherungsträger detaillierte **Unfallverhütungsvorschriften** erlassen. Die Regelungen sind in vielen Bereichen durchaus erfolgreich, was auch daran deutlich wird, dass viele Industriebetriebe heute eine Unfallquote von null anstreben. Das heißt, das Ziel der Unfallverhütungsmaßnahmen ist, dass im Unternehmen keine Unfälle geschehen sollen, die zu einer Arbeitsunfähigkeit von Mitarbeitern mit einer Dauer von über drei Tagen führen. In vielen Bereichen sind Zielsetzungen dieser Art auch realistisch. Um die Gefährdungen für jeden einzelnen Arbeitsplatz darstellen zu können, sind **Gefährdungsbeurteilungen** zu erstellen, in denen die bestehenden arbeitsplatzbezogenen Gefährdungen festgehalten werden und die notwendigen Gegenmaßnahmen angeführt werden. Dabei wirken in der Regel neben Sicherheitsingenieuren maßgeblich die Fachkräfte für Arbeitssicherheit und der Betriebsarzt mit. Zunehmende Bedeutung kommt bei den Gefährdungsbeurteilungen den psychischen Belastungsfaktoren zu. In der Unternehmenspraxis gelingt es häufig noch nicht, diese angemessen in den Gefährdungsbeurteilungen abzubilden. Diese Gefährdungsbeurteilungen sind eines der Hauptinstrumente im Arbeits- und Gesundheitsschutz. Durch die Offenlegung von Gefahren sollen diese vermeidbar gemacht werden. Dazu wird etwa festgestellt, in welcher Form Mitarbeiter über die Gefährdungen an ihrem Arbeitsplatz zu unterrichten sind, um diese vermeiden zu können.

Aufgrund der raschen Entwicklung in der Arbeitsgestaltung und Technik wird ein solches eher statisches Vorgehen zunehmend schwieriger. Der Unternehmer ist daher gefordert, proaktiv den Arbeits- und Gesundheitsschutz durchzuführen. Eine Möglichkeit hierzu ist die **betriebliche Gesundheitsförderung**. Darunter fallen besonders solche Maßnahmen, die es den Mitarbeitern ermöglichen sollen, mit den bestehenden Gefährdungen und Belastungen, die aus ihrer Arbeit auf sie einwirken, umzugehen. Die Gefährdungen an sich werden dadurch nicht verändert. Häufig werden die Maßnahmen nach **verhaltens- oder verhältnispräventiver** Ausrichtung unterschieden.

Verhaltensprävention zielt auf die Förderung eines gesunden und die Reduktion eines ungesunden Verhaltens von Mitarbeitern. Beispiele sind:

3.2 Aufgaben des Betrieblichen Gesundheitsmanagements

- die Förderung von Bewegung,
- Raucherentwöhnung und
- Reduktion des Alkohohlkonsums etc.

Verhältnispräventiv hingegen sind:

- die Bereitstellung gesundheitlich ausgewogenen Kantinenessens,
- die Bereitstellung von Informationen zu gesunder Ernährung oder
- den Zugang zu Treppenhäusern attraktiv zu gestalten, um Mitarbeiter damit zu motivieren, eher Treppen zu steigen als den Aufzug zu nutzen.

Welche Rolle kommt nun dem **Personalmanagement** im Rahmen des betrieblichen Gesundheitsmanagements zu? Dabei ist zwischen der Berücksichtigung von gesundheitsrelevanten Faktoren bei der Rekrutierung von Mitarbeitern und der Durchführung von bestehenden Arbeitsverhältnissen zu unterscheiden. Bei der Rekrutierung hat das Personalmanagement die wichtige Aufgabe, auf eine angemessene Passung bei der Stellenbesetzung zu achten. Ein Faktor dabei ist das Humankapital der einzustellenden Mitarbeiter. Diese sollen durch ihre Ausbildung und ihren Fähigkeiten in der Lage sein, die anfallenden Aufgaben auszuführen, ohne sich langfristig übermäßig zu verausgaben. Es handelt sich hier um die **Passung des Humankapitals**. Zum anderen ist auf die angemessene Zusammensetzung der Arbeitsgruppen hinsichtlich persönlicher Faktoren zu achten. Also auf **die Passung des Sozialkapitals**. Diese erleichtert die Zusammenarbeit und wirkt häufig entlastend und kann Arbeitsdruck in Teilen kompensieren.

Bei all den im Rahmen des Betrieblichen Gesundheitsmanagements zu beachtenden Aspekten darf nicht vergessen werden, dass die Arbeitszeit und die Aufenthaltsdauer im Betrieb nur einen Teil, wenn auch einen wesentlichen, der Lebensumstände der Mitarbeiter bestimmt. Daher ist ein förderliches außerbetriebliches Umfeld ebenfalls ein wichtiger Faktor. Zu nennen sind etwa die Familie, die Wohngemeinde oder auch die Unterstützungsleistungen der Sozialversicherung. Hier stellt sich immer wieder die Frage, wie weit es Aufgabe des Unternehmens ist, sein soll oder sein darf, auf ein gesundheitsförderliches Verhalten oder gesundheitsförderliche Umstände außerhalb des Unternehmens hinzuwirken. Solche Interventionen sind auf allen Ebenen des Betrieblichen Gesundheitsmanagements zu beobachten. So gibt es im Bereich des Arbeits- und Gesundheitsschutzes etwa Unternehmen, die ihren Mitarbeitern Schutzkleidung auch für den privaten Gebrauch zur Verfügung stellen, um somit die Ausfälle durch Verletzungen bei Arbeiten während der Freizeit zu reduzieren. Doch damit wird der Kernbereich des Betrieblichen Gesundheitsmanagements überschritten.

4 Das Interesse der Unternehmen an gesunden Mitarbeitern

Welchen Nutzen versprechen sich Unternehmen nun von ihren Aktivitäten im Bereich der betrieblichen Gesundheitsförderung? Die Krankenkasse AOK hat dazu Unternehmen nach ihren Erwartungen an das Betriebliche Gesundheitsmanagement befragt und damit auch einige Problemlagen der Unternehmen offengelegt (vgl. Eberle et al.: 2005). Befragt wurden Unternehmen, die im Betrieblichen Gesundheitsmanagement als besonders umsetzungserfahren und erfolgreich gelten. Dabei wurde festgestellt, dass die Problemlagen in den Unternehmen sehr unterschiedlich sind und jeweils ein individuelles Vorgehen erfordern. Dennoch bestehen einige Gemeinsamkeiten. Über alle befragten Branchen ist das zentrale Thema die Vorbeugung und Reduzierung arbeitsbedingter Belastungen. An zweiter Stelle liegt bereits ein ganz anderes Interventionsfeld: die Kommunikation und Kooperation. Bei einer branchenspezifischen Betrachtung treten deutliche Unterschiede zutage. So liegt das Thema Betriebsklima und Mitarbeiterzufriedenheit in den Branchen Handel, Gastgewerbe und Verkehr sowie Dienstleistung auf Platz eins der Prioritätenliste, im verarbeitenden Gewerbe kommt dieses Thema erst an fünfter Stelle. Ebenso ist das bereits sehr zielorientierte Anliegen einer Fehlzeitensenkung in Unternehmen des verarbeitenden Gewerbes ein Schwerpunkt von 87% der befragten Unternehmen, in Handel und Dienstleistungen kommt dieser Faktor im Vergleich auf etwa 72%. Hingegen ist das Thema gesundheitsgerechte Mitarbeiterführung ein verbreitetes Thema in den Branchen Dienstleistung und Handel, Gastgewerbe, Verkehr (es wird hier von jeweils über 70% der Unternehmen angegangen), im verarbeitenden Gewerbe steht es nicht im Mittelpunkt, hier setzen nur etwas über 58% der Unternehmen Prioritäten in diesem Bereich.

Diese Schwerpunkte aus Unternehmen, die im betrieblichen Gesundheitsmanagement erfolgreich sind, zeigen, dass die empfundenen Problemlagen, denen durch das betriebliche Gesundheitsmanagement gegengesteuert werden soll, je nach Branche, Betriebsgröße, Arbeitsanforderungen und -inhalten sehr unterschiedlich sein können.

Aufwand des Betriebes aus gesundheitlichen Defiziten
Darüber hinaus sind Fehlzeiten von Mitarbeitern ein ganz wesentliches Problem für die Produktionsfähigkeit von Unternehmen. Kosten entstehen nicht nur aus der Lohnfortzahlung im Krankheitsfall, sondern auch aus organisatorischen Umstrukturierungen und Produktivitätsverlusten. Diese können je nach ausgeübter Tätigkeit und Produktionsbedingungen sehr unterschiedlich ausfallen.

Falls in einem Unternehmen etwa (vgl. Greiner: 1996) Arbeitskräfte als Reserve vorgehalten werden, die kurzfristig zur Vermeidung von Produktionsausfällen herangezogen werden können, mögen dem Unternehmen keine Kosten aus der Fehlzeit entstehen (vgl. Greiner: 1996). Dies gilt häufig auch in Unternehmen, in denen ein Personalabbau ohnehin bevorsteht oder hinausgezögert wird.

Das Gleiche gilt, wenn bei Zwischenprodukten zunächst Lagerbestände abgebaut werden können oder die Arbeit nicht zeitkritisch ist, sondern zu einem späteren Zeitpunkt erledigt werden kann – im Idealfalle durch den Mitarbeiter selbst nach seiner Genesung. Dies entspricht auch der Lebenserfahrung: Die Klage, dass die liegengebliebene Arbeit in der Zeit nach einer krankheitsbedingten Arbeitsphase eine Restgenesung erschweren, ist bekannt.

Umgekehrt kann ein hoher Grad an Arbeitsteilung auch zu einem Ausfall der Produktion führen, bei dem die Folgekosten den reinen Lohnbetrag oder die unmittelbare Produktivität des Mitarbeiters weit überschreiten.

Bei einer längeren Fehlzeit eines Mitarbeiters ist davon auszugehen, dass die Stelle durch eine andere Arbeitskraft besetzt wird. Dadurch ist die Höhe der krankheitsbedingt möglicherweise auftretenden Kosten nach oben begrenzt. Es entstehen gemäß diesem Friktionskostenansatz Aufwendungen aus Lohnfortzahlung, Produktionsausfall und Prozessstörung bis zur Neubesetzung der Stelle. Hinzu kommen Such- und Ausbildungskosten der Beschäftigten. Es ist zu bedenken, dass diese je nach der ausgeübten Tätigkeit sehr variieren können. Zum einen ist dafür zum Beispiel die notwendige Ausbildungsdauer für die Mitarbeiter ein Kriterium, daneben gibt es auch Tätigkeiten, für die am Markt nur ein geringes Arbeitskräfteangebot besteht und die Suchkosten somit höher werden.

Daneben ist ein weiteres Phänomen auf dem Vormarsch, das unter den Begriff **Präsentismus** (vgl. Middaugh: 2006) gefasst wird. Dies bezeichnet die Anwesenheit am Arbeitsplatz trotz Krankheit und bei häufig verringerter Leistungsfähigkeit. In Zeiten unsicherer Arbeitsplatzsituationen ist die Tendenz zu beobachten, dass Mitarbeiter es vermeiden, bei Krankheit Fehlzeiten zu verursachen, da sie dadurch Nachteile am Arbeitsplatz befürchten. Eine Messung dieses Phänomens ist schwierig, da Gesundheit ein Kontinuum ist und es keine eindeutige oder offensichtliche Grenze gibt, ab welchem Grad einer gesundheitlichen Beeinträchtigung eine weitere Arbeitstätigkeit die Gefahr von bleibenden Schäden für den Mitarbeiter bedingt. Selbst nach Überschreiten dieser Schwelle ist oft eine Anwesenheit am Arbeitsplatz zu beobachten, da der empfundene drohende Verlust des Arbeitsplatzes als das größere Übel eingeschätzt wird. Bei manchen Tätigkeiten mag die Weiterarbeit mit einer reduzierten Leistungsfähigkeit unter einer nur betriebswirtschaftlichen Betrachtung sinnvoll sein. Bei komplexen Tätigkeiten können hingegen Fehlerkosten Auftreten, da durch die verringerte Leistungsfähigkeit neben der Quantität auch die Qualität der Arbeitsleistung sinkt. Die Konsequenzen können hohe Folgekosten sein, zum Beispiel in einer Lackierstraße, nach der Lackunebenheiten aufwändig händisch nachgebessert werden müssen. Noch eindringliche Beispiele sind eine erhöhte Unfallgefahr beim Führen von Kraftfahrzeugen oder die Gefahr auftretender Maschinenschäden infolge von Fehlbedienungen.

Dieser kurze Abriss zeigt, dass die Kosten aus gesundheitsbedingten Fehlzeiten und Leistungseinschränkungen der Mitarbeiter auf betriebswirtschaftlicher Ebene nur mit hohem Aufwand und für den Einzelfall zu bewerten sind. Dies ist ein ernstzunehmendes Hindernis bei der rationalen Bestimmung der optimalen Investitionshöhe in das Betriebliche Gesundheitsmanagement. Zudem sei auf die externalisierten Krankheitskosten hingewiesen, die vorwiegend die Sozialkassen und nicht die Unternehmen belasten.

5 Besonderheiten älterer Mitarbeiter im Unternehmen

In vielen Unternehmen werden kaum ältere Arbeitnehmer beschäftigt. Dafür gib es zwei Hauptursachen:

1. **Personalabbau**
   Wenn die Personaldecke eines Unternehmens verringert werden sollte, war es bisher ein bequemer Weg, ältere Mitarbeiter in die Frühverrentung zu schicken. In den letzten Jahren konnte ein rasanter Anstieg im Zugang zur Erwerbslosigkeit in der Altersgruppe der über 50-Jährigen beobachtet werden. Zudem bestehen in dieser Altersgruppe nur geringe Chancen, wieder in Beschäftigung zu kommen. Ebenso haben sich die Möglichkeiten für ein frühzeitiges Ausscheiden aus dem Erwerbslebenhaben in den letzten Jahren verringert.

2. **Fehlzeiten**
   Tatsächlich ist bei älteren Mitarbeitern in Unternehmen auch eine Erhöhung der Anzahl der Fehltage festzustellen. So hat Maintz eine Bestandsaufnahme für die Faktoren der Leistungsfähigkeit älterer Arbeitnehmer geleistet (vgl. Maintz: 2003).

Die dokumentierten Gesundheitsstörungen – festgestellt in den routinemäßig durchgeführten Vorsorgeuntersuchungen – zeigen eine altersbedingte besondere Zunahme bei kardiovaskulären und muskuloskeletalen Befunden. Auch die Unfallstatistik zeigt, dass Unfälle älterer Mitarbeiter sich zwar seltener ereignen, aber häufiger tödlich verlaufen. Aus solchen Statistiken werden Schlussfolgerungen auf die erwerbsbezogene Leistungsfähigkeit älterer Mitarbeiter gezogen. Tatsächlich wird für die isoliert messbaren Parameter wie Schnelligkeit, Flexibilität, Ausdauer, Kraft oder Koordination in einem recht frühen Lebensalter das Leistungsmaximum erreicht. Gewöhnlich wird die Leistungsfähigkeit hier bereits ab Mitte 20 abnehmen, zunächst allmählich, um ab etwa dem 40. Lebensjahr rascher abzufallen. Für die meisten – keineswegs alle – Arbeitsplätze ist dies zunächst unproblematisch, da genügend Reservekapazitäten zur Verfügung stehen. Ähnliches gilt für die Parameter wie Hörvermögen oder Sehvermögen, wobei Letzteres durch die zunehmende Ausstattung der Arbeitsplätze mit Bildschirmen immer wichtiger wird. Etwas nachlaufend ist die Leistungskurve im Lebensalter für die Informationsverarbeitung und Problemlösungsfähigkeit am Arbeitsplatz. Hier wird das Leistungsmaximum etwa mit dem 40. Lebensjahr erreicht und fällt danach nur zögernd ab. Faktische Kenntnisse wie Wissen, auch prozedurales Wissen, nehmen nach dem 40. Lebensjahr eher zu.

Es bleibt allerdings offen, welche Schlussfolgerungen aus diesen physischen Alterungsprozessen zu ziehen sind. Zu berücksichtigen ist dabei der Wandel der Anforderungen des Arbeitsplatzes, denn an immer weniger Arbeitsplätzen wird ein voller körperlicher Einsatz verlangt. Wenn von jüngeren Mitarbeitern bei der Einstellung vorwiegend Eigenschaften wie Konsensfähigkeit, Einfühlungs- und Durchsetzungsvermögen gefordert werden, stellt sich die Frage, warum bei älteren Arbeitnehmern eher auf die körperliche Leistungsfähigkeit abgestellt werden soll.

Wobei die Betriebspraxis hier drastisches Anschauungsmaterial liefert: Häufig werden die belastenden Arbeiten gerade von älteren Belegschaftsmitgliedern durchgeführt und die Bedienung der modernen, körperlich entlastenden Maschinen den jüngeren Belegschaftsmitgliedern überlassen. Wie kommt es dazu? Hier wurde die Weiterbildung der älteren Mitarbeiter versäumt. Die Gründe dafür können vielfältig sein und liegen nicht nur am Unternehmen, das vielleicht die Investition in einen Mitarbeiter scheut, der nur noch wenige verbleibende Berufsjahre vor sich hat.

Das Alter eines Mitarbeiters gibt allerdings nur einen groben Anhaltspunkt über dessen Leistungsfähigkeit. So ist die Lernfähigkeit älterer Mitarbeiter in der Vergangenheit wohl schlicht unterschätzt wurden.

Maintz führt einige Eigenschaften älterer Mitarbeiter an, die besser ausgeprägt sind als bei jüngeren Mitarbeitern (vgl. Maintz: 2003, S. 52). Im Einzelnen handelt es sich dabei um:

- die Leichtigkeit im Umgang mit komplexen Sachverhalten wie weitreichende Zeitplanungen,
- ein herabgesetztes Erleben von Eigenbetroffenheit in potenziell belastenden Situationen,
- erhöhte Toleranz für alternative Handlungsstile,
- bessere Entscheidungs- und Handlungsökonomie,
- Erkennen eigener Möglichkeiten und Grenzen,
- bedächtigere Entscheidungen und Schlussfolgerungen,
- mehr Sinn für das Machbare und
- eine geringere Belastung im privaten Bereich und damit eine bessere zeitliche Verfügbarkeit.

Bei einer großen Variabilität zwischen verschiedenen Menschen ist im Alter eine verringerte Geschwindigkeit zu beobachten, mit der geistige und körperliche Prozesse ablaufen. Für die verbreiteten Tätigkeiten sind die verbleibenden Geschwindigkeiten jedoch häufig voll ausreichend. Abnehmende Sinnesfunktionen können häufig korrigiert werden. Und unbestritten sind große Körperkräfte für viele Tätigkeiten heute schlicht nicht mehr notwendig. Ein höheres Erholungsbedürfnis älterer Mitarbeiter scheint jedoch zu bestehen.

6 Praktische Durchführung eines betrieblichen Gesundheitsmanagements

Beim praktischen Vorgehen im betrieblichen Gesundheitsmanagement hat es sich bewährt, systematisch in einer Art Gesundheitsmanagement-Kreislauf vorzugehen (vgl. Pfaff, Slesina, 2001, S. 147). Im vorliegenden Beitrag wird ein praxisorientiertes Vorgehen vorgestellt. Dieses besteht aus den folgenden Schritten:

1. Defizitanalyse:
   Ermittlung von Mängeln in den betrieblichen Gegebenheiten, die einen Verbesserungsbedarf aufzeigen.
2. Ermittlung wirksamer Interventionen:
   Dies ist eine Vorgehensart innerhalb einer Potenzialanalyse, das heißt, es wird ermittelt, welche Form von Interventionen effektiv erscheinen.
3. Sichtung lebensweltspezifischer Maßnahmen:
   Anhand von Erfahrungen aus der Praxis anderer Unternehmen sowie aus Ergebnissen der Forschung wird ermittelt, welche der möglichen Vorgehensweisen sich auch in der praktischen Umsetzung bewährt haben.
4. Abschätzung der Effizienz:
   Dieser Schritt repräsentiert eine Prioritätensetzung, in dem für die Gegebenheiten des Interventionsbetriebs ermittelt wird, welcher Ertrag aus der Maßnahmendurchführung erwartet werden.
5. Zielsetzung:
   Anhand der praktischen Erfahrungen und dem Ertragspotenzial des Unternehmens werden Interventionsziele festgelegt.
6. Durchführung der Interventionen:
   Die entsprechenden Interventionen werden mit dem Instrumentarium des betrieblichen Gesundheitsmanagements umgesetzt.
7. Erfolgskontrolle:
   Es wird überprüft, ob die erwarteten Ergebnisse erreicht wurden.

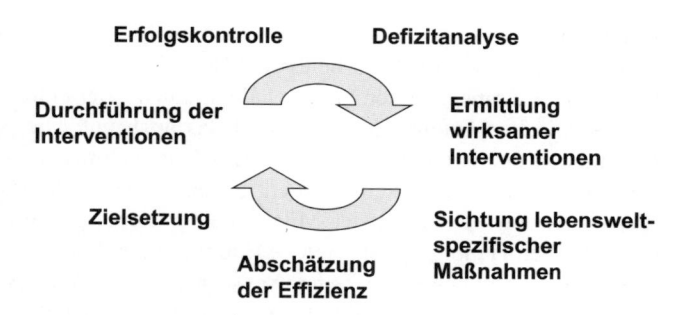

Abb. 6.1   Der Gesundheitsmanagement-Kreislauf; Quelle: eigene Darstellung in Anlehnung an Pfaff, Slesina: 2001, S. 147

Anhand der Abweichung des eingetretenen Erfolgs und unter Berücksichtigung veränderter betrieblicher Gegebenheiten wird der Gesundheitsmanagement-Kreislauf mit Punkt 1 „Defizitanalyse" erneut durchlaufen. Mit jedem periodischen Durchlauf des Gesundheitsmanagement-Kreislaufs soll somit ein höheres Niveau des betrieblichen Gesundheitsmanagements erreicht werden.

Diese einzelnen Schritte werden im Folgenden eingehend erläutert.

6.1   Defizitanalyse

Bei der Defizitanalyse geht es darum, Schwachstellen in der Gesundheitssicherung der Mitarbeiter im Unternehmen zu identifizieren. Viele Schwachstellen sind der Unternehmensleitung meist bekannt. Auch Gespräche mit Mitarbeitern können wichtige Hinweise geben. Dennoch ist ein strukturiertes Vorgehen anzustreben, welches ein umfassendes Bild vermittelt. Im Folgenden wird ein praktikables schrittweises Vorgehen erläutert, das mit wenig aufwändigen Verfahren beginnt und zu einer immer höheren Genauigkeit führt. Das Vorgehen in den hier aufgeführten Schritten ist weder in der Abfolge zwingend noch müssen alle Prozesse durchlaufen werden.

Grundlagenanalyse
Im ersten Schritt werden die Personalinformationen im Unternehmen zusammengetragen. Damit ergibt sich ein nach Abteilungen gegliederter Überblick über die Mitarbeiterstruktur. Aspekte sind unter anderem Qualifikation, Alter, Geschlecht oder Umfang der Arbeitszeit. Daneben kann bereits in dieser Phase eine Fehlzeitenanalyse erfolgen. Dabei werden die Informationen über die krankheitsbedingte Abwesenheit von Mitarbeitern nach Auffälligkeiten untersucht. So könnte etwa eine Häufung bei bestimmten Tätigkeiten oder in bestimmen Abteilungen ermittelt werden.

Gesundheitsberichte der Krankenkassen

Einen ersten Hinweis auf den Gesundheitszustand der Mitarbeiter im Betrieb liefern die Gesundheitsberichte der Krankenkassen. Die Krankenkassen sind gehalten, solche Berichte auf Anforderung zu erstellen. In der praktischen Erfahrung funktioniert das auch gut. Die Berichte basieren auf den Versichertendaten der Krankenkassen, die dem Unternehmen in aggregierter und anonymisierter Form zur Verfügung gestellt werden. So erhält das Unternehmen Informationen über die Häufigkeit von Fehlzeiten der Mitarbeiter und eine grobe Gliederung nach medizinischen diagnostischen Hauptgruppen. Solche Hauptgruppen können etwa muskuloskeletale Erkrankungen oder Krankheiten der Atemwegsorgane sein. Viele Krankenkassen erstellen auch einen Branchenvergleich, wodurch in Ansätzen ein Benchmarking ermöglicht wird. Zur Erstellung eines solchen Gesundheitsberichts liefert das Unternehmen der Krankenkasse eine Auflistung der dort versicherten Mitarbeiter. Aufgrund dieser Information wird durch die Krankenkasse ein unternehmensspezifischer Datensatz generiert und aufbereitet.

Leider ist die Aussagekraft und Verfügbarkeit solcher Gesundheitsberichte der Krankenkassen begrenzt. Dafür gibt es eine Reihe von Gründen: trotz vieler Bemühungen in der Praxis, ist es bisher noch kaum gelungen, krankenkassenübergreifende Berichte zu erstellen. Daher werden in jedem Gesundheitsbericht nur die Versicherten einer Krankenkasse berücksichtigt. Für die Aussagekraft des Berichtes ist es zudem notwendig, dass ein größerer Anteil an Versicherten in der berichterstellenden Krankenkasse versichert ist. Häufig ist diese Bedingung nur für eine der großen Kassen oder eine Betriebskrankenkasse erfüllt.

Die Berichte können auch nach Unternehmenseinheiten aufgegliedert werden, auch dafür ist eine Mindestanzahl an Versicherten notwendig, um die Anonymität der Daten zu gewährleisten. Angesichts des begrenzten Marktanteils der Kassen ist eine Berichterstattung nur für große Einheiten möglich.

Sofern die Verteilung der Beschäftigten auf verschiedene Krankenkassen dies erlaubt, kann es durchaus sinnvoll sein, auch von mehreren Kassen Gesundheitsberichte erstellen zu lassen. Denn zwischen den sonstigen Merkmalen der Versicherten, wie etwa Besserverdienende und Beamte in privaten Krankenversicherungen, bestehen auch zwischen verschiedenen Kassen häufig wesentliche Unterschiede bei den demografischen Merkmalen ihrer Versicherten.

Bei den Berichten ist zu beachten, dass die Fehlzeitenstatistik aus den Gesundheitsberichten meist nicht mit den Aufzeichnungen des Unternehmens übereinstimmt, denn der Krankenkasse werden letztlich nicht alle Fehlzeiten mitgeteilt.

Dennoch sind die Gesundheitsberichte ein wichtiges Instrument, um Informationen über die Art der Gesundheitsbeschwerden von Mitarbeitern zu erhalten. Sie sind obendrein verhältnismäßig leicht verfügbar.

Mitarbeiterbefragung

Für eine detaillierte Information über den Gesundheitszustand der Belegschaft hat es sich bewährt, die Mitarbeiter unmittelbar zu befragen. Geschieht dies periodisch in einer standardisierten Weise, können Vergleiche nicht nur zwischen den verschiedenen Unternehmenseinheiten gezogen werden, sondern auch zwischen den Perioden. Dies ermöglicht eine gewisse Erfolgskontrolle von Interventionsmaßnahmen des Gesundheitsmanagements.

Die Durchführung einer solchen Befragung ist verhältnismäßig aufwändig und ressourcenintensiv. Zum planerischen Aufwand für die Konzeption und Durchführung der Befragung, einschließlich der Information der Belegschaft, ist der Zeitaufwand der Mitarbeiter für das Ausfüllen zu berücksichtigen. Daher ist es notwendig, den Umfang der Befragung zu begrenzen und somit die „richtigen" Fragen zu stellen. Auf standardisierte Instrumente kann daher kaum zurückgegriffen werden.

Das folgende Vorgehen hat sich jedoch bewährt:

Vor der Erstellung des Fragebogeninstrumentes wird durch eine Grundlagenanalyse eine Erhebung über erwartete Problemfelder durchgeführt. Diese wird durch teilstrukturierte Gespräche ergänzt, durch die Defizite aufgezeigt werden. Diese Vorabgespräche enthalten zudem eine Fülle wichtiger Einzelinformationen, die ebenfalls dokumentiert und für die Interventionsplanung nutzbar gemacht werden sollten.

Aufgrund der mehr oder weniger strukturierten Gespräche mit Mitarbeitern verschiedener Hierarchiestufen, aufgrund der Analyse vorliegender Dokumente, wie Gesundheitsbericht und Gefährdungsanalyse, sowie einer Abschätzung der in Zukunft notwendigen Fähigkeiten der Mitarbeiter wird anschließend ein Modell für die Zusammenhänge gesundheitsrelevanter Faktoren im Unternehmen erstellt.

Dabei könnten beispielsweise eine Reihe von Aspekten identifiziert werden, über die genauere Informationen gewünscht sind, etwa zur Arbeitsplatzgefährdung, der Qualität des Führungsverhaltens von Vorgesetzten oder Hindernissen in den Arbeitsabläufen. Diese Hinweise sind in geeigneten Fragestellungen zu formulieren. Aufgrund eines Pre-Tests, also einer im Umfang stark begrenzten Voraberhebung, lassen sich diese Fragestellungen auf ihre Verständlichkeit bei der Zielgruppe überprüfen. Durch statistische Faktorenanalysen können die Fragestellungen häufig weiter zusammengefasst werden.

Teile dieses Fragebogens wird man für einen Vergleich zwischen unterschiedlichen Erhebungszeitpunkten über mehrere Erhebungszeiträume gleichhalten. Dadurch können längerfristige Tendenzen festgestellt werden. Andere Teile der Erhebung können jeweils neue oder besonders aktuelle Aspekte vertiefen. Da für dergestalt unternehmensspezifisch entwickelte Fragebögen keine normierten Vergleichszahlen für eine Auswertung vorliegen, sind bei der Auswertung statische Kriterien wie Signifikanz zu berücksichtigen. Besonders aussagekräftig wird eine solche Mitarbeiterbefragung, wenn die gesundheitsbezogenen Informationen in Beziehung zu Produktivitätsindikatoren gesetzt werden.

Durch die Mitarbeiterbefragung können Schwachstellen im Unternehmen und einzelnen Abteilungen aufgedeckt und es kann somit gezielt interveniert werden. Als Nebeneffekt hat die Durchführung einer solchen Mitarbeiterbefragung auch schon einen intervenierenden Charakter: Indem das Thema Gesundheit auf die Tagesordnung kommt, wird das Bewusstsein der Mitarbeiter dafür geschärft. Daher ist es wichtig, dass die Ergebnisse der Befragung den Mitarbeitern auch bekannt gegeben werden und bei erkannten Defiziten sichtbare Maßnahmen in Angriff genommen werden. Werden die Rückmeldungen der Befragten nicht ernst genommen, sollte eine Befragung unterbleiben.

Gesundheitszirkel und Steuerungsgruppe
Bereits bei der Defizitanalyse sollten die verschiedenen Anspruchsgruppen im Unternehmen einbezogen werden. Dazu hat sich die Arbeit in Gesundheitszirkeln bewährt. Als sehr reduzierte Variante ist auch die Einsetzung einer Steuerungsgruppe für das Betriebliche Gesundheitsmanagement denkbar. Die Ansätze unterscheiden sich jedoch wesentlich.

Steuerungsgruppe
In einer Steuerungsgruppe werden die wesentlichen Akteure des Unternehmens versammelt, die einen mehr oder weniger offensichtlichen Bezug zum BGM haben. Folgenden Akteure sind regelmäßig vertreten:

- Betriebsarzt
- Fachkraft für Arbeitssicherheit (Sicherheitsingenieur, Sicherheitsmeister usw.)
- Sicherheitsbeauftragter
- Betriebsrat
- Unternehmensleitung
- Personalabteilung
- Moderator

In diesem Forum können zum einen bereits bekannte Probleme zusammengetragen und diskutiert werden. Zum anderen kann der Austausch erleichtert und damit die Akzeptanz getroffener Maßnahmen bei den Beteiligten erhöht werden. Ein regelmäßig tagendes Gremium erleichtert das praktische Vorgehen, zumal die Mitglieder ansonsten ohnehin in wechselnder Besetzung an den Entscheidungen mit Bezug zum Betrieblichen Gesundheitsmanagement zu beteiligen wären.

Gesundheitszirkel
Die Arbeit im Gesundheitszirkel hat darüber hinaus einen stark partizipatorischen Aspekt und zielt weniger auf die Verwaltung des Erreichten als auf die Generierung neuer Erkenntnisse über Defizite und Verbesserungsmöglichkeiten im Unternehmen.

In Gesundheitszirkeln arbeiten fach- und hierarchieübergreifende Gruppen von Mitarbeitern, getrennt nach Arbeitsbereichen oder Abteilungen. Neben Akteuren aus der Steuerungsgruppe werden auch Beschäftigte aus den ausführenden Bereichen für einen befristeten Zeitraum in den Gesundheitszirkel entsandt. Meistens werden diese durch ihre Kollegen als Vertreter gewählt. Die Experten aus der Steuerungsgruppe lernen dabei aus dem Erfahrungswissen der Kollegen, können durch ihre Fachkenntnis aber auch auf die inhaltliche Qualität der zu führenden Gespräche achten. Es ist die Aufgabe eines externen Moderators dafür zu sorgen, dass alle Beteiligten in einer sanktionsfreien Atmosphäre zu Wort kommen. Die ersten Sitzungen des Gesundheitszirkels dienen der Problemanalyse, weitere der Erarbeitung von Lösungsvorschlägen. Zwischendurch geben die gewählten Vertreter der Mitarbeiter ihren Kollegen Rückmeldung. In der Unternehmens- und Beratungspraxis kommt solche Zirkelarbeit in unterschiedlichen Ausprägungen vor. Dabei kommen auch Zirkel vor, bei denen die Mitarbeiter nicht hierarchieübergreifend tagen. Dies hat zum Beispiel dann Vorteile, wenn es um die Bewertung von Auswirkungen des Führungsverhaltens von Vorgesetzten geht. Mischformen und wechselnde Arbeitsgruppen sind ebenfalls denkbar. Auch die Abgrenzung zur Steuerungsgruppe ist in der Praxis fließend, obgleich sich die Konzepte in der Theorie eindeutig abgrenzen lassen (vgl. Preußner: 2003).

6.2 Ermittlung wirksamer Interventionen

Nach der Problemanalyse gilt es, geeignete Interventionsansätze zu finden. Ist das Problem eher durch eine verhaltens- oder verhältnispräventive Maßnahmen anzugehen, das heißt, ist das Verhalten der Mitarbeiter zu beeinflussen oder sind die Arbeitsbedingungen anzupassen? Oder ist etwa eine medizinische Präventionsmaßnahme erforderlich? Diese könnte von einer Intensivierung der berufsgenossenschaftlichen Vorsorgeuntersuchung reichen oder in Gesundheits-Check-ups stattfinden. Denkbar ist auch eine gezielte sekundärpräventive Intervention, indem beispielsweise Mitarbeitern mit bekannten gesundheitlichen Beeinträchtigungen besondere Angebote gemacht werden. Ein Rückentraining für Mitarbeiter in sitzenden Tätigkeiten, die bereits eine gewisse Schmerzsymptomatik entwickelt haben, ist hierfür ein verbreitetes Beispiel.

6.3 Sichtung lebensweltspezifischer Maßnahmen

Dieser Punkt sollte selbstverständlich sein, unterbleibt jedoch in der Umsetzungspraxis leider zu oft: Vor der Wahl einer Intervention sollte auf die **Erfahrungen** aus der Praxis anderer Unternehmen zurückgegriffen werden. Es gibt durchaus Publikationen zu Interventionen, zu deren Aussichten auf Erfolg, deren Gefahren auf dem Weg dorthin und deren Umsetzungsvorschläge. Diese Erfahrungsberichte aus der Praxis sind allerdings nicht immer leicht zugänglich. Dafür gibt es viel Ursachen: Zum einen halten Unternehmen ihre Erfahrungen als Wettbewerbsfaktor unter Verschluss, zum anderen werden gescheiterte Umsetzungsvorhaben selten veröffentlicht. Daneben sind die Informationen auch schwer zu recherchieren, da sie, sofern überhaupt veröffentlicht, oft schwer zu finden sind (eine Zusammenfassung bieten Sockoll et al.: 2008).

Aus der medizinischen Wissenschaft ist das Konzept der **Evidenzbasierung** in den letzten Jahren mehr und mehr in den Vordergrund gerückt. Es geht um eine strukturierte Untersuchung, ob das angestrebte Ziel mit der ins Auge gefassten Maßnahme tatsächlich erreicht werden kann. Hier zu belastbaren Aussagen zu kommen, ist nicht ganz einfach, da sich Experimente in der Unternehmenswirklichkeit schlecht durchführen lassen. Durchgeführte Maßnahmen werden zwar häufig ausgewertet, doch genügt die Auswertung selten den wissenschaftlich geforderten Standards. Dies ist nicht verwunderlich, da die zahlenden Auftraggeber für eine Intervention im Betrieblichen Gesundheitsmanagement mehr an den Ergebnissen in ihren Unternehmen interessiert sind und weniger an der objektiven Dokumentation der Ergebnisse für Außenstehende, die ja auch Kosten verursachen würde.

Die Literaturlage für die Unternehmenspraxis ist unüberschaubar und qualitativ kaum einzuordnen. Ein Hilfsmittel, um doch noch einen gewissen Überblick zu behalten, sind **Übersichtsarbeiten**, in denen verschiedene wissenschaftliche Studien zusammenfassend betrachtet werden. Im Idealfall sind diese Übersichtsarbeiten systematisch durchgeführt worden und haben auch die gesamte relevante Literatur verarbeitet. Aus der Medizin sind hier klare Anforderungen an das Vorgehen beim Verfassen systematischer Übersichtsarbeiten, **Reviews**, definiert.

Dennoch ist das in der Medizin bewährte Vorgehen nicht ohne Weiteres auf das betriebliche Gesundheitsmanagement übertragbar. Wegen des hohen Aufwands sind systematische Studien bisher selten anzutreffen. In sehr vielen Fällen sind allenfalls Fallstudien verfügbar. Im Einzelnen werden nach der erwarteten Aussagekraft die Studientypen in:

- randomisiert-kontrollierte Studie,
- kontrollierte Studie,
- Fallberichte sowie
- Expertenmeinungen

unterschieden.

Kontrollierte Studien zeichnen sich dadurch aus, dass eine Intervention in einer Stichprobe durchgeführt wird und die Ergebnisse mit einer Population, in der die Intervention nicht durchgeführt wurde, als Kontrollgruppe verglichen wird.

Bei einer randomisiert-kontrollierten Studie wird zudem davon ausgegangen, dass sich die Kontrollgruppe von der Interventionsgruppe im Idealfall in anderen Aspekten als der Tatsache, dass die Intervention stattfindet oder nicht, nicht unterscheidet. Daher sind die Probanden für die Studie nach einem Zufallsverfahren der Interventions- oder Kontrollgruppe zuzuweisen. Es ist offensichtlich, dass dieses Vorgehen eher unter Laborbedingungen als in der Betriebspraxis durchführbar ist.

In Fallberichten werden die Ergebnisse einer Intervention in einem einzelnen Unternehmen dargestellt. Kommen viele Fallberichte zu ähnlichen Ergebnissen, erhält man immerhin einen Hinweis auf die Wirksamkeit der angedachten Maßnahme.

Schließlich besteht noch die Möglichkeit, Expertenmeinungen heranzuziehen. Dies kann auch strukturiert erfolgen, indem etwa eine Vielzahl von Experten befragt werden. Im Abschnitt „Abschätzung der Effizienz" wird im Rahmen der erweiterten Wirtschaftlichkeitsanalyse zum Beispiel die Einholung innerbetrieblicher Expertenmeinungen vorgeschlagen.

6.4 Abschätzung der Effizienz

Aufgrund der Informationen aus anderen Vorhaben und weiteren recherchierten Informationen wird die geplante Intervention einer Wirtschaftlichkeitsanalyse unterzogen. Es ist zu beobachten, dass Ziele im Betrieblichen Gesundheitsmanagement oft nur unbestimmt und schwer greifbar formuliert werden, etwa in der Form „die Gesundheit der Beschäftigten ist zu verbessern". Hier sollte bei der eigenen Arbeit darauf geachtet werden, spezifische Gesundheitsbereiche festzulegen und diese messbar darzustellen. Für Praktiker hat sich dabei die sogenannte SMART-Regel bewährt, benannt nach fünf Aspekten, die bei der Zielsetzung zu beachten sind: Die Ziele sollen spezifisch, messbar, aktionsorientiert, realistisch und terminierbar formuliert sein. Besonders die Messbarkeit und Terminierbarkeit werfen erfahrungsgemäß besondere Probleme auf. Die Messbarkeit legt die Akteure letztlich auf die Zielerreichung fest. Aus der Sicht des Unternehmens sollen sich die Maßnahmen im Betrieblichen Gesundheitsmanagement auch im Unternehmenserfolg monetär niederschlagen. Da die Wirkungszusammenhänge hier allerdings komplex sind und Interventionen im BGM erst nach einiger Zeit wirken, ist es notwendig, Zwischenziele zu setzen. Diese sind weniger erfolgs- als potenzialorientiert. Ist es zum Beispiel das Ziel, die Gesundheitsquote in einem Unternehmen nachhaltig zu erhöhen, wird es in vielen Fällen mindestens zwei Jahre dauern, bis sich messbare Effekte in der Umsetzung bemerkbar machen. Wiederum erst nach einiger Zeit werden sich die Auswirkungen der erhöhten Gesundheitsquote vollumfänglich in der Bilanz niederschlagen. In der Zwischenzeit ist ein gesteigertes Produktionspotenzial des Unternehmens zu beobachten.

Unter der unrealistischen Voraussetzung, dass Sicherheit über den Beitrag der erhöhten Verfügbarkeit der Mitarbeiter für den Unternehmenserfolg bestünde, ließen sich die Kosten für das BGM als Investition auf einen Gegenwartswert abdiskontieren. Die Realität ist dagegen unsicher: Der Beitrag verringerter Lohnfortzahlung und erhöhter Verfügbarkeit könnte noch prognostiziert werden. Darüber hinaus ist allerdings zu bedenken, dass auch Fluktuation im Unternehmen besteht, sich also nicht alle Investitionen in das Humankapital für das Unternehmen selbst lohnen.

Durchführung einer erweiterten Wirtschaftlichkeitsanalyse

Bei der Entscheidung über die Etablierung einer Maßnahme des Betrieblichen Gesundheitsmanagement handelt es sich um eine Investitionsentscheidung. Dabei sind jedoch einige Besonderheiten zu berücksichtigen, die sie von einer Investition etwa in Sachkapital unterscheiden:

- Investitionen in ein betriebliches Gesundheitsmanagement sind meist besonders langfristig angelegt und innovativ,
- ihre Wirkung ist nicht unmittelbar monetär und
- die Erträge werden erst langfristig wirksam.

Neben auch hier vorkommenden monetären und monetarisierbaren Ergebnissen sind daher auch zunächst **intangible** Wirkungen zu berücksichtigen, die auch psychologischer Art sein können oder eine Verbesserung des Sozialkapitals zum Ergebnis haben.

Ein Verfahren, um verschiedene monetäre und nichtmonetäre Effekte gemeinsam zu betrachten, ist die **erweiterte Wirtschaftlichkeitsanalyse**. In mehreren Schritten werden dabei monetäre und nichtmonetäre Sachverhalte berücksichtigt: Dies geschieht in drei voneinander unabhängigen Schritten, die in einem vierten Schritt zusammengefasst werden.

1. Der erste Schritt ist die **finanzanalytische Grundrechnung**, bei der die monetär fassbaren Kriterien konventionell finanzanalytisch berücksichtigt werden. Heißt das Ziel etwa

Verringerung des Krankenstandes, würden hier die Kosten für die Lohnfortzahlung oder Vertretungskräfte angesetzt werden.
2. Weitere **abgeleitete Geldgrößen** werden entsprechend im zweiten Schritt der erweiterten Wirtschaftlichkeitsanalyse betrachtet, dies wären im Beispiel Veränderungen in der Arbeitsproduktivität infolge der Verringerung der Fehlzeiten. Die finanzanalytische Rechnung ist dabei die exaktere und objektivere, daher sollten alle Größen soweit möglich im ersten oder zweiten Schritt berücksichtigt werden.
3. Wo dies nicht möglich ist, wird in einem dritten Schritt eine **Nutzwertanalyse** durchgeführt. Hierbei ist es das Ziel, individuell bewertete und erwartete Auswirkungen der Investition durch eine systematische Aufarbeitung kommunizierbar zu machen und Meinungen möglichst vieler Experten im Unternehmen zu berücksichtigen. Zugrunde liegt die Auffassung, dass die kumulierte Einschätzung vieler Experten zu einem besseren Ergebnis führt. Neben der kumulierten Kompetenz und der Nutzung der unterschiedlichen Erfahrungen und Kenntnisse der Experten ist auch die Risikostreuung ein Gesichtspunkt: Die Irrtümer einzelner Experten werden so eher eliminiert.
In der **Nutzwertanalyse** werden komplexe Sachverhalte in einzelne von einander unabhängige Sachverhalte aufgespalten, über die dann einzeln entschieden werden kann. Damit werden die Entscheidungen in ihrer Komplexität reduziert, im Gegenzug ist aber eine höhere Zahl an Entscheidungen notwendig (für die Durchführung siehe Zangemeister: 2000). Es ist dabei darauf zu achten, dass die einzelnen Aspekte möglichst voneinander unabhängig sind, auch unabhängig von den bereits berücksichtigten monetären Aspekten. Bei der Durchführung der Analyse sollten neben Experten für das BGM auch Fachleute aus verschiedenen Aufgabengebieten im Unternehmen und aus verschiedenen Hierarchiestufen einbezogen werden. Zunächst ist es innerhalb der Arbeitsgruppe anzustreben, eine Einigung hinsichtlich der zu bewertenden Präferenzen zu erzielen. Sodann ist für die verschiedenen in Erwägung gezogenen Maßnahmen oder Vorgehensweisen ein ordinaler Nutzen zu bestimmen.
4. Die Zusammenfassung erfolgt in einem vierten Schritt. Hier werden die Ergebnisse aus der finanzanalytischen Grundrechnung, der finanzanalytischen Erweiterungsrechnung sowie der Nutzerwertanalyse zusammengeführt. Dazu werden die Ergebnisse der Bewertungen für die Investitionsalternativen in Punktwerte umgerechnet. Dies kann algorithmisch erfolgen. Im Ergebnis liegt für jede Investitionsalternative eine Punktbewertung vor, die den erwarteten Nutzen der Investition vergleichbar macht.

Die Auswahl der rentablen Intervention ergibt sich in einem dreistufigen Entscheidungsprozess. Zunächst werden die gesetzlich vorgeschriebenen Interventionen durchgeführt. Dies trifft für viele Maßnahmen im Arbeits- und Gesundheitsschutz zu. Des Weiteren sind solche Maßnahmen durchzuführen, die bereits in der finanzanalytischen Grundrechnung Erfolg versprechend sind. Die weitere Auswahl richtet sich nach den Punktwerten in der erweiterten Wirtschaftlichkeitsanalyse.

6.5 Zielsetzung

Maßnahmen im Betrieblichen Gesundheitsmanagement scheitern häufig an ihrer geringen Meßbarkeit: Es besteht bei den Beteiligten wohl ein undifferenziertes Gefühl, dass die Mitarbeiter gesünder werden sollen, es ist jedoch vollkommen offen, in welchen Bereichen angesetzt werden soll. **Ziele sollten daher konkret benannt werden.** Um den **Zielerreichungsgrad** im Nachhinein überprüfen zu können – und auch um gegebenenfalls frühzeitig Abweichungen von der Planung erkennen zu können – hat es sich bewährt, **Ziele in Kennzahlen** festzulegen. Dadurch werden wichtige Zusammenhänge in verdichteter, quantitativ messbarer Form dargestellt und somit Vergleiche ermöglicht, die sich auf verschiedene Unternehmen, Abteilungen oder auch Zeiträume beziehen können. Wichtig ist es, dass die zugrundeliegenden Daten auf die gleiche Art und Weise erhoben werden. Solche Kennzahlen bilden naturgemäß nur einen Teil der Wirklichkeit ab. Daher ist es wichtig, dass unter den Beteiligten eine gemeinsame Vorstellung über die maßgeblichen Sachverhalte besteht. Dann bietet die Verwendung von Kennzahlen viele Vorteile.

Die drei wichtigsten Vorteile und Charakteristika von Kennzahlen sind:

1. ihr Informationscharakter, mit dem zum Ausdruck kommt, dass sie Urteile über wichtige Sachverhalte ermöglichen,
2. ihre Quantifizierbarkeit, also eindeutige Messbarkeit auf zumindest metrischem Niveau, was relativ präzise Aussage ermöglicht,
3. ihre spezifische Form, durch die komplexe Strukturen und Prozesse auf eine verhältnismäßig einfache Weise dargestellt werden, wodurch ein schneller und umfassender Überblick erlaubt wird.

Für das betriebliche Gesundheitsmanagement ist es hilfreich, wenn auf solche Kennzahlen zurückgegriffen werden kann, die in bestehenden Controllingverfahren etabliert sind. Bei solchen Kennzahlen ist eine hohe Akzeptanz zu vermuten, und sie werden häufig kontinuierlich über mehrere Perioden hinweg erhoben.

Da Interventionen im Bereich des betrieblichen Gesundheitsmanagements letztlich Investitionen in das zukünftige Produktionspotenzial des Unternehmens sind, ist darzustellen, welchen Beitrag diese Investitionen mit welchem Zeithorizont auf die übergeordneten Unternehmensziele leisten.

Dies geschieht am einfachsten bei **monetären Kennzahlen**, also bei solchen, bei denen sich Veränderungen unmittelbar in Geldgrößen niederschlagen. Diese sind im Bereich des betrieblichen Gesundheitsmanagements rar. Liegen doch monetäre Kennzahlen vor, bestehen oftmals Wechselwirkungen zu weiteren Bereichen. Etwas besser ist die Lage meist hinsichtlich monetarisierbarer Kennzahlen, das heißt solchen, deren Auswirkungen in einer Geldgröße dargestellt werden können. Dazu ist es notwendig, die Grenzwerte von Veränderungen in diesen Kennzahlengrößen zu kennen.

Ergänzend wird man auf **Potenzialkennzahlen** zurückgreifen, durch die sich Veränderungen im Leistungspotenzial des Unternehmens darstellen lassen. Diese wirken sich jedoch erst in der Zukunft auf den Unternehmenserfolg aus. Sie sind bedeutsam, wenn es um die künftige Leistungsfähigkeit eines Unternehmens geht. Die Bewertung ihres Beitrages zum Unternehmenserfolg ist allerdings mit Unsicherheit behaftet, zum einen wegen des Zeitablaufes bis zum Wirkungseintritt, zum anderen wegen der indirekten und unbestimmten Zusammenhänge. Solche Kennzahlen entziehen sich häufig einer monetären Bewertung. Es handelt sich dann um Indikatorkennzahlen.

Die gebräuchlichste Kennzahl im betrieblichen Gesundheitsmanagement ist die **Krankheitsquote**. Sie erfasst Fehlzeiten der Mitarbeiter im Betrieb unabhängig von deren Ursache, die nicht arbeitsbedingt zu sein braucht und im Rahmen eines betrieblichen Gesundheitsmanagements nicht unbedingt zugänglich ist. Die Krankheitsquote ist der Quotient aus der Anzahl der krankheitsbedingten Fehltage im Unternehmen zur Anzahl der Soll-Arbeitstage. Es ist zu beachten, dass Krankenstandsdaten unterschiedlicher Quellen nicht ohne Weiteres vergleichbar sind, da die Erhebungsmodi teilweise abweichen. In Krankenkassendaten tauchen in vielen Fällen Fehlzeiten erst ab einer Krankheitsdauer von drei Tagen auf, da Unternehmen bei geringerer Dauer der krankheitsbedingten Abwesenheit auf ein ärztliches Krankheitsattest verzichten und die Fehlzeit der Krankenkasse somit nicht zur Kenntnis gelangen. Weitere Abweichungen ergeben sich daraus, wie arbeitsfreie Tage wie Wochenenden oder Feiertage in der Berechnung berücksichtigt werden. Bei Teilzeitbeschäftigten mit variabel einzuteilender Arbeitszeit ergeben sich weitere Abweichungen durch willentliches Verschieben aus oder in die Arbeitszeit.

Die Zeiten der krankheitsbedingten Abwesenheit ist im Unternehmen häufig gut dokumentiert, wodurch es sich bei dieser Kennzahl um eine Routinekennzahl handelt, die keinen weiteren Erhebungsaufwand verursacht.

Unterschieden wird außerdem zwischen den Krankheitsquoten von **langzeiterkrankten** Mitarbeitern und **kurzzeiterkrankten** Mitarbeitern. Es wird teilweise angenommen, dass motivationale Gründe für die Häufigkeit von Kurzzeiterkrankungen besonders maßgeblich seien. Dabei wird die Grenze zwischen Kurzzeit- und Langzeiterkrankungen meist nach dem 42. Krankheitstag gezogen. Dieser Zeitraum ist medizinisch nicht begründet, sondern folgt dem Entgeltfortzahlungsgesetz. Nach diesem Zeitraum endet die Lohnfortzahlung des Unternehmens im Krankheitsfall. In Unternehmen werden teilweise aber auch die Fehlzeiten aller Mitarbeiter mit summierten Fehlzeiten von über 42 Tagen in einem Jahr unabhängig vom zeitlichen Anfall oder der Krankheitsursache unter die Langzeiterkrankung subsumiert.

Schließlich wird gelegentlich auch das Komplement zur Krankenquote betrachtet, die Gesundheitsquote. Der Begriff klingt in manchen Ohren positiver und – das ist tatsächlich ein Vorteil – die Kennzahl kann gemeinsam mit anderen unter der Zielsetzung einer Maximierung betrachtet werden.

Gegenwärtig ist allerdings zu beobachten, dass der Krankenstand infolge anhaltenden Personalabbaus in vielen Branchen einen Sockelwert erreicht hat, der kaum mehr variabel ist. Es kann vermutet werden, dass Mitarbeiter es angesichts drohenden Arbeitsplatzverlustes vermeiden, bei Krankheit am Arbeitsplatz zu fehlen. Diese Tendenz lässt sich mit einiger Verzögerung zum Beispiel auch an zwischenzeitlich stark zurückgegangener Inanspruchnahme von medizinischen Rehabilitationsmaßnahmen ablesen. Es stellt sich dann die Frage, ob diese traditionelle Kennzahl im betrieblichen Gesundheitsmanagement noch sinnvoll mit dem Ziel einer Reduktion des Krankenstandes zu verwenden ist. Sollte tatsächlich ein Sockelstand erreicht sein, ist eine weitere Beeinflussung mit zu hohen Grenzkosten im BGM möglich. Außerdem birgt die weitere Konzentration auf die Reduktion von Fehlzeiten die Gefahr, dass Krankheiten nicht weniger vorkommen, sondern nur verleugnet werden. Erwartungsgemäß werden die Fehlzeiten dann in die Zukunft verlagert, da unausgeheilte Krankheiten nur verschoben werden. Die Heilung kann dann unmöglich werden oder aufwändiger sein.

Wenn die einfache Kennzahl Krankenstand somit nicht mehr zur Verfügung steht, stellt sich die Frage, welcher Maßstab für die Zielsetzung und Erfolgskontrolle im BGM herangezogen werden kann. Einige Hinweise dazu stehen unten im Abschnitt Erfolgskontrolle.

Balanced Scorecard (BSC)
Die Leistungsmessung finanzieller und nichtfinanzieller Ziele wird auch mit der Balanced Scorecard (BSC) durchgeführt. Daher erscheint sie besonders geeignet, um die komplexen Zielsetzungen im Betrieblichen Gesundheitsmanagement zu dokumentieren. Das Konzept der Balanced Scorecard bietet zudem den Vorteil, dass die Zielsetzungen bis auf die einzelne Arbeitsplatzebene heruntergebrochen werden können.

Es sind letztlich drei Wege denkbar, um das BGM in einer Balanced Scorecard zu dokumentieren. Zum einen könnte für die verschiedenen Perspektiven – üblicherweise die Finanz-, Prozess-, Kunden- sowie die Lern- und Entwicklungsperspektive – jeweils eigene Teilziele mit einem Bezug zum BGM gesetzt werden. Für die Finanzperspektive könnte dies die Senkung der Fehlzeiten sein, für die Kundenperspektive eine Kennzahl aus dem Bereich des Sozialkapitals, für die Prozessperspektive eine Kennzahl zur Organisation des betrieblichen Eingliederungsmanagement und für die Entwicklungsperspektive etwa eine Kennzahl zur Personalfluktuation.

Daneben ist es auch möglich, für das betriebliche Gesundheitsmanagement eine eigene Karte einzuführen. In Unternehmen, in denen die BSC bisher nicht verwendet wird, kann außerdem eine eigene BSC für Ziele des betrieblichen Gesundheitsmanagements implementiert werden.

Die Einbindung von Zielen des betrieblichen Gesundheitsmanagements in bestehende Strukturen hilft bei der Erzielung von Kontinuität in der Maßnahmendurchführung und macht sich bestehende Ablaufroutinen zunutze.

6.6 Durchführung der Interventionen

Die gewählte Intervention sollte sich in erster Linie nach den identifizierten Defiziten im Unternehmen richten. Häufig liegen in Unternehmen ähnliche Problematiken vor, weshalb oft auch ähnliche Lösungsansätze verfolgt werden.

Betriebliches Gesundheitsmanagement umfasst ein „**Gesundheits-Mainstreaming**" im Betrieb, das heißt die kontinuierliche Berücksichtigung des Gesundheitsaspektes bei allen Entscheidungen im Unternehmen. Die Rezeption des BGM ist in der Praxis allerdings immer noch stark von Einzelmaßnahmen geprägt, die sich abgegrenzten Problembereichen zuwenden.

Sieben Bereiche haben in den Unternehmen besondere Bedeutung:

1. Prävention von Muskel-Skelett-Erkrankungen,
2. Förderung von Sport und physischer Aktivität,
3. Gesundheitsscreenings.
4. gesunde Ernährung,
5. Verringerung des Suchtmittelkonsums,
6. Ausbau des Sozialkapitals und schließlich
7. das betriebliche Eingliederungsmanagement.

Zu 1: Prävention von Muskel-Skelett-Erkrankungen

Rückenschmerzen stehen in fast allen Berufsgruppen an der Spitze der Ursache für die krankheitsbedingte Abwesenheit vom Arbeitsplatz: dies gilt sowohl bei der Anzahl der Fälle als auch bei der Anzahl der ausgefallenen Arbeitstage. Betrachtet man die erweiterte Diagnosegruppe der Muskel-Skelett-Erkrankungen insgesamt, so machen diese je nach Branche zwischen 17% und 28% der Arbeitsunfähigkeitstage aus. Darüber hinaus sind solche Erkrankungen oft langwierig. Daher liegt es nahe, dass Interventionen in diesem Bereich häufig im Mittelpunkt der betrieblichen Bemühungen stehen. Zudem gibt es deutliche Anhaltspunkte dafür, dass die Arbeitsbedingungen einen wesentlichen Einfluss auf diese Erkrankung haben.

Rückenschulen
Angeboten werden häufig Rückenschulprogramme, in denen richtige Hebe- und Tragtechniken vermittelt sowie gymnastische Ausgleichsübungen erlernt werden. Interessant ist dabei, dass bei primärpräventiv ausgerichteten Rückenschulen kaum ein Effekt auf die Gesundheit der Beschäftigten zu erwarten ist. Anders verhält es sich bei zielgruppenspezifischen Angeboten, seien sie arbeitsplatzbezogen, an der Gefährdung orientiert oder individuell an der Vorschädigung. Solche Interventionen sind ein gutes Beispiel für die Unterscheidung nach Primär-, Sekundär- und Tertiärprävention.

Primäre Prävention richtet sich an eine gesamte Population, im Betrieb etwa an alle Mitarbeiter. Der Ansatzpunkt ist somit eher breit und weniger zielgerichtet. Im Rahmen der **sekundären Prävention** werden Mitarbeiter mit bereits dokumentierten Gefährdungen für die Entwicklung von Muskel-Skelett-Krankheiten erfasst. Im Rahmen der **tertiären Prävention** schließlich werden solche Mitarbeiter erreicht, bei denen bereits eine Vorschädigung vorliegt, deren Verschlechterung vermieden werden soll.

Arbeitstechniken
Diese Intervention zielt auf die Unterrichtung der Mitarbeiter im ergonomischen Verhalten ab. Neben der Schulung von Bewegungsabläufen im Heben und Tragen kann auch die Bedienung vorhandener Hebehilfen und Transportmittel geschult werden.

6.6 Durchführung der Interventionen

Verbesserung der Ergonomie
Hierbei handelt es sich um Anpassungen des Arbeitsplatzes wie die Bereitstellung von Hebehilfen oder anderer Arbeitsmittel sowie die Beeinflussung durch die Umgebung.

Zu 2: Förderung von Sport und physischer Aktivität
Körperliche Übungsprogramme haben ebenfalls eine lange Tradition. Die Maßnahmen sind breit gestreut, sie reichen von der betrieblichen Fußballmannschaft über das unternehmenseigene Fitnessstudio bis zur Bereitstellung vergünstigter Mitgliedschaften in Fitnessstudios. Die Wirkung erstreckt sich dabei nicht nur auf das Muskulo-Skeletale System, sondern auch auf Erschöpfung und Müdigkeitszustände der Mitarbeiter positiv aus.

Zu 3: Gesundheitsscreenings
Arbeitsmedizinische Vorsorgeuntersuchungen sind im Hinblick auf die in Gefährdungsbeurteilungen identifizierten Belastungsfaktoren gesetzlich etabliert. Eine wichtige Rechtsnorm hierfür ist die Verordnung zur arbeitsmedizinischen Vorsorge (ArbMedVV). Hier wird zwischen **Pflicht- und Angebotsuntersuchungen** unterschieden. Für die Ausübung einer Tätigkeit an einem belasteten Arbeitsplatz soll damit die gesundheitliche Unbedenklichkeit für den Arbeitnehmer sichergestellt werden. Pflichtuntersuchungen sind dabei obligatorisch, wenn bestimmte Belastungen auftreten. Bei Angebotsuntersuchungen hat der Arbeitgeber eine Untersuchung vorzuschlagen, schlägt der Arbeitnehmer die Untersuchung aus, darf dies keine negativen Konsequenzen für sein Beschäftigungsverhältnis haben. Weitere wichtige Regelungsnormen finden sich in den Unfallverhütungsvorschriften der Unfallversicherungsträger (Berufsgenossenschaften) sowie an verschiedenen weiteren Stellen wie zum Beispiel in der Röntgenverordnung. Der Umfang der ärztlichen Untersuchung steht im Ermessen des Arbeitsmediziners, wobei seitens der Unfallversicherungsträger Empfehlungen mit Richtliniencharakter bestehen (besonders die Berufsgenossenschaftlichen Grundsätze für arbeitsmedizinische Vorsorgeuntersuchungen, die so genannten G-Grundsätze).

Ein Schwerpunkt dieser Untersuchungen liegt auf der Kontrolle von Auswirkungen von Gefahrstoffeinwirkungen, die für ältere Mitarbeiter von besonderer Bedeutung sind. Ältere Mitarbeiter sind den Einwirkungen unter Umständen bereits viele Jahre ausgesetzt und eventuell in der Vergangenheit einer wesentlich höheren Belastung ausgesetzt gewesen, da Grenzwerte für die Gefahrstoffe am Arbeitsplatz nicht bestanden oder weniger restriktiv waren als heute. Bei erkannten Gefährdungen stellen diese Diagnoseinstrumente sicher, dass die erwerbsbezogene Leistungsfähigkeit aufrechterhalten werden kann.

Zu 4: Gesunde Ernährung
Meistens zielen die Maßnahmen in diesem Bereich auf die Verbesserung der Betriebsverpflegung – zum Beispiel in der Kantine – oder die Einflussnahme auf die Ernährungsgewohnheiten außerhalb des Unternehmens. An diesen Möglichkeiten der Beeinflussung wird der Unterschied zwischen Maßnahmen der Verhaltensprävention und der Verhältnisprävention deutlich.

Verhaltenspräventive Maßnahmen richten sich auf die Beeinflussung des Verhaltens der Mitarbeiter selbst und würde im Beispiel bewirken, dass sie gesünderes Kantinenessen wählen.

Eine **verhältnispräventive Einflussnahme** wäre die Bereitstellung einer solchen gesunden Ernährungsalternative seitens des Unternehmens. Verbreitete Maßnahmen sind Schulungsprogramme für die Mitarbeiter und die Kennzeichnung gesunder Lebensmittel in Kantinen.

Zu 5: Verringerung des Suchtmittelkonsums
Hauptsächlich wird eine Verringerung des Suchtmittelkonsums bei Alkohol und Zigaretten angestrebt. Bei Alkohol werden durchweg verhaltenspräventive Maßnahmen durchgeführt, die den Konsum in der Freizeit reduzieren sollen. So werden zum Beispiel Beratungs- und Therapieangeboten bei gravierende Abhängigkeitsverhältnissen und Alkoholismus vermittelt.

Die Suchtproblematik tritt beim Nikotinkonsum weniger akut auf. Hier werden die Möglichkeiten zum Konsum am Arbeitsplatz zunehmend eingeschränkt. Neben verhältnispräventiven Ansätzen, wie der Ausweisung von zunehmend umfassenden Nichtraucherbereichen, sind auch hier Unterstützungsmaßnahmen zur Raucherentwöhnung die dominierenden Maßnahmen. Gruppentherapeutische Maßnahmen lassen sich hier auch gut in den Betrieb integrieren.

Zu 6: Ausbau des Sozialkapitals
Zwischenmenschliche Beziehungen am Arbeitsplatz wirken sich unmittelbar auf die Gesundheit und das Wohlbefinden von Mitarbeitern aus. Diese gilt sowohl bei Beziehungen von hierarchisch gleichgestellten Mitarbeitern untereinander als auch zu Vorgesetzten. Einen Einfluss hat auch die empfundene Beziehung zu eher anonymen Organisationen wie einem Großunternehmen. Es ist für das Wohlbefinden der Mitarbeiter durchaus maßgeblich, wie der eigene Arbeitgeber in der Öffentlichkeit wahrgenommen wird und welche Personalpolitik das Unternehmen verfolgt.

Das Sozialkapital im Unternehmen kann in drei Elemente strukturiert werden:
1. Das innerbetriebliche **Netzwerkkapital** umfasst den Zusammenhalt in der unmittelbaren Arbeitsgruppe, die Kommunikation unter den Mitarbeitern und die soziale Passung und gegenseitige Unterstützung sowie das Vertrauen der Mitarbeiter untereinander.
2. Das **Führungskapital** umfasst das Verhalten der Vorgesetzten gegenüber seinen Mitarbeitern, seine Fairness und Gerechtigkeit, wie sie von seinen Mitarbeitern empfunden wird und auch Aspekte wie das Vertrauen, dass sie ihm entgegenbringen.
3. Das **Überzeugungs- und Wertekapital** der Mitarbeiter bezieht sich auf die Unternehmensebene und dabei besonders auf die Konfliktkultur im Unternehmen, den Zusammenhalt der Mitarbeiter auf der Unternehmensebene, das empfundene Ausmaß an Gerechtigkeit und Wertschätzung im Unternehmen und das Vertrauen, das der Unternehmensleitung entgegengebracht wird.

Es kann gezeigt werden, dass ein Zusammenhang zwischen der Ausstattung von Unternehmen mit Sozialkapital und dem Gesundheitszustand der Mitarbeiter besteht. Die Berücksichtigung dieser Faktoren bedeutet ein umfassendes Verständnis von BGM, das sich erst allmählich durchzusetzen beginnt.

Zu 7: Betriebliches Eingliederungsmanagement
Zunehmende Bedeutung erfährt das betriebliche (Wieder-) Eingliederungsmanagement von Mitarbeitern in Unternehmen nach einer Krankheitsphase. Der Nachweis entsprechender Aktivitäten wird auch durch den Gesetzgeber gefordert. Es ist durchzuführen, wenn ein Beschäftigter Arbeitsunfähigkeitszeiten von **über sechs Wochen** pro Jahr hat. Ohne den Nachweis eines solchen Eingliederungsmanagements kann ein Arbeitsverhältnis auch nicht krankheitsbedingt gekündigt werden.

Das Ziel ist die Entwicklung betrieblicher Strukturen und Prozesse, die eine langfristig angelegte Beschäftigungsfähigkeit am Arbeitsplatz ermöglichen. Damit soll zum einen die Arbeitsunfähigkeit überwunden werden, zum anderen aber auch einer erneuten Arbeitsunfähigkeit vorgebeugt und der Arbeitsplatz erhalten werden. Bereits etabliert ist die **stufenweise Wiedereingliederung nach dem Hamburger Modell**. Demnach kann ein Arbeitnehmer nach einer längeren Arbeitsunfähigkeitsphase seine Arbeit gestuft wieder aufnehmen. Einem ärztlichen Eingliederungsplan folgend, kann die Arbeit so mit einer reduzierten Arbeitszeit wieder aufgenommen werden, die dem Genesungsfortschritt folgend auf die frühere Arbeitszeitdauer ausgebaut wird.

Ein aktives Eingliederungsmanagement des Unternehmens setzt eine enge Zusammenarbeit mit den Sozialleistungsträgern voraus. Gerade in kleinen und mittleren Unternehmen ist es schwierig, hierfür angemessene Strukturen aufzubauen, schon allein aus dem Grunde, dass der Bedarf an einem betrieblichen Eingliederungsmanagement nur in Einzelfällen auftritt. In einem Großbetrieb könnte ein Integrationsteam etwa aus Vertretern von Betriebsrat und Schwerbehindertenvertretung, dem Betriebsarzt, der Sicherheitsfachkraft und dem unmittelbaren Fach- und Disziplinarvorgesetzten zusammengesetzt sein. Außerdem sind Vertreter der technischen Produktionsorganisation zu beteiligen. Gerade bei Mitarbeitern, bei denen Leistungswandlungen bereits aufgetreten sind, erscheit es aus betrieblicher Sicht wichtig, den Fokus auf die verbliebenen Ressourcen zu richten. Neben Maßnahmen zur Verhinderung einer Verschlechterung des Gesundheitszustandes ist der Bedarf von Arbeitsplatzanpassungen zu prüfen, die öffentlich gefördert werden können, sowie die Möglichkeiten einer angemessenen Aufgabengestaltung.

6.7 Erfolgskontrolle

Die Erfolgskontrolle von Maßnahmen im betrieblichen Gesundheitsmanagement kommt oft zu kurz. Damit kommt das BGM im Unternehmen in ein Rechtfertigungsdefizit. In wirtschaftlich schwächeren Zeiten steht das BGM somit zu einem frühen Zeitpunkt in Gefahr, kurzfristigen Einsparungen zum Opfer zu fallen. Tatsächlich treten Wirkungen von Maßnahmen im betrieblichen Gesundheitsmanagement erst mit einigem Verzug ein. Wenn das Unternehmen einen kürzeren Planungshorizont ansetzt, fehlen dann die kurzfristig sichtbaren Erfolge. Daher sollten die ausgewählten Maßnahmen dem Planungshorizont des Unternehmens angepasst sein. Es ist besonders wichtig, bereits das Erreichen von Zwischenzielen zu dokumentieren. Darüber hinaus sind die Wirkungen des BGM als umfassender Ansatz auf viele Unternehmenseinheiten verteilt, von wo die Informationen über die Wirkungen gesammelt werden müssen. Nur so kann der Tendenz entgegengewirkt werden, dass zwar neue Projekte eingeführt werden, sie aber nach einiger Zeit, wenn der „Reiz des Neuen" vergangen ist, nicht mehr weiter umgesetzt werden.

7 Fazit

Das Betriebliche Gesundheitsmanagement (BGM) steht vor einigen großen Herausforderungen. Lag der Schwerpunkt in der Vergangenheit im Gesundheitsschutz, also der Vermeidung von Berufskrankheiten und Unfällen, so sind die aktuellen Herausforderungen das Ergebnis von steigendem Leistungsdruck, auch aufgrund des internationalen Wettbewerbs.

Verstärkend wirkt der demografische Wandel in der Gesellschaft, der zu einem höheren Durchschnittsalter der Beschäftigten führt und weiterhin führen wird.

Dabei stehen Mitarbeiter und Unternehmen gleichermaßen unter Druck: Die Mitarbeiter sind aufgrund des höheren formalen und faktischen Renteneintrittsalters zu einer längeren Lebensarbeitszeit genötigt. Die Möglichkeiten zu eine frühzeitiges Ausscheiden aus dem Erwerbsleben sind äußerst begrenzt, selbst bei gesundheitsbedingt eingeschränkter Leistungsfähigkeit. Die Arbeitgeberseite ist wiederum auf ältere Arbeitnehmer angewiesen, betrachtet man den künftigen Altersscheitelpunkt. Demnach wird die Hälfte aller potenziellen und aktuellen Erwerbspersonen am Arbeitsmarkt älter als 50 Jahre sein.

Die Bewältigung dieser Herausforderungen wird allerdings dadurch erleichtert, dass die Anforderungen der modernen Dienstleistungsgesellschaft der Leistungsfähigkeit älterer Arbeitnehmer entgegenkommen. So tritt die körperliche Belastung bei vielen Tätigkeiten in den Hintergrund. Dagegen gewinnt die Sozialkompetenz und Erfahrung der Mitarbeiter an Bedeutung. Hier verfügen ältere Arbeitnehmer tendenziell über Stärken.

Der Erhalt der Leistungsfähigkeit von Mitarbeitern über immer längere Erwerbsbiografien wird somit wichtiger. Dies gilt in den verschiedenen Lebenswelten der Mitarbeiter. Den Verhältnissen am Arbeitsplatz kommt dabei eine hohe Bedeutung zu.

Präventive Maßnahmen zum Erhalt der Leistungsfähigkeit dürfen dabei nicht erst dann einsetzen, wenn sich im Alterungsprozess oder durch lang andauernde psychische oder körperliche Belastungen bereits gesundheitsbedingte Einschränkungen in der Leistungsfähigkeit ergeben. Sie müssen vielmehr bereits bei jungen Mitarbeitern beginnen, damit sich solche Defizite erst gar nicht entwickeln. Es ist häufig leichter, Krankheiten vorzubeugen als eingetretene Defizite durch Reparaturmedizin zu beheben. Einzelne Einschränkungen können Mitarbeiter in jungen Lebensjahren häufig noch durch verstärkte Anstrengung oder besondere Fähigkeiten in anderen Bereichen kompensieren. Kommen im Verlauf des Erwerbslebens jedoch mehrere Einschränkungen zusammen, ist eine Kompensation häufig nicht mehr möglich.

Körperliche Verschleißerscheinungen und Schäden sind jedoch nur ein Teil der Barrieren, die sich im Laufe des Erwerbslebens ergeben. Hinzu kommen psychische Belastungen in der Zusammenarbeit zwischen Kollegen und Vorgesetzten sowie hohe intellektuelle Anspannung am Arbeitsplatz. Diese Belastungen können zum einen das Entstehen organisch bedingter Leistungseinschränkungen fördern, zum anderen zu psychischen Leistungsbeeinträchtigungen führen. Hier steht die Betriebliche Gesundheitsförderung noch am Anfang. So finden psychische Belastungen erst seit verhältnismäßig kurzer Zeit Berücksichtigung in den Gefährdungsbeurteilungen im Arbeitsschutz.

In der Zukunft des Betrieblichen Gesundheitsmanagements wird immer früher mit der Vermeidung von Krankheiten und der Förderung der Gesundheit angesetzt werden müssen, denn es stehen nicht mehr Ereignisse wie Unfälle oder Gefahrstoffexpositionen im Mittelpunkt, sondern schleichende Entwicklungen. Schwer fassbare Faktoren wie das Sozialkapital im Unternehmen treten in den Mittelpunkt. Sie äußern sich etwa im Verhältnis zwischen Mitarbeitern untereinander und zu Vorgesetzten, im Führungsverhalten der Vorgesetzten und wirken sich auf die Identifikation mit dem Unternehmen aus. Damit wird das Betriebliche Gesundheitsmanagement zu einem integralen Bestandteil der Unternehmensführung. Das Betriebliche Gesundheitsmanagement der Zukunft wird nur dann erfolgreich sein, wenn es zu einem gleichberechtigtem Aspekt der Unternehmensführung wird. Vielmehr sind die Auswirkungen von Entscheidungen und Entwicklungen auf das BGM in den verschiedenen Unternehmensbereichen von Anfang an zu berücksichtigen.

Vor dem Hintergrund des demografischen Wandels wird das betriebliche Gesundheitsmanagement zu einem wichtigen Faktor für den Erhalt des Betriebsablaufs und trägt damit zur langfristigen Existenzsicherung des Unternehmens am Markt bei. Von einem guten Gesundheitszustand profitieren Mitarbeiter durch den Erhalt ihrer Erwerbsfähigkeit als auch durch eine höhere Qualität in allen Lebensbereichen.

8 Fragen

1. Die Leistungsfähigkeit von Menschen ändert sich im Altersverlauf. Diskutieren Sie die Veränderungen in der Leistungsfähigkeit hinsichtlich der Auswirkungen auf die Arbeitsfähigkeit von Menschen in dieser Altersgruppe.
2. In einem Unternehmen geht das Engagement der Mitarbeiter zurück. Die Zahl der Krankmeldungen steigt an und Mitarbeiter klagen über schlechte Stimmung im Arbeitsteam. Das Unternehmen möchte gegensteuern. Welches Vorgehen schlagen Sie als Vertreter des Betrieblichen Gesundheitsmanagements vor?

Die Lösungen zu den Fragen finden Sie online (siehe Vorwort)

9 Literatur

Die Literaturhinweise finden Sie online (siehe Vorwort)

10 Praxisbeispiel: Wilkhahn: Betriebliches Gesundheitsmanagement als integrierter Bestandteil der Unternehmenskultur

Autor: Burkhard Remmers

Burkhard Remmers, Germanist und Historiker, übernahm 1995 den Bereich Marketing und Public Relations beim Büromöbelhersteller Wilkhahn. Heute verantwortet er die internationale Unternehmenskommunikation. Seine Schwerpunkte sind ganzheitliche Konzepte zu Kommunikation, Raum, Design und Nachhaltigkeit. Für Wilkhahn konzipierte er im Jahr 2000 einen der ersten Nachhaltigkeitsberichte, die in Deutschland erschienen sind. Er ist Autor zahlreicher internationaler Fachartikel und Buchbeiträge. Jüngste Publikation, gemeinsam mit Guido Englich, ist das „Planungshandbuch für Konferenz- und Kommunikationsräume".

Dieses Praxisbeispiel finden Sie online (siehe Vorwort)

J Gelebte und verantwortete Unternehmenskultur – Voraussetzung für erfolgreiches, demografieorientiertes Personalmanagement

Autor: Frank Lönnies

Frank Lönnies ist evangelischer Diplom-Theologe und Diplom-Kaufmann (FH). Zunächst war er in der kirchlichen Gemeindejugend- und Erwachsenenarbeit tätig, später absolvierte er eine IT-Netzwerkausbildung und war als Seminarreferent bei einem Bildungsträger sowie als Systemadministrator in verschiedenen Unternehmen beschäftigt. Seit 2001 ist Frank Lönnies freigestellter Betriebsratsvorsitzender der Abbott Vascular Instruments Deutschland GmbH, eines medizintechnischen Unternehmens. In diesem Zusammenhang hat er sich intensiv sowohl mit Fragen der Unternehmenskultur und älteren Mitarbeitern als auch mit Problemstellungen der Personalführung und -entwicklung befasst.

Inhalt

1	**Lernziele**	**314**
2	**Einleitung**	**314**
3	**Theoretische Überlegungen zum Begriff der Unternehmenskultur**	**315**
3.1	Der Begriff und seine Bedeutung für die Betriebswirtschaftslehre	315
3.2	Verschiedene Betrachtungsweisen von Unternehmenskultur	317
3.3	Konzeptionen von Unternehmenskultur	319
3.3.1	Annahmen, Werte, Artefakte: das Drei-Ebenen-Modell nach E. Schein	319
3.3.2	Opportunistische oder verpflichtete Unternehmenskultur: der Ansatz von K. Bleicher	320
3.4	Abgrenzung und Beziehungen zu verwandten Begriffen	322
3.5	Einflussfaktoren für das Entstehen von Unternehmenskultur	323
3.6	Erwünschte Wirkungen von Unternehmenskultur	325
3.7	Ambivalenz „starker" Unternehmenskulturen	325
3.8	Definition von Unternehmenskultur	326
4	**Handlungsmöglichkeiten für ein demografieorientiertes Personalmanagement**	**327**
4.1	Zum Verständnis von Unternehmenskultur angesichts des demografischen Wandels	327
4.2	Strategische Erfolgspositionen für ein demografieorientiertes Personalmanagement	329
4.3	Analyse der bestehenden Unternehmenskultur (Ist-Kultur)	330
4.3.1	Unternehmensleitbild	331
4.3.2	Personalpolitik	331
4.3.3	Motivation und Arbeitszufriedenheit	333
4.3.4	Führungsverhalten	334
4.3.5	Menschenbild	335
4.4	Handlungsempfehlungen für erwünschte unternehmenskulturelle Entwicklungen (Soll-Kultur)	337

4.4.1	Unternehmensleitbild	337
4.4.2	Personalpolitik	338
4.4.3	Motivation und Arbeitszufriedenheit	342
4.4.4	Führungsverhalten	342
4.4.5	Menschenbild	344
4.5	Grenzen der Unternehmenskulturgestaltung	345
4.5.1	Unternehmensleitbild	345
4.5.2	Personalpolitik	346
4.5.3	Motivation und Arbeitszufriedenheit	346
4.5.4	Führungsverhalten	347
4.5.5	Menschenbild	347
5	**Fazit**	**348**
6	**Fragen**	**349**
7	**Literatur**	**350**
8	**Praxisbeispiel: Gestaltung einer demografieorientierten Unternehmenskultur bei der WELEDA AG**	**351**

1 Lernziele

Wenn Sie diesen Beitrag gelesen haben, sollten Sie in der Lage sein:

- den Begriff Unternehmenskultur zu verstehen und die besondere Bedeutung unternehmenskultureller Zusammenhänge für die Unternehmensführung und das Personalmanagement einzuschätzen,
- die wichtigsten Konzeptionen und Betrachtungsweisen von Unternehmenskultur zu unterscheiden,
- die Problemstellung der nur indirekten Beeinflussbarkeit unternehmenskultureller Entwicklungen nachzuvollziehen,
- wesentliche Einflussfaktoren auf das Entstehen von Unternehmenskultur zu nennen,
- erwünschte Effekte geglückter Unternehmenskulturgestaltung zu kennen,
- besondere Herausforderungen des so genannten demografischen Wandels für das Personalmanagement abzuschätzen,
- Unternehmenskulturgestaltung als wichtige Einflussgröße für ein demografieorientiertes Personalmanagement zu würdigen und entsprechende strategische Erfolgspositionen zu nennen,
- anhand der Gesichtspunkte Unternehmensleitbild, Personalpolitik, Motivation und Arbeitszufriedenheit, Führungsverhalten und Menschenbild bisherige unternehmenskulturelle Ausrichtungen in einem Unternehmen zu analysieren sowie
- Handlungsmöglichkeiten der Gestaltung von Unternehmenskultur mit der besonderen Zielsetzung eines demografieorientierten Personalmanagements abzuleiten.

2 Einleitung

Unternehmenskultur ist jedem Unternehmen immer schon – ob bewusst oder unbewusst – durch seine einmalige Geschichte und seine Besonderheiten als sozio-technischem System inhärent. Daher beansprucht diese Größe neben der Unternehmensstrategie zu Recht einen eigenen Stellenwert. Die Frage der Gestaltbarkeit von Unternehmenskultur im Sinne positiver Veränderungen für das Personalmanagement ist von immenser Bedeutung, beispielsweise wenn es darum geht, sich den besonderen Herausforderungen des demografischen Wandels im jeweiligen Unternehmenskontext zu stellen und diesbezüglich gangbare Gestaltungsmöglichkeiten und Handlungsalternativen zu entwickeln. In diesem Beitrag wird gezeigt werden, dass Unternehmenskultur allen Aktivitäten eines Personalmanagements als grundlegende Rahmenbedingung vorausgeht. Ganz entsprechend werden Anstrengungen eines demografiesensiblen Personalmanagements, wie etwa spezielle Rekrutierungsstrategien, Abrufen des besonderen Leistungsangebots Älterer im Unternehmen, intergenerativer Wissenstransfer, Sicherung und Weitergabe des Erfahrungsschatzes und der Expertise älterer Mitarbeiter unternehmenskulturelle Fragestellungen immer berücksichtigen müssen, sollen sie auf lange Sicht erfolgreich sein.

Zugespitzt formuliert heißt dies, dass jedwede Anstrengungen zu demografieorientierten, personalpolitischen Maßnahmen ohne eine bewusste Vergegenwärtigung und Verantwortung der individuellen Unternehmenskultur im Verdacht eines ziellosen Aktionismus stehen und für sich nicht die Tragweite erfolgreichen, nachhaltigen Personalmanagements beanspruchen können. Perspektivisch formuliert heißt dies aber auch, dass ein Bewusstsein für unternehmenskulturelle Zusammenhänge und ihre verantwortliche Integration in die normativen, strategischen und operativen Unternehmensentscheidungen einen vielversprechenden Handlungsspielraum bieten, in dem unter anderem besondere Fragestellungen des demografischen Wandels Erfolg versprechend und glaubwürdig angegangen werden können.

Anhand von ausgewählten Einflussgrößen und Handlungsmöglichkeiten soll verdeutlicht werden, wie sich Kultur im Unternehmen entwickelt und ausprägt und wie eine Unternehmenskultur gestaltet werden könnte, die einem demografieorientierten Personalmanagement gerecht wird.

3 Theoretische Überlegungen zum Begriff der Unternehmenskultur

3.1 Der Begriff und seine Bedeutung für die Betriebswirtschaftslehre

Der Begriff „Kultur" entstammt dem lateinischen **colere**, und kann mit „bebauen, bewirtschaften, pflegen" übersetzt werden. Das Verb bezeichnet zunächst ganz allgemein menschliches Schaffen, etwa bei der Produktion von Nahrungsmitteln und der Herstellung von Werkzeugen, materiellen Dingen des täglichen Lebens und der Entwicklung von Hilfsmitteln und Prozessen für die Lösung von Aufgaben und Problemen. Darüber hinaus weist **colere** eine Konnotation mit Pflege von sinnstiftenden Überlieferungen, Leitvorstellungen, Werten, Lebenshaltungen auf. Zu diesem Sinngehalt gehören Sprache, Religion und Kunst als Ausdrucksformen menschlichen Geistes sowie ethische Grundausrichtungen und Wertvorstellungen. Die Ethnologen Kroeber und Kluckhohn haben eine Vielzahl verschiedener Kulturdefinitionen zusammengetragen (Kroeber/Kluckhohn 1952: 149) und bestimmte Grundmuster herausgestellt: „Culture consists of patterns, explicit and implicit, of and for behavior acquired and transmitted by symbols, constituting the distinctive achievement of human groups, including their embodiments in artifacts; the essential core of culture consists of traditional (i.e. historically derived and selected) ideas and especially their attached values; culture systems may, on the one hand, be considered as products of action, and on the other as conditioning elements of further action" (Kroeber/Kluckhohn 1952: 181). In diesem zusammenfassenden Standpunkt aus dem Bereich der Kulturwissenschaften werden bereits wesentliche Inhalte explizit erwähnt, die Unternehmenskultur ausmachen: die Verhaltenskomponente, kulturelle Artefakte und Symbole, ein kohärentes System von Wirklichkeitserfahrung und -deutung und historisch gewachsene Werte, die eine Gruppe, eine Organisation prägen und ihr Identität geben. Wir können von einem **durchgängigen** Kulturbegriff sprechen: Unternehmenskultur verstehen und prägen heißt Kultur verstehen und prägen.

Dass sich die Betriebswirtschaftslehre überhaupt verstärkt kulturellen Fragestellungen zuwandte, wird allgemein mit dem so genannten „Japan-Schock" der 1970er und frühen 1980er Jahre erklärt. Der große Erfolg und die sich abzeichnende Überlegenheit japanischer Unternehmen auf dem Weltmarkt, speziell der Automobil- und Elektronikindustrie, wurden – neben landesspezifischen industrie- und arbeitsmarktpolitischen Strukturen sowie besonderen Managementprinzipien und Produktionsverfahren – nicht zuletzt kulturellen Aspekten zugeschrieben, die man jedoch zunächst vorwiegend unter dem Gesichtspunkt strategischer Unternehmensführung einzuordnen bestrebt war. Ob sich hierdurch ein zu vereinfachtes Grundverständnis kultureller Zusammenhänge im Unternehmen ergeben hat, das eine Loslösung von allein strategischen Gesichtspunkten erforderlich macht oder vielmehr erst der unternehmensstrategische Zusammenhang und damit die Pragmatik des Überlebens eines Unternehmens im Wettbewerb die Betrachtung unternehmenskultureller Zusammenhänge überhaupt rechtfertigt, ist eine wesentliche und kontrovers diskutierte Fragestellung. Unternehmenskultur ist als solche schwer fassbar, messbar und quantifizierbar und folgt Gesetzmäßigkeiten, die dem Betrachter nicht unmittelbar evident sind. Folglich stellt sich zwingend die Frage der Zuordnung zu unternehmensstrategischen Gesichtspunkten. Bleicher zum Beispiel findet es zu einfach, in der Unternehmungskultur nur eine Determinante für erfolgreiches oder gescheitertes Implementieren von Unternehmungsstrategien zu erblicken (vgl. Bleicher 1999b: 223). Schein führt ähnlich aus: „Solange die Kultur die Strategie bestimmt und limitiert, ist das Risiko einer kulturellen Fehlleistung bei einem Erwerb oder einer Fusion genau so groß wie das Risiko einer Fehlentscheidung bei der Finanzierung eines Produktes oder dem Eintritt in einen Markt" (Schein 1991: 25). Anhand dieser Standpunkte zweier Forscher, deren verschiedene Ansätze weiter unten skizziert werden, deutet sich bereits eines an: Unternehmenskultur wird ein nicht nur der Unternehmensstrategie **nachgelagerter**, sondern vielmehr ein eigener, **gleichrangiger** Stellenwert zuerkannt. In anderen Worten hat diese Eigenständigkeit bereits 1954 der Pionier der modernen Managementlehre, Peter Drucker, zum Ausdruck gebracht. In der Auseinandersetzung mit dem (individual- und sozialpsychologischen) Management-Ansatz, der so genannten „Human Relations"-Bewegung der 1930er Jahre betont er: „Despite its emphasis on the social nature of man, Human Relations refuses to accept the fact that organised groups are not just the extension of individuals but have **their own relationships, involving a real and healthy problem of power, and conflicts which are not conflicts of personalities but objective conflicts of vision and interests; that, in other words, there is a political sphere**" (Drucker 1961: 246, Hervorhebung durch den Autor).

3.2 Verschiedene Betrachtungsweisen von Unternehmenskultur

Die Aufnahme des Kulturbegriffs in die Betriebswirtschaftslehre hat zu durchaus unterschiedlichen Ansätzen geführt. So gibt es in der Management-Literatur vielfach erfolgsorientierte, pragmatische Konzeptionen, die eine weitgehende Konvergenz von Unternehmenskultur und -strategie voraussetzen und in Hinblick auf die aktiven Einflussmöglichkeiten „positiver" Kulturgestaltung optimistisch sind (Unternehmenskultur als **Variable** der Unternehmenswirklichkeit). Daneben stehen Ansätze, die eher eine sich entwickelnde kulturelle Wirklichkeit von Unternehmen selbst in Augenschein nehmen und die Interdependenz kultureller Prägungen der Mitarbeiter und ihrer Organisationen in sich selbst verstehen wollen (Unternehmenskultur als **Metapher** der Unternehmenswirklichkeit). Sie sind in der Frage der Lenkbarkeit unternehmenskultureller Ausrichtung und Gestaltung generell zurückhaltender. Die meisten Konzeptionen nehmen eine zwischen diesen Ansätzen vermittelnde Position ein.

Der **Variablen-Ansatz** weist das Verständnis auf, dass Kultur lediglich eine, wenn auch wichtige, Variable der Unternehmenswirklichkeit darstellt, die sich in sinnlich erfahrbaren Artefakten und Verhaltensmustern manifestiert und von der Führung einer Organisation für Zwecke der strategischen Zielerreichung nutzbar gemacht werden kann. Unternehmenskultur dient primär dem Unternehmenserfolg und der Motivation der Beteiligten. Deal und Kennedy betonen stellvertretend für diesen Ansatz: „Every business – in fact every organization – has a culture ... . Whether weak or strong, culture has a powerful influence throughout an organisation ... . Because of this impact, we think that culture also has a major effect on the success of the business." (Deal/Kennedy 1985: 4). Peters und Waterman streben eine „Intensität der Firmenkultur" an und unterstreichen die Kraft durch Bilder vermittelter, gemeinsamer Ziele: „Neue Vorgehensweisen entstehen nicht so sehr durch die Formulierung von Zielvorstellungen darüber, was eine Institution tun sollte. Entscheidend sind überzeugende Bilder, die Verständnis schaffen, die zwingende moralische Einsicht, dass der neue Weg richtig ist." (Peters/Waterman 1989: 39). Durch Integration mit dem Ziel der Verbindung der Organisationsmitglieder untereinander und mit dem Unternehmen sowie Koordination und Motivation mit dem Ziel der Konsensfindung der Mitarbeiter arbeitsteiliger Prozesse und Abteilungen soll es möglich werden, eine starke, einheitliche und funktionale Unternehmenskultur zu schaffen. Im Veränderungs- und Ausgestaltungsprozess kommt vorrangig dem Management eine entscheidende Bedeutung zu. Für den Ansatz als Variable spricht, dass Unternehmenskultur fest in den Kontext der Unternehmensführung verankert wird und zugleich Möglichkeiten und positive Auswirkungen engagierter Kulturgestaltung für eine Organisation optimistisch dargestellt werden. Zahlreiche Ansätze, die sich unter den Variablen-Ansatz einordnen lassen, stammen aus der Praxis der Unternehmensberatung. Sie schöpfen aus den Erfahrungen in erfolgreichen Unternehmen und haben vielfach durch ihre Betonung der Funktionalität starker Unternehmenskulturen überhaupt erst ein Verständnis für kulturelles Management im Rahmen strategischer Unternehmensplanung geweckt. Problematisch jedoch erscheinen die Gleichsetzung von Kultur mit ihren Ausgestaltungen innerhalb der Organisation und der Fokus auf die Machbarkeit durch das Management. Der Dynamik einer gelebten Kultur unter Mitarbeitern wird im Zuge des „Cultural Engineering" zu wenig Beachtung geschenkt, was sich als nachteilig erweisen kann. Für die demografieorientierte Gestaltung des Personalmanagements bedeutsam sind ferner unternehmensethische Ableitungen aus der Unternehmenskultur, die nach Osterloh durch die Festsetzung moralischer Werte als Sicherung von Systemgrenzen gerade nicht entwickelt, sondern eher verhindert werden (vgl. Osterloh 1988: 15).

Im **Metaphern-Ansatz** spiegelt sich das Verständnis von Unternehmenskultur als Ausdruck der Unternehmenswirklichkeit im Sinne eines kollektiven menschlichen Bewusstseins. Kultur wird dabei gleichsam als Metapher für das Unternehmen selbst verwendet, insofern, dass ein Unternehmen eher eine Kultur **ist**, als dass es eine solche **hat**. Smircich beschreibt diesen Ansatz so: „Culture as a root metaphor promotes a view of organizations as expressive forms, manifestations of human consciousness. Organizations are understood and analyzed nor mainly in economic and material terms, but in terms of their expressive, ideational and symbolic aspects. Characterized very broadly the research stemming from this perspective is to explore the phenomenon of organization as subjective experience and to investigate the patterns that make organized action possible." (Smircich 1983: 347 f.). Unternehmenskultur wird von ihrer kollektiven Entstehung verstanden als „das Medium ... , in dem Bedeutungen permanent konstruiert, benutzt oder auch geändert werden. Jedes Organisationsmitglied ist zugleich Kulturträger und Kulturgestalter, da jeder aktiv die organisatorische(n) Wirklichkeit(en) einer Unternehmung mit konstruiert" (Sackmann 1990: 161). Diese Wirklichkeit möchte der metaphorische Ansatz verstehen und ihr nicht a priori mit einer Zweckorientierung begegnen. Ganz entsprechend werden den Führungskräften deutlich weniger Einflussmöglichkeiten zugesprochen. Auch wird ein gegenüber dem Variablen-Ansatz wesentlich weiterer Raum für die Entstehung einander durchaus nicht immer entsprechender subkultureller Ausprägungen angenommen. Der Metaphern-Ansatz hat für sich, dass er die Entstehung und Erforschung von Unternehmenskultur losgelöst von ihrer Gestaltung unter der Prämisse der Effizienz einer Organisation erlaubt und tiefere Erkenntnisse und Zusammenhänge über das Wesen von Sozialgemeinschaften zutage fördern kann.

Erkenntnistheorie und Pragmatismus lassen sich unter der Prämisse einer stärkeren Sensibilisierung für unternehmenskulturelle Zusammenhänge - gleichsam als eine Art **Synthese beider Ansätze** in Einklang bringen. Denn der pragmatische Gestaltungsansatz gewinnt bereits dort eine neue Qualität, wo ein Bewusstwerden des Unternehmens als eigenständiger kultureller Sinnzusammenhang vorausgeht und die emergenten Prozesse des Werdens von Kultur in den Blick kommen. Unternehmenskultur kann in dieser Betrachtungsweise nicht allein statisch von ihrem Gewordensein verstanden werden, sondern gleichermaßen von der Dynamik ständiger Lern- und Bewusstseinsprozesse einer sozialen Gemeinschaft (vgl. Sackmann 1990: 163 f.). Ein derart „vermittelnder" Ansatz weist sicherlich eine gewisse Ähnlichkeit zum Metaphern-Ansatz auf, eröffnet aber die Perspektive einer behutsamen Einflussnahme auf Entwicklungen, ohne einer einseitig pragmatischen Orientierung zu verfallen. Deutlich wird, dass Kultur und Funktion einander keineswegs widersprechen müssen, sondern einander konstruktiv und reflexiv ergänzen können. Im Folgenden sollen mit den Modellen von Schein und Bleicher zwei bekannt gewordene Konzeptionen vorgestellt werden, die ebenfalls eine Zwischenstellung zwischen Metaphern- und Variablen-Ansatz darstellen – mithin als Harmonisierung angesehen werden können.

3.3 Konzeptionen von Unternehmenskultur

3.3.1 Annahmen, Werte, Artefakte: das Drei-Ebenen-Modell nach E. Schein

Schein definiert Unternehmenskultur als „the pattern of basic assumptions that a given group has invented, discovered, or developed in learning to cope with its problems of external adaption and internal integration, and that have worked enough to be considered valid, and therefore, to be taught to new members as the correct way to perceive, think, and feel in relation to those problems" (vgl. Schein 1984: 3). Für Schein ist die gemeinsame Lernerfahrung aufgrund externer Probleme wesentlicher Auslöser für das Entstehen von Unternehmenskultur. Solche Problemstellungen können etwa das Überleben am Markt, gewöhnliche Lösungsprozesse für Aufgabenstellungen, aber auch Methoden der Angstvermeidung und Komplexitätsreduktion in prekären Situationen sein. Kommt es zu ihrer erfolgreichen Bewältigung, entstehen zunehmend weniger bewusste Grundannahmen, wie eine Gruppe, eine Organisation denkt, fühlt und die Wirklichkeit wahrnimmt, welches Verständnis vom Menschen und seinen Beziehungen sie hat (vgl. Schein 1984: 3; 2004: 25 ff.). Daraus ergeben sich unter Abnahme der Entschlüsselbarkeit einerseits und Zunahme der Wahrnehmbarkeit andererseits die Ebene der Wert- und Zielvorstellungen einer Gruppe als Unterstützung kultureller Prozesse sowie die Ebene der nach außen hin sinnlich fassbaren so genannten „Artefakte", wie etwa das Erscheinungsbild eines Unternehmens, seine Technologie, die Kleidungsordnung, Architektur und Verhaltensmuster seiner Mitarbeiter. Schein postuliert ein Verständnis von Unternehmenskultur, das auf die Ebene weithin unreflektierter Basisannahmen zurückgeht, die das Ergebnis bereits erwähnter organisatorischer Lernprozesse darstellen: „To understand a group's culture one must attempt to get at its shared basic assumptions and one must understand the learning process by which such basic assumptions come to be." (Schein 2004: 36). Zudem relativiert Schein den Zusammenhang von starken zu notwendigerweise auch erfolgreichen Kulturen. Denn die Stärke einer Kultur beruhe nicht allein auf Lösungsprozessen für Problemstellungen allgemein, sondern mitunter auch auf Verhaltensmustern, die einst durch Angstreduktion hervorgerufen und später unreflektiert beibehalten wurden (vgl. Schein 1984: 7 f.). Die Möglichkeit einer Veränderung der Unternehmenskultur sieht Schein insbesondere in der mittleren Lebensphase einer Organisation gegeben, da in der Frühphase Kultur zum Zusammenhalt während der Ausgestaltung und des ersten Wachsens einer Unternehmung gleichsam als „Klebstoff" dient; in der Reifephase hingegen ohne ausreichendes Bewusstsein für die Notwendigkeit kultureller Wandlungsprozesse die Widerstände im Unternehmen mitunter zu groß sind.

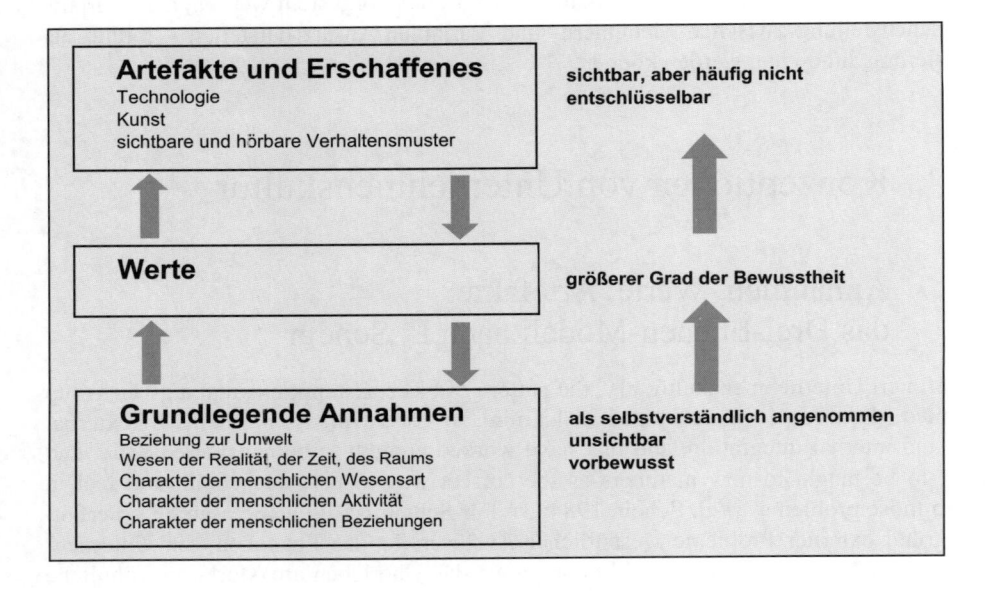

Artefakte und Erschaffenes
Technologie
Kunst
sichtbare und hörbare Verhaltensmuster

sichtbar, aber häufig nicht entschlüsselbar

Werte

größerer Grad der Bewusstheit

Grundlegende Annahmen
Beziehung zur Umwelt
Wesen der Realität, der Zeit, des Raums
Charakter der menschlichen Wesensart
Charakter der menschlichen Aktivität
Charakter der menschlichen Beziehungen

als selbstverständlich angenommen
unsichtbar
vorbewusst

Abb. 3.1   Drei Ebenen der Unternehmenskultur nach Schein; Quelle: Schein 1984: 4

3.3.2   Opportunistische oder verpflichtete Unternehmenskultur: der Ansatz von K. Bleicher

Bleicher definiert Unternehmenskultur (ähnlich bezeichnet mit Unternehm**ung**skultur) als Projektion von Kultur auf das Unternehmen als produktives soziales System: „Der Begriff der Unternehmungskultur projiziert die Vorstellung des Entstehens von Werten und Normen und ihres Einflusses auf menschliche Verhaltensweisen auf die ‚produktiven sozialen Systeme', die durch sie ihre soziale Identität finden. In ihnen bewirkt die Untenehmungskultur eine informale Integration von Tradition und Gegenwart des Systems und schafft damit die Grundlage für zukünftige Innovationen." (Bleicher 1999b: 224). Im Rahmen des „St. Galler Managementkonzepts" spricht Unternehmenskultur als Komponente des normativen, das Unternehmenshandeln begründenden, und legitimierenden Managements die „Verhaltensdimension" an (vgl. Bleicher 1999a: 226). Unter dieser Größe werden „allgemein das kognitiv entwickelte Wissen und die Fähigkeiten einer Unternehmung sowie die affektiv geprägten

3.3 Konzeptionen von Unternehmenskultur

Einstellungen ihrer Mitarbeiter zur Aufgabe, zum Produkt, zu den Kollegen und zur Unternehmung in ihrer Formung von Perzeptionen (Wahrnehmungen) und Präferenzen (Vorlieben) gegenüber Ereignissen verstanden" (vgl. Bleicher 1999a: 228). Bleicher stellt Unternehmenskultur in den Zusammenhang der Organisationsentwicklung und Managementaufgaben und räumt ihrer Veränderungsfähigkeit einen vergleichsweise weiten Spielraum ein. Dabei unterscheidet Bleicher eine „**opportunistische** Verhaltensgrundlage ... , gekennzeichnet durch eine geschlossene, traditionsbestimmte, insulare Unternehmungskultur, deren kohäsiver Zusammenhalt durch eine Werteintegration getragen wird, welche über eine starke Spitzenorientierung zu einer Einheitskultur führt" und eine „dem Sachlichen und Sozialen **verpflichtete** Kultur einer Unternehmung [,die] sich ... gegenüber den unterschiedlichen und differenzierten Interessen als offen und veränderungsbereit erweisen" muss (vgl. Bleicher 1999b: 243, Hervorhebungen in der Quelle).

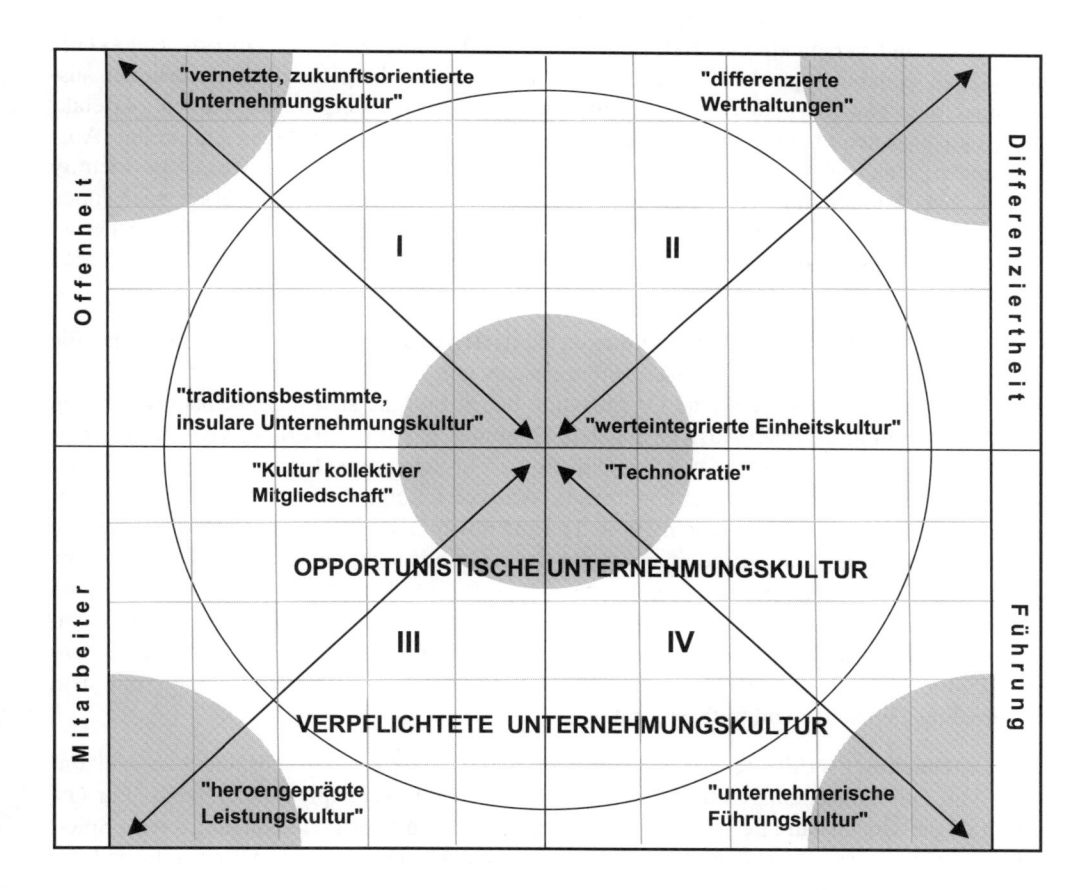

Abb. 3.2   Gesamtzusammenhang der unternehmenskulturellen Grundorientierung nach Bleicher; Quelle: Bleicher 1999a: 250

3.4 Abgrenzung und Beziehungen zu verwandten Begriffen

Der Begriff der Unternehmenskultur ist facettenreich. Nicht von ungefähr weist er daher vielfältige Beziehungen und Interdependenzen zu verwandten Begriffen auf. Einige dieser Begriffe sollen exemplarisch ausgewählt und thematisiert werden, um die Größe „Unternehmenskultur" noch präziser zu umschreiben.

Mit **Corporate Identity** (CI; „Unternehmensidentität") wird das gewollte Erscheinungsbild eines Unternehmens beschrieben, die durch das Unternehmen selbst beabsichtigte Wirkung seiner wahrnehmbaren Elemente. **Corporate Image** bezeichnet dabei den Eindruck, den ein Unternehmen nach außen vermittelt. **Corporate Design** spiegelt die äußerliche Gestaltung einer Organisation, wie etwa Produktdesign, Architektur, Einrichtung, Schriftbild, Logo etc. wider. **Corporate Communication** bezeichnet den strategischen Einsatz der Kommunikationsmedien und versprachlicht Ziele und Werte des Unternehmens. **Corporate Behaviour** schließlich benennt typische Verhaltensgrundlagen, durch die sich ein Unternehmen auszeichnet, sich gewissermaßen eine Identität gibt. Eine Affinität ergibt sich zu den „Artefakten", den wahrnehmbaren, aber schwer zu entschlüsselnden unternehmenskulturellen Ausprägungen. Unternehmenskultur überschneidet sich mit dem Begriff der Corporate Identity jedoch insbesondere auf der Verhaltensebene und kann insofern als die stärker nach innen gerichtete Grundlage des Verhaltens, als eine Dimension von CI gelten. CI kann wiederum als der „fassbare und wahrnehmbare Teil der Unternehmenskultur" bezeichnet werden (Hinterhuber/Winter 1991: 194).

Gemeinsam mit der Unternehmenskultur ist dem **Organisations- oder Betriebsklima** die starke Betonung der Wahrnehmung. Schein spricht von dem jeweils unterschiedlichen Gefühl, das man hat, wenn man eine Organisation betritt und die sich nicht selbst erklärenden Eindrücke aufnimmt. Einen Ausweg aus dem Dilemma, dass die Eindrücke zwar wahrnehmbar sind, sich jedoch nicht von selbst erschließen, sieht Schein im Hilfskonstrukt „kultureller Artefakte", die jeweils durch unterstützende Wertvorstellungen und stillschweigende Annahmen hinterlegt sind (vgl. Schein 1999: 3). Eine positive, in sich stimmige Gestaltung von Organisationsklima kann nur gelingen, wenn diese Grundannahmen erkannt werden und die Zielrichtung der Gestaltung überhaupt unterstützen (vgl. Schein 1999: 15). Insgesamt kann somit Organisationsklima als die wahrgenommene Atmosphäre innerhalb einer Arbeitsumgebung verstanden werden, die mehr oder weniger (je nach Ansatz) durch die Unternehmenskultur geprägt ist und Motivation, Arbeitszufriedenheit und Identifikation mit dem Unternehmen entscheidend mitbestimmt.

Die **Unternehmensethik** befasst sich mit den Implikationen des grundsätzlichen Zielkonflikts von ökonomischem Handeln einerseits und ethischen Prinzipien andererseits. Für Osterloh ist der Gegenstand der Unternehmensethik die „verantwortliche Nutzung" von „Spielräumen" für unternehmerische „Sachzielentscheidungen". Diese ergeben sich aufgrund der „ordnungspolitisch zu legitimierende[n] Richtigkeitsvermutung des Gewinnprinzips" in der „Verfassungsentscheidung für die marktwirtschaftliche Ordnung" (vgl. Osterloh 1993: 87 f.). Insofern ist ein Unternehmen darauf angewiesen, nach Normen und Standards zu handeln, die allgemein akzeptiert sind und seinen Zielen die nötige Legitimität geben. Normative Grundüberlegungen und Selbstverpflichtungen ergeben sich daher im günstigen Fall in einer kommunikativen Dialogethik (vgl. Steinmann/Zerfaß 1997: 3920). Anders als Unternehmenskultur begründet und legitimiert Unternehmensethik normative Unternehmensentscheidungen. Unternehmenskultur bezeichnet hingegen die gelebten Grundhaltungen, Prägungen und Werte noch vor aller willensgeleiteten, ethischen Ausrichtung des Handelns. Folglich kann eine Unternehmenskultur einer unternehmensethischen Grundorientierung **ent**sprechen, durchaus aber auch **wider**sprechen.

Unternehmensphilosophie umfasst das Selbstverständnis des Unternehmens, seine Stellung im Markt, seine Verantwortung vor den internen und externen Anspruchsgruppen sowie seine Entwicklungsperspektiven, Strategien und Führungsleitlinien. Hierdurch sollen Orientierung, Identifikation und Legitimation nach innen und außen erreicht werden. Eine Nähe zum Begriff der Unternehmensethik und die gemeinsame Beziehung beider Sinngehalte zur Unternehmenskultur ergeben sich insoweit, als die Unternehmensphilosophie Werthaltungen und Einstellungen zum Ausdruck bringen kann, derer sich ein Unternehmen bereits vergewissert hat. Günstigenfalls wird so die Unternehmensphilosophie zur „Transparentmachung der in der Unternehmenskultur verdeckt entwickelten Werteentstehung" (Bleicher 1999a: 93 f.). Damit eignet sich diese Größe und das aus ihr ableitbare Unternehmensleitbild besonders für den reflektierten Prozess der Entwicklung und Formulierung einer Soll-Kultur. Bleicher spricht denn auch im Kontext der Management-Philosophie bezeichnenderweise vom „Charakter einer ‚gesollten' (ethischen) Ordnung, die allen einzelnen gestaltenden und lenkenden Handlungen des Managements zugrundeliegt" (Bleicher 1999a: 94).

3.5 Einflussfaktoren für das Entstehen von Unternehmenskultur

Zahlreiche Einflussfaktoren bilden ein Beziehungsgeflecht, in dem unternehmensinterne und -externe Größen in teilweise wechselseitiger Beeinflussung Unternehmenskultur prägen und wiederum durch diese geprägt werden.

3 Theoretische Überlegungen zum Begriff der Unternehmenskultur

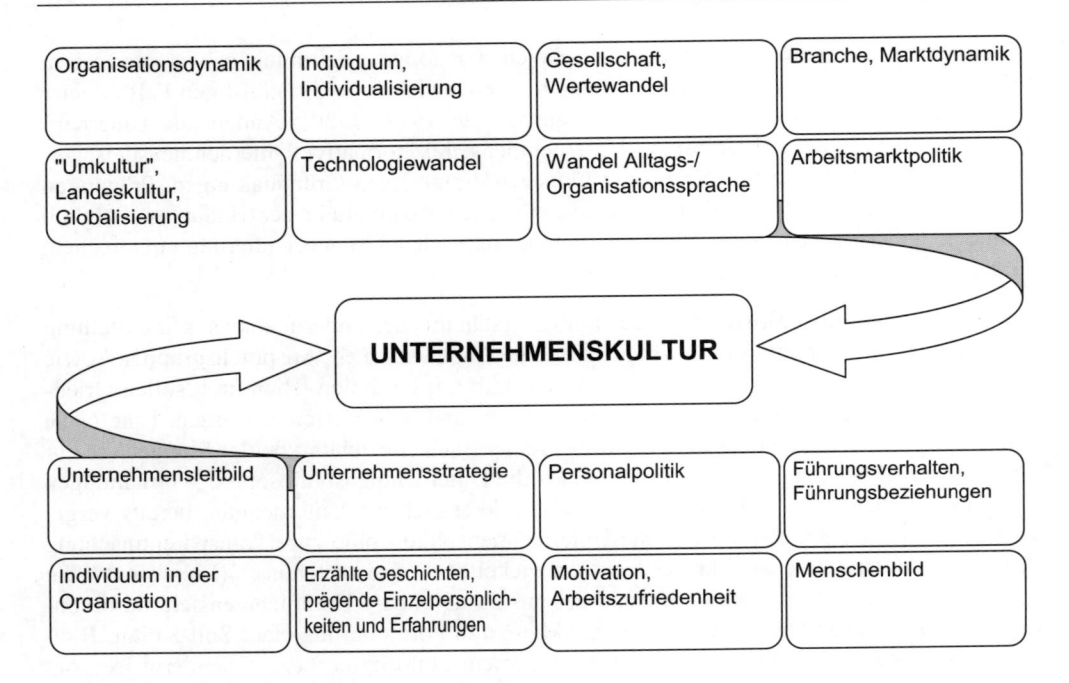

```
┌─────────────────────┐  ┌─────────────────┐  ┌─────────────────┐  ┌─────────────────────┐
│ Organisationsdynamik│  │ Individuum,     │  │ Gesellschaft,   │  │ Branche, Marktdynamik│
│                     │  │ Individualisie- │  │ Wertewandel     │  │                     │
│                     │  │ rung            │  │                 │  │                     │
└─────────────────────┘  └─────────────────┘  └─────────────────┘  └─────────────────────┘

┌─────────────────────┐  ┌─────────────────┐  ┌─────────────────┐  ┌─────────────────────┐
│ "Umkultur",         │  │ Technologie-    │  │ Wandel Alltags-/│  │ Arbeitsmarktpolitik │
│ Landeskultur,       │  │ wandel          │  │ Organisations-  │  │                     │
│ Globalisierung      │  │                 │  │ sprache         │  │                     │
└─────────────────────┘  └─────────────────┘  └─────────────────┘  └─────────────────────┘

              ═══════▶   UNTERNEHMENSKULTUR   ◀═══════

┌─────────────────────┐  ┌─────────────────┐  ┌─────────────────┐  ┌─────────────────────┐
│ Unternehmensleitbild│  │ Unternehmens-   │  │ Personalpolitik │  │ Führungsverhalten,  │
│                     │  │ strategie       │  │                 │  │ Führungsbeziehungen │
└─────────────────────┘  └─────────────────┘  └─────────────────┘  └─────────────────────┘

┌─────────────────────┐  ┌─────────────────┐  ┌─────────────────┐  ┌─────────────────────┐
│ Individuum in der   │  │ Erzählte        │  │ Motivation,     │  │ Menschenbild        │
│ Organisation        │  │ Geschichten,    │  │ Arbeitszufrie-  │  │                     │
│                     │  │ prägende Einzel-│  │ denheit         │  │                     │
│                     │  │ persönlich-     │  │                 │  │                     │
│                     │  │ keiten und      │  │                 │  │                     │
│                     │  │ Erfahrungen     │  │                 │  │                     │
└─────────────────────┘  └─────────────────┘  └─────────────────┘  └─────────────────────┘
```

Abb. 3.3   Unternehmensexterne und -interne Einflussfaktoren; Quelle: eigene Darstellung

Als unternehmensexterne Faktoren lassen sich im Wesentlichen diejenigen anführen, die in ihrer Dynamik auch ein Unternehmen und seine Personalpolitik beeinflussen. Ergänzend sei hier neben erweiterter „Umkultur" auch die Landeskultur aufgeführt, die nach Hofstede maßgeblichen und allgemein zu wenig beachteten Einfluss auf die Organisationspraxis hat. Hofstede untersucht mittels der vergleichenden Kriterien Individualismus oder Kollektivismus, großem oder geringem Machtabstand, starker oder schwacher Unsicherheitsvermeidung sowie Maskulinität oder Femininität den enorm prägenden Einfluss der jeweiligen Landeskultur auf die Unternehmenspraxis und fordert „more cultural sensitivity in management theories" (Hofstede 1983: 89). Manche unternehmensinternen Einflussfaktoren können unter den bereits angeführten kulturellen „Artefakten" gefunden werden, insofern sie eine Rückwirkung auf die Unternehmenskultur selbst aufweisen und nicht nur ihre äußeren Merkmale repräsentieren. Dazu zählen unter anderem Leitfiguren, prägende Einzelgestalten, besondere Erfahrungen der Vergangenheit oder auch Geschichten, die man sich zur Komplexitätsbewältigung, Wirklichkeitsdeutung und zum Erfahrungsaustausch im Unternehmen erzählt (Erzählkultur, so genanntes „Story Telling", vgl. Reinmann/Vohle 2006). Wunderer hat jüngst in einem ungewöhnlichen, aber sehr instruktiven Beitrag auf den Zusammenhang von Schlüsselkompetenzen ausgewählter Märchengestalten und Unternehmertum, Management und Führungsverhalten und -beziehungen hingewiesen (vgl. Wunderer 2008).

3.6 Erwünschte Wirkungen von Unternehmenskultur

Ein **Koordinationsdesiderat** ergibt sich wesentlich aus der Unternehmung als arbeitsteiligem, zielorientiertem soziotechnischen System. Wechselseitige Interdependenzen erfordern über die formale Organisation hinaus einen Orientierungsrahmen und Wertekonsens, um eine grundsätzliche Basis der Zusammenarbeit zu ermöglichen und für die vielfältigen Herausforderungen im Unternehmensalltag gangbare Handlungsmodelle und flexible Lösungsalternativen zur Verfügung zu haben. Dies kann gelingen, wenn Unternehmenskultur ergänzend neben formale, strukturelle Regelungen in der Organisation tritt, „als ein möglicher Mechanismus nicht struktureller Koordination" (Dill/Hügler 1987: 150).

Unternehmenskultur hat eine wichtige **Integrationswirkung**. Arbeitsteilige Organisationen weisen mitunter einen hohen Spezialisierungsgrad auf, der eine Orientierung notwendig macht, damit in der Differenzierung der Teilfunktionen die Gesamtheit des zielorientierten Handlungssystems nicht verloren geht. Dill und Hügler verweisen auf die Möglichkeit der Steuerung divergierender Subkulturen, die sich durch Dezentralisation und Divisionalisierung zwangsläufig ergibt: „Insbesondere die Entstehung von Subkulturen, die aufgrund der ... Notwendigkeit zur Systemdifferenzierung kaum verhindert werden kann und wegen der damit verbundenen Kreativitäts- und Wandlungspotentiale auch nicht verhindert werden sollte, kann durch eine dominierende und integrative (Gesamt-) Kultur in erwünschte Bahnen gelenkt werden." (Dill/Hügler 1987: 154).

Die **Motivationswirkung** von Unternehmenskultur steht weniger im organisationalen oder systemtheoretischen, als vielmehr im psychologischen Kontext, da nicht etwa Motivationsprogramme gemeint sind, die mittels einer spezifischen Methodik außengesteuert eine, wie auch immer geartete, Loyalität erzielen sollen. Eine funktionale Unternehmenskultur kann vielmehr in ihrer Wirkung auf die intrinsische Motivation der Mitarbeiter erheblich dazu beitragen, dass es zum Gefühl einer inneren Verbundenheit mit dem Unternehmen kommt und somit zu einem echten Commitment, einem verstärktem Einsatz für die Ziele des Unternehmens (vgl. Dill/Hügler 1987: 165).

3.7 Ambivalenz „starker" Unternehmenskulturen

Obwohl es wünschenswert erscheint, dass Unternehmenskultur in der Breite eine Organisation nach innen und außen abbildet und in der Tiefe eine Prägung der Grundüberzeugungen einer Vielzahl von Mitarbeitern beschreibt, besteht das Problem sich verfestigender, wenig veränderungsfähiger und krisenresistenter Unternehmenskulturen. Steinmann und Schreyögg unterscheiden Vorzüge und negative Effekte solcherart „starker" Unternehmenskulturen und fordern für eine Kulturentwicklung nicht nur einen kultur**fördernden**, sondern auch einen **reflexiven** Prozess, um Unternehmenskultur von allzu starken Umklammerungen zu lösen und für neue Freiräume und Denkmöglichkeiten bereit zu machen (vgl. Steinmann/Schreyögg 2000: 643).

Tab. 3.4 Vorzüge und negative Effekte einer starken Unternehmenskultur; Quelle: Steinmann/Schreyögg 2000: 638 ff.

Positive Effekte starker Unternehmenskulturen	Negative Effekte starker Unternehmenskulturen
Handlungsorientierung durch Komplexitätsreduktion	Tendenz zur Abschließung
Effizientes Kommunikationsnetz	Blockierung neuer Orientierungen
Rasche Informationsverbreitung und Entscheidungsfindung	Implementationsbarrieren
Beschleunigte Implementation von Plänen und Projekten	Fixierung auf traditionelle Erfolgsmotive
Geringer Kontrollaufwand	Kollektive Vermeidungshaltung
Hohe Motivation und Loyalität	„Kulturdenken" (analog zum „Gruppendenken"; „erzwungene Konformität")
Stabilität und Zuverlässigkeit	Mangel an Flexibilität

3.8 Definition von Unternehmenskultur

Die bereits beschriebene Synthese von Metaphern- und Variablen-Ansatz bringt aus Sicht des Verfassers in einer günstigen Weise die letztliche Unverfügbarkeit von Unternehmenskultur zum Ausdruck, eröffnet aber auch die Einflussmöglichkeiten ihrer Gestaltung. Ein Unternehmen **ist** eine Kultur, die im jeweiligen Gewordensein, in ihrer Kontingenz als einzigartiges Sozialsystem zu betrachten ist; ein Unternehmen **hat** aber auch eine Kultur, die durch Setzung geeigneter Rahmenbedingungen seitens der Unternehmensführung gestaltet werden kann. Dabei spielen das Bewusstsein der Grenzen der Einflussnahme und der Prägungstiefe bereits vergangener Erfahrungen eine wichtige Rolle. Einem ausschließlich pragmatischem, technischem Gestaltungsprozess von Unternehmenskultur soll bewusst nicht das Wort geredet werden, jedoch besteht Unternehmenskultur auch nicht in einem bloßen abstrakten Gefüge, das letztlich der Einflussnahme entzogen ist, sondern kann, darf und muss im Rahmen der Zielsetzung des Unternehmens gestaltet werden. Unternehmenskultur hat wichtige Berührungspunkte mit anderen Größen, wie Corporate Identity, Unternehmensklima, -ethik und -philosophie. Gleichermaßen wie diese Größen ist auch Unternehmenskultur einem dynamischen Prozess unterworfen, insofern Veränderungen der Unternehmensumwelt und -innenwelt prägenden Einfluss haben. Unternehmenskultur selbst muss in ihrer Motivations-, Integrations- und Koordinationswirkung als eminent prägende Größe für Einstellungen, Haltungen und Handlungen betrachtet werden. Die Verantwortung der Unternehmensführung besteht darin, diese Dynamik im Rahmen der jeweiligen Zielsetzungen einer Gestaltung so aufzugreifen und gegen sich verfestigende Tendenzen zu schützen, dass Veränderungsprozesse gemeinsam getragen und von möglichst vielen Beteiligten und Betroffenen als glaubwürdig erachtet werden können. Aus diesen Überlegungen heraus soll Unternehmenskultur wie folgt definiert werden:

Unternehmenskultur bezeichnet das jeweils spezifische Spektrum von Denkweisen, Vorstellungsgehalten, Normen und Werten eines Unternehmens, das in einem sich wechselseitig beeinflussenden Prozess die in ihm tätigen Individuen und Gruppen prägt, wiederum durch diese geprägt wird und so das Verhalten, die Handlungen und die Entscheidungen eines Unternehmens maßgeblich mitbestimmt.

4 Handlungsmöglichkeiten für ein demografieorientiertes Personalmanagement

4.1 Zum Verständnis von Unternehmenskultur angesichts des demografischen Wandels

Der Begriff „demografischer Wandel" beschreibt ganz allgemein derzeitig signifikante Bevölkerungsentwicklungen, die zum Teil weitreichende gesellschaftliche, beschäftigungs- und sozialpolitische Auswirkungen haben, wie etwa:

- die ständig steigende Lebenserwartung und die wachsende Zahl der so genannten Hochbetagten,
- eine während langer Zeit unterproportionale Geburtenentwicklung und damit eine stetige Alterung und Schrumpfung der Gesellschaft, die selbst durch Zuzüge und das oftmals höhere Geburtenniveau von Familien mit Migrationshintergrund nicht kompensiert werden – noch dazu, bei regional sehr unterschiedlicher Zuwanderung.

Arbeitsmarkt- und sozialpolitisch gehen mit der Problemstellung der alternden Gesellschaft unter anderem einher:

- eine ungleiche Verteilung von Erwerbstätigkeit zwischen den Alterskohorten mit teilweise dramatischen Auswirkungen auf die sozialen Sicherungssysteme, die Altersversorgung und das Gesundheitswesen,
- das Phänomen der „Entberuflichung des Alters" (Bäcker/Nägele 1993) bei gleichzeitig zunehmendem Fachkräftemangel und Verlust von wertvollem Expertenwissen und Erfahrung,

- mittel- und langfristig notwendige Anpassungen bisheriger, typischer Erwerbsverläufe und Beschäftigungsmodelle an die demografischen Veränderungen.

Für das Personalmanagement ergeben sich aus den Entwicklungen wesentliche Schlussfolgerungen. So gilt es, Strategien zu entwerfen, um:

- Mitarbeiter aller Erwerbsphasen erfolgreich zu rekrutieren und zu binden,
- die jeweiligen spezifischen Stärken und Erfolgspotenziale von Mitarbeitern verschiedener Altersstufen bewusst abzurufen, aufeinander abzustimmen und zu würdigen,
- Innovationsfreude, Leistungsfähigkeit und -bereitschaft Älterer wie Jüngerer in den Unternehmen zu erhalten und zu fördern,
- Erfahrungswissen zu sichern und seinen Transfer zu ermöglichen,
- das enorme, weithin ungenutzte Arbeitskräfteangebot der so genannten „stillen Reserve", derjenigen Menschen, die aus verschiedenen Gründen nicht oder nicht mehr am Arbeitsmarkt vertreten sind, aber Arbeit suchen (wie etwa bisher nicht berufstätige Hausfrauen, Selbstständige, Menschen in arbeitsmarktpolitischen Maßnahmen der Bundesagentur für Arbeit, Rentner, Schüler und Studenten), verstärkt zu rekrutieren und
- eine zunehmende Heterogenität und Multikulturalität der Bevölkerung auch in Belegschaften abzubilden, die in gegenseitiger Wertschätzung, Akzeptanz und Toleranz zusammenarbeiten.

Wie verändert sich Unternehmenskultur angesichts des demografischen Wandels? Muss möglicherweise explizit von einer demografieorientierten Unternehmenskultur gesprochen werden? Der weithin unverfügbare Charakter kulturellen Werdens im Unternehmen und der Zeithorizont kultureller Entwicklungen sprechen eher dagegen. Wohl aber ändern sich die Bedeutung und Dringlichkeit, bestehende unternehmenskulturelle Prägungen herauszuarbeiten und Einflussmöglichkeiten für die jeweilige Zielsetzung zu finden. Wenn auch Unternehmenskultur als heterogene und emergente Größe kaum im direkten Zugriff gestaltet werden kann, ergeben sich jedoch in der Setzung geeigneter Rahmenbedingungen gute Möglichkeiten, dass Wertvorstellungen und Denkhaltungen in eine gewünschte Richtung gelenkt werden und somit Unternehmenskultur geprägt werden kann. Konstitutiv ist dabei die Überzeugung des Managements von der Notwendigkeit von Veränderungsprozessen sowie der Einigung auf gemeinsame Ziele. In ein Zielsystem integriert, stellt das demografieorientierte Personalmanagement gleichsam ein Oberziel dar, aus dem sich Teilziele ableiten lassen, die wiederum in operative Ziele gegliedert werden. Der Dreiteilung in normatives, strategisches und operatives Management folgend, lässt sich das Oberziel eines Unternehmens, dem die Tragweite einer generationenübergreifenden Beschäftigung und Multikulturalität im Unternehmen bewusst und als gelebtes Wertesystem inhärent ist, als normative Aufgabe verstehen, zumal Unternehmenskultur auch dem normativen Management zugehört. Auf der strategischen Ebene lässt sich die Reflexion des Unternehmensvorteils insofern einordnen, als mit dem bewussten Einsatz von Mitarbeitern unterschiedlichen Alters sowie kulturell heterogenen Belegschaften, die in gegenseitiger Akzeptanz und Toleranz zusammenarbeiten, eine wichtige strategische Erfolgsposition erreichbar ist. Operatives Management sieht demgegenüber konkrete Maßnahmen äußerer Gestaltung vor, die eine Rückwirkung auf das strategische sowie das Oberziel haben. Eine Dreiteilung der Ziele analog der Managementebenen sieht von oben nach unten eine Abnahme des Abstraktionsgrades bei gleichzeitiger Zunahme der Einflussmöglichkeiten und Verkürzung des Zeithorizonts vor.

4.2 Strategische Erfolgspositionen für ein demografieorientiertes Personalmanagement

Als zentrale strategische Erfolgsposition muss die **Sicherung eines qualifizierten Fachkräfteangebots** gelten. In Zeiten der Unterbeschäftigung ist der Gedanke zwar nicht unbedingt naheliegend, dass kurzfristig Arbeitskräfte knapp werden könnten. Viele Unternehmen gestalten dementsprechend ihre Personalpolitik noch immer mit der Illusion schier unerschöpflicher Ressourcen am Arbeitsmarkt. Doch anhand des Mangels an gut ausgebildeten Fachkräften zeichnet sich bereits ab, dass umgedacht werden muss. Zudem werden die Mitarbeiter in den Unternehmen selbst im Durchschnitt älter, da die demografischen Entwicklungen sich auch hier abzeichnen. Die derzeit verstärkt nachgefragten jungen Arbeitskräfte und Arbeitskräfte mittleren Alters machen schon jetzt einen immer geringeren Teil der Erwerbsbevölkerung aus, ihr Arbeitsangebot wird zunehmend knapper werden. Ein Unternehmen sollte sich daher frühzeitig ebenso um älteres Erwerbspersonenpotenzial bemühen und gut ausgebildete, berufserfahrene ältere Mitarbeiter verstärkt an sich binden. Sich schon frühzeitig als attraktiver Arbeitgeber für Personal aller Alterskohorten am Arbeitsmarkt zu platzieren, bedeutet daher, eine wichtige strategische Erfolgsposition zu haben.

Eine weitere maßgebliche Erfolgsposition stellen **Erhalt, Transfer und Erneuerung von Erfahrungswissen** dar. In vielen Unternehmen und Branchen ist es bereits zur entscheidenden Frage geworden, ob es gelingt, oftmals unter erheblichem zeitlichen und materiellen Aufwand aufgebautes Knowhow flexibel für neue Aufgabenstellungen zu erhalten, auszubauen und intergenerativ zu transferieren. Hier wäre zum Beispiel ein beidseitiger Kontrakt Erfolg versprechend: Das Unternehmen ermutigt beispielsweise ältere Mitarbeiter, langjähriges Erfahrungswissen an jüngere weiterzugeben und sichert ihnen dafür partnerschaftlich im Gegenzug den Ausbau der eigenen Qualifikation und erhöhte Verantwortung und Anerkennung zum Beispiel als Mentoren und beratende Wissensträger für projektspezifische oder allgemein Berufserfahrung voraussetzende Problemstellungen zu. So könnte eine gute Chance bestehen, ältere Mitarbeiter als Wissens- und Erfahrungsträger langfristig binden und ihre Leistungsbereitschaft nachhaltig sichern und abrufen zu können. Ein günstiger Effekt in Bezug auf das Arbeitgeberimage dürfte die Folge sein.

Kein Unternehmen kann letztlich auf größtmögliche **Loyalität aller Anspruchsgruppen** verzichten. Für erfolgreiches Wirtschaften ist es in einem von Verkäufer- zum Käufermarkt gewandelten Absatzmarkt und in einer ökologisch, ethisch und sozial in weiten Teilen bewussten Gesellschaft immer wichtiger, von einer Opportunitätshaltung zu einer Verpflichtungshaltung zu kommen. Auch Kunden gehören zu allen Altersschichten. Sie werden als bewusste und informierte Käufer mit zum Teil erheblicher Marktmacht auf lange Sicht nicht akzeptieren, dass die betriebliche Leistungserstellung für das Produkt oder die Dienstleistung ihrer Wahl unter Ausgrenzung der eigenen Alterskohorte erfolgt. Die Öffentlichkeit nimmt ferner sehr sensibel und verärgert Widersprüche zwischen guten Unternehmenserfolgen und gleichzeitigem massiven Abbau von Arbeitskräften wahr. Ein Unternehmen, das bewusst auch auf ältere Fachkräfte setzt und dies glaubwürdig nach außen kommuniziert, kann sich wirksam und für das eigene Image förderlich von anderen abheben.

Schließlich wird der Erfolg eines Unternehmens wesentlich davon abhängen, ob **Mitarbeiterzufriedenheit** erzielt und erhalten werden kann. Ein nicht unerhebliches Risiko für ein Unternehmen hinsichtlich seiner Mitarbeiter besteht unter anderem darin, dass Mitarbeiter zwar zur Arbeitsleistung und zur Verantwortung für die Unternehmensziele in ihrem Bereich vertraglich verpflichtet werden können (zum Beispiel mittels Zielvereinbarungen), und auch der Grad der Leistungserfüllung dabei formal geregelt und beurteilt werden kann. Aber es kann nicht die innere Haltung des Mitarbeiters dem Unternehmen gegenüber, seine Selbstverpflichtung, für das Unternehmen engagiert einzustehen, formal geregelt werden. Daher ist es eine wichtige Frage, ob es gelingt, Mitarbeiter dazu zu bewegen, sich durch intrinsische Motivation geleitet für die Ziele des Unternehmens einzusetzen.

4.3 Analyse der bestehenden Unternehmenskultur (Ist-Kultur)

Soll eine bisherige unternehmenskulturelle Ausrichtung mit Bezug auf die Zielsetzung erfasst werden, ist zu fragen, woran sich Unternehmenskultur „ablesen" lässt und welche Informationsquellen und Vorgehensweisen geeignet sind, um ein konkretes Bild über Denkhaltungen und Wertvorstellungen in einem Unternehmen zu erhalten.

Der Leitgedanke, der sich dabei als Denkmöglichkeit und Gestaltungsidee erweist, ist folgender: Bestimmende Einflussgrößen können sowohl als **Indikatoren** für vorhandene Unternehmenskulturen im Sinne einer Standortbestimmung und Ausgangslage fungieren, als auch als **Promotoren** für eine Kulturgestaltung auf der Grundlage der ermittelten Merkmale kultureller Wirklichkeit dienen: Was geprägt wurde, lässt sich wiederum prägen.

Dementsprechend sollen beispielhaft Indikatoren ausgewählt werden, die von der Unternehmenskultur beeinflusst werden und die wiederum selbst Kulturpromotoren sein können, um Unternehmenskultur ihrerseits zu beeinflussen:

- Unternehmensleitbild
- Personalpolitik
- Motivation und Arbeitszufriedenheit
- Führungsverhalten
- Menschenbild

4.3 Analyse der bestehenden Unternehmenskultur (Ist-Kultur)

4.3.1 Unternehmensleitbild

Im Leitbild gibt sich ein Unternehmen sein eigenes Gepräge. Das Leitbild hat die Aufgabe, die Vision, die Ziele und Identität eines Unternehmens nach außen aber auch nach innen zu kommunizieren. Ein Leitbild ist erfolgreich, wenn es gelingt, ein auch am gemeinschaftlichen Nutzen orientiertes Streben nach eigenen Unternehmenszielen den verschiedenen Anspruchsgruppen gegenüber glaubwürdig zu vermitteln. Somit ist das Leitbild ein geeigneter Erstindikator für eine Unternehmenskultur und eine Plattform für die Übermittlung von entsprechenden Wertvorstellungen an die Unternehmensumwelt. Im Leitbild lässt sich beispielsweise relativ leicht feststellen, ob ein Unternehmen eine besondere soziale Verpflichtung und Verantwortung seinen Mitarbeitern gegenüber erkennt und auch eigens benennt.

Positiv zu vermerken wären Formulierungen, die auf eine intensive Reflexion dieser Thematik schließen lassen und möglichst konkrete und langfristige Einbindungsabsichten – jüngerer und älterer Mitarbeiter, Frauen und Männer, Menschen verschiedener kultureller Prägung – zur Zielsetzung erklären. Ferner kann ein Unternehmensleitbild viel darüber aussagen, wie wichtig einem Unternehmen die eigenen Mitarbeiter sind, welche Wertschätzung ihrem Beitrag zum Unternehmenserfolg beigemessen wird und welche Anstrengungen unternommen werden, um Mitarbeiter langfristig zu binden. Herrschen im Leitbild ausschließlich produkt- und marktstrategische Gesichtspunkte vor, ohne dass explizit und anerkennend deutlich wird, mit wessen Beitrag die Leistung erbracht, die Position im Wettbewerb erreicht und gehalten werden soll, dann dürfte dies bereits einen Hinweis auf eine diesbezüglich wenig entwickelte Unternehmenskultur darstellen. Jedoch muss festgehalten werden, dass sich erst aus der Verknüpfung mehrerer Indikatoren eine Orientierung ergibt, zumal ein Leitbild auch revisionsbedürftig sein kann, weil es zum Beispiel gelebte Wertvorstellungen nicht oder nicht mehr adäquat wiedergibt. Gleichermaßen kann das Leitbild, ist es denn positiv und vielversprechend formuliert, auch einen „Hochglanzprospekt-Charakter" aufweisen, der im täglichen Miteinander womöglich nicht zu verifizieren ist.

4.3.2 Personalpolitik

Eine Vorbemerkung sei vorausgeschickt: Es kann im Einzelfall sein, dass durchaus vorurteilsfreie, akzeptanzorientierte und offene Einstellungen gegenüber Mitarbeitern aller Altersstufen und sozialer und kultureller Hintergründe seitens des Personalmanagements bestehen, diese Haltungen aber nicht oder nicht genügend in personalpolitische Maßnahmen übersetzt werden, so zusagen der „Kultur-Strategie-Fit" (Scholz 2000: 814) fehlt. Berücksichtigt man diese Einschränkung, lassen sich anhand der personalstrategischen Aufgabenfelder des Personalmanagements aufschlussreiche Indikatoren für eine bestehende Unternehmenskultur finden. In der folgenden Übersicht sollen Funktionen des Personalmanagements jeweils Leitfragen gegenübergestellt werden, die auf unternehmenskulturelle Grundorientierungen schließen lassen.

Tab. 4.1 *Funktionen des Personalmanagements und unternehmenskulturell aufschlussreiche Leitfragen; Quelle: eigene Darstellung*

Funktion	Leitfragen für Rückschlüsse auf unternehmenskulturelle Grundorientierungen
Personalbedarfsermittlung	Werden Kompetenzen und Qualifikation älterer und jüngerer Mitarbeiter bei der Bedarfsermittlung differenziert betrachtet? Sind ältere Mitarbeiter im Personalbestand und -bedarf weit unterdurchschnittlich vertreten, ohne dass dies aus fachlichen oder gesundheitlichen Erwägungen zwingend ist?
Personalsuche	Sprechen Stellenangebote Bewerber aller Alterskohorten an oder wird subtil eine altersmäßig wunschgemäße Zielgruppe anvisiert (vgl. hierzu das Benachteiligungsverbot im Allgemeinen Gleichbehandlungsgesetz AGG)? Wie wird das Unternehmen selbst vorgestellt? Welche Werthaltungen kommen zum Ausdruck? Welche Schlüsselqualifikationen werden als zentral angesehen und benannt? Wirken Initiativen zur Rekrutierung älterer Mitarbeiter glaubwürdig oder eher alibi- beziehungsweise imageorientiert?
Personalauswahl	Gibt es Richtlinien oder Betriebsvereinbarungen zur Personalauswahl? Bestehen zwischen den Betriebsparteien Vereinbarungen zur Vermeidung von Ungleichbehandlungen im Sinne des AGG? Gibt es Altersgrenzen, die die Einstellungspraxis bestimmen? Werden jüngere Bewerber bevorzugt? Sind Entscheider bei der Personalauswahl unabhängig von ihrer eigenen Alterskohorte? Sind die verwendeten Auswahlverfahren geeignet, um ein Leistungsangebot speziell älterer Bewerber zu würdigen?
Personaleinsatz	Werden für ältere sowie jüngere Arbeitnehmer geeignete Stellen geschaffen? Werden Fertigkeiten und Kompetenzen Älterer in der Zusammenarbeit mit Jüngeren gezielt eingesetzt und als wertvolle Ressource gesehen und kommuniziert? Werden Ältere auf „Schonarbeitsplätze" organisiert, die ihrer Erfahrung und Qualifikation wenig entsprechen? Sind Arbeitsergonomie und Arbeitsplatzgesundheit berücksichtigt? Kommt eine flexible, intelligente Arbeitszeitgestaltung dem spezifischen Leistungsangebot und den Bedürfnissen von Mitarbeitern aller Altersstufen entgegen?
Personalführung	Herrscht eher ein autoritärer oder partizipativer Führungsstil? Gibt es ein Bewusstsein für unternehmenskulturelle Zusammenhänge in der Personalführung? Werden Entscheidungen kommuniziert und Mitarbeiter an ihnen beteiligt? Führen Vorgesetzte vorbildhaft und glaubwürdig?
Personalentwicklung	Sind Fort- und Weiterbildungsmöglichkeiten vorhanden und auch allen gleichermaßen zugänglich? Wird das Lernen in der Organisation gefördert? Gibt es ein Bildungscontrolling? Werden Ältere und Jüngere gleichermaßen bei Job Enrichment und Enlargement sowie bei Beförderungen bedacht? Werden Ältere als Mentoren intergenerativer Arbeitsgruppen eingesetzt, wird ihr Erfahrungswissen gewürdigt und bei Entscheidungen mitberücksichtigt? Werden Lösungsmodelle der Personalentwicklung on/near/off/into und out of the job kreativ umgesetzt?
Personalbeurteilung	Erfolgt eine transparente, wohlwollende Beurteilung durch Vorgesetzte? Wird konstruktiv kritisiert?
Personalentlohnung	Gibt es Anreize für die Entwicklung älterer Mitarbeiter in Gehalts- oder Bonusform? Erfolgt eine Entlohnung ausschließlich nach dem Senioritätsprinzip oder auch nach einem Leistungsprinzip, das ein eventuell gewandeltes Leistungsangebot Älterer berücksichtigt?
Personalbetreuung	Sind Stellen vorhanden, die sich mit Problemen gerade älterer Mitarbeiter befassen, wie Betriebsarzt oder Psychologe? Gibt es Initiativen gegen Diskriminierung am Arbeitsplatz? Ist der Betriebsrat an diesen Maßnahmen beteiligt? Gibt es einen eigenen Personalreferenten für diesen Bereich?
Personalcontrolling	Werden bei Planung, Steuerung und Kontrolle personalwirtschaftlicher Prozesse die jeweiligen Erfolgspotenziale von Mitarbeitern aller Altersstufen gesehen und differenziert berücksichtigt?
Personalfreisetzung	Werden älteren Mitarbeitern der Ausstieg aus dem Unternehmen nahegelegt und entsprechende Offerten gemacht? Werden ältere Mitarbeiter verstärkt abgebaut? Werden Seniorität und Leistungsansprüche Älterer im Unternehmen problematisiert? Gibt es Maßnahmen zur Beschäftigungssicherung? Bestehen zwischen den Betriebsparteien Auswahlrichtlinien bei personellen Maßnahmen im Sinne des Betriebsverfassungsgesetzes (BetrVG)?

Insbesondere auf eine altersselektive Personalpolitik, mangelnde Wertschätzung älterer Mitarbeiter und wenig nachhaltige Beschäftigungsstrategien kann mittels dieses Fragenkatalogs geschlossen werden. Zugleich ermöglichen die Leitfragen aber auch eine Situationsanalyse bereits eingeleiteter Veränderungen im Rahmen einer Unternehmenskulturgestaltung, die einem demografieorientierten Personalmanagement Rechnung tragen. Probleme der Integration und Akzeptanz verschiedener kultureller Hintergründe von Mitarbeitern als demografische Herausforderung schwingen in den Leitfragen natürlich mit, sollen aber an dieser Stelle der Übersichtlichkeit wegen nicht gesondert betrachtet werden.

4.3.3 Motivation und Arbeitszufriedenheit

Eines der am häufigsten rezipierten Motivationsmodelle ist die **Zwei-Faktoren-Theorie** von Frederick Herzberg (vgl. Herzberg 2003: 50 ff.). Besonders hervorzuheben ist an diesem Ansatz, dass ein Bruch mit der bisherigen Annahme einer Kontinuität von Erfüllung, Teil- oder Nichterfüllung von Bedürfnissen und analog entsprechendem Grad an Zufriedenheit stattgefunden hat (vgl. Bruggemann et al. 1975: 34). Denn Herzberg hat die Arbeitsbedingungen danach unterschieden, inwieweit sie den Charakter von **Dissatisfaktoren** (Hygienefaktoren) und **Motivatoren** haben. Dissatisfaktoren beinhalten, dass deren positive Gestaltung zwar Unzufriedenheit vermeidet, jedoch explizit keine Zufriedenheit auslöst. Motivatoren hingegen beinhalten, dass deren positive Ausgestaltung intrinsische Motivation vorantreibt und Zufriedenheit hervorruft. Obwohl Methodik und Repräsentativität der von Herzberg durchgeführten Untersuchung verschiedentlich kritisiert wurden, scheinen die Ergebnisse die Annahme zu stützen, dass mittels positiver Gestaltung bestimmter Arbeitsbedingungen und -inhalte Mitarbeiterzufriedenheit gefördert werden kann. Es können zudem anhand der Betrachtung bestimmter Sinnzusammenhänge Rückschlüsse auf die Ursachen mangelnder Zufriedenheit und Identifikation gezogen und entsprechend gegengesteuert werden. Geradezu modern erscheint dieser immerhin über 40 Jahre alte Ansatz auch insofern, als er in Hinblick auf häufig angewandte Führungsmuster (wie etwa Belohnungssysteme in Form von Incentives und Höhe der Vergütung) zur Förderung einer Selbstverpflichtung des Mitarbeiters gegenüber dem Unternehmen desillusionierend ist. Diese Sichtweise, dass Führungsinstrumente solcher Art kaum wirken, wird auch in neueren Arbeiten wiederholt bestätigt (vgl. Buckingham/Coffman 2002; Sprenger 2005). Zugleich werden die Wichtigkeit so genannter „weicher" Faktoren (zum Beispiel Bedürfnis nach Anerkennung und Wertschätzung des Leistungsbeitrags, Verhältnis zwischen Mitarbeitern untereinander und zu Vorgesetzten, Sicherheits- und soziale Bedürfnisse) und ihre Verankerung im Führungsverhalten sowie ihre enorme Auswirkung auf verhaltensleitende Affekte deutlich herausgestellt. Insofern in diesem Ansatz vielfach unternehmenskulturelle „Artefakte" Auslösefunktion für Beteiligtheit und Zufriedenheit zugemessen bekommen, ergibt sich für die Frage nach einer Ist-Kultur und ihrer Gestaltung ein großer Möglichkeitenraum.

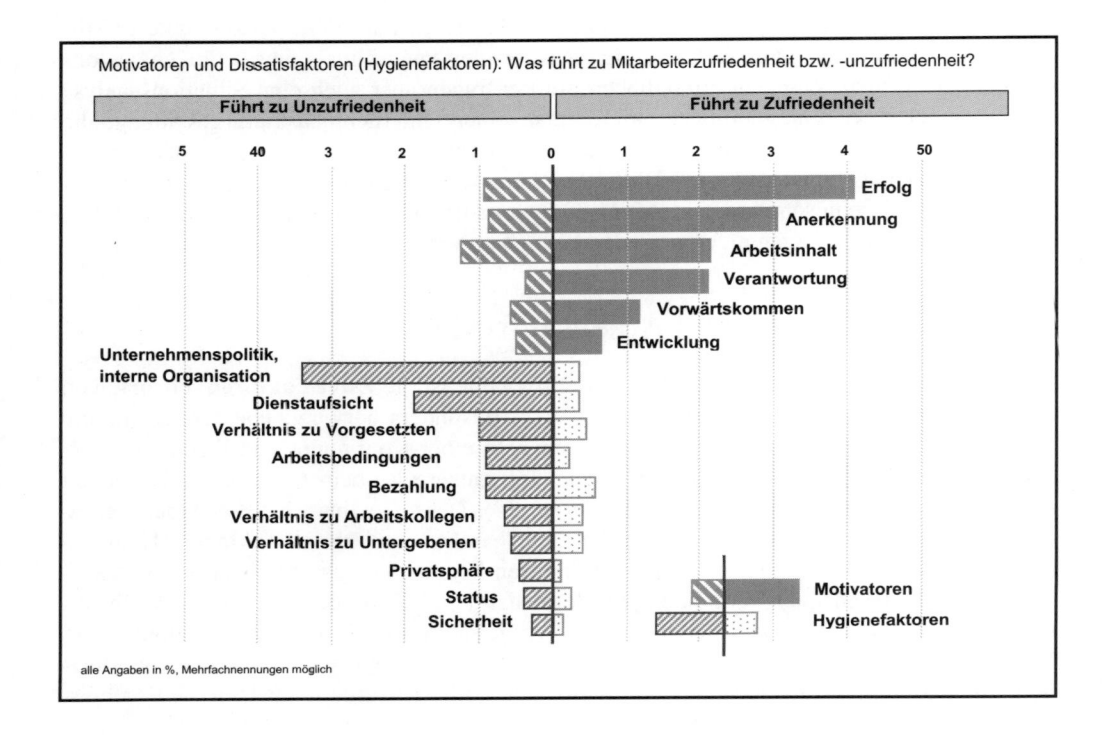

Abb. 4.2 Motivation und Zufriedenheit im Zusammenhang mit dem Erleben der Arbeitswirklichkeit nach Herzberg; Quelle: Herzberg 2003: 54

4.3.4 Führungsverhalten

Als Indikator von Unternehmenskultur kann das Führungsverhalten, der Führungsstil, angesehen werden. Der Begriff des Führungsverhaltens soll dabei bewusst von dem der Führungsstruktur abgegrenzt werden. Obwohl beides zusammenfallen und einander bedingen kann, sind für die Erfassung der Unternehmenskultur verhaltensleitende Grundannahmen zwar schwerer fassbar, jedoch von größerem Interesse. Strukturen können zwar, müssen aber nicht zwangsläufig „Artefakte" solcher Grundannahmen sein. Das Führungsverhalten stellt ein wichtiges Bindeglied zwischen Menschenbildern dar, die im Unternehmen vorherrschen und der Motivation und Arbeitszufriedenheit, die wesentlich durch die Person des Einflussnehmenden, das heißt, des Führenden mitbedingt ist. Bleicher spricht von „kulturprägender Rolle der Führung" und konstatiert: „Führungskräfte als Träger von Managementaufgaben und -prozessen üben im interpersonellen Verhältnis durch ihre Betonung bestimmter Facetten des beachteten und beurteilten Verhaltens eine prägende Rolle auf die Entwicklung der Unternehmenskultur aus" (Bleicher 1999a: 245 f.). Dabei unterscheidet Bleicher analog der Unterscheidung von opportunistischer und verpflichteter Unternehmenskultur zwischen technokratischem, vorwiegend instrumentell-quantitativem Führungsstil auf der Seite opportunistischer Grundorientierung und unternehmerischem, entwicklungsorientiert-qualitativem Führungsstil auf der Seite verpflichteter Grundorientierung. So variiert der Führungsstil graduell von instrumenteller, verfahrenstechnischer Perfektion, Technokratie und Bestrafungskultur bis zu Sinnorientierung, Fehlertoleranz, Flexibilität, Belohnungskultur, Improvisationsneigung und evolutiver Gestaltung der Unternehmenskultur (vgl. Bleicher 1999a: 246).

Mit Blick auf die Zufriedenheit von Mitarbeitern als Indikator für erfolgreiche und glaubwürdige Führung kommt der Rückmeldung aus der Belegschaft eine zentrale Bedeutung zu. Buckingham und Coffmann stellen hierzu zwölf Kernfragen vor, die sich im Laufe einer Langzeitstudie zur Mitarbeitermotivation – durchgeführt von der Gallup Organisation über 25 Jahre – herauskristallisiert haben, eine hohe Repräsentativität beanspruchen können und sich daher für die Erfassung des Führungsverhaltens und möglicher Rückschlüsse auf die Unternehmenskultur eignen:

1. Weiß ich, was bei der Arbeit von mir erwartet wird?
2. Habe ich die Materialien und Arbeitsmittel, um meine Arbeit richtig zu machen?
3. Habe ich bei der Arbeit jeden Tag die Gelegenheit, das zu tun, was ich am besten kann?
4. Habe ich in den letzten sieben Tagen für gute Arbeit Anerkennung und Lob bekommen?
5. Interessiert sich mein/e Vorgesetzte/r oder eine andere Person bei der Arbeit für mich als Mensch?
6. Gibt es bei der Arbeit jemanden, der mich in meiner Entwicklung unterstützt und fördert?
7. Habe ich den Eindruck, dass bei der Arbeit meine Meinungen und Vorstellungen zählen?
8. Geben mir die Ziele und die Unternehmensphilosophie meiner Firma das Gefühl, dass meine Arbeit wichtig ist?
9. Sind meine Kollegen bestrebt, Arbeit von hoher Qualität zu leisten?
10. Habe ich innerhalb der Firma einen sehr guten Freund?
11. Hat in den letzten sechs Monaten jemand in der Firma mit mir über meine Fortschritte gesprochen?
12. Hatte ich bei der Arbeit bisher die Gelegenheit, Neues zu lernen und mich weiter zu entwickeln? (Buckingham/Coffman 2002: 21 f.)

Auf die besondere Problematik des Schließens auf eine einheitliche Unternehmenskultur aufgrund der anzunehmenden Varianz der Führungsstile einzelner Führungskräfte insbesondere in größeren Organisationen sei jedoch hingewiesen. Dabei soll aber keineswegs eine immer einheitliche Unternehmenskultur postuliert werden. Vielmehr wird von Facetten auszugehen sein, mitunter von in sich geschlossenen, subkulturellen Beziehungssystemen.

4.3.5 Menschenbild

Führungsansätzen liegt immer auch ein bestimmtes Menschenbild zugrunde, nach dem im Zusammenhang einer Erfassung der Ist-Kultur gefragt werden muss. Dies erscheint besonders schwierig und auch nur indirekt über andere Kulturartefakte zu realisieren. Eine Hilfe kann im Folgenden ein weithin bekannter Ansatz sein, um wenigstens Grundausrichtungen zu erspüren, die für das Führungsverhalten handlungsleitend sind.

Eine Unterscheidung wesentlicher Grundannahmen über Führungsverhalten anhand von Ansichten des Managements hinsichtlich der Leistungsfähigkeit und -bereitschaft von Mitarbeitern sowie ihrer Motivation und Identifikation mit Aufgabenstellungen hat McGregor klassifiziert als Theorie X versus Theorie Y (vgl. McGregor 1973: 47 ff.). Für Theorie X steht die Annahme des Managements, dass der Durchschnittsmensch Arbeit als unangenehm empfinde, sie scheue, und von daher mehr oder weniger zur Arbeit gezwungen werden müsse. Kennzeichnend sei eine mangelnde Selbstständigkeit und Verantwortungsbereitschaft sowie starke materielle Anreizbarkeit und ein starkes Sicherheitsstreben, was eine enge Führung notwendig mache im Stil von „Zuckerbrot und Peitsche". Wohl habe der arbeitende Mensch ein latentes Bedürfnis nach Selbstentfaltung, das in den industriellen Arbeitsbedingungen aber meist unbewusst sei, vor allem aber kaum umgesetzt und gefordert würde (vgl. McGregor 1973: 53). Die Verwandschaft zum Taylorismus ist nicht von der Hand zu weisen.

Demgegenüber steht für Theorie Y die Ansicht des Managements, Arbeit werde unter bestimmten Voraussetzungen als Befriedigung erfahren, Engagement für die Ziele des Unternehmens könne nicht allein durch Belohnung und Bestrafung sichergestellt werden, entspringe vielmehr einer Zielharmonie zwischen Aufgabenstellung und Bedürfnissen des Menschen. Unter bestimmten Bedingungen würde der Mensch Verantwortung geradezu von sich aus suchen, seine Kreativität, sein Urteilsvermögen in den Dienst des Unternehmens stellen. In den industriellen Arbeitsbedingungen würde dieses Potenzial nur zum Teil umgesetzt (vgl. McGregor 1973: 61 f.). Theorie Y verpflichtet nach McGregor das Management dazu, eine geeignete Führungsstrategie zu entwickeln, die der grundsätzlichen Bereitschaft von Mitarbeitern entspricht, sich engagiert in das Unternehmen einzubringen.

Die Beobachtungen von Theorie X fallen direkt auf die Führungseigenschaften des Managements zurück und sind keineswegs unabwendbare menschliche Charaktereigenschaften: „Vor allem rückt Theorie Y die Tatsache ins Licht, dass die Grenzen der menschlichen Zusammenarbeit in organisatorischen Gebilden nicht Grenzen der menschlichen Natur sind. Theorie X bietet dem Management eine leichte Ausrede für ungenügende unternehmerische Leistungen: Schuld sei allein das Menschenmaterial, mit dem man arbeiten müsse. Theorie Y andererseits legt die Probleme den Führungskräften mitten auf den Tisch. Wenn ihre Mitarbeiter träge, gleichgültig, verantwortungsscheu, stur, einfallslos sind und nicht zusammenarbeiten wollen, lässt Theorie Y durchblicken, dass die Ursachen in den Methoden der Organisation liegen, die das Management anwendet." (McGregor 1973: 62 f.). Insbesondere die kooperative Führung ermöglicht dem Management, das Leistungspotenzial der Mitarbeiter auszuschöpfen im Sinne von Theorie Y als „Management durch Integration und Selbstverantwortung", wobei der Partizipationsgrad situativ variabel ist (vgl. McGregor 1973: 143). Theorie X und Y verdeutlichen typologisch die Wichtigkeit positiver Antizipationen über die Bereitschaft und Fähigkeit des Menschen, sich in eine Organisation aktiv einzubringen.

Menschenbilder, die dagegen von Misstrauen und negativen Vorurteilen über den Leistungswillen und die Leistungsfähigkeit geprägt sind, werden vermutlich in einer Art „Selffulfilling Prophecy" genau das befürchtete Verhalten bei Mitarbeitern auf Dauer auslösen. Insofern ist McGregors Ansatz hilfreich für die eigene Standortbestimmung. Ferner wird die

Wichtigkeit der situativen Umgebungsvariablen für ein wünschenswertes, starkes Engagement und Verantwortungsbewusstsein des Mitarbeiters verdeutlicht. Darüber hinaus wird speziell dem Management die Hauptverantwortung für bestehende und zu erzielende Entwicklungen übertragen. Ein Führungsstil, der verhindert, dass sich Mitarbeiter aller Altersgruppen und kulturellen Hintergründe im Unternehmen entfalten, ihre Stärken und Kreativität einbringen können und frei von Misstrauen einen Raum zur Entwicklung haben, wird unweigerlich zum Hemmnis einer gesunden Unternehmenskultur.

4.4 Handlungsempfehlungen für erwünschte unternehmenskulturelle Entwicklungen (Soll-Kultur)

4.4.1 Unternehmensleitbild

Unter dem Gesichtspunkt geeigneter Kulturindikatoren wurde das Leitbild als eine wichtige Möglichkeit erkannt, um zu erforschen, wie Unternehmenskultur nach innen und außen thematisiert und kommuniziert wird. Eine besondere Bedeutung hat das Unternehmensleitbild durch seine Verankerung im normativen Management und die Flankierung von Unternehmensverfassung und -politik. Damit stellt es eine wichtige und nah an der Grundausrichtung eines Unternehmens gelegene Gestaltungsgröße dar, die einen Konsens zwischen Kultur, Struktur und Strategie fördern kann. Möglichkeiten und Grenzen der Kulturgestaltung liegen im Unternehmensleitbild dicht beieinander. Einerseits kann unter Rückgriff auf frühere Äußerungen eine Anpassung an Entwicklungen vorgenommen werden, um eine größtmögliche Kongruenz zwischen Umwelt- und Unternehmensentwicklung zu erzielen, andererseits besteht jedoch die Gefahr, dass „Leitbilder, die den Werten der bestehenden Unternehmenskultur grundsätzlich entgegenstehende Verhaltensweisen postulieren ... sich als hoffnungsloses Unterfangen eines kulturtechnokratischen Machertums ... entpuppen, das tradierte Verhaltensweisen eher noch verfestigen wird." (Bleicher 1994: 505). Um diesem Spannungsfeld für die Thematik eines demografieorientierten Personalmanagements Rechnung zu tragen, erscheint es unabdingbar, dass einer Leitbildgestaltung, wie auch allen anderen Kulturgestaltungsprozessen, nach innen gerichtete, konsens- und akzeptanzorientierte Aktivitäten vorausgehen, wie etwa die:

- glaubwürdige Initiative seitens der Unternehmensleitung, sich selbstkritisch Prozessen stellen zu wollen, die zu einer besseren Anpassung an die Fragestellungen demografischer Entwicklung beitragen, ohne Angst vor Image- oder Machtverlusten,
- Ankündigung des Gestaltungswunschs und -bedarfs seitens der Unternehmensleitung im Rahmen von Belegschafts- oder Betriebsversammlungen, des Intranets, der Mitarbeiterzeitung etc.,

- Gründung eines Expertenteams unter Einbeziehung von Mitarbeitern aller Altersstufen, die als Vertrauenspersonen fungieren (ohne Rücksicht auf Hierarchieunterschiede), der Interessenvertreter der Arbeitnehmer, eventuell externer Berater,
- Durchführung von Mitarbeiterbefragungen,
- Auswertung und Bekanntgabe der Ergebnisse in der betrieblichen Öffentlichkeit sowie eine
- Formulierung oder Neufassung selbstverpflichtender personalpolitischer Aussagen sowie der besonderen Wertschätzung, Akzeptanz und Toleranz der Beschäftigtengruppen aller Altersstufen, kultureller Hintergründe und Rangfolgen.

Für den Fall, dass in Unternehmen entsprechende Leitsätze und Verhaltensrichtlinien bestehen, könnte möglicherweise auf eine Unterscheidung von Altersgruppen im Leitbild gänzlich verzichtet werden. Jedoch hat dann das Unternehmen diesbezüglich zumindest nach außen keine eindeutige **Stimme**. Ein Ausweg aus diesem Dilemma könnte darin gefunden werden, dass alle Altersgruppen mit ihren je komparativen Stärken im Leitbild anerkennende und wertschätzende Erwähnung finden und allgemein eine Selbstverpflichtung eingegangen wird, die sich auf alle Phasen einer Erwerbsbiografie bezieht. Dies wäre zum Beispiel in der Formulierung der Absicht langfristiger Bindung von Mitarbeitern an das Unternehmen möglich, in der Hervorhebung einer nachhaltigen Personalentwicklung und in der Absicht, tragfähige betriebliche Sozialsysteme für alle zu etablieren (oder bestehende auszubauen) und die Mitarbeiter für die Finanzierung solcher Systeme am Unternehmenserfolg partizipieren zu lassen. Ein Beispiel wären eine prozentuale Gewinnbeteiligung der Mitarbeiter und die langfristige Investition dieser Gelder in eine betriebliche Altersvorsorge. Eine weitere, interessante Möglichkeit würde sich in der Formulierung einer – sofern vorhanden – personalstrategischen Ausrichtung am Diversity-Management-Konzept im Leitbild eröffnen. Für die Frage des demografischen Wandels spezifischer könnte auch das so genannte „Age Diversity Management" herangezogen werden. Dieses wird von Ladwig et al. als Unterart des Diversity Managements bezeichnet, das „bezogen auf den Diversity-Faktor Alter ... ein Management-Instrumentarium ... entwickelt, das zielgruppen- und insbesondere kohortenspezifisch differenziert und an den individuellen Bedürfnissen und Motivationsmustern in den unterschiedlichen Lebensarbeitsphasen der Mitarbeiter ausgerichtet ist" (Ladwig 2006: 39). Hier ergibt sich für Strategie und Kommunikation ein weites Entwicklungsfeld: So könnte sich eine diesbezüglich intensivierte strategische Ausrichtung langfristig durchaus im Unternehmensleitbild niederschlagen, wenn sie alle Bereiche der Personalpolitik durchdrungen hat und ein verstärktes Bewusstsein für diese Thematik als Aufgabe der Legitimations- und Akzeptanzsicherung nach innen und außen entwickelt wurde.

4.4.2 Personalpolitik

Unter dem Gesichtspunkt der Indikatoren für bestehende Unternehmenskulturen sind an früherer Stelle Leitfragen hinsichtlich der Zusammenarbeit von Mitarbeitern aller Altersgruppen aufgeführt worden, mittels derer sich zum Beispiel eine Expertengruppe über Tendenzen und Prägungen von Unternehmenskultur im Zusammenhang demografischer Entwicklungen Rechenschaft geben und einen Überblick über mögliche Fehlentwicklungen und

4.4 Handlungsempfehlungen für eine erwünschte Unternehmenskultur (Soll-Kultur)

Handlungsbedarfe gewinnen kann. Entsprechend sollen an dieser Stelle einige ausgewählte Empfehlungen gegeben werden.

**Knowhow-Transfer: Abrufen des Erfahrungswissens Älterer
als Mentoren intergenerativer Arbeitsgruppen und Projektteams**
Die Kooperation von jüngeren und älteren Mitarbeitern in altersgemischten, teilautonomen Arbeitsgruppen darf als ein wichtiger Promotor einer demografieorientierten Personalführung gelten. Wenn Teamarbeit in solchen Strukturen gelingt, können altersgemischte Gruppen zu einem Ort sowohl der Entwicklung und Weiterqualifizierung als auch der Weitergabe von Wissen und Erfahrung werden. Gleichermaßen eignet sich Projektarbeit insbesondere dazu, den Wissens- und Erfahrungsschatz Älterer zu nutzen, indem diese als Projektleiter oder Projektberater (mit verminderter Projektverantwortung) eine Mentoren- oder Beraterrolle für die übrigen Projektverantwortlichen übernehmen können. Für solch ein Berater- oder Mentorenkonzept spricht die wünschenswerte Möglichkeit, kontinuierlich Wissen und Expertise Älterer in Anspruch zu nehmen und gleichzeitig jüngere Mitarbeiter unter Anleitung erfahrener Kräfte in verantwortliche Funktionen hineinzuführen, ohne dass Hemmnisse aufgrund des Senioritätsprinzips eine Karriere Jüngerer verlangsamen oder erschweren müssen.

Erleichtert werden dürfte die Weitergabe von Expertise und Erfahrungswissen an Jüngere zudem, wenn sichergestellt ist, dass der Erfahrungs- und Wissensschatz älterer Mitarbeiter seitens der Unternehmensleitung als Ressource bleibend wertgeschätzt und bewusst abgerufen wird. Durch die Zusammenarbeit in altersgemischten Gruppen und Projektteams wird diese Wertschätzung und Inanspruchnahme idealerweise gelebt. Ältere könnten in einer solch günstigen Konstellation „in die zweite Reihe treten" und jüngeren Fachkräften beratend und unterstützend zur Seite stehen. Unter allen Umständen sollte jedoch vermieden werden, dass sich bei Älteren eine Angst einstellt, durch Preisgabe des Erfahrungswissens an Jüngere ihren komparativen Vorteil an Berufserfahrung und besonderen, mit der Zeit gewachsenen Kenntnissen und Fertigkeiten, mehr und mehr zu verlieren und dadurch austauschbar zu werden. Daher benötigt ein Wissenstransfer im Rahmen von organisatorischen Strukturen ergänzende, sichernde Maßnahmen der Personalpolitik. Insbesondere Änderungen traditioneller psychologischer Verträge zugunsten stärkerer Leistungs- und Entwicklungsorientierung, Selbstverantwortung und Flexibilität müssen allgemein mit einer Stabilisierung der Arbeitsbeziehungen und intensiver Kommunikation der Wertschätzung der besonderen Stärken **aller** Altersgruppen einhergehen (siehe zu diesen Ausführungen auch das Kapitel „Wissensmanagement" von Uta Kirschten in diesem Lehrbuch).

Nutzung der besonderen Potenziale und Stärken verschiedener Altersgruppen: Alters-Diversity-Management und Qualifikationsmodelle für Mitarbeiter aller Altersstufen
Im Bereich der Rekrutierung scheint sich langsam die Erkenntnis durchzusetzen, dass einseitig jugendzentrierte Einstellungspraktiken Defizite in der langfristigen Gewinnung von Wissen und Erfahrung zur Folge haben und sich mitunter ein Fachkräftemangel nur schwer durch Neurekrutierung beheben lässt. Insofern wird auch die Mitarbeiterentwicklung immer wichtiger. Dies schließt die bewusste Nutzung der besonderen Potenziale und Stärken älterer Mitarbeiter ein, um die mentalen Negativfolgen jahrelanger mangelnder Herausforderung durch einseitige Aufgabenstellungen oder das Fehlen eines lernanregenden Arbeitsumfelds

zu vermeiden. Hilbert und Naegele sprechen von der **„Disuse-These"** als eine „betriebsspezifische Einengung von Qualifikationen durch häufig jahrzehntelange Konzentration auf ganz bestimmte Tätigkeiten, Verfahren, Arbeitsbereiche etc." (Hilbert/Naegele 2001: 133) und schätzen diesen Problembereich als besonderes Qualifikationsrisiko ein.

Bruggemann et al. befürchten im Sich-Abfinden mit nicht herausfordernden Tätigkeiten geradezu einen Verlust demokratisch verankerter Mündigkeit des Arbeitnehmers: „Wenn wir ... berücksichtigen, dass viele Arbeitstätigkeiten mit einer relativ geringen Entwicklung der Fähigkeit zu komplexerem Denken assoziiert sind, so kann gesagt werden, dass die Zufriedenheit mit zum Beispiel fremdbestimmten repetetiven Tätigkeiten das ausschaltet, was die Idee der Demokratie voraussetzt: das ‚mündige' Individuum, und das ist wesentlich das reflektierende und sich seiner Interessen und Möglichkeiten bewusste Individuum." (Bruggemann et al. 1975: 162). Von der Zielsetzung einer Personalpolitik betrachtet, die den Fragestellungen des demografischen Wandels gerecht wird, ergibt sich vor diesem Hintergrund ein wichtiger Handlungsbedarf für den Erhalt von Leistungsfähigkeit, beruflicher Wandlungs- und Entwicklungsfähigkeit sowie mentaler Flexibilität aller Mitarbeiter.

Als Handlungsempfehlung für eine alle Phasen der Erwerbsbiografie umfassende, kreative Personalstrategie, bietet sich – neben den klassischen Modellen Job Enrichment, Job Enlargement, Job Rotation sowie teilautonomen Arbeitsgruppen – das bereits an früherer Stelle erwähnte Alters(Age)-Diversity-Management an. Ergänzend zu einer ausgewogenen Lebensaltersstruktur als Ziel von Diversity fordert Weinmann eine ausgewogene Erfahrungsstruktur: „Deshalb muss die Lebensaltersperspektive um die Kompetenzperspektive ergänzt werden. Nicht die nach dem Lebensalter ausgewogene Altersstruktur ist das Ziel, sondern die richtige Wissens- und Erfahrungsstruktur" (Weinmann 2006: 321). Ziel müsse sein, dass Unternehmen zunächst ihren Bedarf an Kompetenzen klären, sich eindeutig gegen eine altersspezifische Zuweisung abgrenzen sowie altersunabhängig Kompetenzen entwickeln und erhalten (vgl. Weinmann 2006: 321 f.).

Altersübergreifende Perspektiven für Mitarbeiter: individuelle Qualifikations- und Aufstiegsmodelle, Coaching und Mentoring
Über die bereits beschriebene Weiterqualifizierung in intergenerativen Gruppensituationen hinaus erfordert eine älteren und jüngeren Mitarbeitern gegenüber freundliche und integrative Personalpolitik zusätzlich die individuelle Bestandsaufnahme von Wissen und Erfahrung und eine hierauf und auf die Entwicklungswünsche und -möglichkeiten des Mitarbeiters abgestimmte Planung der verbleibenden Zeit im Unternehmen. Hierfür müssen im Personalmanagement entsprechende Strukturen bereits bestehen oder erforderlichenfalls aufgebaut werden. Als eine geeignete Möglichkeit, erfahrene Mitarbeiter gezielt weiterzuentwickeln, kann zum Beispiel ein Mentoring- und Coachingkonzept angesehen werden (vgl. Chester 2004: 54 ff.). Der erfahrene Mitarbeiter hat dabei zwei Ansprechpartner: Im Tagesgeschäft können fachliche, projektbezogene Absprachen mit einem Coach erfolgen; in regelmäßigen Abständen kann zusätzlich ein Mentor zur Karriereentwicklung und -abstimmung der Ziele im Unternehmen konsultiert werden. Voraussetzung dafür ist ein Selbst-Management im Sinne einer erhöhten Sensibilität für den eigenverantwortlichen Aufbau von Wissen und Erfahrung sowie für persönliche Weiterentwicklung und Visionen. Chester fordert eine klare Definition von Karriereszenarien, die dem Mitarbeiter Orientierung für die Zielerreichung und Selbstmotivation geben. Ferner sind Rollendefinitionen notwendig, die dem Mitarbeiter

aufzeigen, welche Anforderungen an bestimmte Karrierestufen und Funktionen gestellt sind, nicht zuletzt, welche materiellen Perspektiven sich mit Erreichen bestimmter Rollen verbinden (vgl. Chester 2004: 56).

Flankierung der Beschäftigung: flexible Arbeitszeitmodelle, betriebliche Sozialsysteme, Arbeitsergonomie, Gesundheitsfürsorge und (Teil-) Ausstiegsmöglichkeiten aus dem Erwerbsleben

Eine Personalpolitik, die so gestaltet ist, dass Mitarbeiter in ihren Belangen und besonderen Bedürfnissen in allen Phasen der Erwerbsarbeit berücksichtigt und integriert werden, benötigt auch eine ausgeprägte soziale Komponente. Im Bereich der Gesundheitsfürsorge gilt es, die Leistungsfähigkeit bis ins höhere Alter zu sichern und die Arbeitsgestaltung nötigenfalls daraufhin abzustimmen. Ilmarinen spricht geradezu von „Altersergonomie" und fordert eine „dynamische Anpassung der menschlichen Ressourcen an die neuen Arbeitsanforderungen" (Ilmarinen 2004: 40 ff.). Vielfach werden in Unternehmen bereits Maßnahmen der Gesundheitsfürsorge durchgeführt, oft weit über die Vorgaben der Gesetzgebung hinaus. Möglichkeiten bieten zum Beispiel Gesundheitszirkel, Arbeitskreise unter Teilnahme von Betriebsarzt, Mitarbeitern, Betriebsräten, Stabsstellen für Arbeitsschutz, Arbeitsplatzsicherheit und -gesundheit, die durch die Ortskrankenkassen in den Betrieben angeregt und betreut werden können. Ferner bieten die Krankenkassen oftmals sogar unentgeltlich Schulungen für Arbeitsergonomie an sowie Rückenschulen, Schulungen für richtiges Sitzen oder Heben von Lasten (siehe dazu das Kapitel „Betriebliches Gesundheitsmanagement im demografischen Wandel" von Max Überle in diesem Lehrbuch).

Im Bereich der Arbeitszeitregelung und der (Teil-) Ausstiegsmöglichkeiten aus dem Erwerbsleben setzt sich ferner zunehmend die Erkenntnis durch, dass starre Arbeitszeitmodelle den Anforderungen einer individualisierten und demografisch veränderten Gesellschaft nicht mehr genügen. „Es geht also um die Entwicklung innovativer Arbeitszeitkonzepte, die, anders als bisherige Modelle des gleitenden Ruhestands oder der Altersteilzeit, nicht auf eine einzige Lebensphase ausgerichtet sind, sondern lebensphasenübergreifend zu einer Neugestaltung von Lage, Verteilung und Dauer der Arbeitszeit kommen. Wesentlich für die neuen Ansätze müsste also sein, dass sie die traditionelle Verknüpfung von Lebensphasen (-alter) und typischen Zeitverwendungen möglichst aufheben und damit zum Beispiel die immer noch als selbstverständlich erlebte so genannte ‚Entberuflichung des Alters' nicht nur in Frage stellen, sondern sogar auflösen." (Haeberlin 1999: 595). War für eine altersdifferenzierte Gesellschaft die Sukzession von Bildung, Arbeit und Freizeit entsprechend der Lebensphasen vorherrschend, könnten in einer altersintegrierten Gesellschaft lebensphasenübergreifend Bildung, Arbeit und Freizeit gleichzeitig verwirklicht werden (vgl. Haeberlin 1999: 595 f.). Angesichts der Rückführung der Altersteilzeit sowie eines gestiegenen Renteneintrittsalters wird die Frage nach kreativen Modellen für ein Ausgleiten aus der Erwerbsarbeit zudem immer dringlicher. Bisher wurde jedoch die Möglichkeit einer wirklichen Teilzeit im Rahmen des Altersteilzeitgesetzes (AltTZG) nur durch eine Minderheit genutzt. Hier ergibt sich enormer Handlungsbedarf, nach Ansicht des Verfassers bestmöglich aufgegriffen durch die Kombination mit betrieblicher Altersversorgung im Rahmen von betrieblichen Sozialleistungen.

Abschließend sei die vertrauensvolle Zusammenarbeit mit dem Betriebsrat als Interessenvertretung der Arbeitnehmer und dessen Beteiligung bei der Ausgestaltung sozialer Handlungsfelder genannt. Schon allein gesetzlich geboten, stellt diese ein wesentliches Kriterium verantwortlicher und glaubwürdiger Personalpolitik dar und sichert die Akzeptanz betrieblicher und personeller Maßnahmen im Rahmen der Personalpolitik in der Belegschaft zusätzlich.

4.4.3 Motivation und Arbeitszufriedenheit

Im Rahmen der Erhebung einer möglichen Ist-Kultur wurde verdeutlicht, dass für eine positive Unternehmenskulturgestaltung diejenigen Antriebe berücksichtigt und gefördert werden müssen, die sich aufgrund intrinsischer Motivation für das Arbeitsleben ergeben und Arbeitszufriedenheit auslösen können. Das Modell von Herzberg wurde als eine geeignete theoretische Grundlage vorgestellt. Die dort aufgeführten Motivatoren Erfolg, Anerkennung, Arbeitsinhalte, Verantwortung, Vorwärtskommen und Entwicklung können als signifikant gelten für eine Einschätzung der Arbeitsmotivation und -zufriedenheit. Als Handlungsempfehlungen für die Gestaltung einer entsprechenden Soll-Kultur können alle Maßnahmen herangezogen werden, die sich auf die Weiterentwicklung und Anerkennung der beruflichen Kenntnisse richten. Je engagierter ein Unternehmen in diesen Bereichen agiert, umso sicherer kann auf Seiten der Mitarbeiter aller Altersstufen und kulturellen Hintergründe Akzeptanz und Zufriedenheit vermutet werden. Das Bedürfnis nach sinnvollem Handeln und Selbsteffizienz sollte dabei immer einbezogen werden. Wird dem Mitarbeiter vermittelt, dass sein Leistungsbeitrag wertvoll ist und wird dieser Beitrag auch bewusst abgerufen, werden Strukturen der Wissensweitergabe entwickelt, in denen zum Beispiel Ältere – ohne Angst vor dem Risiko einer Preisgabe eigener Berufserfahrung – zu Mentoren Jüngerer, Projektleitern, anerkannten Wissensträgern avancieren können. Das Ergebnis dürfte ein erhöhtes Maß an Motivation, Zufriedenheit, Identifikation und Verpflichtung gegenüber dem Unternehmen sein.

Als geeignete Strukturen können intergenerative Team- und Projektarbeit, Mentoren- und Beraterfunktion Älterer, regelmäßiger vertrauensvoller Austausch mit Führungskräften über den eigenen Entwicklungsstand, Weiterbildungsangebote mit realen Aufstiegschancen sowie ferner eine betriebliche Gesundheitsfürsorge und betriebliche Sozialleistungen angesehen werden. Eine langfristig günstige Rückwirkung derart ausgestalteter Rahmenbedingungen auf die Unternehmenskultur ist zu erwarten.

4.4.4 Führungsverhalten

Eine Vorbemerkung sei angeführt: In der Fachliteratur gibt es bislang kaum Untersuchungen über Führungsverhalten speziell im Zusammenhang mit demografischen Fragestellungen in Unternehmen. Auch stellt dies einen Themenkomplex dar, der hier nicht eigens behandelt werden kann. Beispielhaft sei die Problematik der Führung Älterer durch Jüngere als ihre Vorgesetzten erwähnt. Dies kann sich dann als problematisch erweisen, wenn die heutigen Vorgesetzten früher einmal selbst unterstellte Mitarbeiter oder Kollegen des heutigen Geführten waren.

4.4 Handlungsempfehlungen für eine erwünschte Unternehmenskultur (Soll-Kultur)

Mit dem Führungsverhalten steht eine wichtige unternehmenskulturelle Gestaltungsgröße zur Verfügung. Der erfolgreichen zielbezogenen Einflussnahme auf Individuen, der engen Beziehung zu Motivation und Zufriedenheit und einer Sicherung vertrauensvoller und effektiver Arbeitsbeziehungen steht jedoch eine Reihe von Unwägbarkeiten entgegen, die sich gezielter Gestaltung entziehen. Auch hat empirische Forschung von Führungsverhalten herausgestellt, dass zwar der Person des Führenden eine wichtige Funktion zukommt, dass es aber „ ‚die optimale Führungspersönlichkeit' oder ‚das optimale Führungsverhalten' nicht gibt. Die jeweilige Führungssituation muss mitbedacht werden, was in modernen Führungstheorien ... auch berücksichtigt wird" (Rosenstiel et al. 1999: 23).

Ferner muss – ähnlich wie bei Motivation und Zufriedenheit – das Desiderat der Gewinnung von Rückmeldungen seitens der Geführten selbst betont werden. Hier stößt auch rein methodisch der Gestaltungswille seitens der Unternehmensführung insofern an gewisse Grenzen, als wichtige Erfahrungen und Erkenntnisse der Wirkung von Führungsverhalten auf die Gruppe der Geführten möglicherweise fehlen, die wiederum erfolgreiche Führung bedingen. Vor diesem Hintergrund erscheint es erforderlich und zugleich Erfolg versprechend, einerseits konsens- und akzeptanzorientierte Aktivitäten einzuleiten, um Rückmeldungen aus der Belegschaft oder der Arbeitsgruppe zu erhalten, andererseits eine Bandbreite verschiedener Führungsstile situativ zu praktizieren. McGregor weist auf die unausweichliche Flexibilität von Führungsrollen hin, deren sich zum Beispiel ein Manager bewusst sein muss, wenn er erwartet, dass sich Geführte auf die jeweilige Situation einstellen: „Nur wenn der Manager ein echtes Gespür für die Eigenheiten der wechselnden Rollen entwickelt und außerdem offen erkennen lässt, in welcher Rolle er gerade auftritt, können seine Mitarbeiter lernen, darauf in angemessener Weise einzugehen." (McGregor 1973: 42 f.).

Die Frage des Vertrauens als Führungsinstrument betont Seeber: Eine Reziprozität von Vertrauensvorschuss seitens der Unternehmensführung aufgrund der positiven Unterstellung intrinsischer Motivation bei den Mitarbeitern und mitarbeiterseitigem Engagement, sich des Vertrauens würdig zu erweisen, schafft nach Seeber eine „Spirale des Vertrauens", das - arbeitgeberseitig initiiert - Arbeitsbeziehungen positiv gestaltet, Kontrolle ersetzt und Lernen stimuliert (vgl. Seeber 2006: 14 ff.).

Preißing weist auf die Wichtigkeit von Bildung für die Entwicklung von integren und glaubwürdigen Führungspersönlichkeiten hin: „Und genau das leistet Bildung: sie macht jeden einzelnen Menschen besonders, macht ihn unverwechselbar. Damit fördert Bildung Qualitäten, die für Führung fundamental sind: den in sich ruhenden Mensch, der sich seiner selbst bewusst ist und erlebbar zu sich steht, der auf der Basis transparenter Werte integer und glaubwürdig entscheidet. Denn souveräne Führung lebt nicht von der Kopie, von in Trainings produzierten Klonen, sondern vom eigenen Stil, auf den sich Dritte verlassen können. Es zählt die ganze Person und nicht Techniken oder Tricks. Wenn wir also wirklich Führungspersönlichkeiten wollen, so brauchen wir Bildung, die auch Herzensbildung mit einschließt." (Preißing 2004: 13).

Rohrhirsch bringt zudem die Frage nach der Anerkennung als sinnvoll empfundenen Handelns von Mitarbeitern ins Spiel, die zur Führung dazugehört: „Der Erfolg von Mitarbeitern besteht in der Einsicht an einer als sinnvoll empfundenen ‚Sache' mitzuarbeiten. Diese Einsicht ist auszusprechen im gegenseitigen Anerkennen. Vorrangig geschieht dies in der Anerkennung durch die Person des unmittelbaren Vorgesetzten ... dieser [kann] als erster unter Gleichen Anerkennung im Namen des Unternehmens aussprechen, das heißt in seiner Rede als Sachwalter der Sache zu sprechen. Dazu gehört ein Führungsverständnis, das den Führenden als ersten Geführten durch die Sache versteht. Noch etwas gilt es hervorzuheben, welches noch eindringlicher die Bedeutung moralischen Handelns im Unternehmens- und Führungsalltag ... herausstellt. ... Das, was allen Handlungen von Menschen zugrunde liegt jenseits einer bloßen biologischen Existenzsicherung, ist die Sehnsucht nach einem geglückten Leben. Nutzen ist kein Äquivalent für ein Leben, das als sinnvoll erfahren wird." (Rohrhirsch 2005: 145).

Ein Führungsverständnis, das in der beschriebenen Weise den Führenden sowohl von der eigenen Persönlichkeitsentwicklung als auch von der Frage nach gemeinsamem sinnvollen Handeln in die Pflicht nimmt, bietet eine gute Chance zu einer Führungskultur, die von den Geführten als glaubwürdig akzeptiert wird und Motivation und Verpflichtung des Mitarbeiters dem Unternehmen gegenüber hervorruft. Wo darauf verzichtet wird, Menschen gegen ihre Wesenheit zu verändern, sondern vielmehr ihre Individualität und Stärken entdeckt und gefördert werden, kann neben aller gemeinsamen Nutzenstiftung im ökonomischen Handeln diese positive Rückwirkung erwartet werden.

4.4.5 Menschenbild

Für die Gestaltung der Unternehmenskultur ist das Individuum ein wichtiger Bestimmungsfaktor, da eine Dynamik und Reziprozität seiner Entwicklung innerhalb und außerhalb des Unternehmenskontexts und der Entwicklung einer Unternehmenskultur besteht. Insofern sind vorherrschende Menschenbilder im Unternehmen als Rahmenbedingungen anzusehen, deren Gestaltung unweigerlich Auswirkungen auf die Unternehmenskultur haben wird. Grundsätzlich scheinen diejenigen Auffassungen vom Menschen geeignet, die von seiner altersunabhängigen, individuellen Entwicklungsfähigkeit ausgehen, ihm intrinsische Motivation, Kreativität, Suche nach sinnvollem Handeln und den Wunsch nach engagiertem Leistungsbeitrag zugestehen und antizipativ zuweisen.

Vielfach wird heute erkannt, dass die Teilnahmslosigkeit, Leistungszurückhaltung und Resignation beispielsweise älterer Mitarbeiter keinesfalls schon immer zum Menschen dazugehören und etwa durch Disziplinierung, materielle Anreize oder psychologischen Druck in eine dem Unternehmenszweck dienliche Aktivität umgeformt werden müssten. Vielmehr können mitunter manche als Defizit beklagten Attribute die Folgen von jahrelang erfahrenen, belastenden Arbeitsumgebungen, -bedingungen und -beziehungen sein. Die Erkenntnisse von Alternsstudien belegen eindrücklich, dass für die Besorgnis, ältere Mitarbeiter könnten innerhalb der üblichen Erwerbsarbeitsgrenzen ihr gewohntes Leistungsangebot ab einem gewissen Alter nicht mehr aufrechterhalten, wenig Anlass besteht. Ältere Menschen sind auch in der Einschätzung zahlreicher Betriebsleitungen eher leistungs**gewandelt** als leistungs**gemindert** (vgl. IAB Betriebspanel; Bellmann et al. 2003: 26 ff.). Wo unabwendbar eine Reduktion körperlicher Kraft, Sensomotorik oder Reaktionsgeschwindigkeit konstatiert wird, bewegen sich die Defizite in Bereichen, die normalerweise nur unwesentlich zur Leistungserbringung abgerufen werden müssen. Kann das Individuum meist von seinen Kompensationsmöglichkeiten flexibel Gebrauch machen, um Altersdefizite auszugleichen, steht umso mehr in Frage, inwieweit es den Unternehmen gelingt, korrespondierend in der Arbeitsgestaltung flexibel auf ein gewandeltes Leistungsangebot einzugehen.

Die individuelle Entwicklung des Mitarbeiters zu berücksichtigen und zu würdigen, erfordert von den Unternehmensleitungen den Mut zur Abkehr von überholten Klassifizierungsmustern und Theorien, zur Abkehr von vereinfachenden oftmals unbewusst rezipierten Erklärungszusammenhängen und Stereotypen. So sind glücklicherweise Modelle wie die Disengagementtheorie und die Alters-Defizit-Hypothese – durch gerontologische und arbeitsmedizinische Erkenntnisse gestützt – seit Langem „positiven", die Individualität, Leistungs- und Entwicklungsfähigkeit beinhaltenden Alternstheorien gewichen (vgl. Ilmarinen 2004: 29 ff.; Lehr 2003: 50 ff.; Havighurst et al. 1968: 170; Neugarten et al. 1968: 177; Baltes/Baltes 1989: 5 f.). Wird dieser Mut aufgebracht, dem Mitarbeiter sein Gewordensein ihm individuell zuzugestehen, ergibt sich daraus auch die lohnende Perspektive, dass eine zukünftige, positiv gestaltbare Entwicklungsfähigkeit angenommen werden kann.

Zudem erscheint es notwendig, dass ein Vorstellungs**rahmen** existiert, der die Verortung positiver Erfahrungswerte auch ermöglicht und ausreichend flexibel für neue Erfahrungen ist. Dies stellt nach Ansicht des Verfassers eine Aufgabe dar, der sich eine Unternehmensleitung zur Gestaltung einer Unternehmenskultur neben einem organisatorischen auch in einem „Bewusstwerdungsprozess" annehmen muss.

4.5 Grenzen der Unternehmenskulturgestaltung

Unter dem Gesichtspunkt der Gestaltungsmöglichkeiten von Unternehmenskultur wurden fünf Handlungsfelder und zugehörige operative Maßnahmen diskutiert. An dieser Stelle soll in knapper Form zusammenfassend aufgezeigt werden, welche Beschränkungen für eine Unternehmenskulturgestaltung mit der Zielsetzung eines demografieorientierten Personalmanagements bestehen können. Zwei Fragestellungen sind dabei grundlegend und sollen abschließend an die behandelten Indikatoren beziehungsweise Promotoren von Unternehmenskultur angesetzt werden:

- Wo können geeignete Rahmenbedingungen in der Praxis nicht gesetzt werden?
- Welche Hindernisse erschweren oder verunmöglichen den Gestaltungsprozess?

4.5.1 Unternehmensleitbild

In einem Unternehmen fehlen möglicherweise die organisatorischen Strukturen für einen Gestaltungsprozess. Zudem können bereits an früherer Stelle thematisierte, nach innen gerichtete, konsens- und akzeptanzorientierte Aktivitäten seitens der Unternehmensleitung fehlen. Ein Konsens über ethische Leitlinien des Wirtschaftens, der gegebenenfalls auf mehr informeller Ebene gesucht und gefunden wird, macht eventuell ein Leitbild entbehrlich. Viel bedeutsamer als all dies dürfte jedoch sein, dass Unternehmensleitungen das Bewusstsein für die Notwendigkeit einer entsprechenden Leitbildgestaltung fehlen kann, oder sogar die bisherigen Bewusstseins- und Kommunikationsprozesse für gelebte Wertvorstellungen selbst nicht Schritt halten.

4.5.2 Personalpolitik

Geeignete Strukturen zu schaffen und Maßnahmen zu ergreifen für eine kreative, integrative und partizipative Personalpolitik für Mitarbeiter aller Altersstufen und kulturellen Hintergründe erfordert zweifellos einen erheblichen materiellen und personellen Aufwand, der die Mittel für einzelne Gestaltungsfelder in bestimmten Unternehmen weit überschreiten kann und Wagnischarakter besitzt. Möglicherweise fehlt neben Strukturen aber auch das Bewusstsein für personalpolitische Handlungsfelder, insbesondere dann, wenn keine vergleichbaren bisherigen Strategien bestehen. Eine Reihe von Fehlentwicklungen gerade in der Frage der Integration älterer Mitarbeiter als einer wichtigen Verwirklichung eines demografieorientierten Personalmanagements hat der so genannte „Fünfte Altenbericht" des Bundesministeriums für Familie, Senioren, Frauen und Jugend 2005 herausgestellt, die Gestaltungsmaßnahmen entgegenstehen, einen Bewusstseinswandel erfordern und hier Erwähnung finden sollen (Bundesministerium für Familie, Senioren, Frauen und Jugend 2005: 82):

- eine altersselektive Personaleinstellungs- und Rekrutierungspolitik,
- alterssegmentierte Aufgabenzuweisungen mit der häufigen Folge der Reduzierung der breiten Einsetzbarkeit der betroffenen Arbeitskräfte,
- unterdurchschnittliche Beteiligung vor allem der geringer qualifizierten älteren Beschäftigten an betrieblich organisierter Fort- und Weiterbildung,
- Benachteiligung bei innerbetrieblichen Aufstiegsprozessen,
- Geringschätzung ihres Erfahrungswissens sowie
- kurzfristige Kalküle bei Personalentscheidungen zu Lasten älterer Belegschaftsmitglieder.

4.5.3 Motivation und Arbeitszufriedenheit

Es wurde im Rahmen der Indikatoren und Promotoren für die Unternehmenskulturgestaltung betont, dass es insbesondere die intrinsischen Antriebe sind, die sich nachhaltig auf die Identifikation mit dem Unternehmen sowie die Arbeitsfreude und -zufriedenheit auswirken. Hier ergeben sich besondere Unwägbarkeiten, da die Möglichkeiten außengesteuerter Motivation oftmals zu kurz greifen und den Bedürfnissen von Mitarbeitern in ihrer Verschiedenheit und Individualität oft nicht entsprechen können. Die Berücksichtigung gerade der intrinsischen Motivationsstruktur verlangt ein Umdenken und eine Revision bisheriger außengesteuerter Motivationsmodelle und Anreizstrukturen. Ferner sind geeignete personalpolitische Strukturen notwendig, die sich auf die Anerkennung, den bewussten Einsatz, die Weiterentwicklung und Aufstiegsmöglichkeiten beziehen, die für alle Mitarbeiter zugänglich sind. Diese können in den einzelnen Unternehmenskontexten unter Umständen nicht im notwendigen Umfang bestehen oder verwirklicht werden.

4.5.4 Führungsverhalten

Als Unwägbarkeit in den Handlungsempfehlungen für eine Soll-Kultur wurde die jeweilige Führungssituation bezeichnet, die eine Variabilität von verschiedenen Führungsstilen erfordern kann und möglicherweise weitere Rahmenbedingungen enthält, die einen Führungserfolg in Frage stellen können. Ferner wurde betont, dass wichtige Erkenntnisse bezüglich der geführten Gruppe fehlen können, die unentbehrlich sind für eine glaubwürdige, akzeptierte und effiziente Führung. Ein Unternehmen muss sich erst die Bandbreite an möglichen Führungsstilen vergegenwärtigen. Dabei können ein zu stark autoritäres und einseitig sachorientiertes Führungssystem eine vertrauensvolle Führungserfahrung beeinträchtigen. Weit wichtiger noch erscheint das Führungsverständnis, das in wesentlichem Maße von der Persönlichkeit, der Bildung, dem Menschenbild und den ethisch-moralischen Einstellungen und Werthaltungen des Führenden bestimmt ist. So kann im Einzelfall beispielsweise eine Führungspersönlichkeit aufgrund ihrer offensichtlichen Ungeeignetheit für diese Aufgabe oder, was schwerer wiegt, durch mangelndes Verständnis für eigene, womöglich durchaus korrigierbare Persönlichkeitsdefizite selbst das entscheidende Hindernis für eine diesbezügliche Unternehmenskulturgestaltung darstellen.

4.5.5 Menschenbild

Unter dem Gesichtspunkt der Erfassung und Gestaltung von Unternehmenskultur wurde auf die Bedeutung des Menschenbildes und resultierende Einstellungen und Erwartungen zum Beispiel gegenüber älteren Mitarbeitern hingewiesen. Diejenigen Grundhaltungen, die dem Mitarbeiter positiv-antizipativ Stärken und Engagement sowie Motivation zuerkennen, dürften wünschenswerte Auswirkungen auf die Unternehmenskultur und vertrauensvolle Arbeitsbeziehungen haben. Hingegen können entgegengesetzte Menschenbilder oder fehlendes Bewusstsein für ihre Tragweite das Wesen und die intrinsische Motivation von Mitarbeitern verfehlen und sich in einer Self-fulfilling-Prophecy nachhaltig negativ auf die Gestaltung der Arbeitsbeziehungen und -ergebnisse auswirken. Das Menschenbild, das eine Leitungsperson hat, erscheint dem gestalterischen Zugriff weithin entzogen zu sein. Selbst positive Erfahrungen mit älteren Mitarbeitern, die Ausgangspunkt für Veränderung von Haltungen werden können, bedürfen eines Mindestmaßes an Hinterfragung eigener Persönlichkeitsmerkmale und Werthaltungen, mithin ethisch-moralischer Grundüberzeugungen.

Grenzen der Gestaltung von Unternehmenskultur mit der Zielsetzung eines demografieorientierten Personalmanagements können – vereinfacht und veranschaulichend – zwei Gesichtspunkten zugeordnet werden: Strukturen, äußeren Umständen und Gegebenheiten einerseits und Grundeinstellungen, Überzeugungen und Werteorientierungen andererseits. Dabei scheint sich – ganz analog zur Unternehmenskultur selbst – der Bereich der Strukturen, äußeren Umstände und Gegebenheiten leichter einer Gestaltung zu erschließen. Die Probleme in diesem Bereich erscheinen leichter und mit kurzfristigem Zeithorizont lösbar, da sie sich offenbar auf der Ebene des Vermögens, Könnens oder Wissens befinden. Demgegenüber verwehren sich Grundeinstellungen, Überzeugungen und Werteorientierungen dem gestalterischen Zugriff viel stärker. Problemlagen erscheinen schwieriger und nur mit mittel- bis langfristigem Zeithorizont lösbar, da sie sich offenbar auf der Ebene von Bewusstseinsinhalten und Willensentscheidungen befinden.

5 Fazit

Unternehmenskultur beansprucht zu Recht eine zentrale Stellung, wenn es darum geht, Veränderungsprozesse im Unternehmen zu generieren. Ein Personalmanagement, das demografische Veränderungen in Gesellschaft, Arbeitswelt und alternden Belegschaften bewusst wahrnimmt und um adäquate personalstrategische Konzeptionen und Perspektiven für das Unternehmen ringt, muss der Unternehmenskultur zunehmende Bedeutung beimessen. Die Gestaltung und Verantwortung von Unternehmenskultur ist daher eine fundamentale Leitungsaufgabe des Personalmanagements. Denn ohne eine in sich stimmige unternehmenskulturelle Grundlegung und Rückbindung wird kein personalpolitisches Handlungsfeld langfristig erfolgreich ausgestaltet werden können.

Die verantwortliche Gestaltung und Prägung von Unternehmenskultur bedeuten eine reale Möglichkeit, das Unternehmensziel eines demografiebewussten Personalmanagements voranzubringen. Unternehmenskultur stellt in sich eine Größe dar, die zumindest in gewissem Umfang beeinflusst werden kann. Eine indirekte Einflussmöglichkeit ergibt sich durch Setzung geeigneter Rahmenbedingungen. Der synthetische Ansatz vereint dabei am besten die Unverfügbarkeit von Unternehmenskultur als heterogene, emergente Größe einerseits und das berechtigte Interesse der Unternehmensführung an einer Gestaltung des soziokulturellen Systems „Unternehmen" im Sinne strategischer Ziele andererseits. Denn weder stellt Unternehmenskultur lediglich eine beliebig in kurzfristigem Zeithorizont beeinflussbare Gestaltungsvariable strategischer Unternehmensführung dar, noch ist Unternehmenskultur eine dem Zugriff gänzlich entzogene Größe, die lediglich einer Innenschau sozialer Unternehmenswirklichkeit dient und von der eine gestalterische Einflussnahme Abstand nehmen muss.

Unternehmenskultur als dynamische Größe weist Beziehungen und Interdependenzen zu Corporate Identity, Unternehmensklima und -ethik sowie Unternehmensphilosophie auf und unterliegt selbst vielfältigen unternehmensinternen und -externen Einflüssen und prägt diese zum Teil wiederum selbst. Ausgewählte unternehmensinterne Einflussgrößen sind – unter Berücksichtigung ihrer Relevanz bezüglich der Standortbestimmung kulturellen Gewordenseins als auch in Hinblick auf das Gestaltungsziel sowie für ein strategisches und operationales Maßnahmenspektrum: Unternehmensleitbild, Personalpolitik, Motivation und Arbeitszufriedenheit, Führungsverhalten und Menschenbild.

Mit der verantwortlichen Ausgestaltung von Unternehmenskultur ist eine Reihe von günstigen Effekten verbunden, die sich positiv auf Zufriedenheit und Commitment aller Beteiligten auswirken können. Integration, Koordination und Motivation sind erwünschte Wirkungen für eine starke und funktionale Unternehmenskultur. Betont sei aber auch, dass einer anzunehmenden Vielfalt und Divergenz kultureller Entwicklungen nicht immer durch eine lediglich „starke" Kultur und vereinheitlichte Kultursteuerung entgegenzuwirken ist. Vielmehr steht das Management in der Verantwortung glaubwürdiger Führung, die auch von den Mitarbeitern getragen werden kann. Nur dann werden Zielsetzungen im Sinne der Aufgabenstellung verfolgt und die nötige Flexibilität für Veränderungsprozesse geschaffen.

Anhand der Spiegelung von Ist-Kultur als Sichtung bisheriger Entwicklungen und Soll-Kultur als zielbezogene Gestaltungsperspektive wird deutlich, dass engagierte Gestaltungsmaßnahmen mit dem Ziel eines Personalmanagements, das demografischen Entwicklungen Rechnung trägt, in allen untersuchten Bereichen eine entsprechend positive Entwicklung der Unternehmenskultur erwarten lassen. Zwar existieren mitunter Grenzen der Gestaltbarkeit in Form von äußeren Strukturen, Restriktionen und Unmöglichkeiten, jedoch haben Grundeinstellungen, Werthaltungen und Willensentscheidungen seitens der Handelnden eine weitaus wichtigere Bedeutung im Sinne eines Förderns oder Hinderns von wünschenswerten unternehmenskulturellen Entwicklungen.

Einerseits impliziert dies für das Management und die Personalführung die Notwendigkeit einer eingehenden und selbstkritischen Betrachtung des bisherigen Werdens und der Ausprägungen von Unternehmenskultur im besonderen Unternehmenskontext, einschließlich der Möglichkeit, sich neben gewünschten Fortschritten auch schmerzliche Fehlentwicklungen einzugestehen und Veränderungsbedarf konkret zu benennen. Andererseits ist so langfristig die Chance gegeben, nicht nur oberflächlich und kurzfristig-anlassbezogen auf äußere Entwicklungen zu **reagieren**, sondern aus einer grundlegenden Verankerung eines kontinuierlichen unternehmenskulturellen Bewusstseinsprozesses heraus nachhaltig, glaubwürdig und zielsicher zu **agieren**.

6 Fragen

1. Definieren Sie den Begriff Unternehmenskultur.
2. Diskutieren Sie, inwiefern Unternehmenskultur sich zugunsten personalpolitischer Ziele verändern lässt. Welche Unwägbarkeiten und Besonderheiten unternehmenskultureller Prozesse stellen sich möglicherweise der Gestaltungsabsicht des Personalmanagements entgegen?
3. Nennen Sie Gesichtspunkte, anhand derer sich die Ausprägung einer bestehenden Unternehmenskultur verdeutlichen lässt und die wiederum auch Handlungsalternativen für die Gestaltung wünschenswerter Entwicklungen bieten.

4. Begründen Sie, warum die Berücksichtigung unternehmenskultureller Fragestellungen wesentlich ist für die Ausgestaltung eines Personalmanagements, das neueren demografischen Entwicklungen Rechnung trägt.

Die Lösungen zu den Fragen finden Sie online (siehe Vorwort)

7　Literatur

Die Literaturhinweise finden Sie online (siehe Vorwort)

8 Praxisbeispiel: Gestaltung einer demografieorientierten Unternehmenskultur bei der WELEDA AG

Autor: Frank Lönnies

Interviewpartner: Roland Sturm

Frank Lönnies ist evangelischer Diplom-Theologe und Diplom-Kaufmann (FH). Zunächst war er in der kirchlichen Gemeindejugend- und Erwachsenenarbeit tätig, später absolvierte er eine IT-Netzwerkausbildung und war als Seminarreferent bei einem Bildungsträger sowie als Systemadministrator in verschiedenen Unternehmen beschäftigt. Seit 2001 ist Frank Lönnies freigestellter Betriebsratsvorsitzender der Abbott Vascular Instruments Deutschland GmbH, eines medizintechnischen Unternehmens. In diesem Zusammenhang hat er sich intensiv sowohl mit Fragen der Unternehmenskultur und älteren Mitarbeitern als auch mit Problemstellungen der Personalführung und -entwicklung befasst.

Roland Sturm machte seinen Abschluss als Diplombiologe an der Eberhard-Karls-Universität Tübingen. Er nahm an Weiterbildungen in Betriebswirtschaft, Organisationsentwicklung und Personalmanagement teil. Er war Mitbegründer und Gesellschafter des Büros für Umwelt- und Unternehmensberatung GbR, bei der Schäfereigenossenschaft Finkhof e.G. verantwortlich für Wollverarbeitung, Einkauf, Logistik sowie Produktentwicklung, bei Hess Naturtextilien GmbH Bereichsleiter Innovation und Ökologie und bei Weleda AG zunächst Projektleiter Forschung und Entwicklung und seit 2004 Personalleiter.

Gesellschaftliches Engagement ist ihm wichtig. Als Vater dreier Kinder wirkt er heute als Vorstandssprecher der Freien Waldorfschule Schwäbisch Gmünd e.V., früher auch als Mitbegründer und Vorstand des Club of Wuppertal e.V. – Forum zukunftsfähiger mittelständischer Unternehmer oder als Vorstand des Internationalen Verbands der Naturtextilwirtschaft e.V.

Dieses Praxisbeispiel finden Sie online (siehe Vorwort)

Aktuelle Modelle und Werkzeuge der Personalpsychologie

Michael Treier
Personalpsychologie im Unternehmen
mit CD-ROM
2009 | 496 Seiten | gebunden | € 44,80
ISBN 978-3-486-58658-9

Dieses Buch stellt fundierte Methoden und Vorgehensweisen aus der Praxis vor, um die Ursachen und Änderungen menschlichen Verhaltens im wirtschaftlichen Zusammenhang gestaltbar, messbar und steuerbar zu machen.

Das Buch begleitet den Leser durch eine virtuelle Fallstudie – die Personal im Griff AG –, um ihm die aktuellen Modelle und Werkzeuge der Personalpsychologie anhand zentraler Stationen des Personalmanagements zu illustrieren. Sie begeben sich auf eine spannende Reise zu den aktuellen personalpsychologischen Trends hinsichtlich der Kernprozesse des Personalmanagements.

Die CD-ROM enthält über eine leicht bedienbare Navigation Fragebögen, Präsentationen, Abbildungen und weitere nützliche Informationen.

Zielgruppe des Buches sind alle an personalpsychologischen Fragen Interessierte.

Prof. Dr. Michael Treier ist seit 2007 Dozent für Wirtschaftspsychologie und Personalmanagement an der privaten Unternehmerhochschule BiTS in Iserlohn und ist im Kernfeld der Personalpsychologie unternehmensberaterisch aktiv.

Bestellen Sie in Ihrer Fachbuchhandlung oder direkt bei uns: Tel: 089/45051-248, Fax: 089/45051-333
verkauf@oldenbourg.de

Oldenbourg

Spannende Leseproben
zu zahlreichen Wirtschaftsbüchern finden Sie unter
www.oldenbourg-wissenschaftsverlag.de.